Die mit dem Teufel tanzt

1

Sawayoshi Azuma

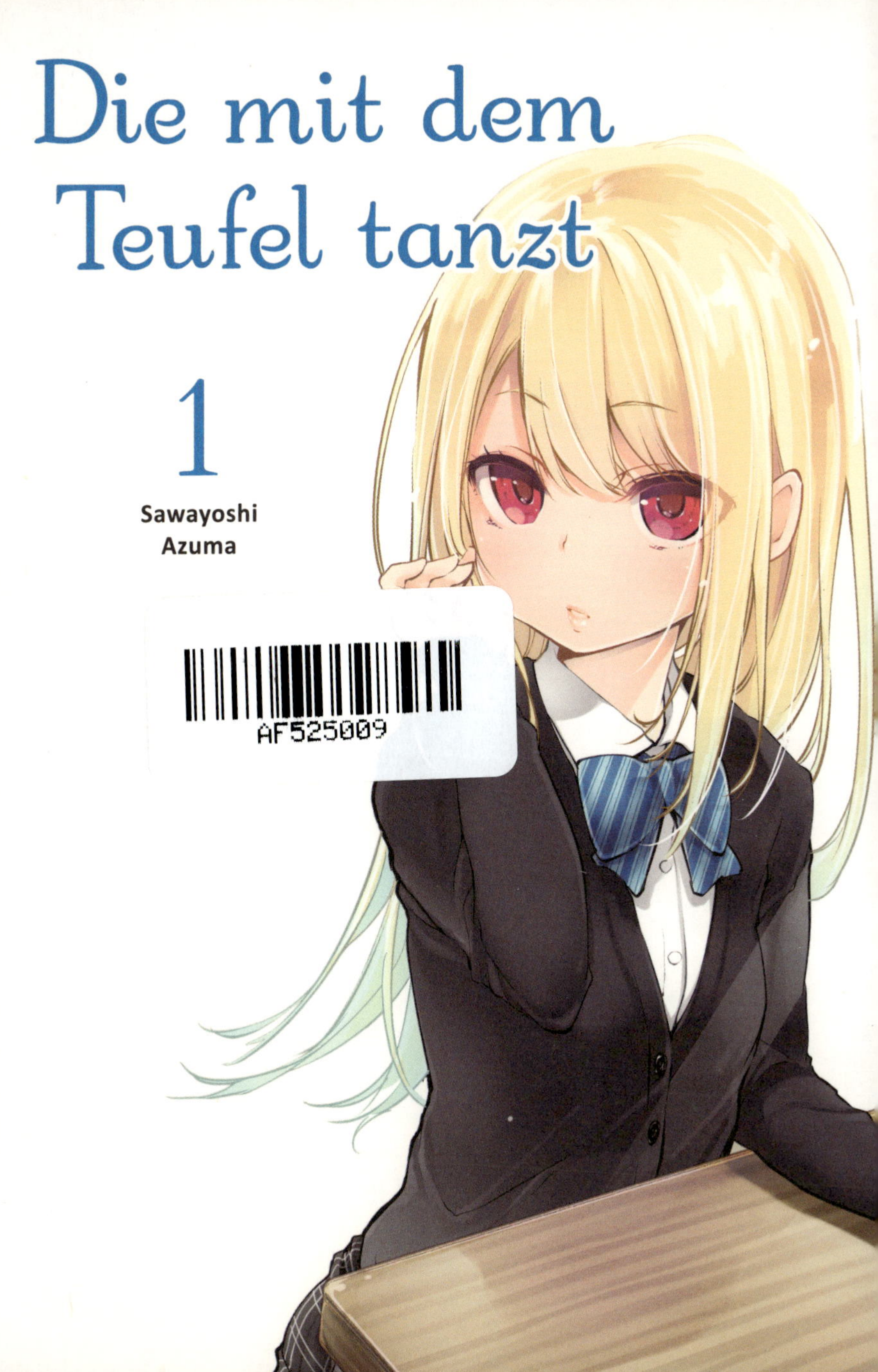

Inhalt

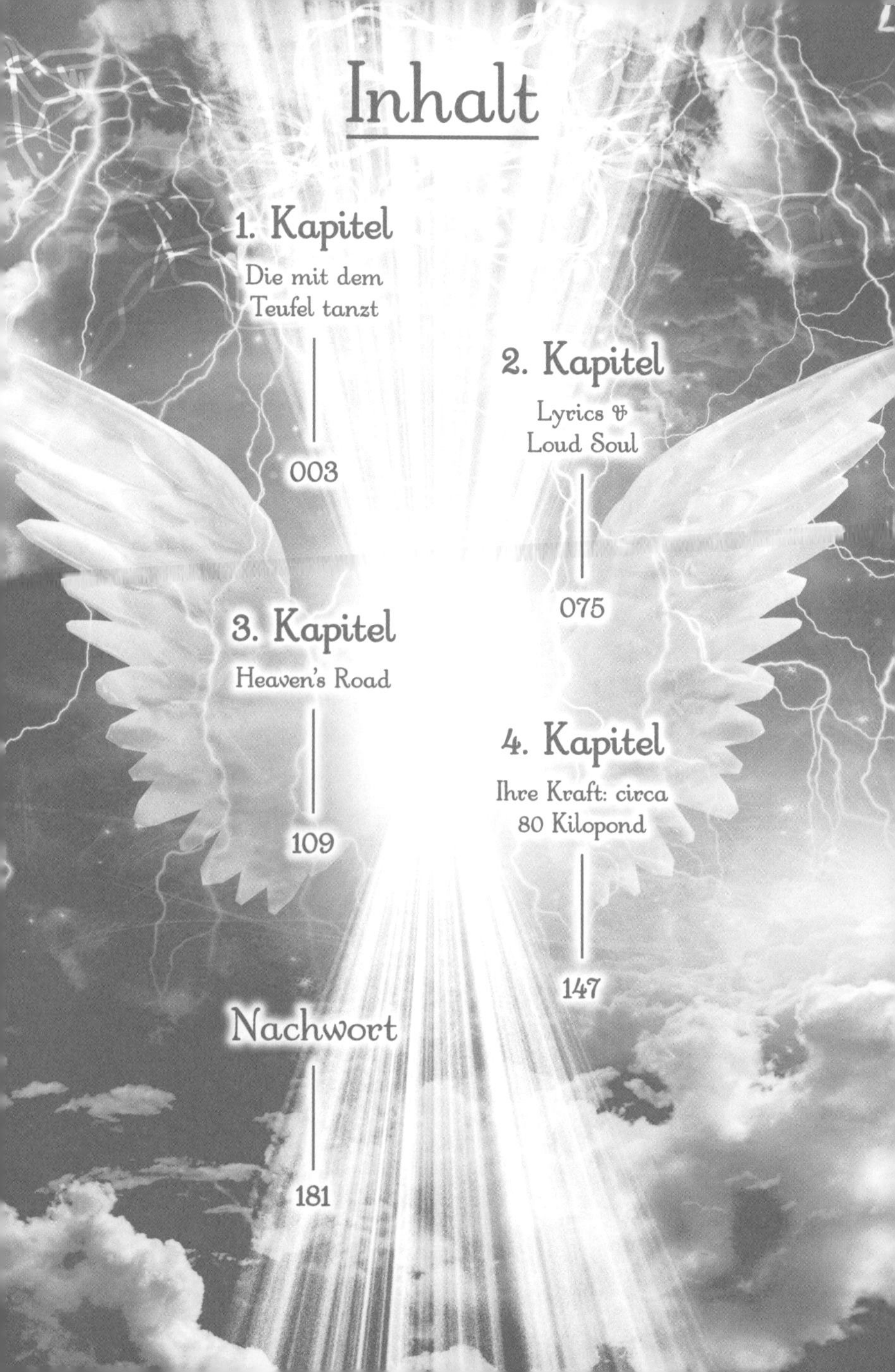

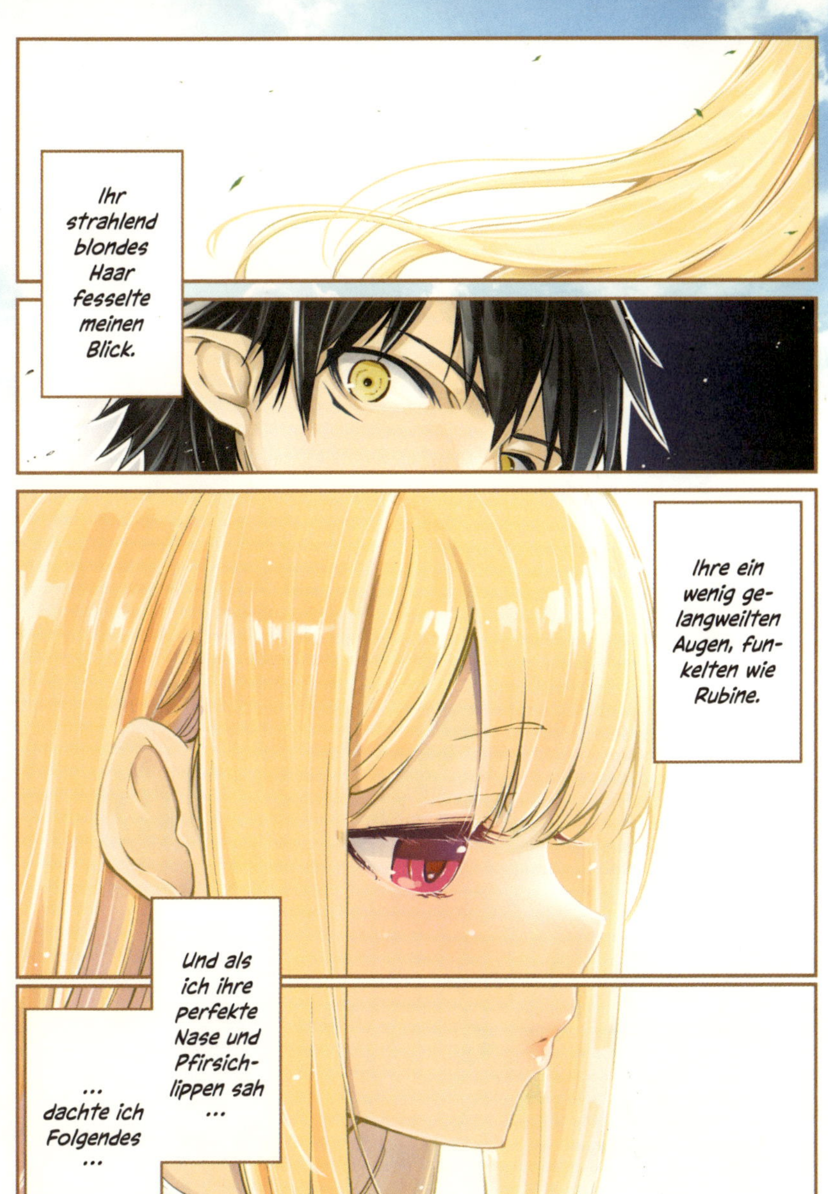
Ihr strahlend blondes Haar fesselte meinen Blick.
Ihre ein wenig ge-langweilten Augen, fun-kelten wie Rubine.
Und als ich ihre perfekte Nase und Pfirsich-lippen sah ...
... dachte ich Folgendes ...

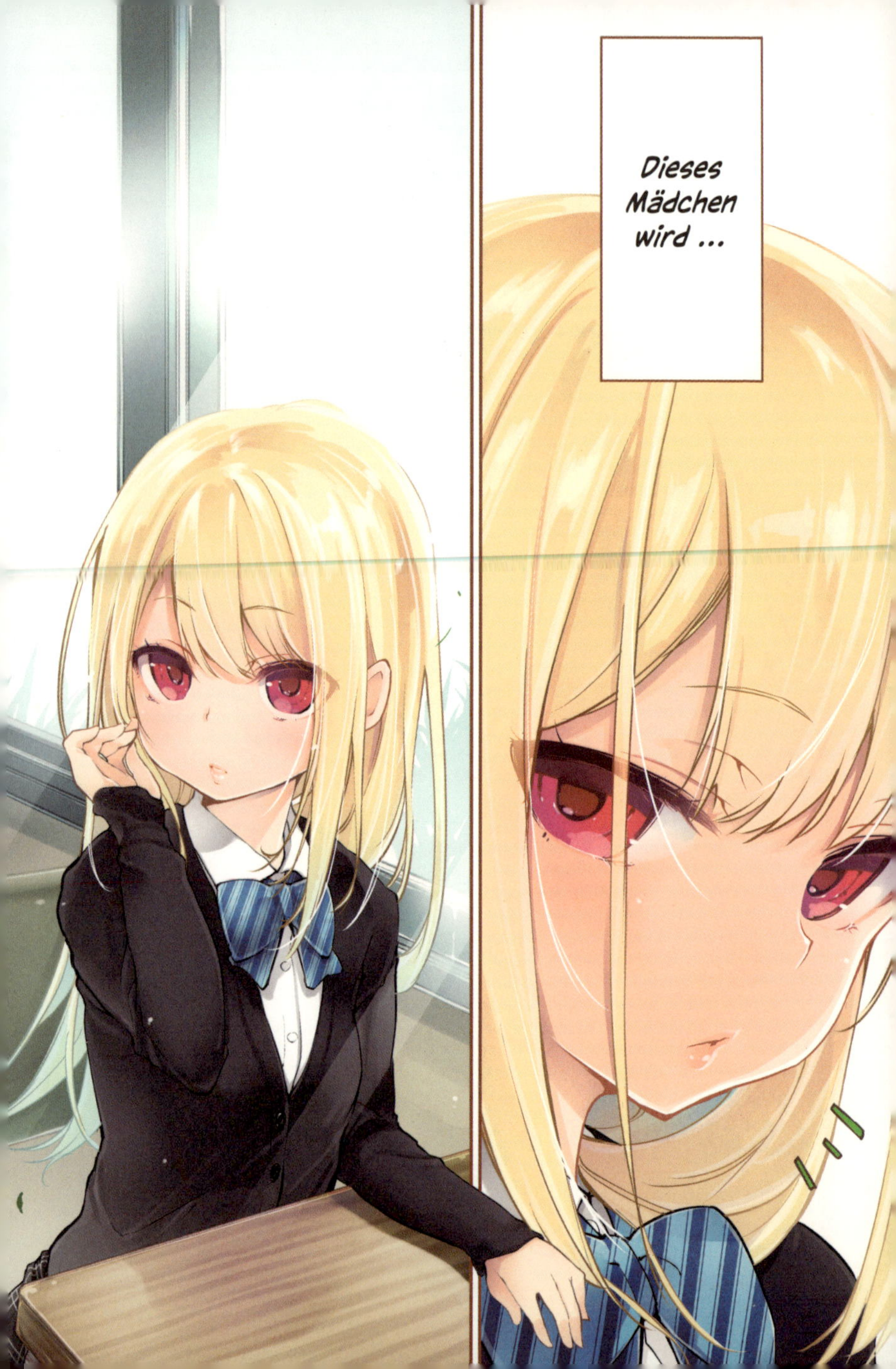
Dieses
Mädchen
wird ...

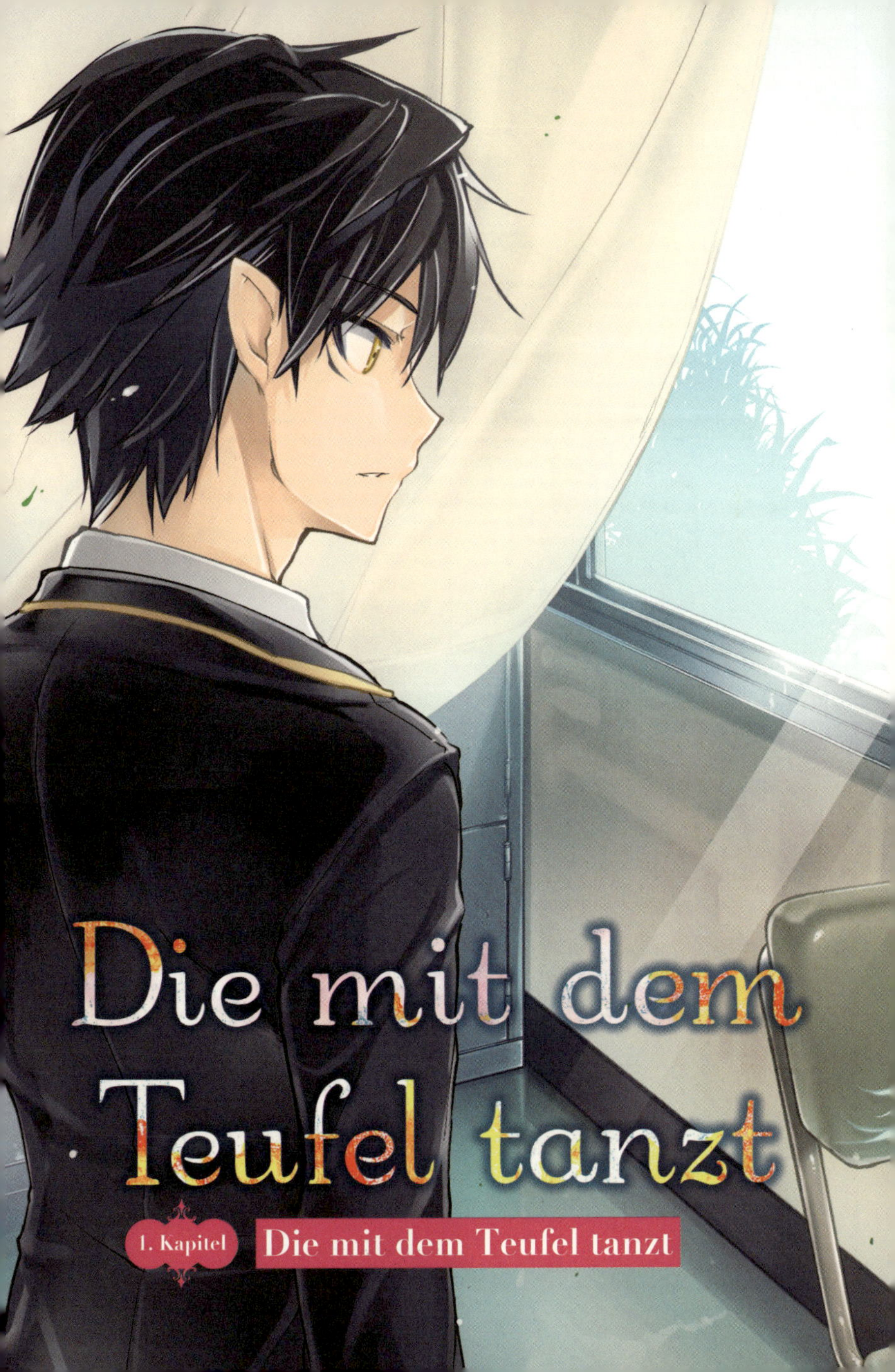
Die mit dem Teufel tanzt
1. Kapitel
Die mit dem Teufel tanzt

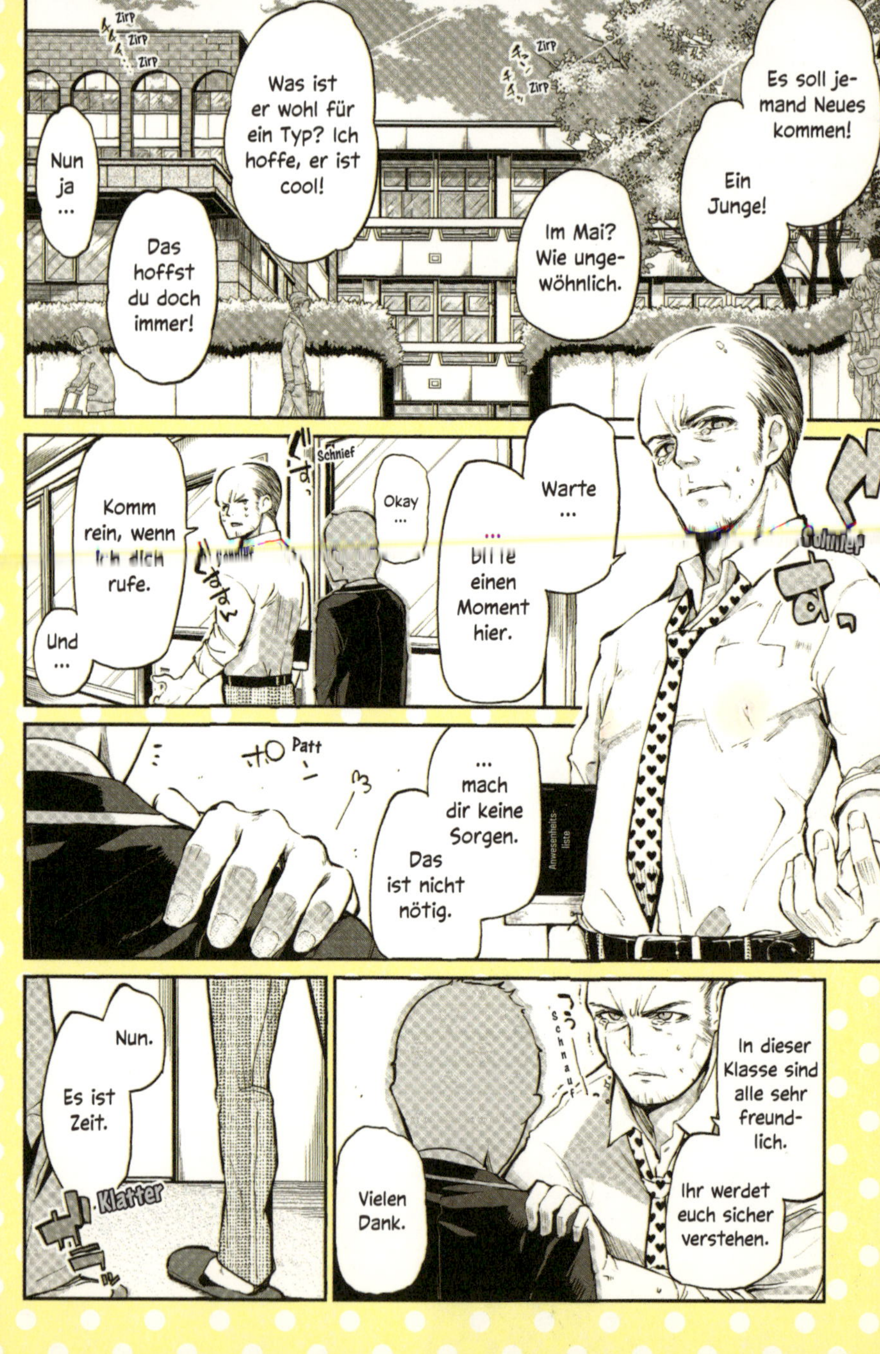
Zirp
Zirp
Zirp
Zirp
Es soll jemand Neues kommen!
Ein Junge!
Im Mai? Wie ungewöhnlich.
Was ist er wohl für ein Typ? Ich hoffe, er ist cool!
Nun ja ...
Das hoffst du doch immer!
Schnief
Warte ...
... bitte einen Moment hier.
Okay ...
Schnief
Komm rein, wenn ich dich rufe.
Und ...
Anwesenheitsliste
... mach dir keine Sorgen.
Das ist nicht nötig.
Patt
In dieser Klasse sind alle sehr freundlich.
Ihr werdet euch sicher verstehen.
Schnauf
Vielen Dank.
Nun.
Es ist Zeit.
Klatter

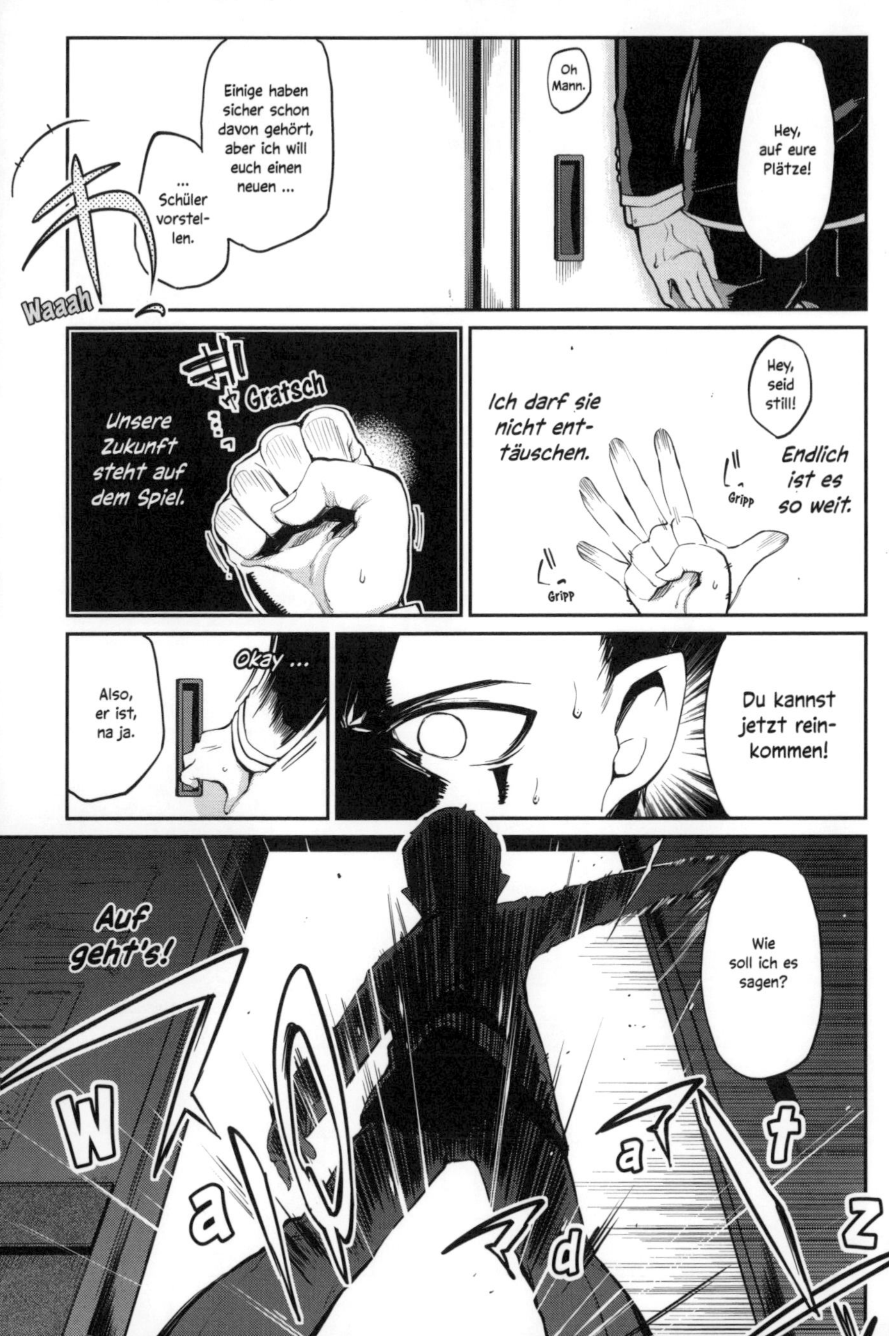
Hey, auf eure Plätze!
Oh Mann.
Einige haben sicher schon davon gehört, aber ich will euch einen neuen ...
... Schüler vorstel- len.
Waaah
Hey, seid still!
Endlich ist es so weit.
Gripp
Ich darf sie nicht ent- täuschen.
Gripp
Gratsch
Unsere Zukunft steht auf dem Spiel.
Du kannst jetzt rein- kommen!
Okay ...
Also, er ist, na ja.
Wie soll ich es sagen?
Auf geht's!
Wa
a
d
a
t
z

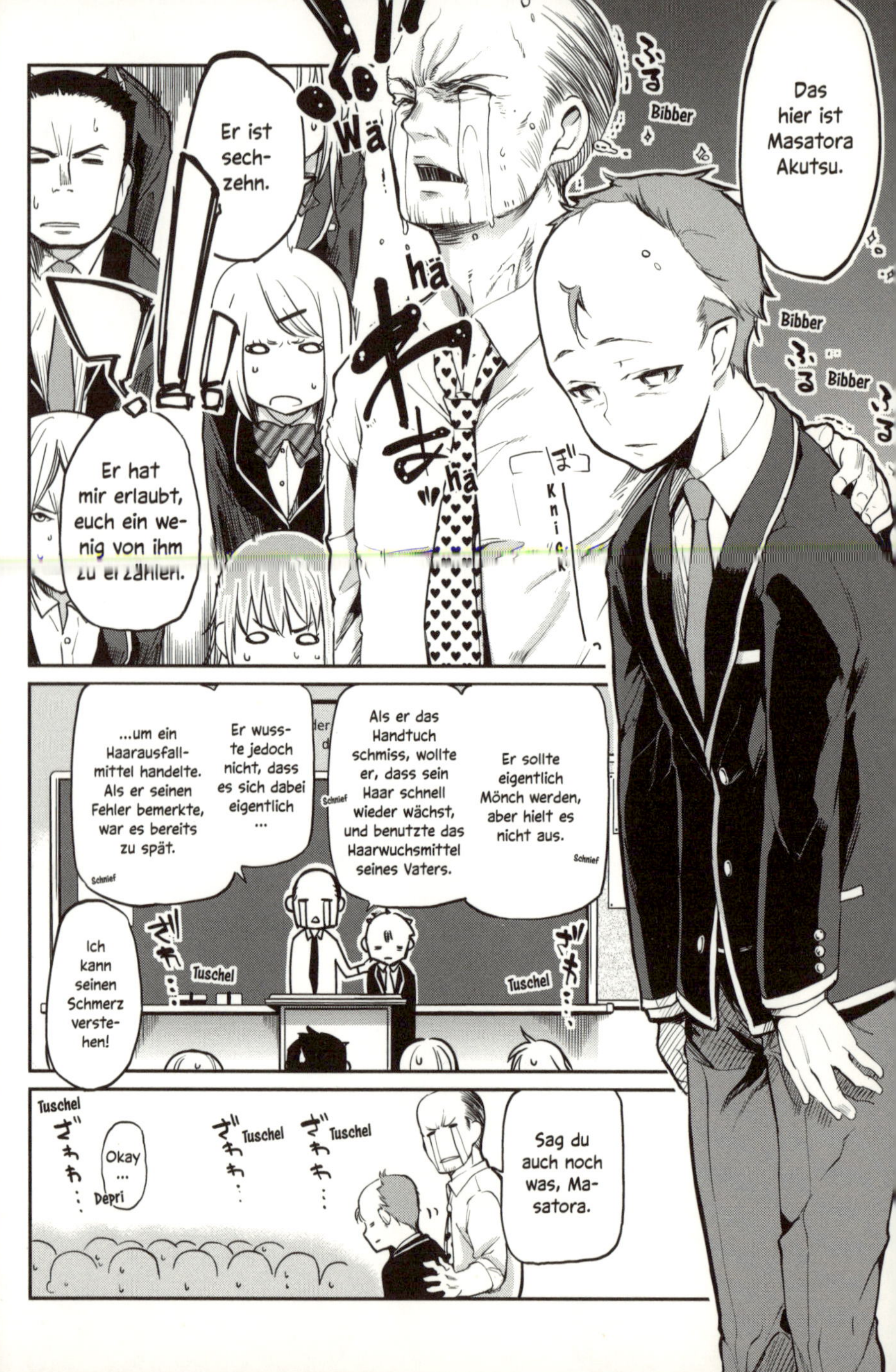
Das hier ist Masatora Akutsu.
Bibber
Bibber
Bibber
Er ist sechzehn.
Wä
hä
hä
Knick
Er hat mir erlaubt, euch ein wenig von ihm zu erzählen.
Er sollte eigentlich Mönch werden, aber hielt es nicht aus.
Schnief
Als er das Handtuch schmiss, wollte er, dass sein Haar schnell wieder wächst, und benutzte das Haarwuchsmittel seines Vaters.
Schnief
Er wusste jedoch nicht, dass es sich dabei eigentlich …
…um ein Haarausfallmittel handelte. Als er seinen Fehler bemerkte, war es bereits zu spät.
Schnief
Tuschel
Tuschel
Ich kann seinen Schmerz verstehen!
Sag du auch noch was, Masatora.
Tuschel
Tuschel
Tuschel
Okay …
Depri

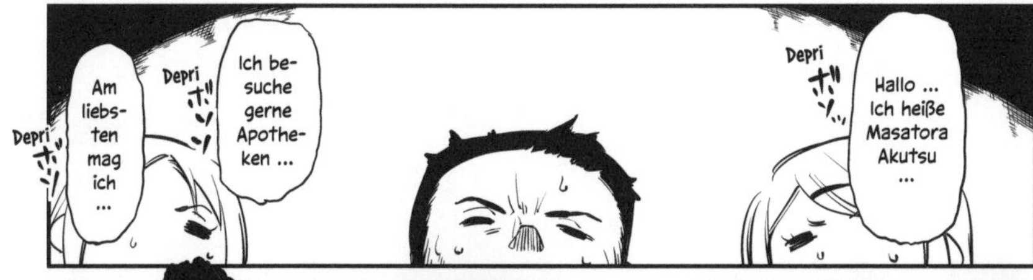
Hallo ... Ich heiße Masatora Akutsu ...
Depri
Ich be-suche gerne Apothe-ken ...
Depri
Am liebs-ten mag ich ...
Depri

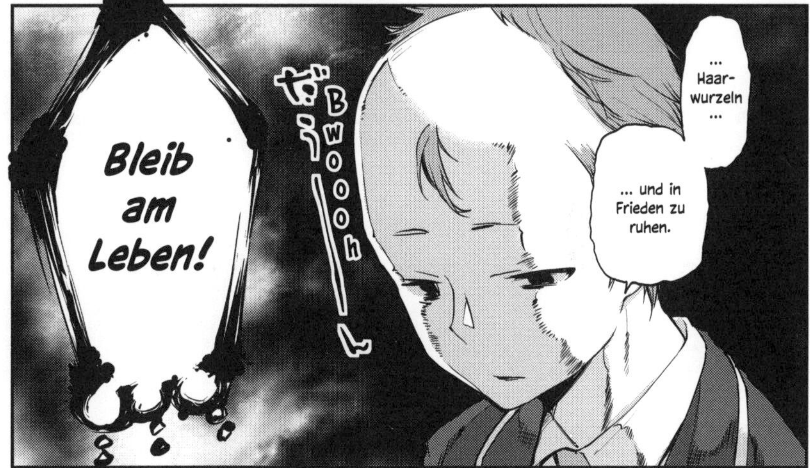
... Haar-wurzeln ...
... und in Frieden zu ruhen.
Bwoooooh
Bleib am Leben!

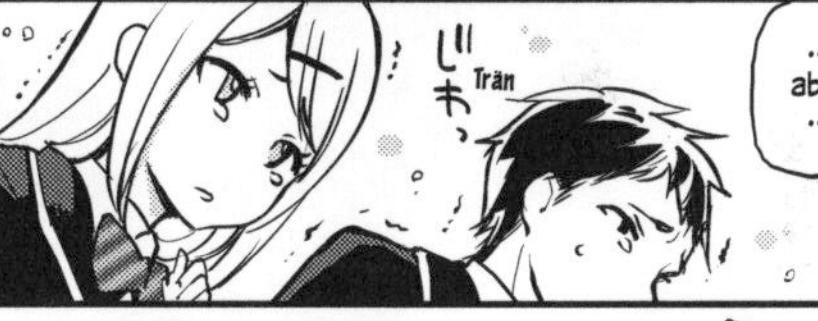
Mein Leben war bisher immer von Unheil geplagt ...
... aber ...
Trän
... ich hoffe, dass ich mit euch endlich ein paar glückliche Momente er-leben werde.

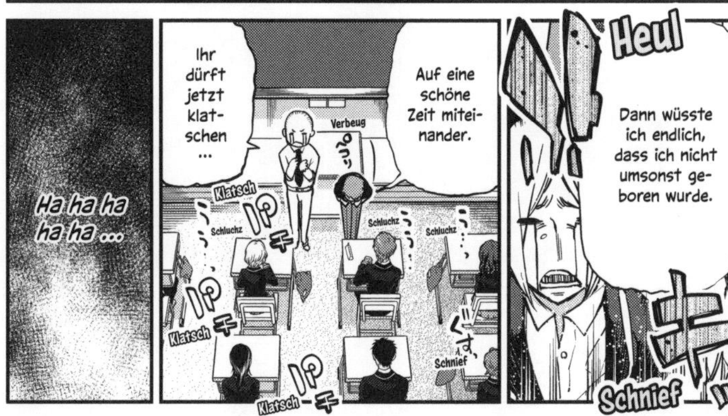
Heul
Dann wüsste ich endlich, dass ich nicht umsonst ge-boren wurde.
Schnief
Auf eine schöne Zeit mitei-nander.
Ihr dürft jetzt klat-schen ...
Verbeug
Klatsch
Schluchz
Schluchz
Schluchz
Klatsch
Schnief
Klatsch

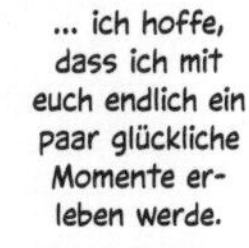
Ha ha ha ha ha ...

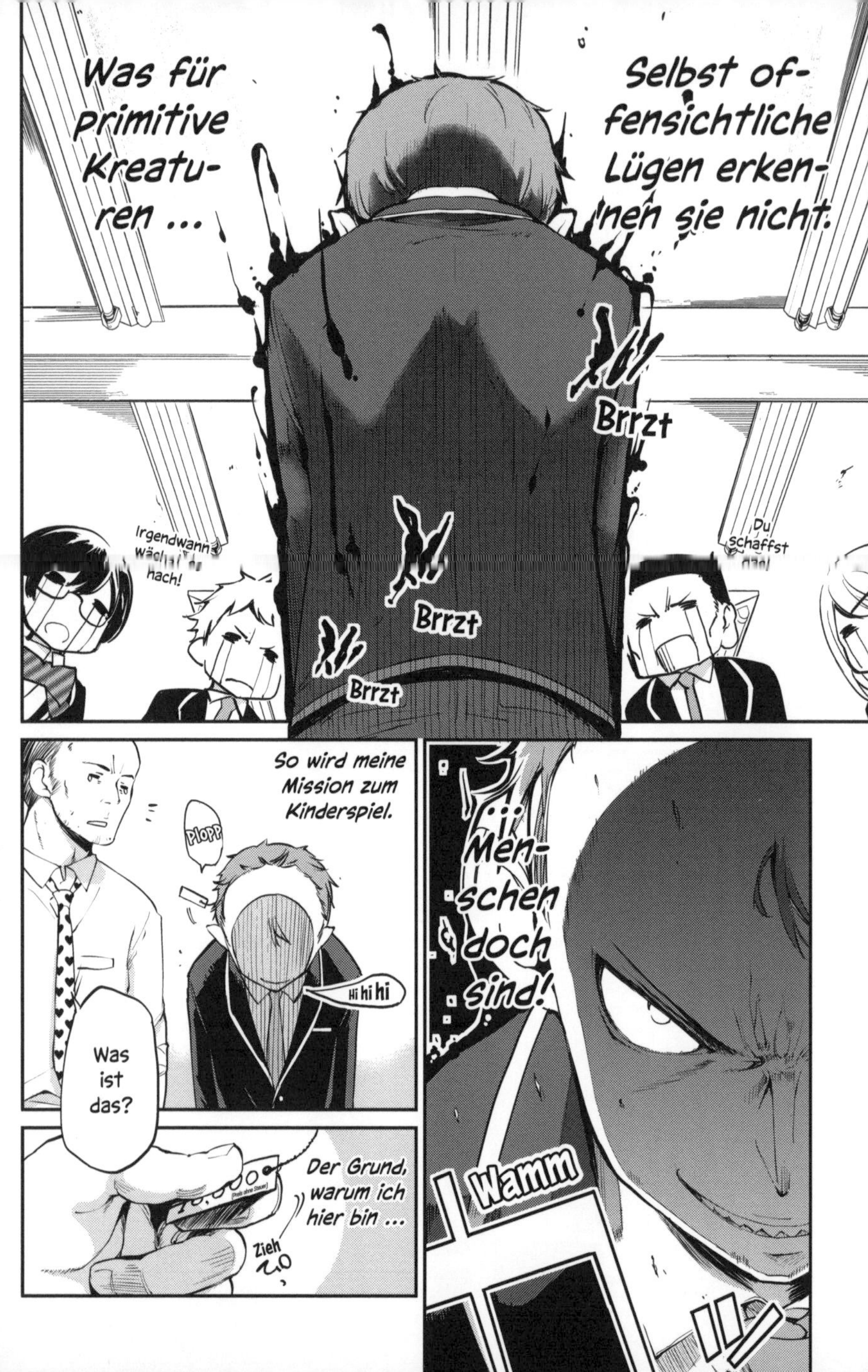
Selbst offensichtliche Lügen erkennen sie nicht.
Was für primitive Kreaturen ...
Brrzt
Brrzt
Brrzt
Du schaffst
...! Menschen doch sind!
Wamm
So wird meine Mission zum Kinderspiel.
Plopp
Hi hi hi
Was ist das?
Der Grund, warum ich hier bin ...
Zieh

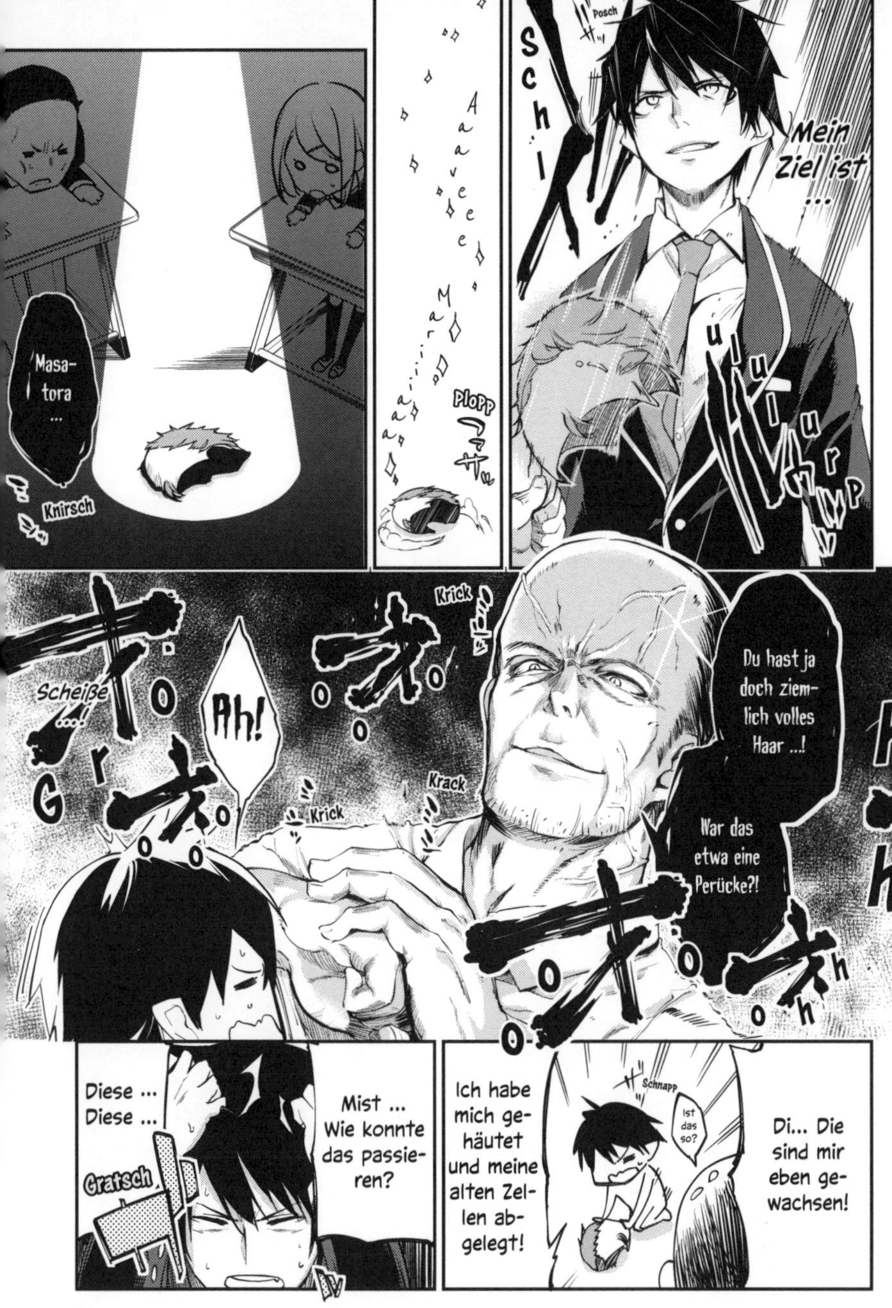

Posch
Schl
Mein Ziel ist ...
uluurp
Aaaveee Maaa...aaa
Plopp
Masa-tora ...
Knirsch
Du hast ja doch ziemlich volles Haar ...!
War das etwa eine Perücke?!
Krick
Krack
Krick
Ah!
Scheiße ...!
Gr
Di... Die sind mir eben gewachsen!
Schnapp
Ist das so?
Ich habe mich gehäutet und meine alten Zellen abgelegt!
Mist ... Wie konnte das passieren?
Diese ... Diese ...
Gratsch

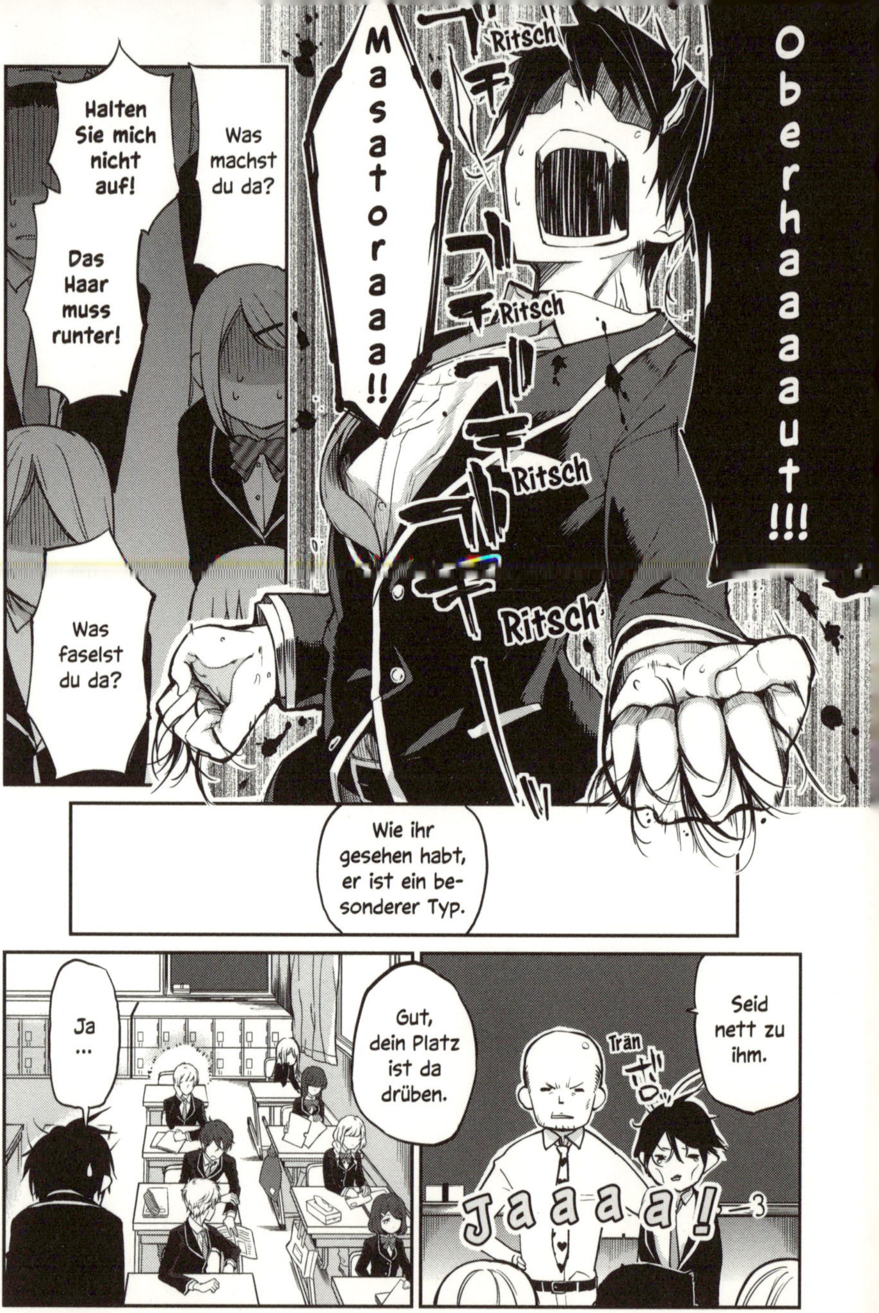

Oberhaaaaut!!!

Ritsch

Masatoraaa!!

Ritsch

Ritsch

Ritsch

Was machst du da?

Halten Sie mich nicht auf!

Das Haar muss runter!

Was faselst du da?

Wie ihr gesehen habt, er ist ein besonderer Typ.

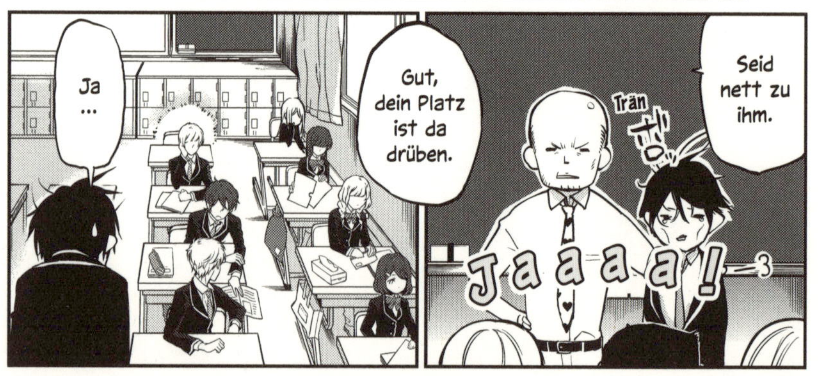

Das war knapp.
Schwank

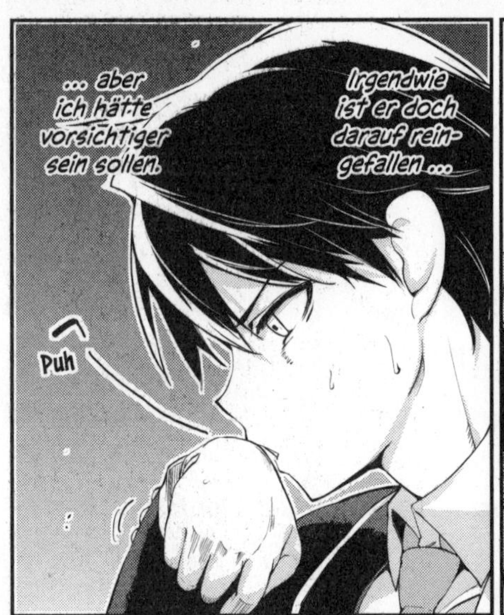
Irgendwie ist er doch darauf rein-gefallen ...
... aber ich hätte vorsichtiger sein sollen.
Puh

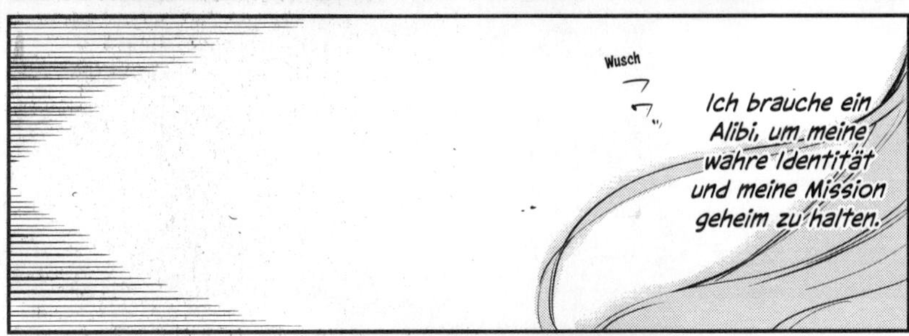
Wusch
Ich brauche ein Alibi, um meine wahre Identität und meine Mission geheim zu halten.

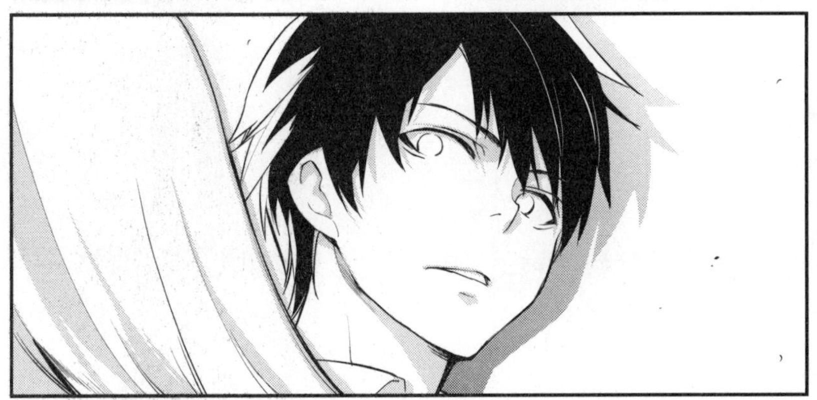

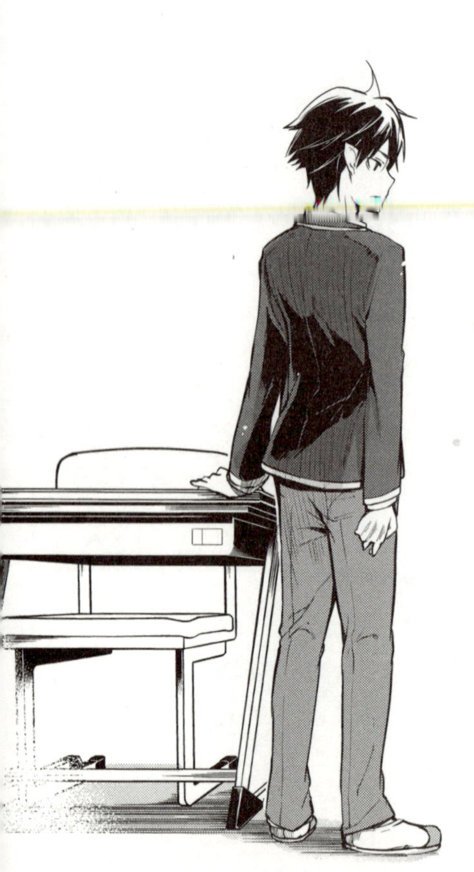
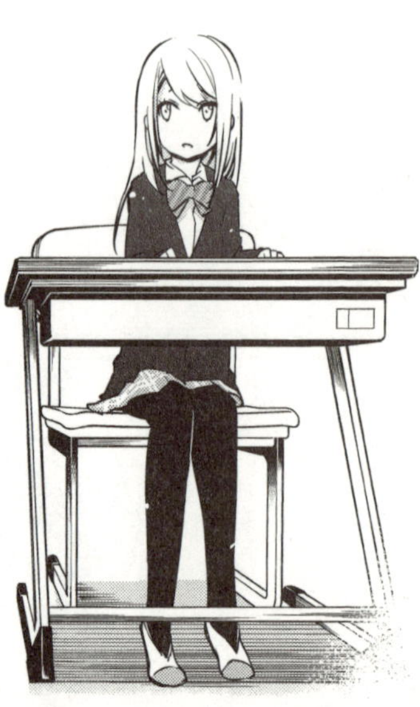

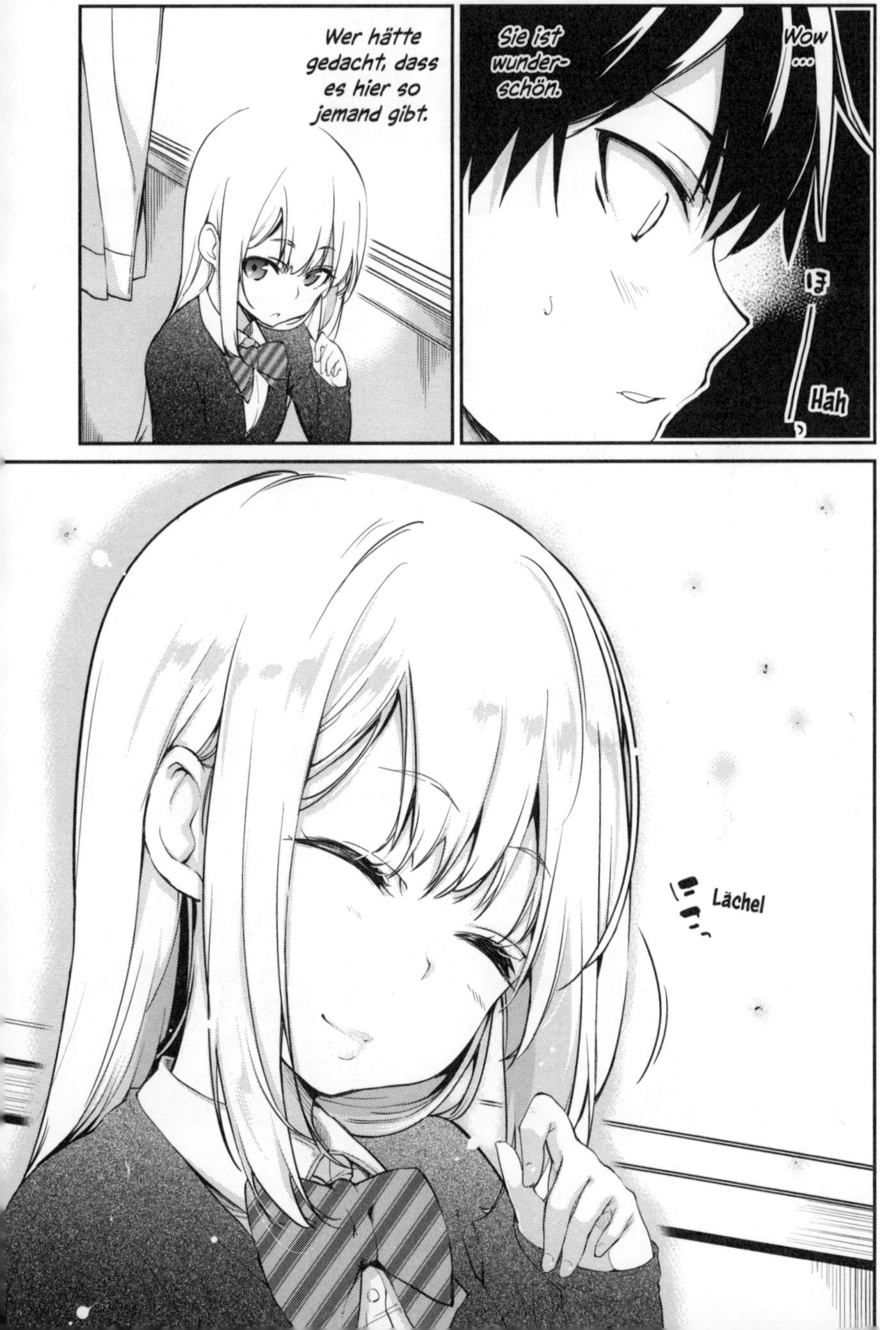

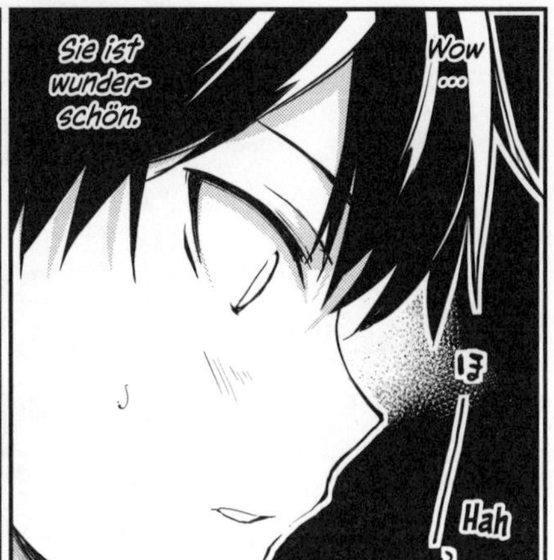
Wow ...
Sie ist wunder-schön.
ほ
Hah

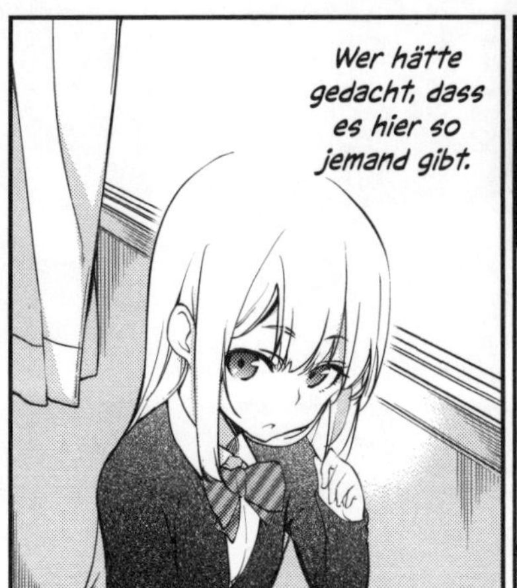
Wer hätte gedacht, dass es hier so jemand gibt.

Lächel

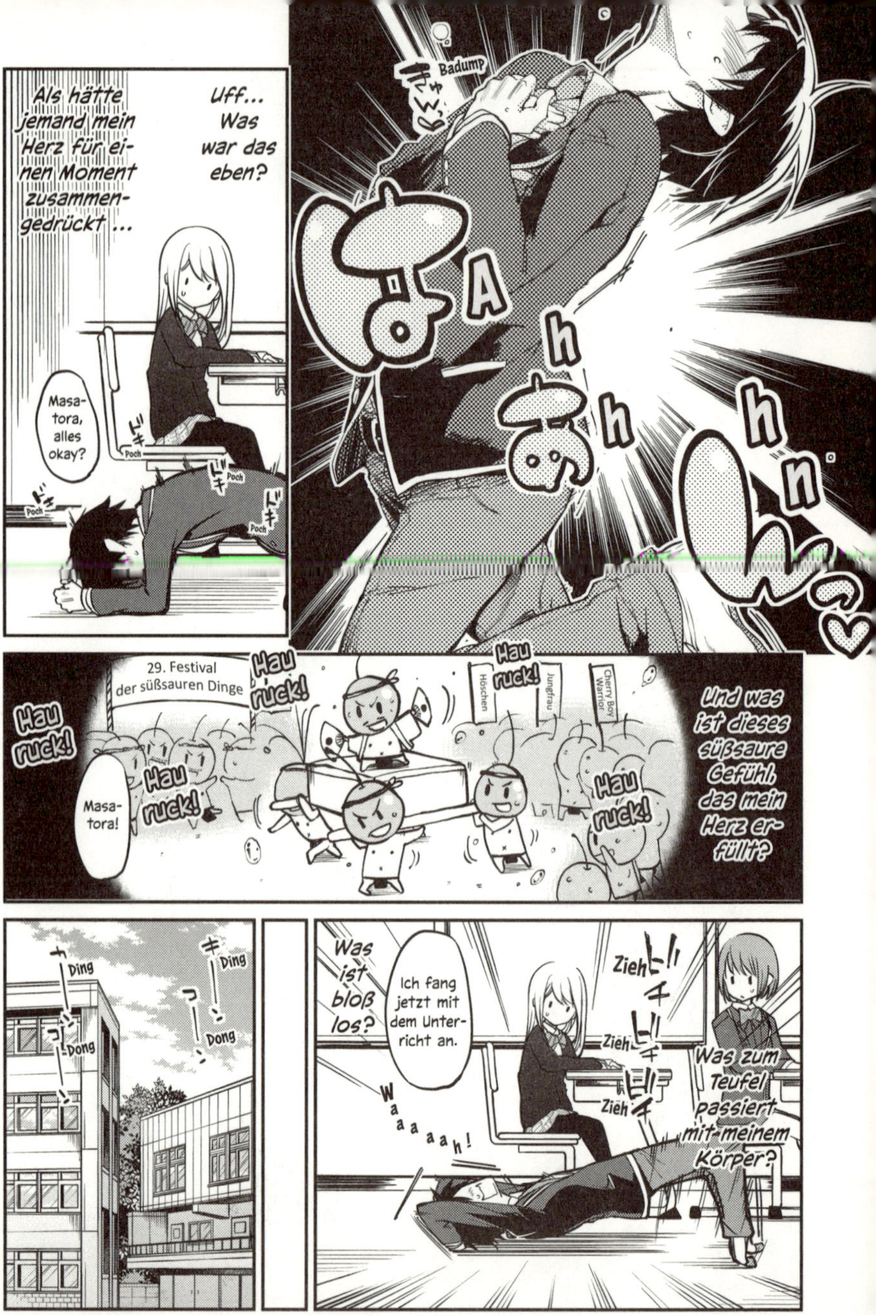

Badump

Ahhhn♡

Uff... Was war das eben?

Als hätte jemand mein Herz für einen Moment zusammengedrückt ...

Masatora, alles okay?

Poch

Poch

Poch

Poch

Und was ist dieses süßsaure Gefühl, das mein Herz erfüllt?

Hau ruck!

Hau ruck!

29. Festival der süßsauren Dinge

Höschen

Jungfrau

Cherry Boy Warrior

Hau ruck!

Hau ruck!

Hau ruck!

Masatora!

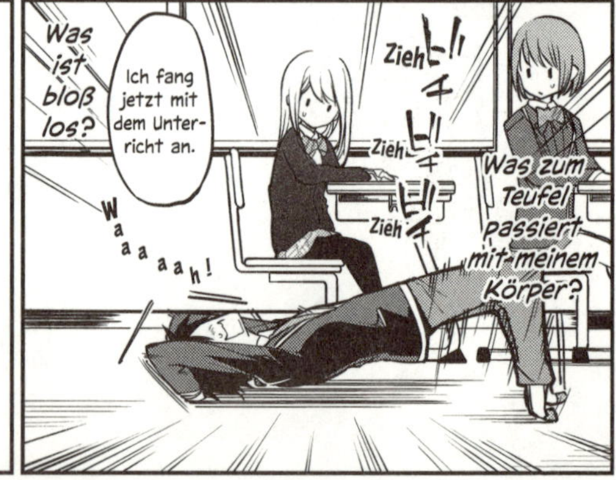

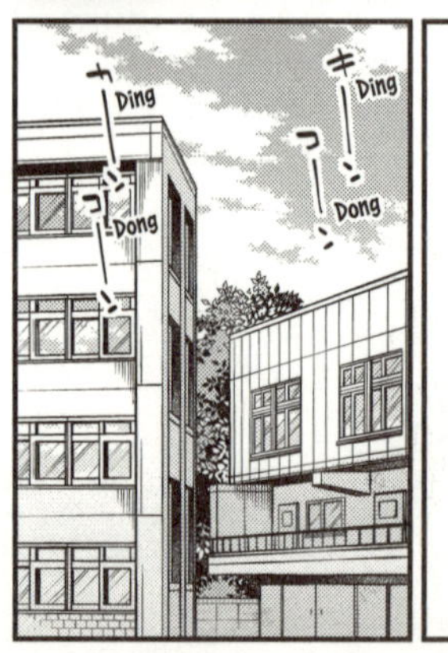

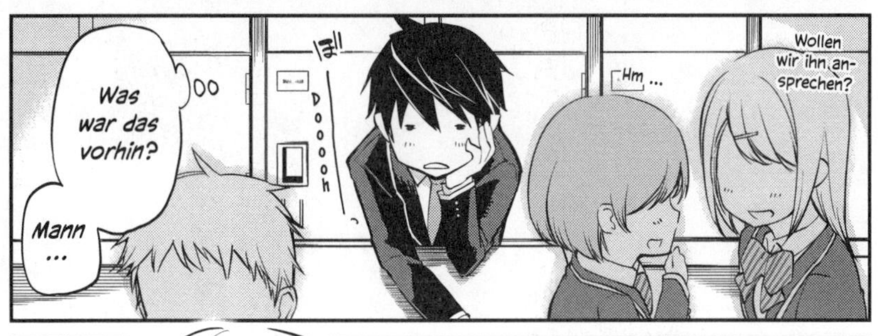

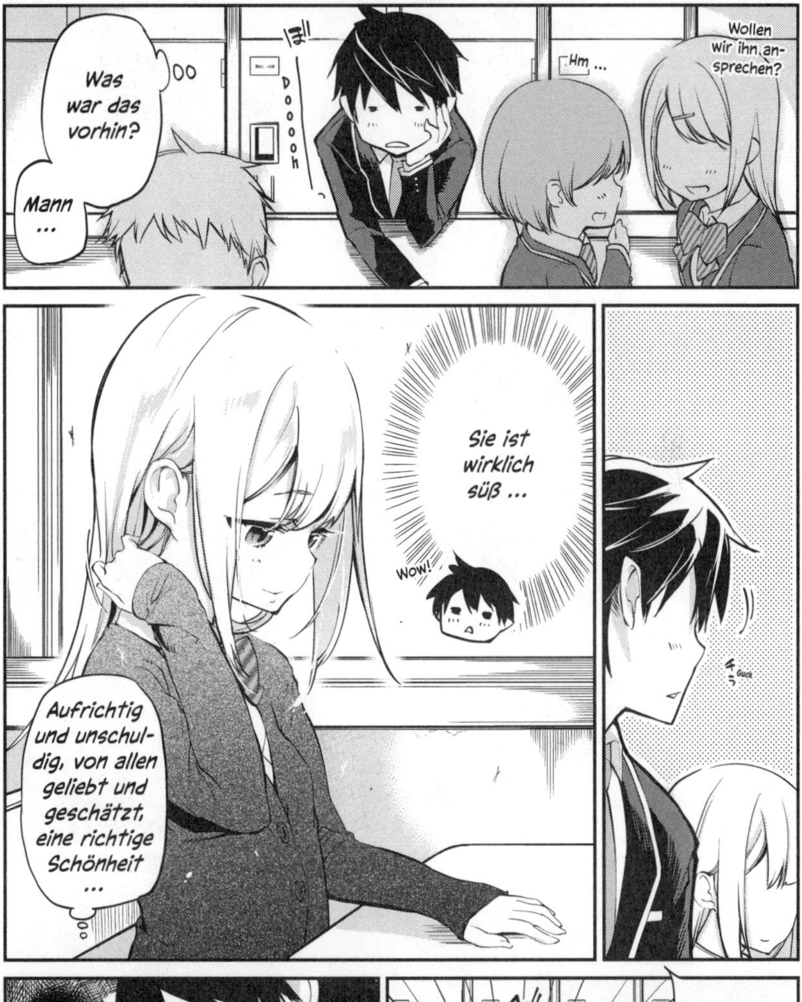

Guck
Sie ist wirklich süß ...
Wow!
Aufrichtig und unschuldig, von allen geliebt und geschätzt, eine richtige Schönheit ...

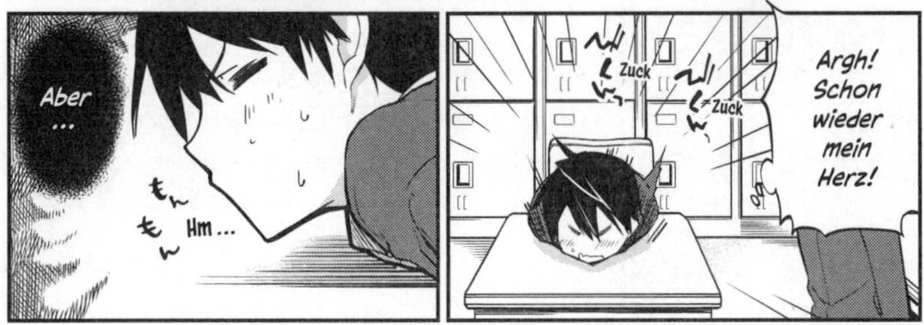

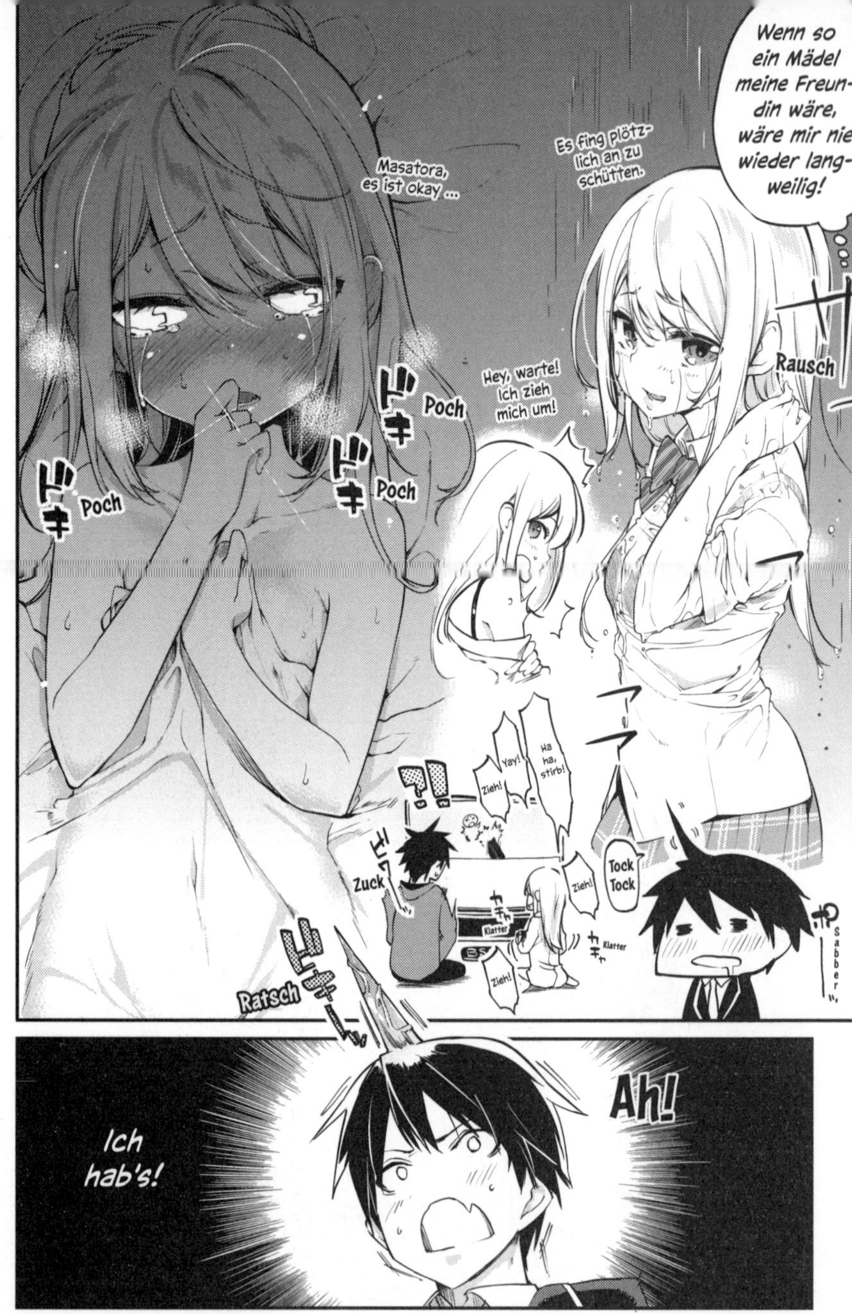

Wenn so ein Mädel meine Freundin wäre, wäre mir nie wieder langweilig!
Rausch
Es fing plötzlich an zu schütten.
Masatora, es ist okay ...
Hey, warte! Ich zieh mich um!
Poch
Poch
Poch
Tock Tock
Sabber
Yay!
Ha ha, stirb!
Zieh!
Zieh!
Zieh!
Zuck
Klatter
Klatter
Ratsch
Ah!
Ich hab's!

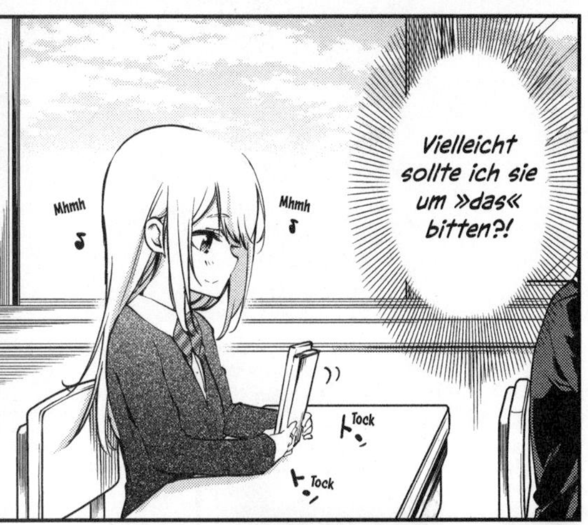
Vielleicht sollte ich sie um »das« bitten?!
Mhmh
Mhmh
Tock
Tock

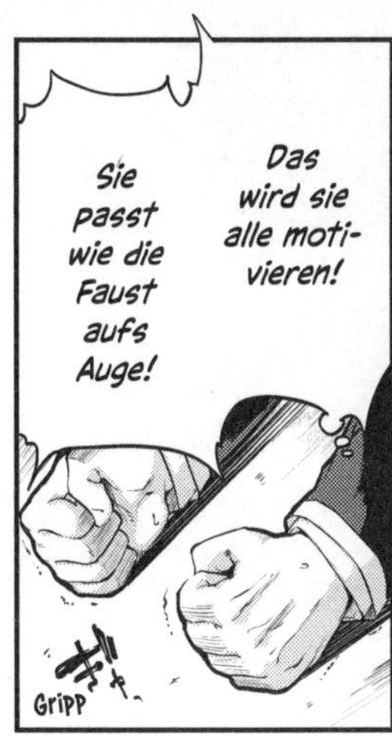
Das wird sie alle motivieren!
Sie passt wie die Faust aufs Auge!
Gripp

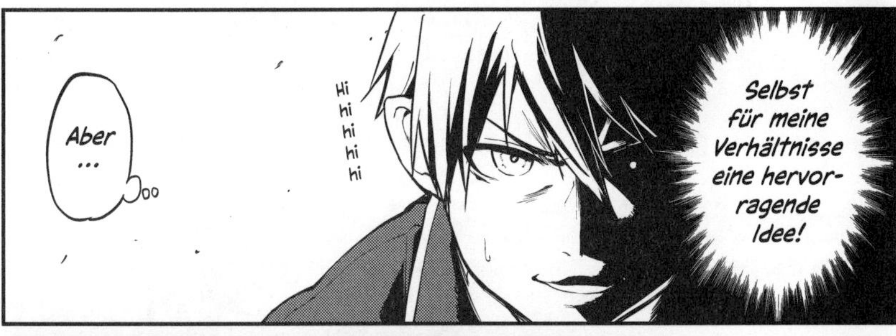
Selbst für meine Verhältnisse eine hervorragende Idee!
Hi hi hi hi hi
Aber ...

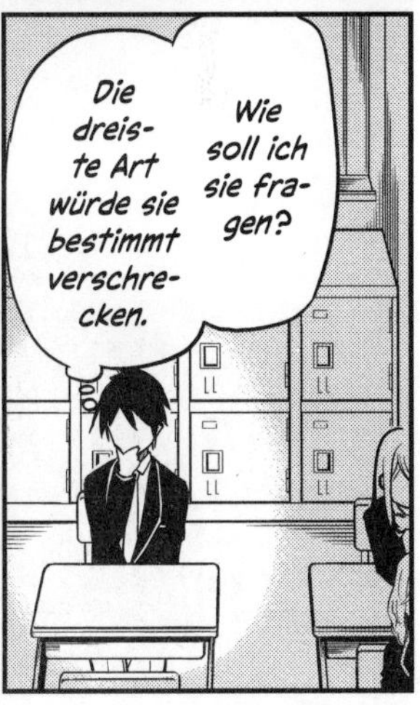
Wie soll ich sie fragen?
Die dreiste Art würde sie bestimmt verschrecken.

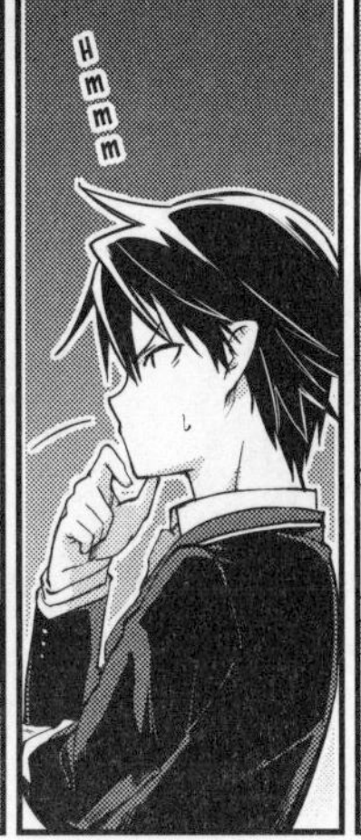
Hmmm

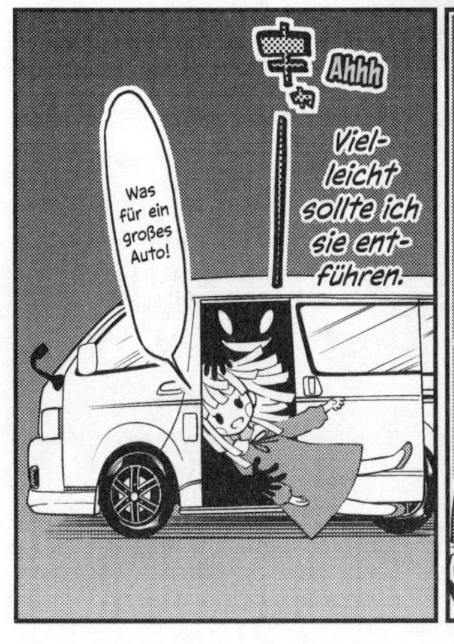
Ahhh
Vielleicht sollte ich sie entführen.
Was für ein großes Auto!

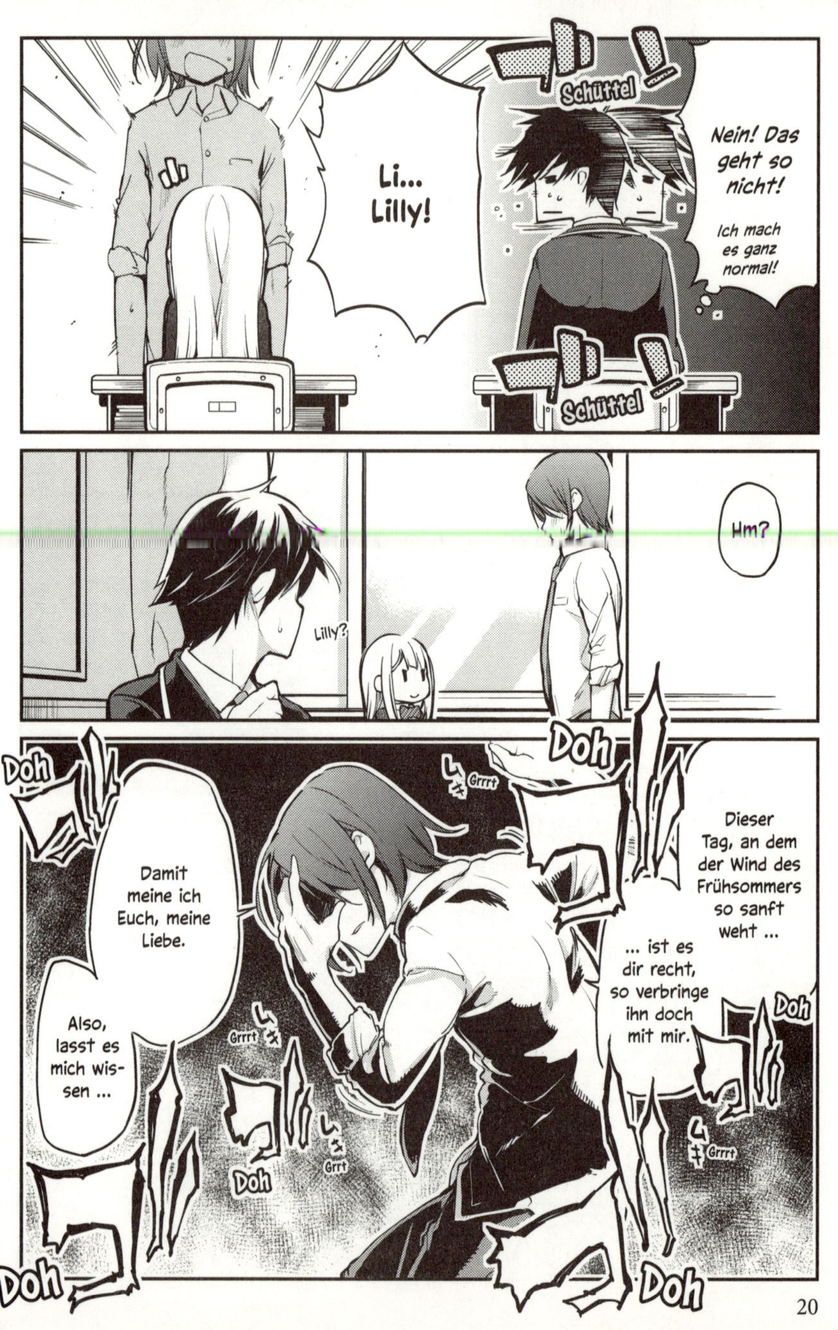
Schüttel
Nein! Das geht so nicht!
Ich mach es ganz normal!
Schüttel
Li... Lilly!
Hm?
Lilly?
Doh
Grrrt
Dieser Tag, an dem der Wind des Frühsommers so sanft weht ...
... ist es dir recht, so verbringe ihn doch mit mir.
Doh
Damit meine ich Euch, meine Liebe.
Also, lasst es mich wis-sen ...
Grrrt
Grrt
Doh
Grrrt
Doh
Doh
Doh

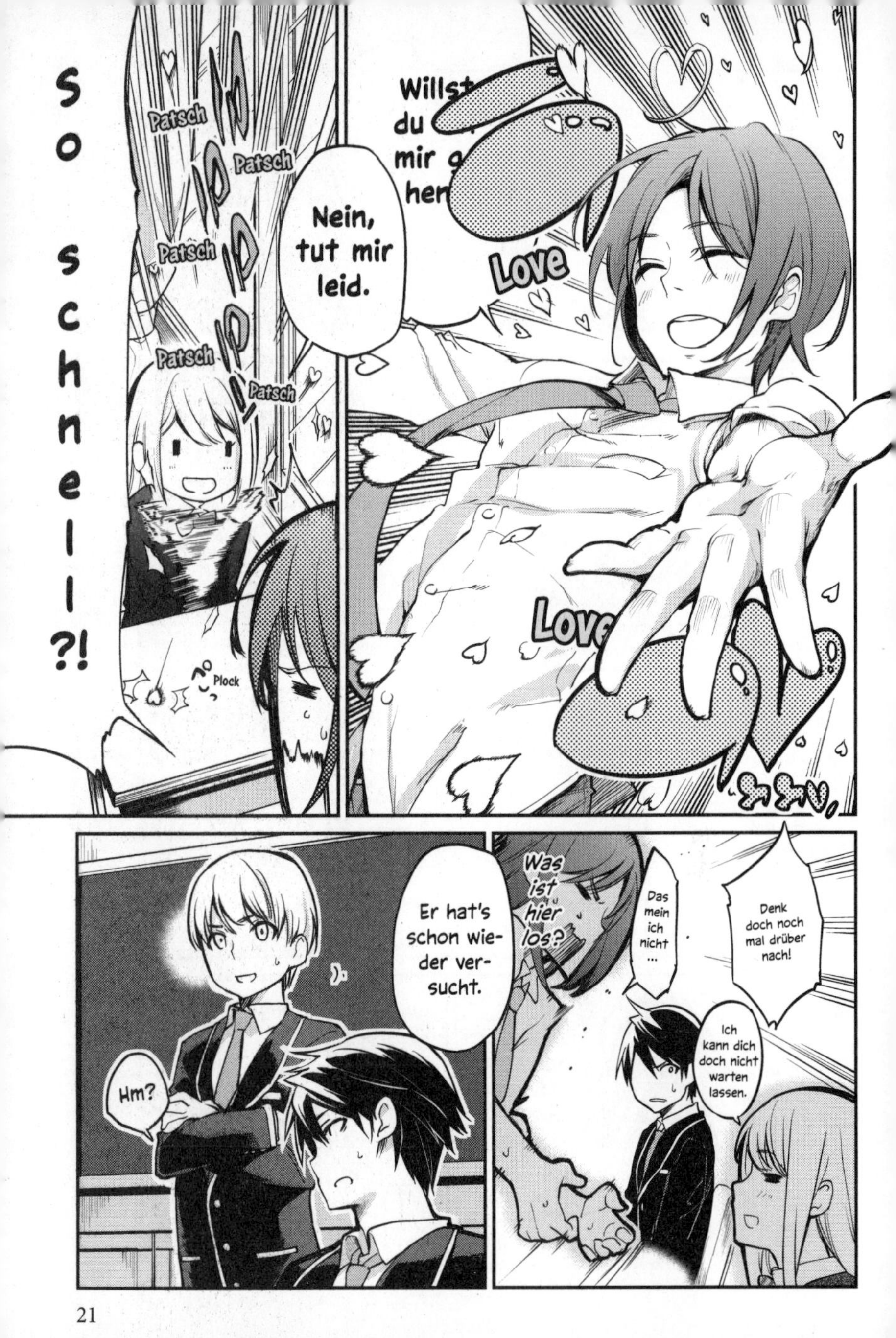

Willst du mir g hen
Love
Nein, tut mir leid.
Love
Patsch
Patsch
Patsch
Patsch
Patsch
Plock
So schnell?!

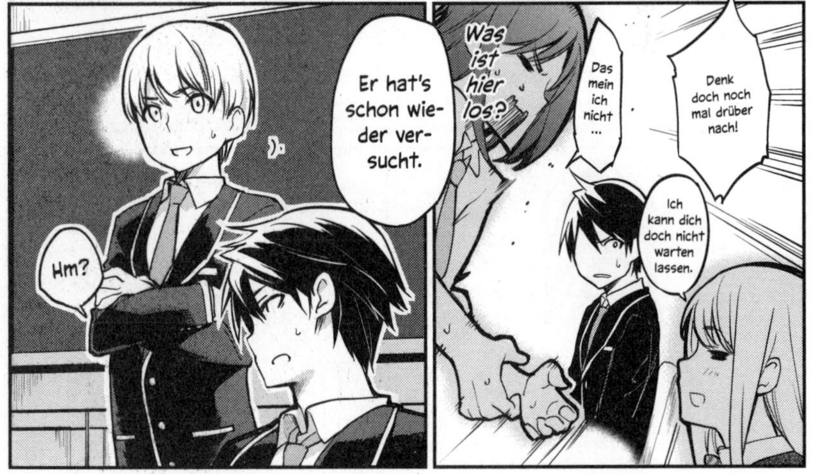

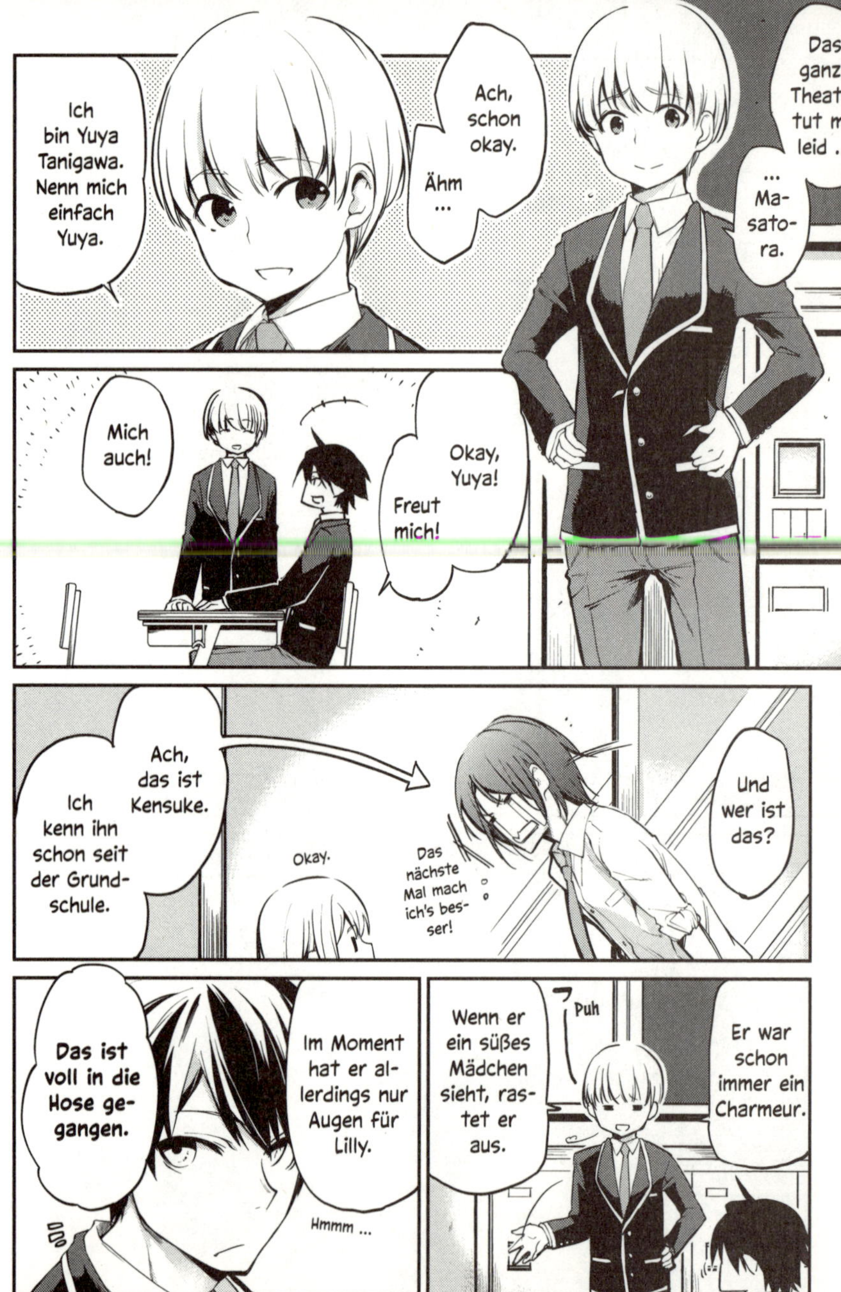

Das ganze Theater tut mir leid ...
... Masatora.
Ach, schon okay.
Ähm ...
Ich bin Yuya Tanigawa. Nenn mich einfach Yuya.
Okay, Yuya!
Freut mich!
Mich auch!
Und wer ist das?
Das nächste Mal mach ich's besser!
Okay.
Ach, das ist Kensuke.
Ich kenn ihn schon seit der Grundschule.
Er war schon immer ein Charmeur.
Puh
Wenn er ein süßes Mädchen sieht, rastet er aus.
Im Moment hat er allerdings nur Augen für Lilly.
Hmmm ...
Das ist voll in die Hose gegangen.

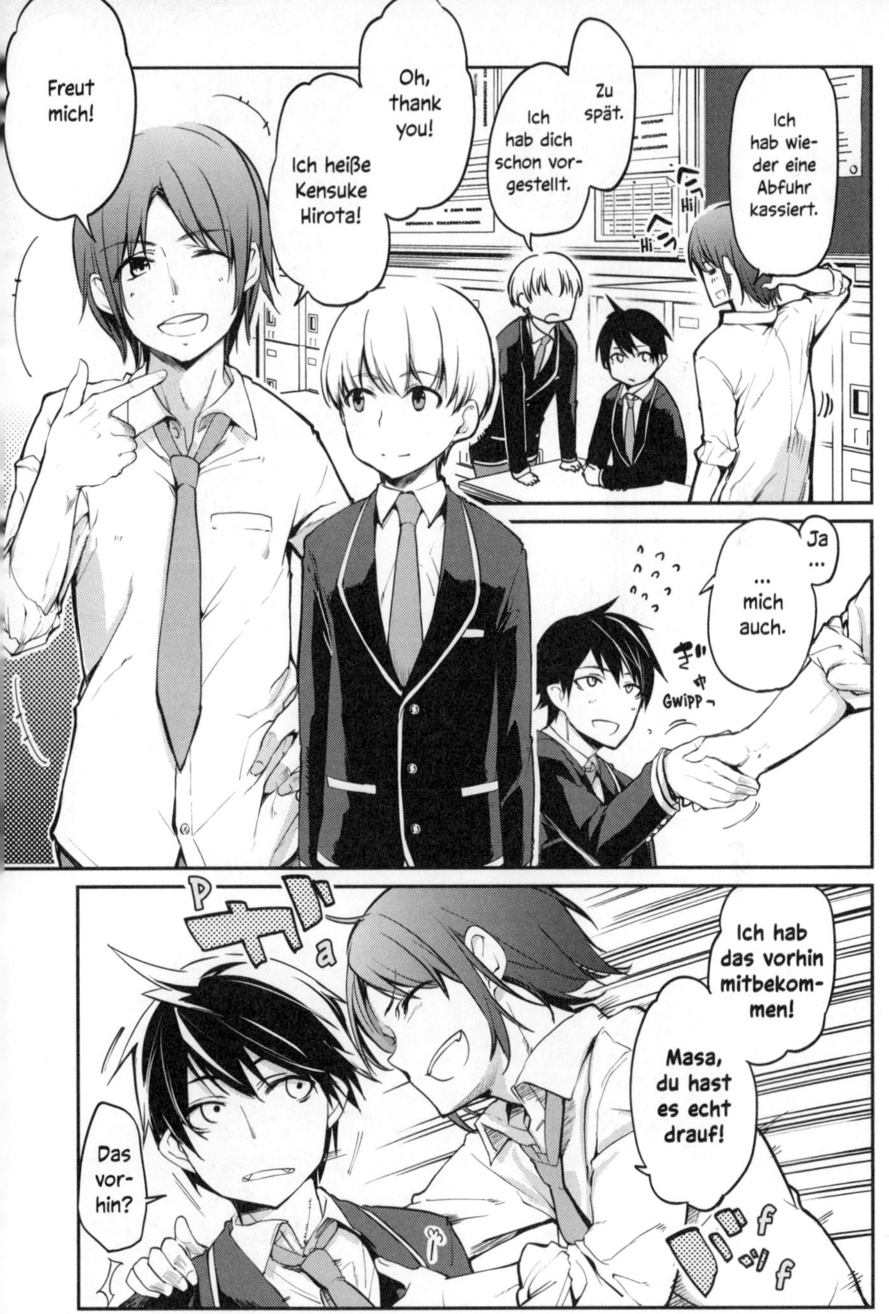

Ich hab wieder eine Abfuhr kassiert.
Hi
Hi
Zu spät.
Ich hab dich schon vorgestellt.
Oh, thank you!
Ich heiße Kensuke Hirota!
Freut mich!
Ja ...
... mich auch.
Gwipp
Ich hab das vorhin mitbekommen!
Masa, du hast es echt drauf!
Pa
Das vorhin?
f
f

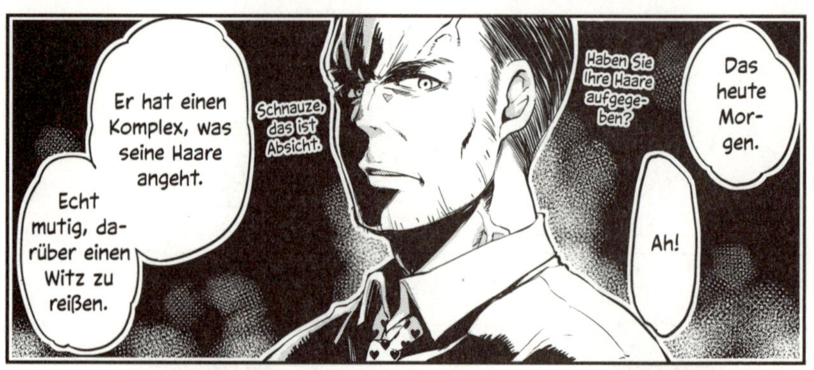

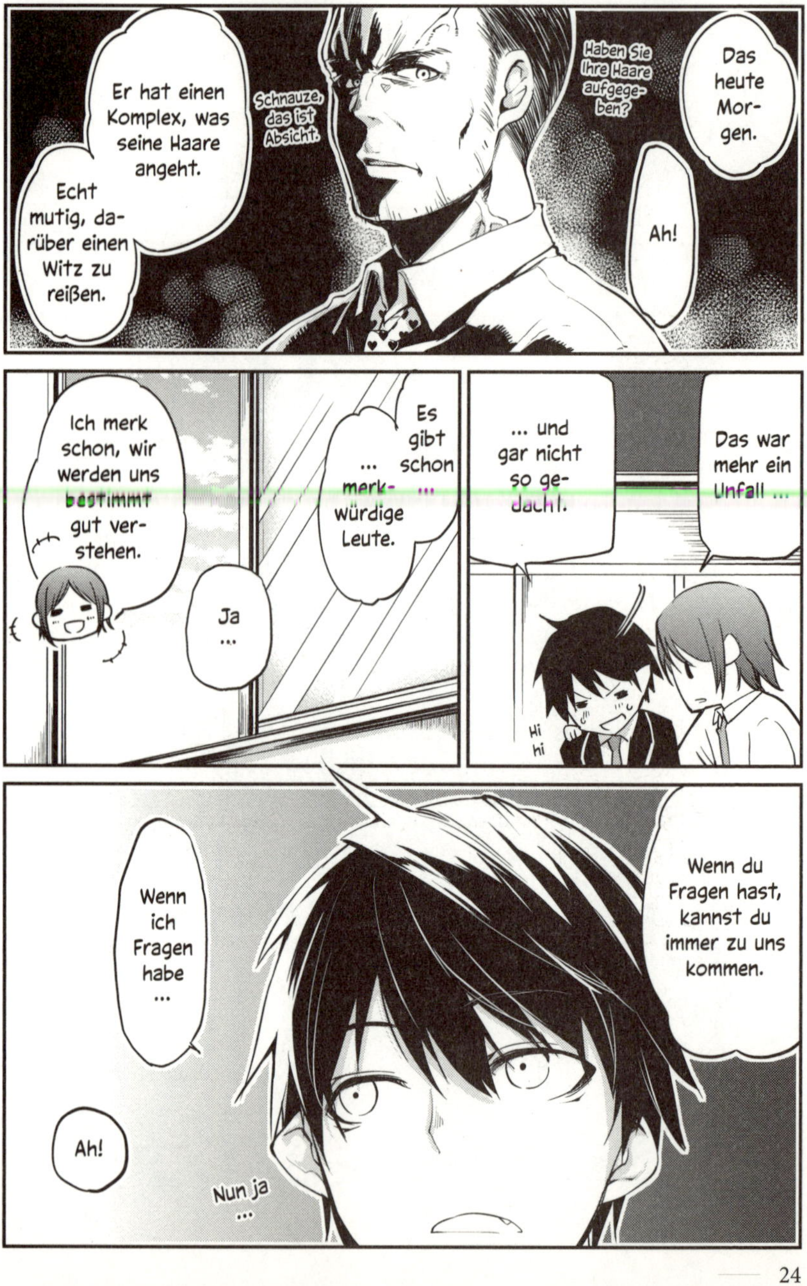

Das war mehr ein Unfall ...

... und gar nicht so gedacht.

Hi hi

Es gibt schon ...

... merkwürdige Leute.

Ja ...

Ich merk schon, wir werden uns bestimmt gut verstehen.

Wenn du Fragen hast, kannst du immer zu uns kommen.

Wenn ich Fragen habe ...

Ah!

Nun ja ...

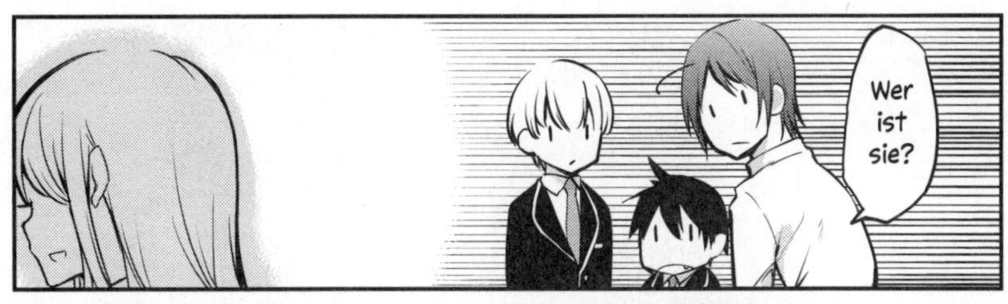

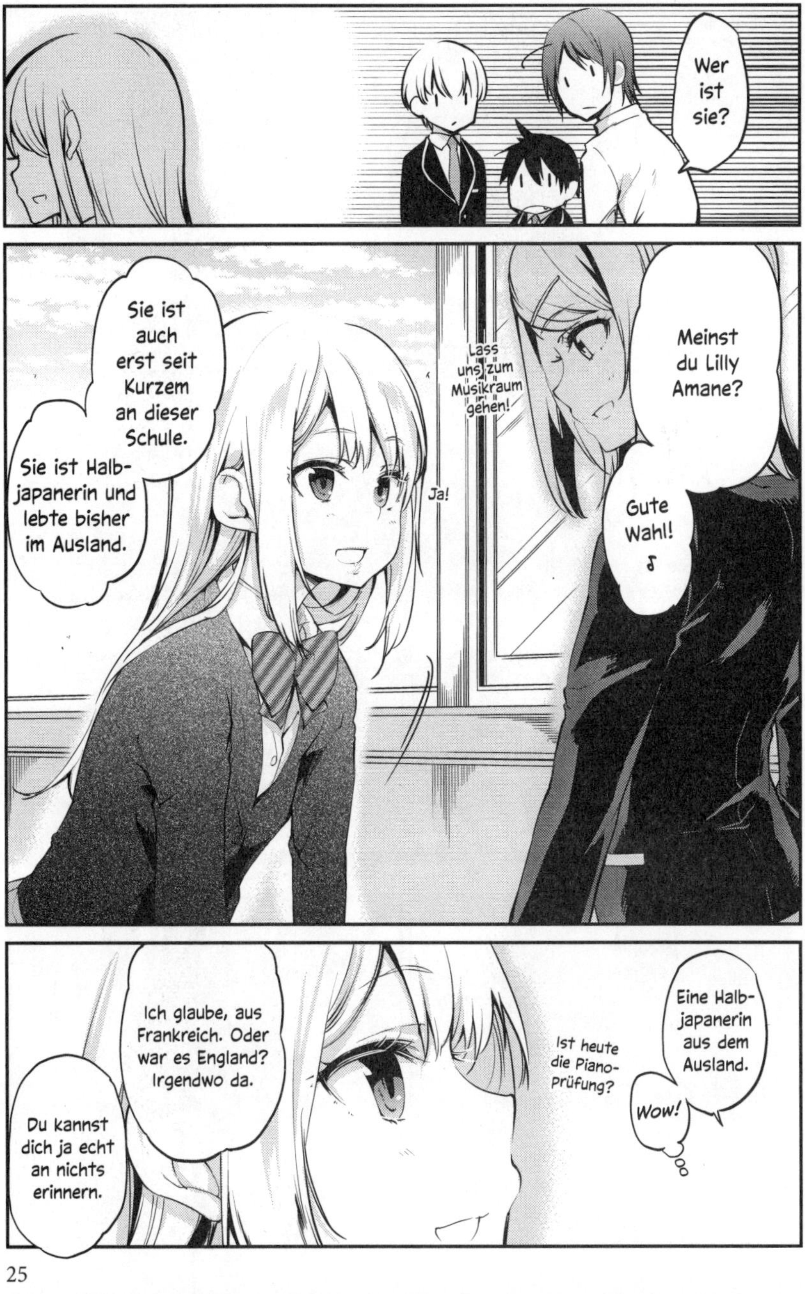

Meinst du Lilly Amane?

Gute Wahl! ♪

Lass uns zum Musikraum gehen!

Ja!

Sie ist auch erst seit Kurzem an dieser Schule.

Sie ist Halbjapanerin und lebte bisher im Ausland.

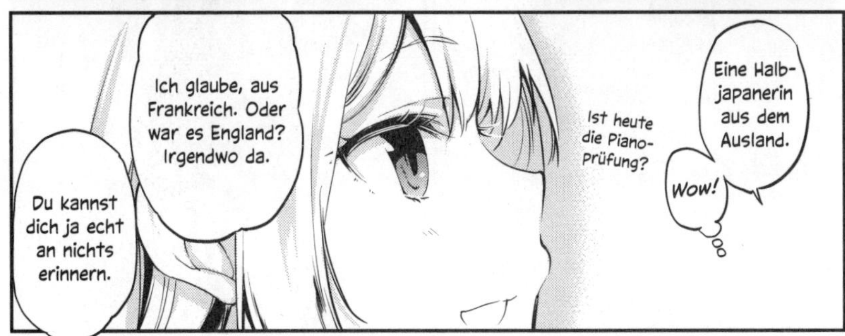

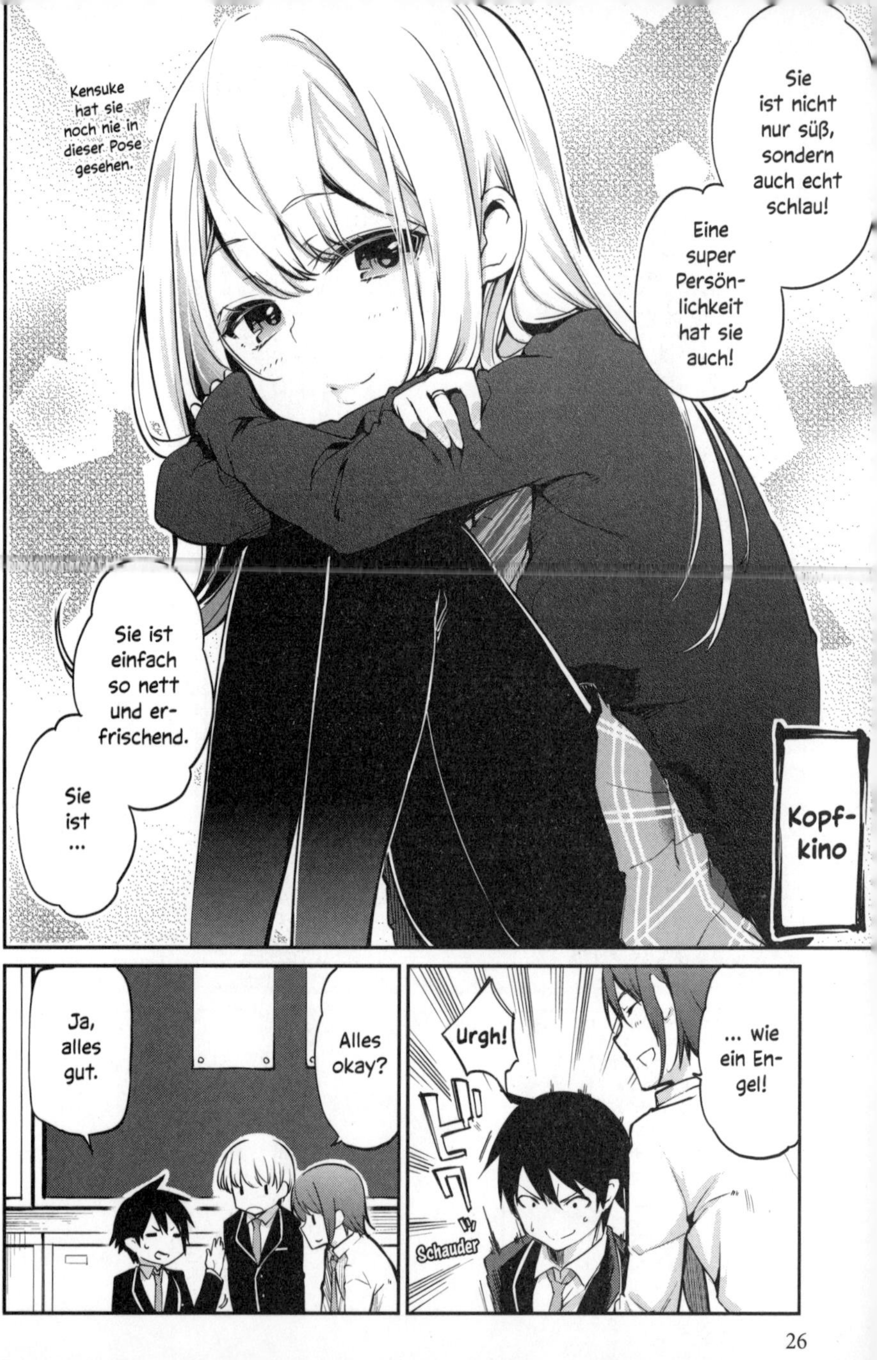

Sie ist nicht nur süß, sondern auch echt schlau!

Eine super Persönlichkeit hat sie auch!

Kensuke hat sie noch nie in dieser Pose gesehen.

Kopf-kino

Sie ist einfach so nett und erfrischend.

Sie ist ...

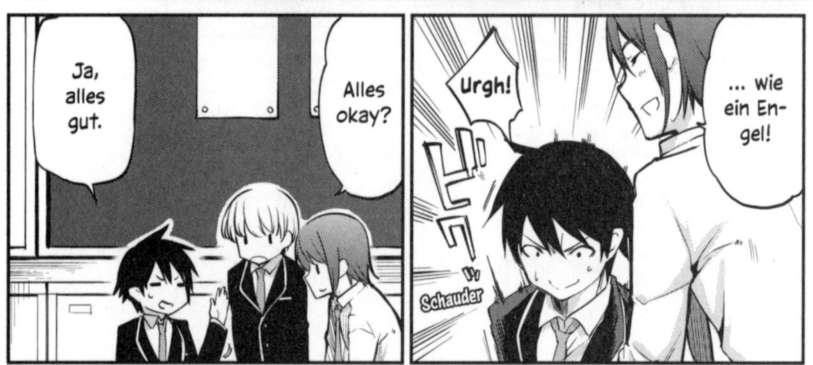

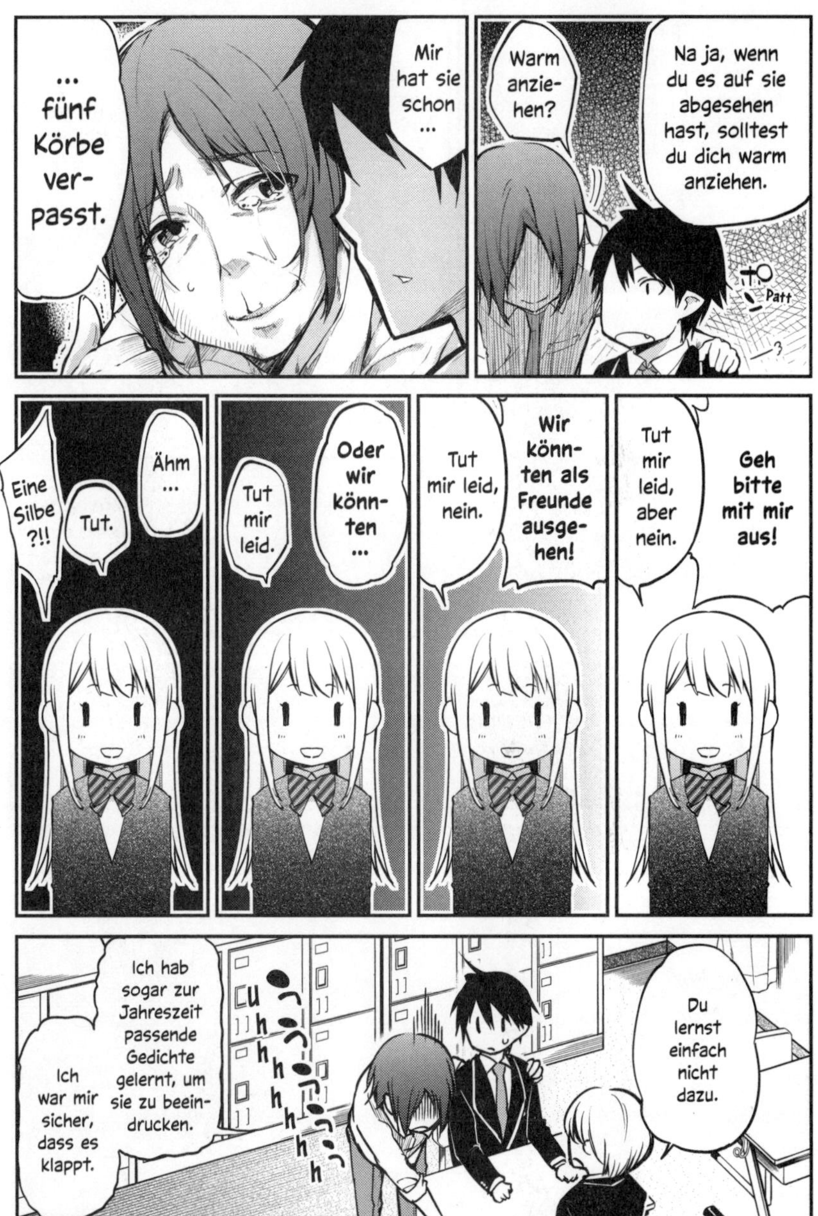
Na ja, wenn du es auf sie abgesehen hast, solltest du dich warm anziehen.
Patt
Warm anzie-hen?
Mir hat sie schon ...
... fünf Körbe ver-passt.
Geh bitte mit mir aus!
Tut mir leid, aber nein.
Wir könn-ten als Freunde ausge-hen!
Tut mir leid, nein.
Oder wir könn-ten ...
Tut mir leid.
Ähm ...
Tut.
Eine Silbe ?!!
Du lernst einfach nicht dazu.
Uhhhhhhh
Ich hab sogar zur Jahreszeit passende Gedichte gelernt, um sie zu beein-drucken.
Ich war mir sicher, dass es klappt.

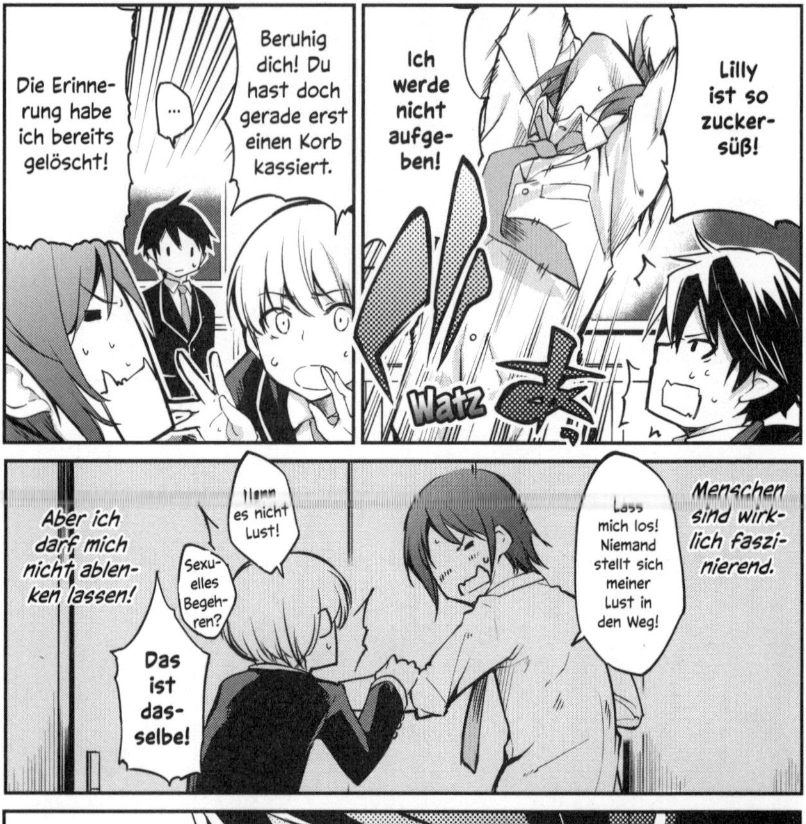

Lilly ist so zuckersüß!
Ich werde nicht aufgeben!
Watz
Beruhig dich! Du hast doch gerade erst einen Korb kassiert.
...
Die Erinnerung habe ich bereits gelöscht!
Menschen sind wirklich faszinierend.
Lass mich los! Niemand stellt sich meiner Lust in den Weg!
es nicht Lust!
Sexuelles Begehren?
Das ist dasselbe!
Aber ich darf mich nicht ablenken lassen!

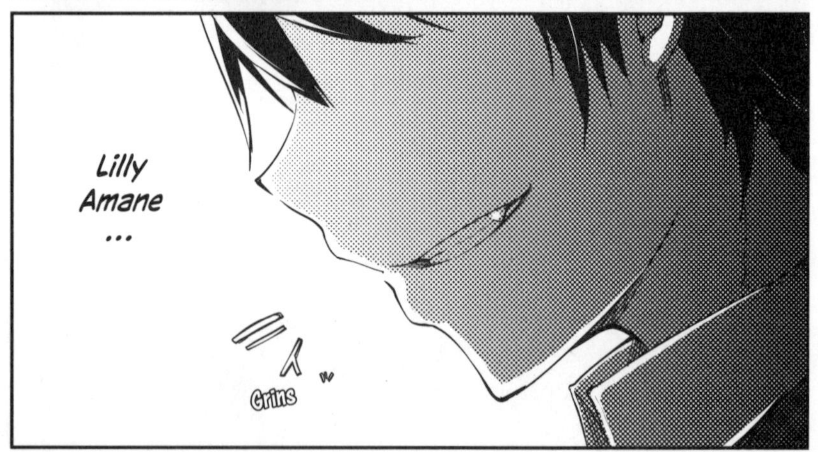
Lilly Amane ...
Grins

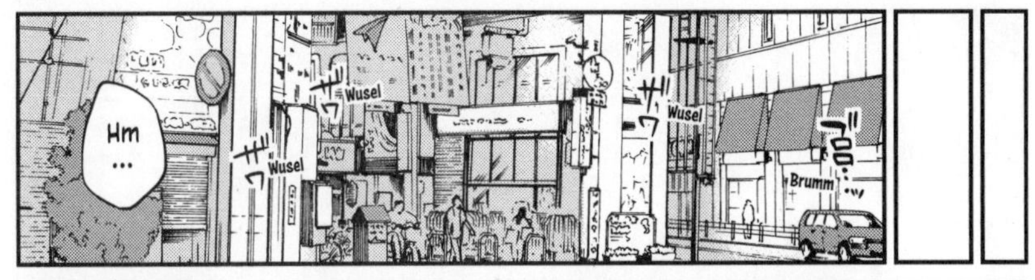
Brumm
Wusel
Wusel
Wusel
Hm ...

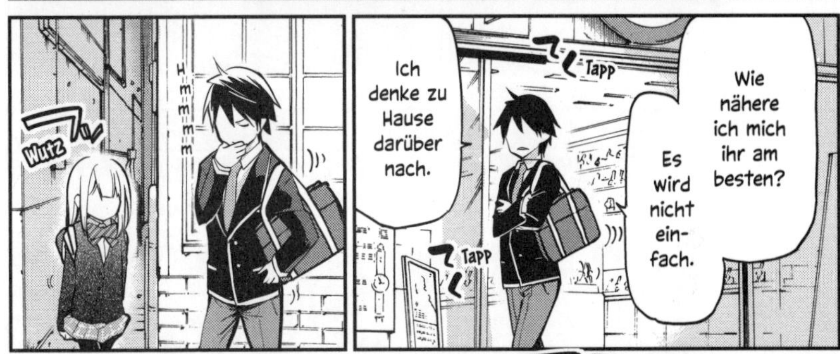
Wie nähere ich mich ihr am besten?
Es wird nicht ein-fach.
Tapp
Tapp
Ich denke zu Hause darüber nach.
Hmmmm
Wutz

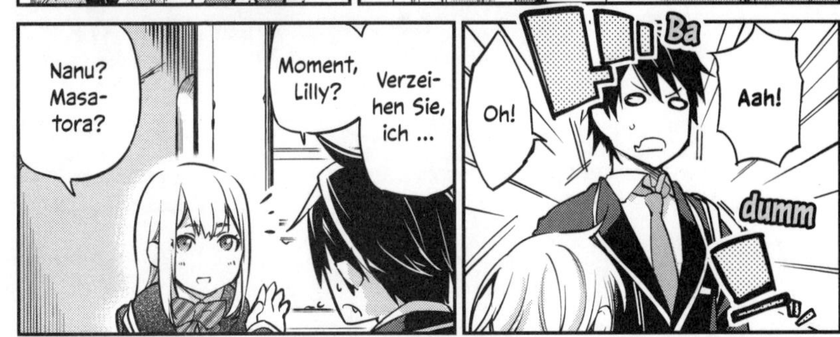
Ba
Aah!
Oh!
dumm
Verzei-hen Sie, ich ...
Moment, Lilly?
Nanu? Masa-tora?

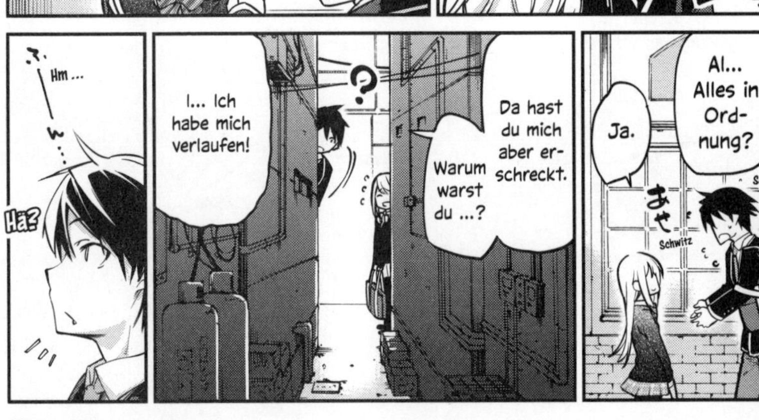
Al... Alles in Ord-nung?
Ja.
Schwitz
Schwitz
Da hast du mich aber er-schreckt.
Warum warst du ...?
I... Ich habe mich verlaufen!
Hm ...
Hä?

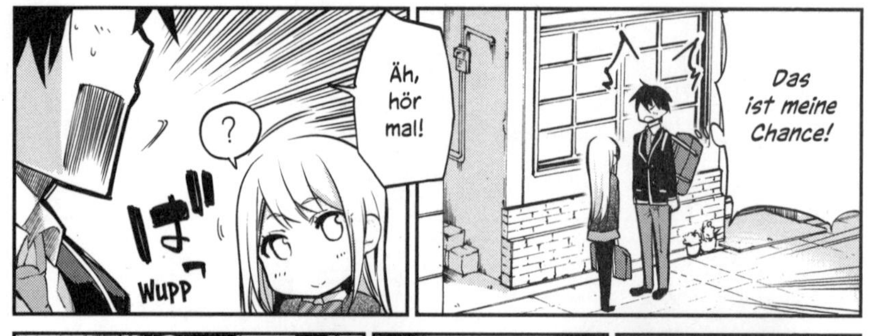

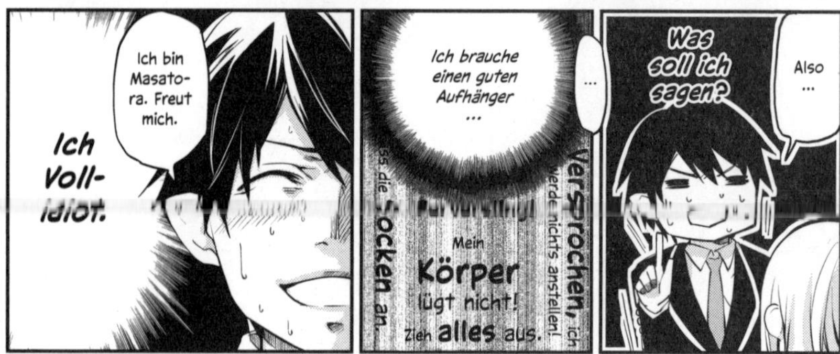

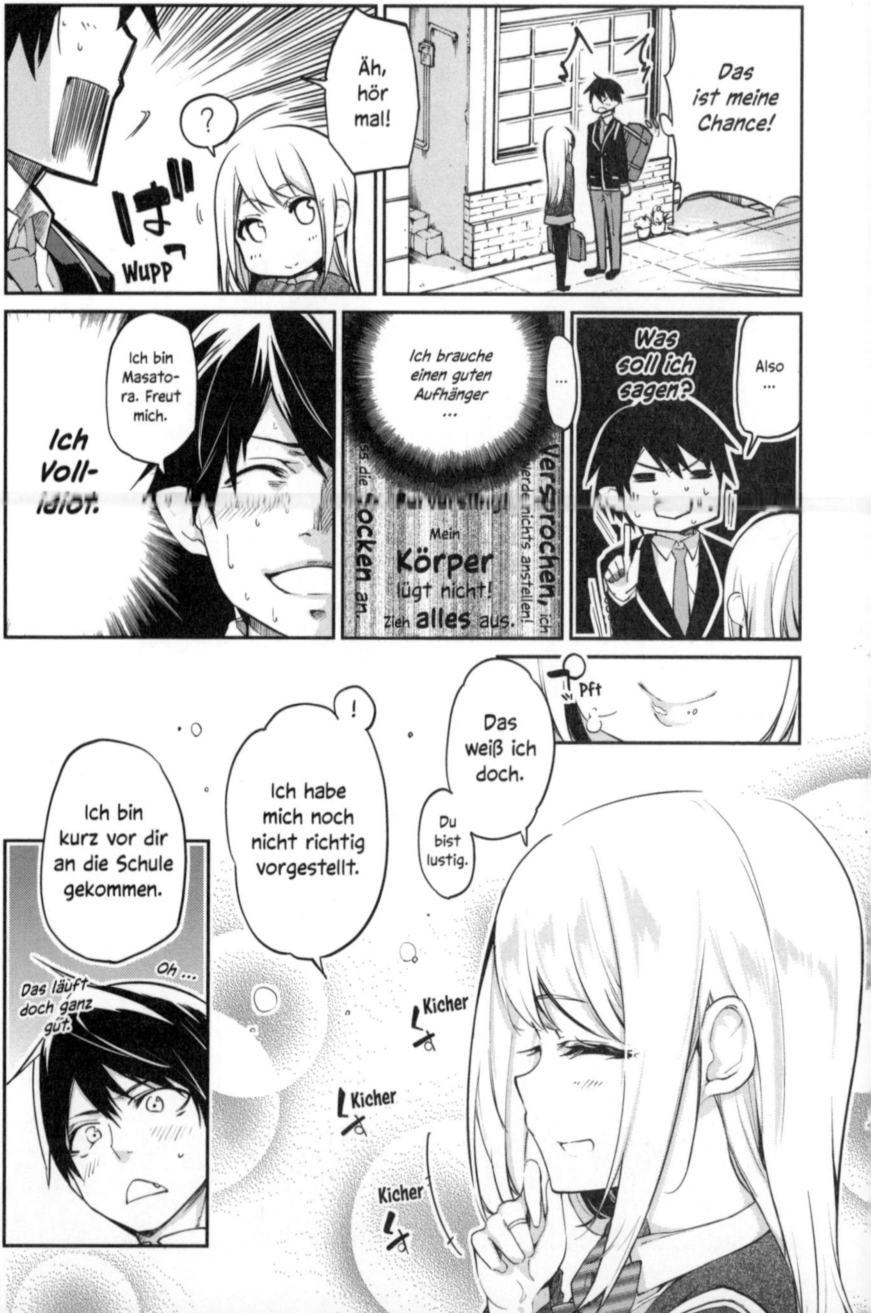

Pft

Das weiß ich doch.

Du bist lustig.

!

Ich habe mich noch nicht richtig vorgestellt.

Ich bin kurz vor dir an die Schule gekommen.

Oh ...

Das läuft doch ganz gut.

Kicher

Kicher

Kicher

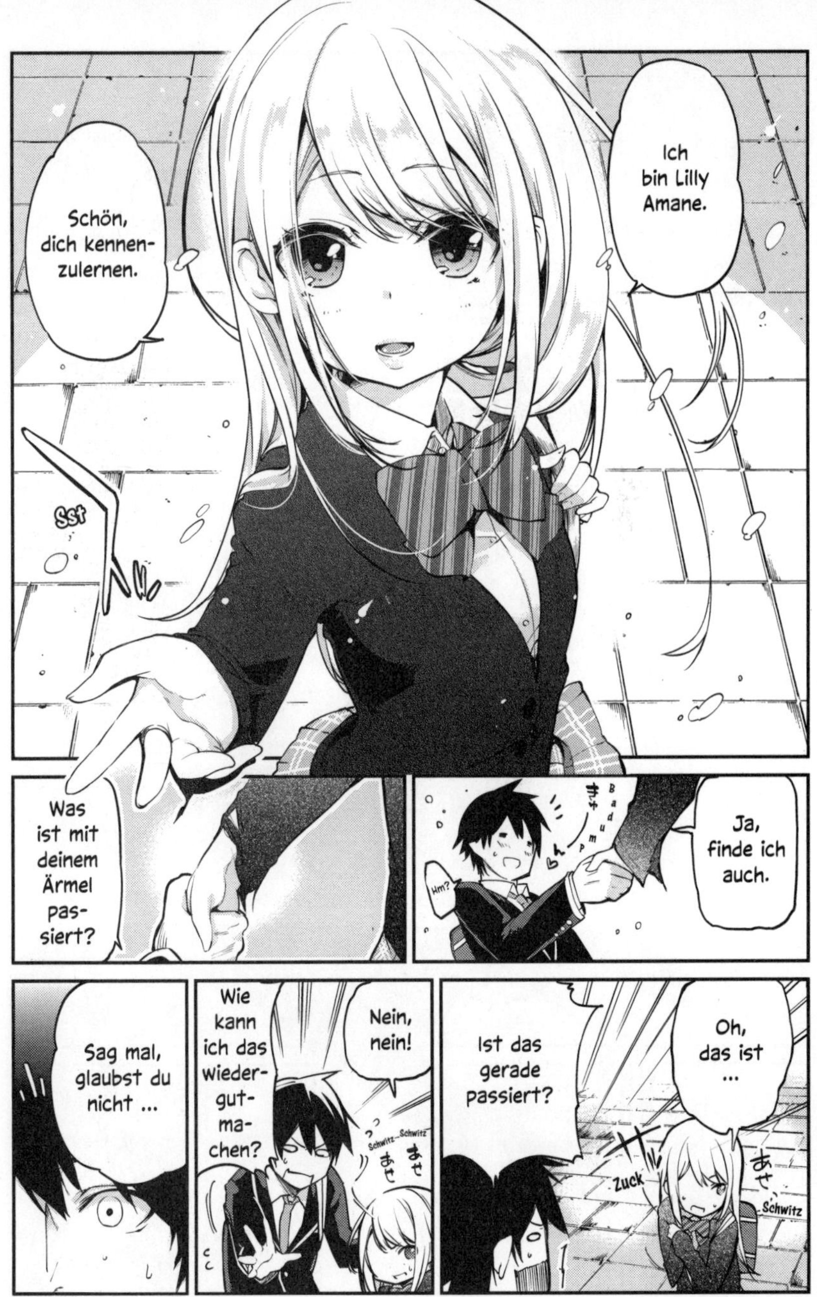
Ich bin Lilly Amane.
Schön, dich kennenzulernen.
Sst
Ja, finde ich auch.
Badump
Hm?
Was ist mit deinem Ärmel passiert?
Oh, das ist ...
Schwitz
Zuck
Ist das gerade passiert?
Nein, nein!
Wie kann ich das wiedergutmachen?
Schwitz-Schwitz
Sag mal, glaubst du nicht ...

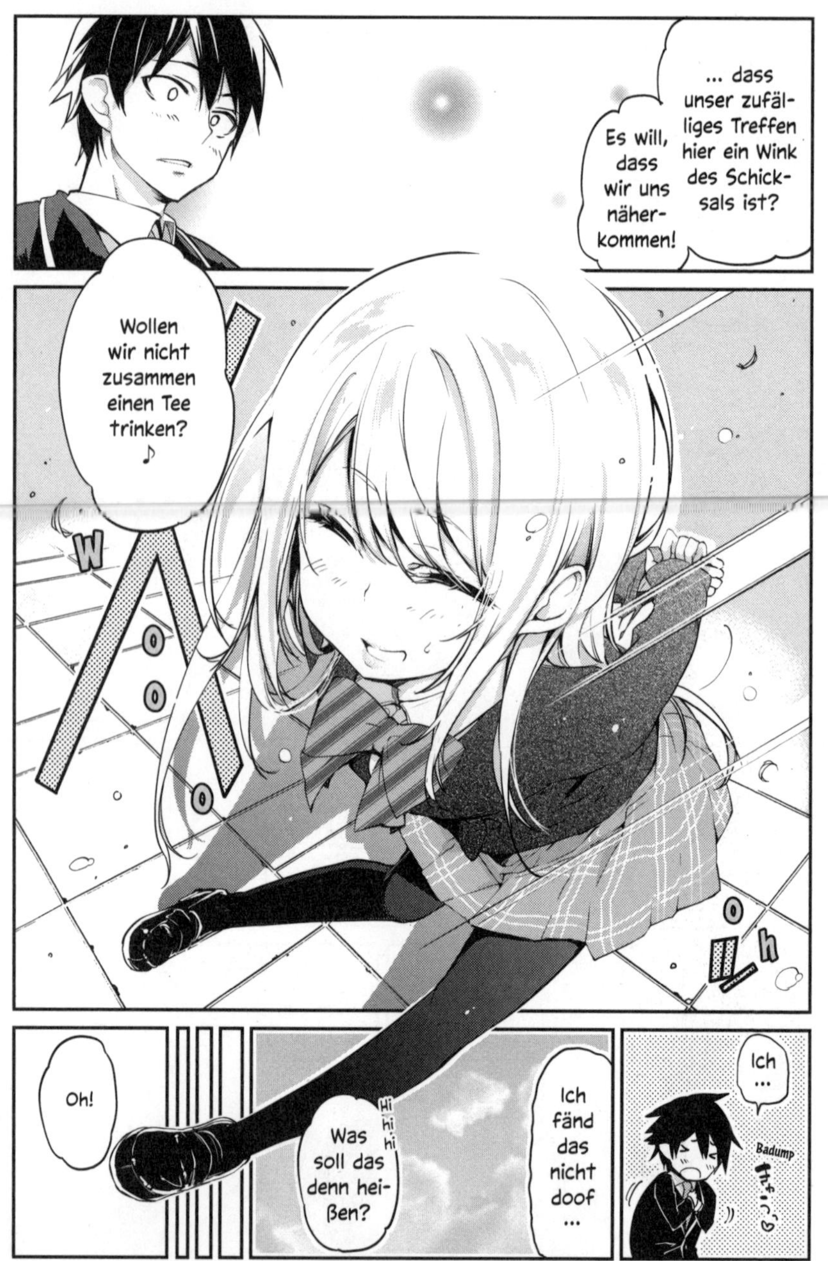

... dass unser zufälliges Treffen hier ein Wink des Schicksals ist?
Es will, dass wir uns näherkommen!
Wollen wir nicht zusammen einen Tee trinken? ♪
Ich ...
Badump
Ich fänd das nicht doof ...
Hi hi hi
Was soll das denn heißen?
Oh!

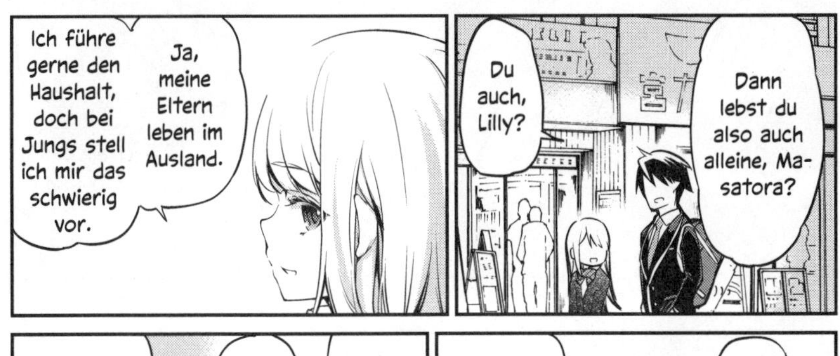
Dann lebst du also auch alleine, Masatora?
Du auch, Lilly?
Ja, meine Eltern leben im Ausland.
Ich führe gerne den Haushalt, doch bei Jungs stell ich mir das schwierig vor.

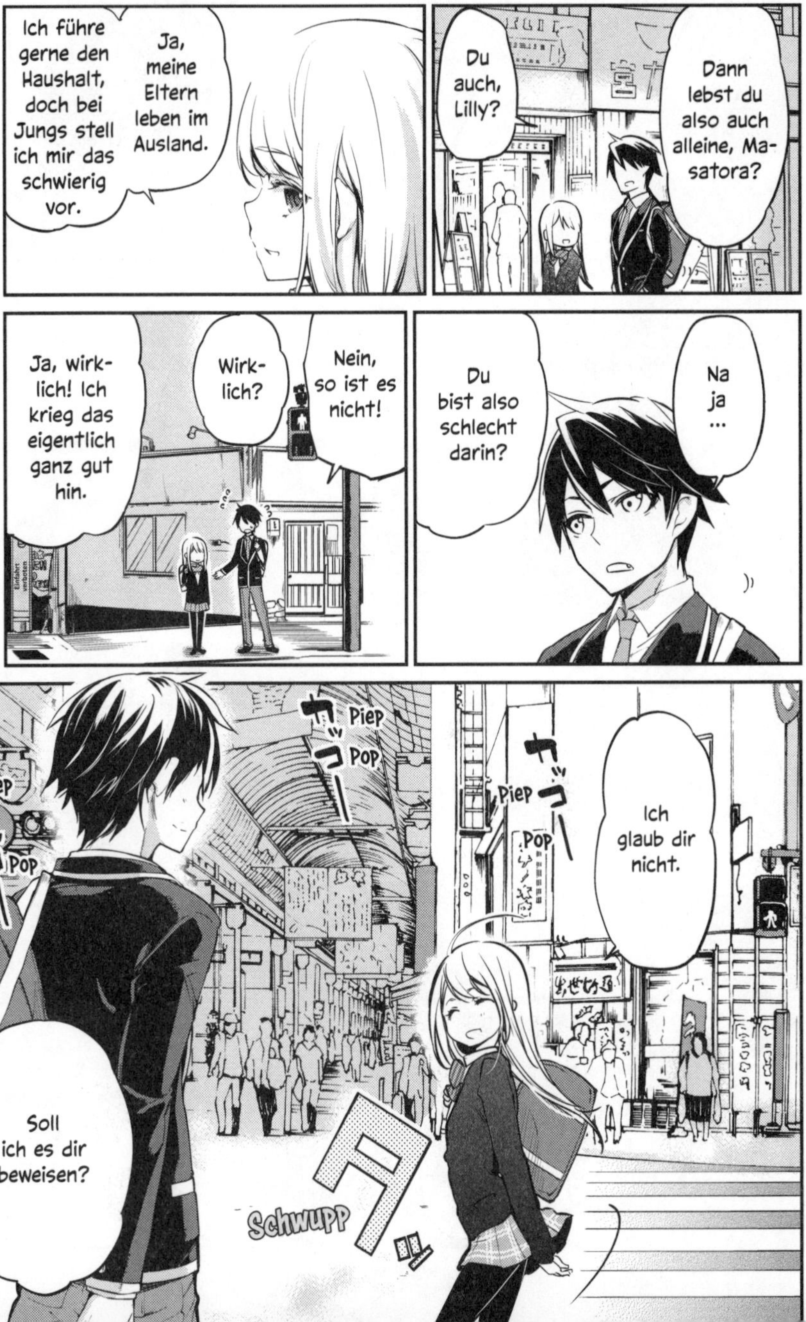

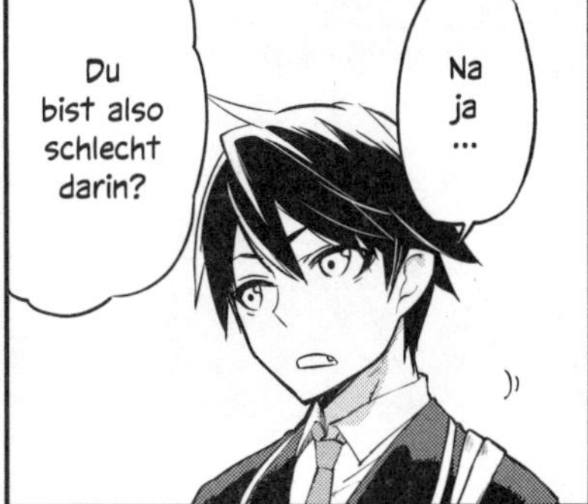
Na ja ...
Du bist also schlecht darin?

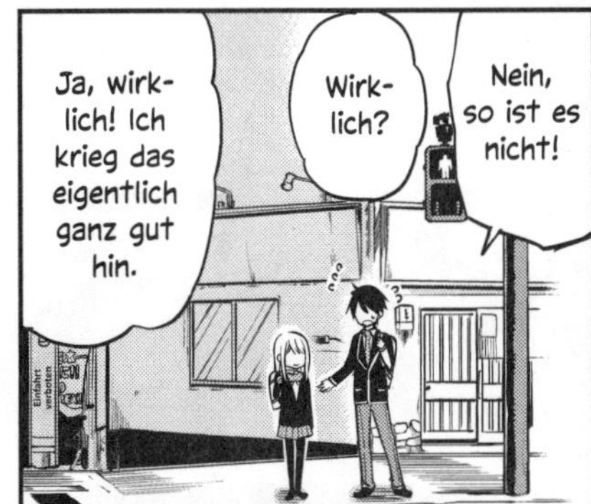
Nein, so ist es nicht!
Wirklich?
Ja, wirklich! Ich krieg das eigentlich ganz gut hin.
Einfahrt verboten

Ich glaub dir nicht.
Piep
Pop
Piep
Pop
Piep
Pop
Soll ich es dir beweisen?
Schwupp

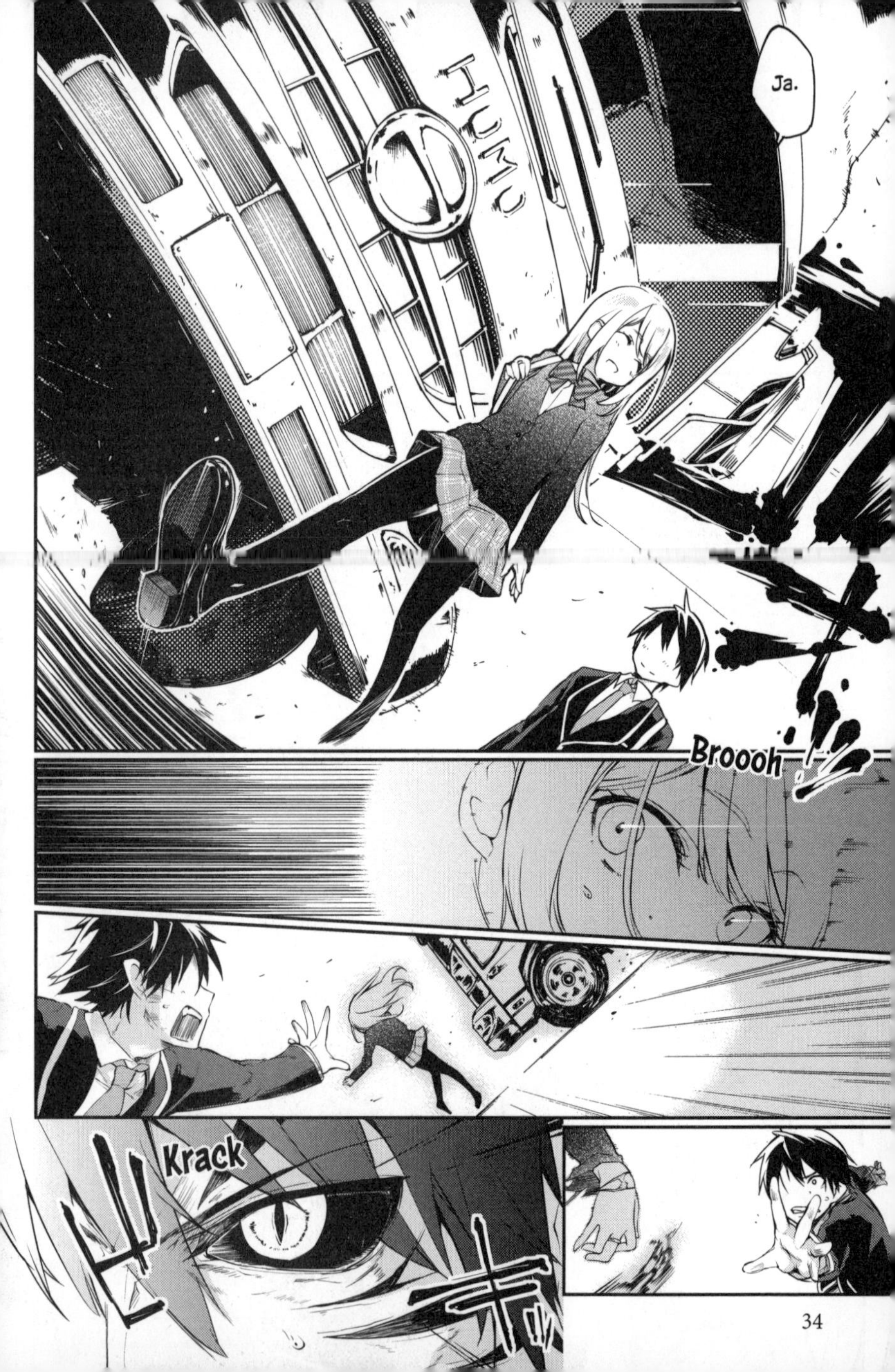
Ja.
Broooh
Krack

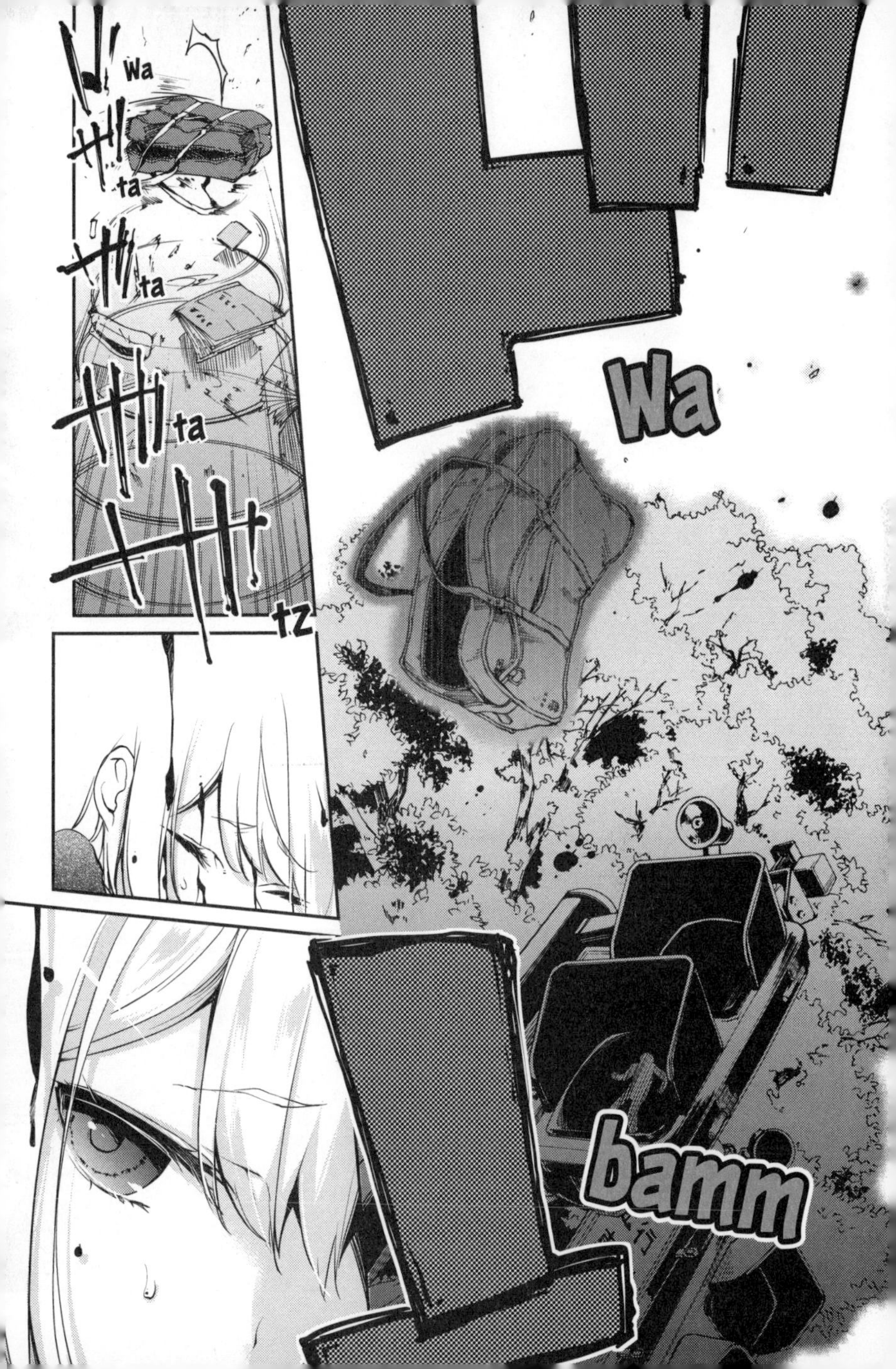
Wa
ta
ta
ta
tz
Wa
bamm

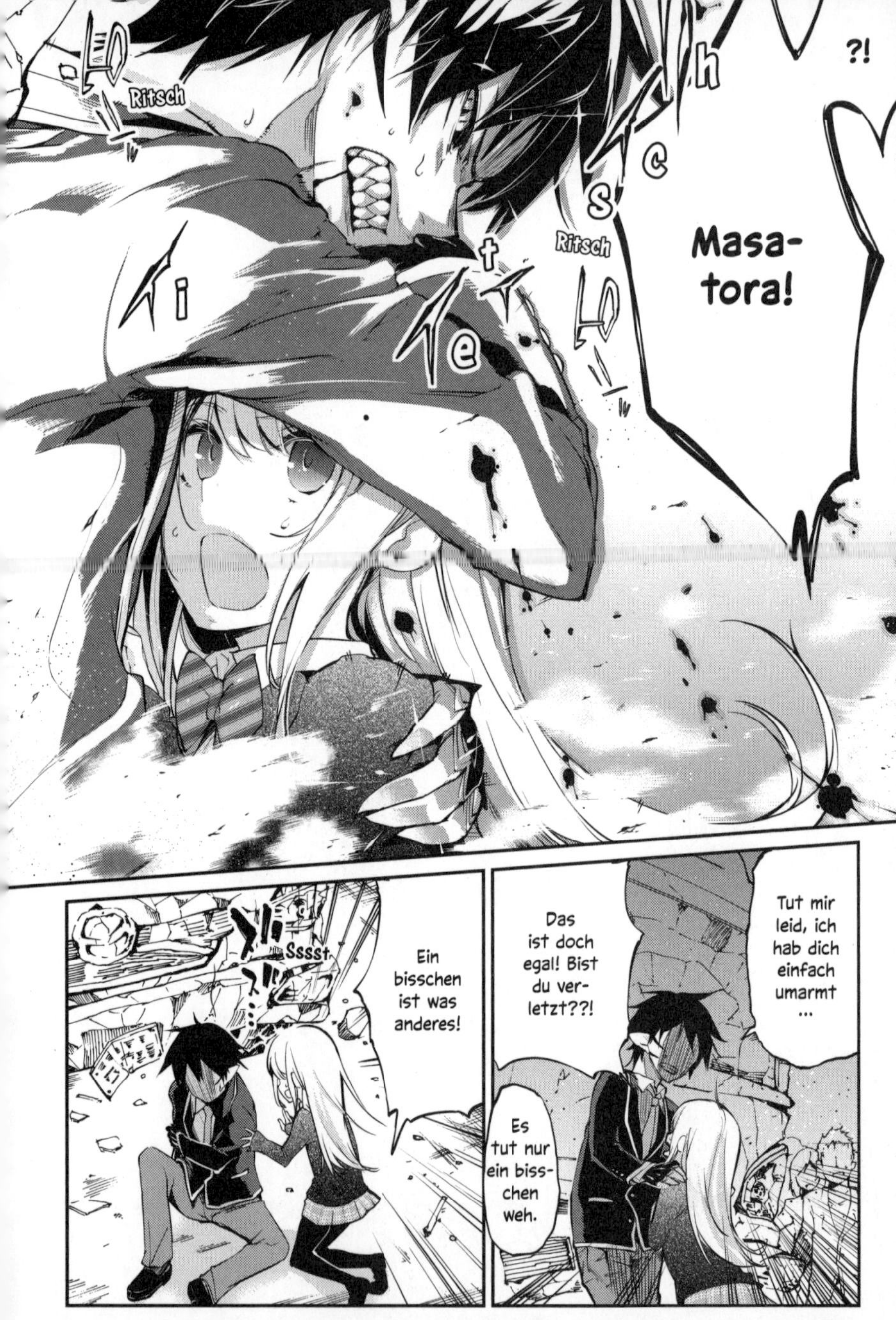
?!
Masa-tora!
Ritsch
Ritsch
Tut mir leid, ich hab dich einfach umarmt ...
Das ist doch egal! Bist du ver-letzt??!
Es tut nur ein biss-chen weh.
Ein bisschen ist was anderes!
Sssst

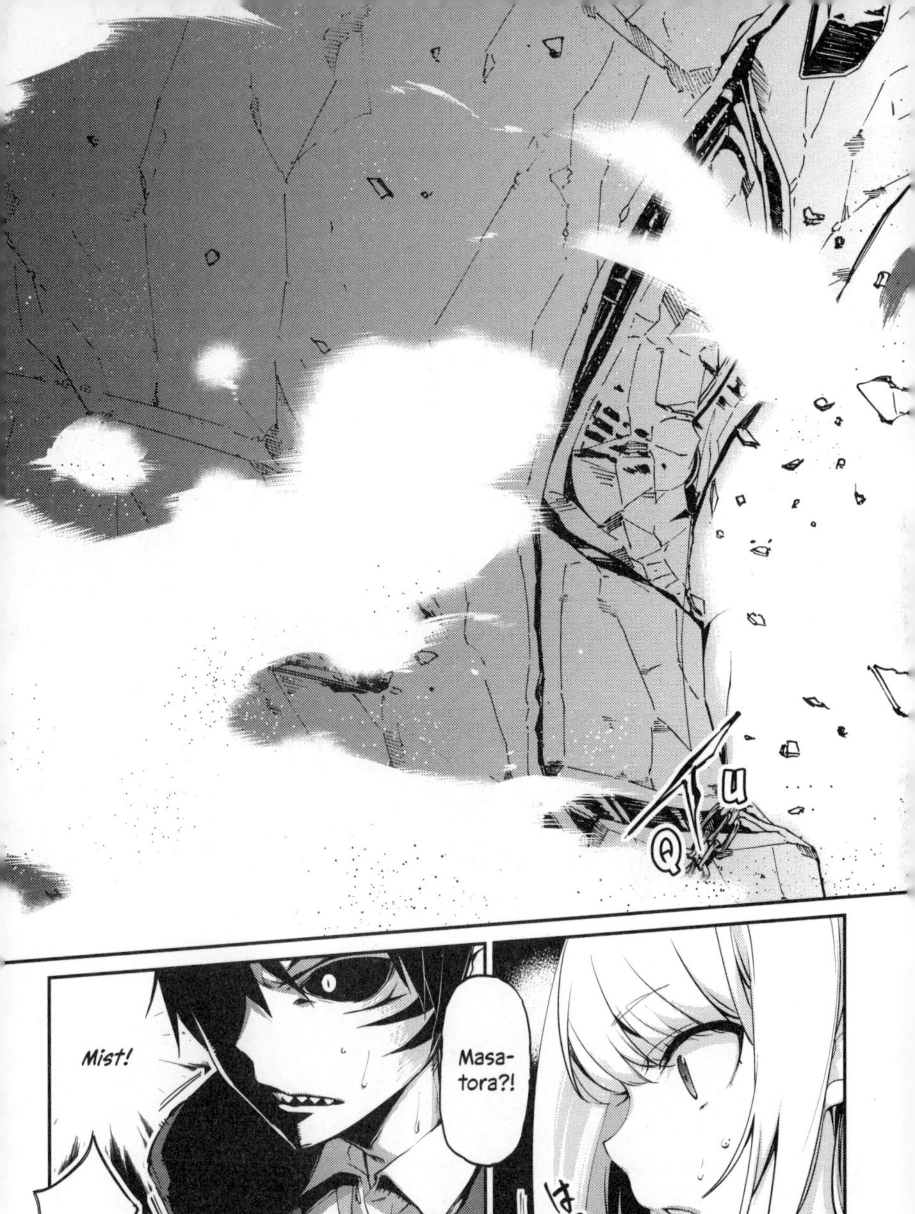

Q
u
Masa-tora?!
は
Hah
Mist!
Äh ...

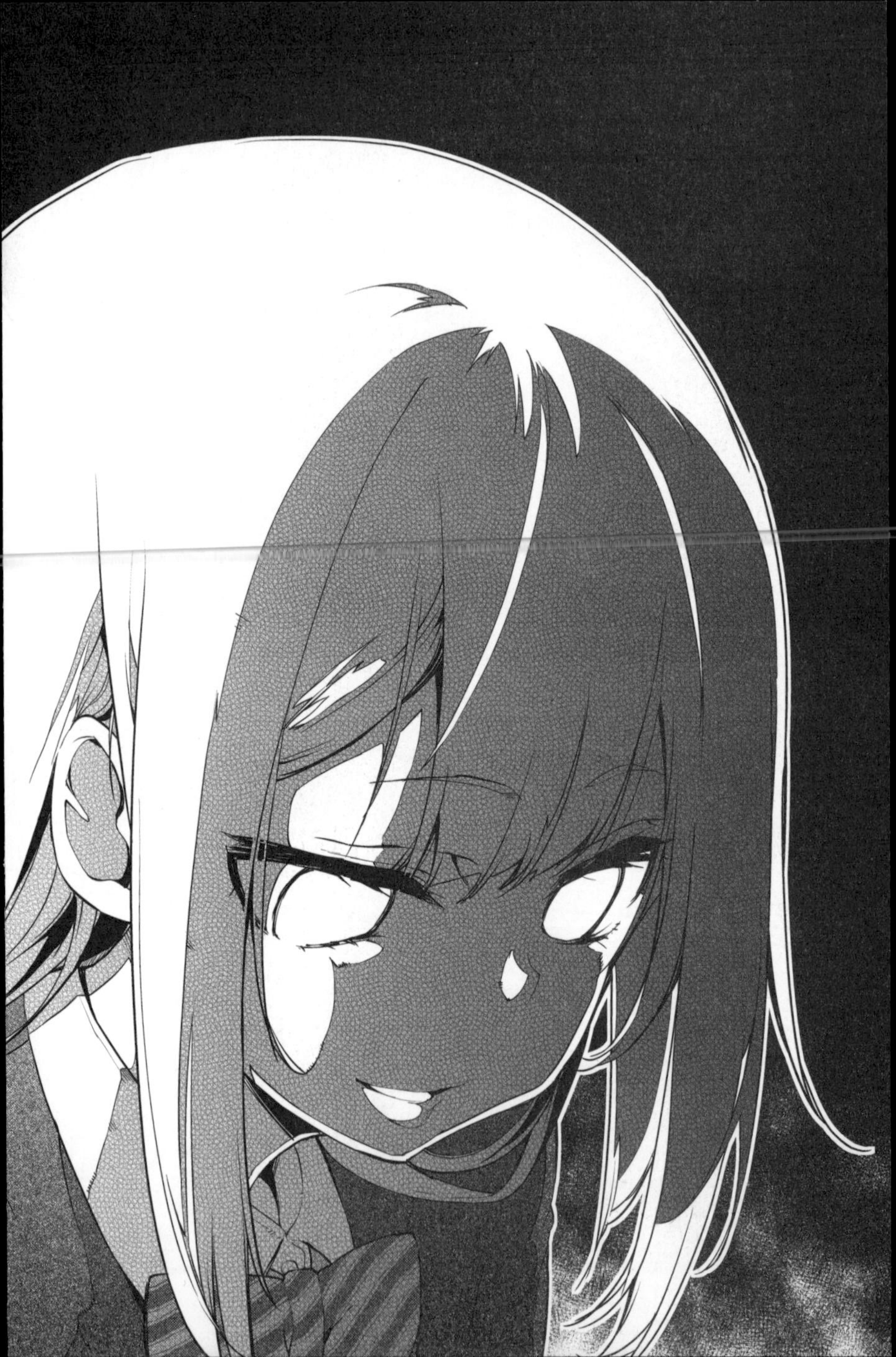

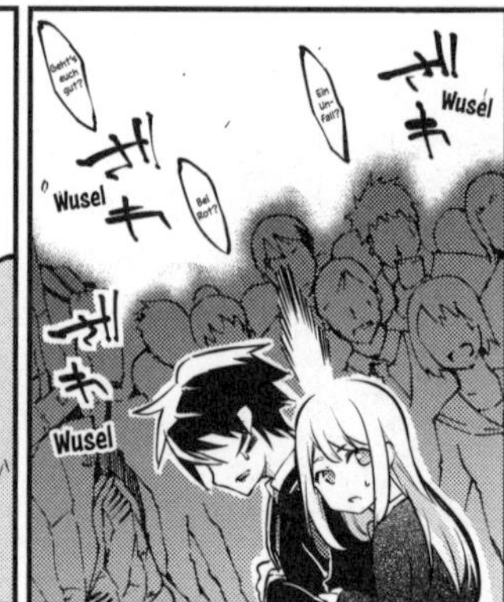
Ein Un-Fall?
Wusel
Geht's euch gut?
Bei Rot?
Wusel
Wusel

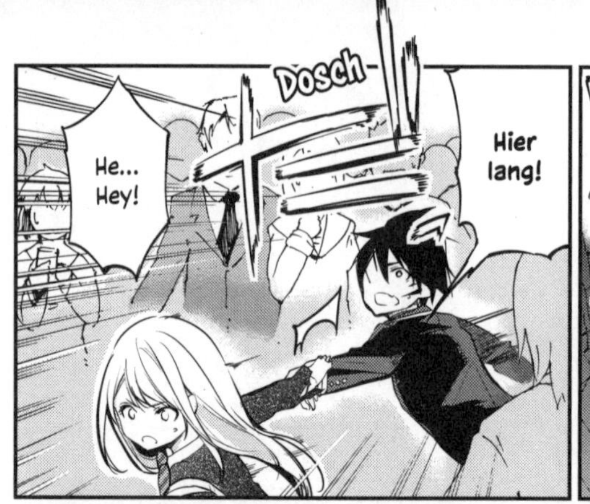
Hier lang!
Dosch
He... Hey!

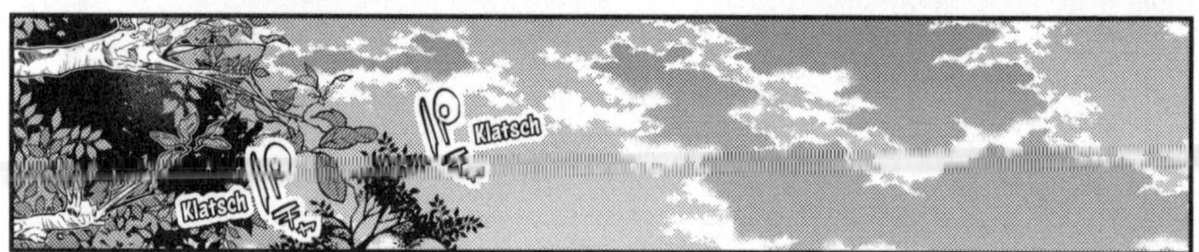
Klatsch
Klatsch

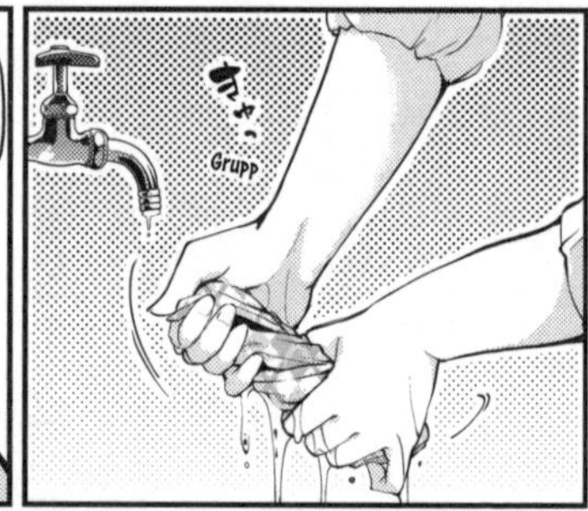
Grupp

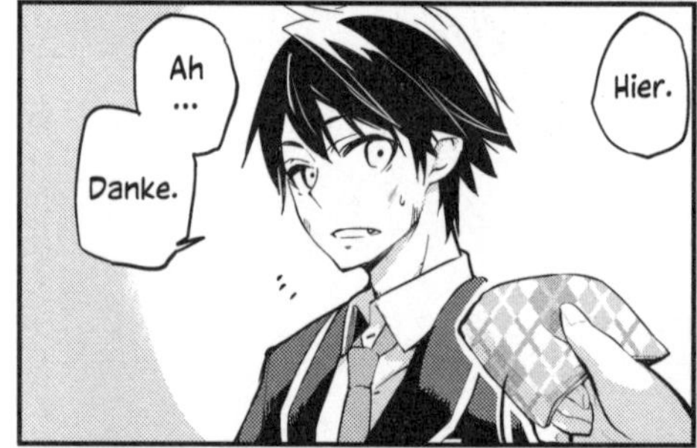
Hier.
Ah ...
Danke.

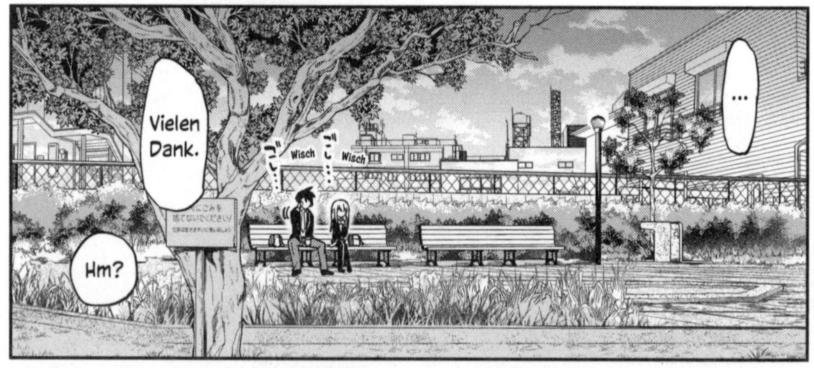
...
Wisch
Wisch
Vielen Dank.
Hm?

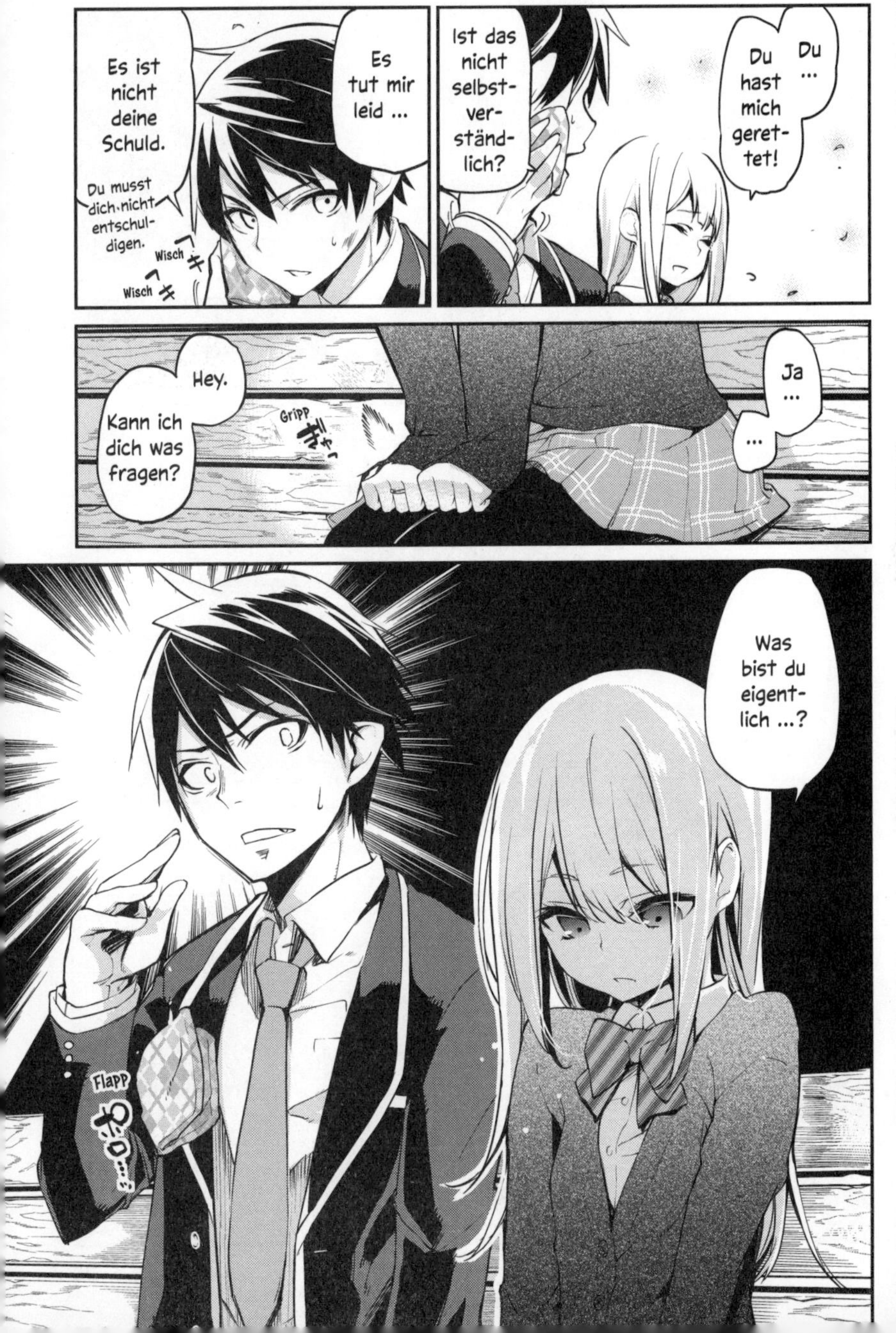

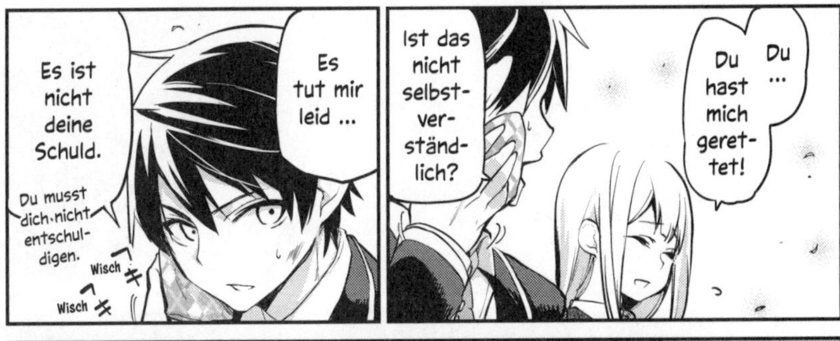

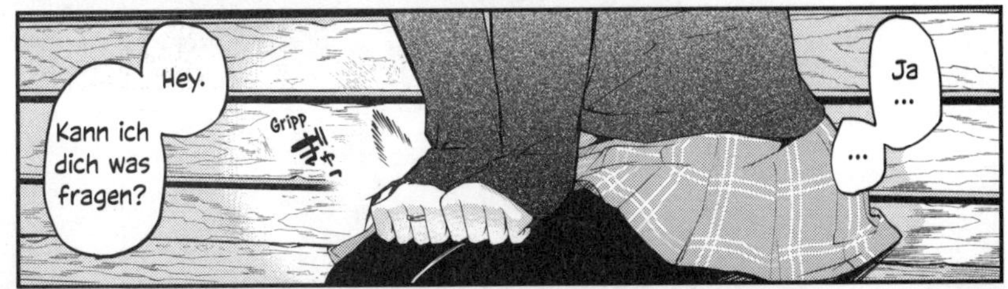

Was bist du eigentlich ...?

Flapp

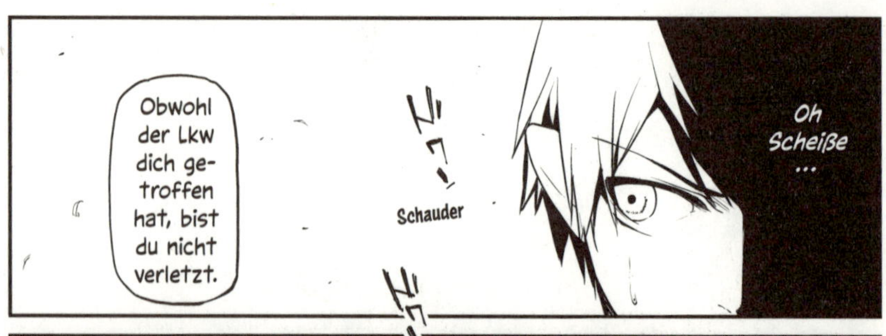
Oh Scheiße …
Schauder
Obwohl der Lkw dich getroffen hat, bist du nicht verletzt.

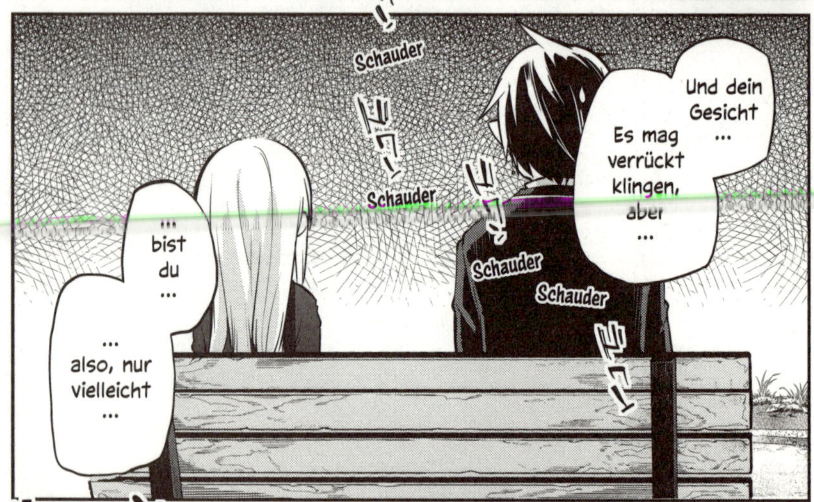
Schauder
Und dein Gesicht …
Es mag verrückt klingen, aber …
Schauder
Schauder
Schauder
… bist du …
… also, nur vielleicht …

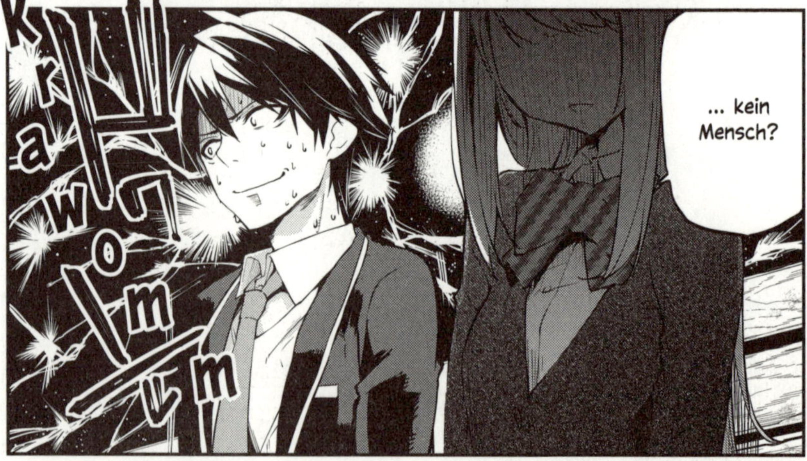
… kein Mensch?
Krawomm

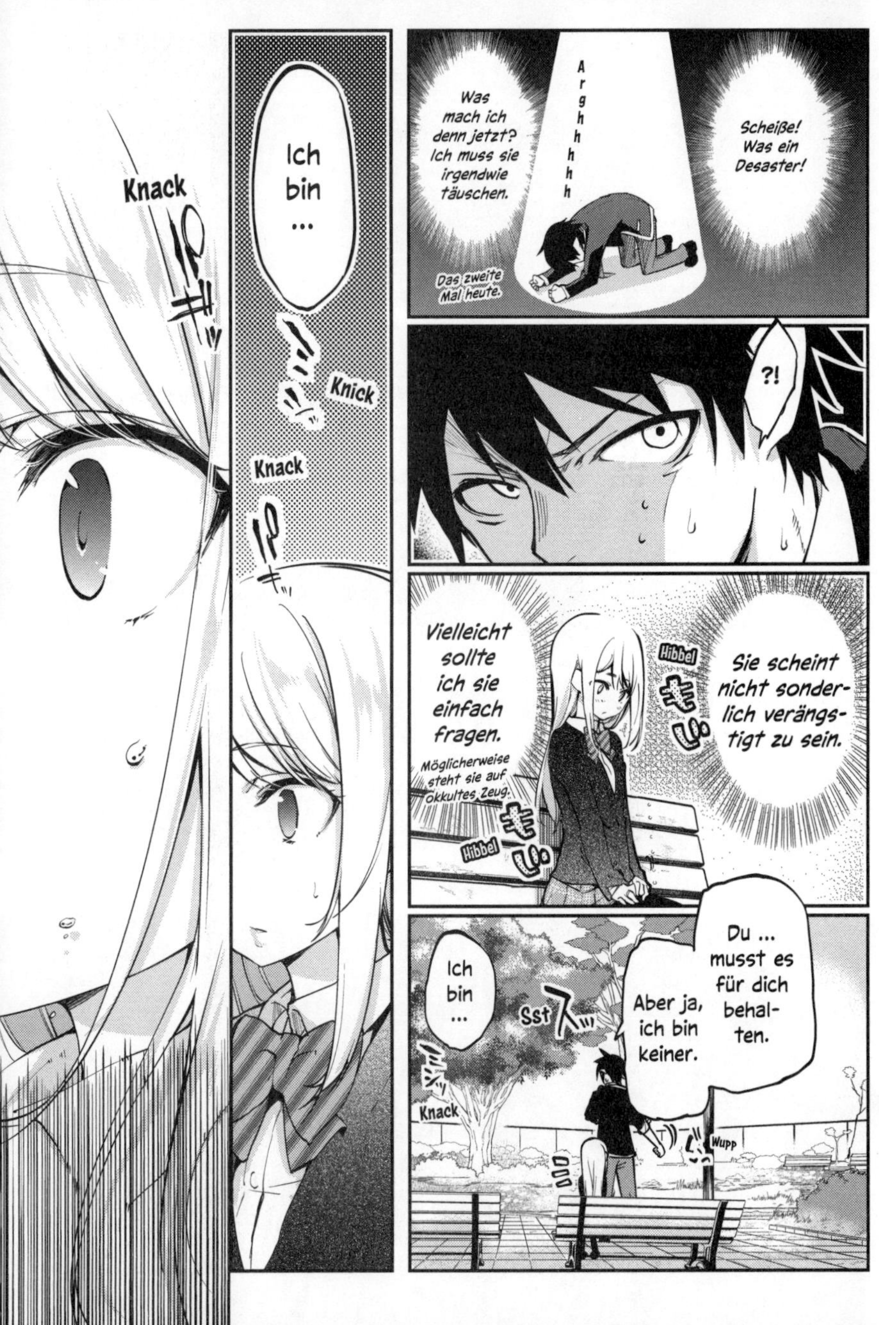

Scheiße! Was ein Desaster!
Arghhhhhh
Was mach ich denn jetzt? Ich muss sie irgendwie täuschen.
Das zweite Mal heute.
?!
Sie scheint nicht sonderlich verängstigt zu sein.
Hibbel
Vielleicht sollte ich sie einfach fragen.
Möglicherweise steht sie auf okkultes Zeug.
Hibbel
Du ... musst es für dich behalten.
Aber ja, ich bin keiner.
Sst
Wupp
Ich bin ...
Knack
Ich bin ...
Knick
Knack
Knack

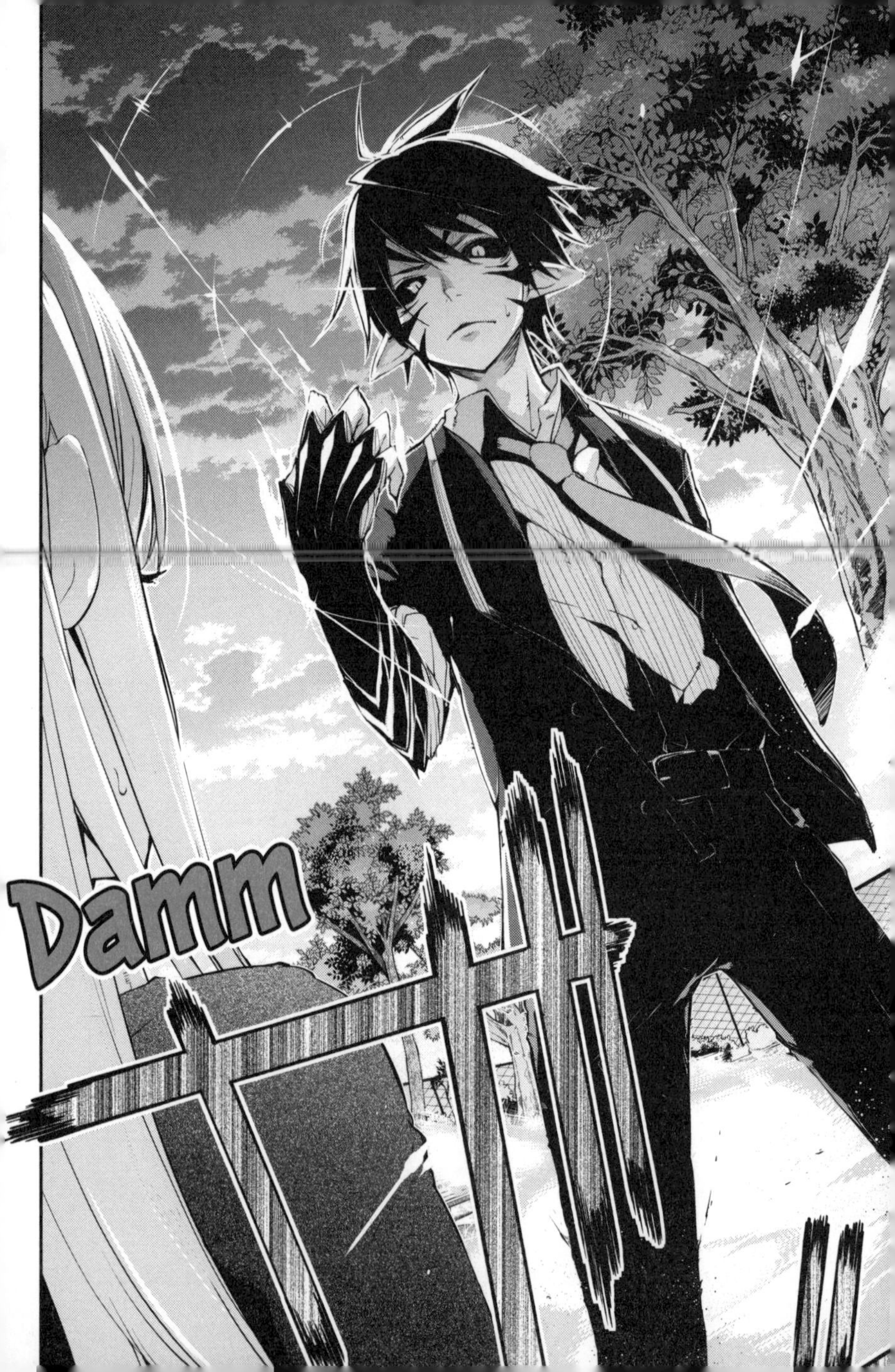
Damm

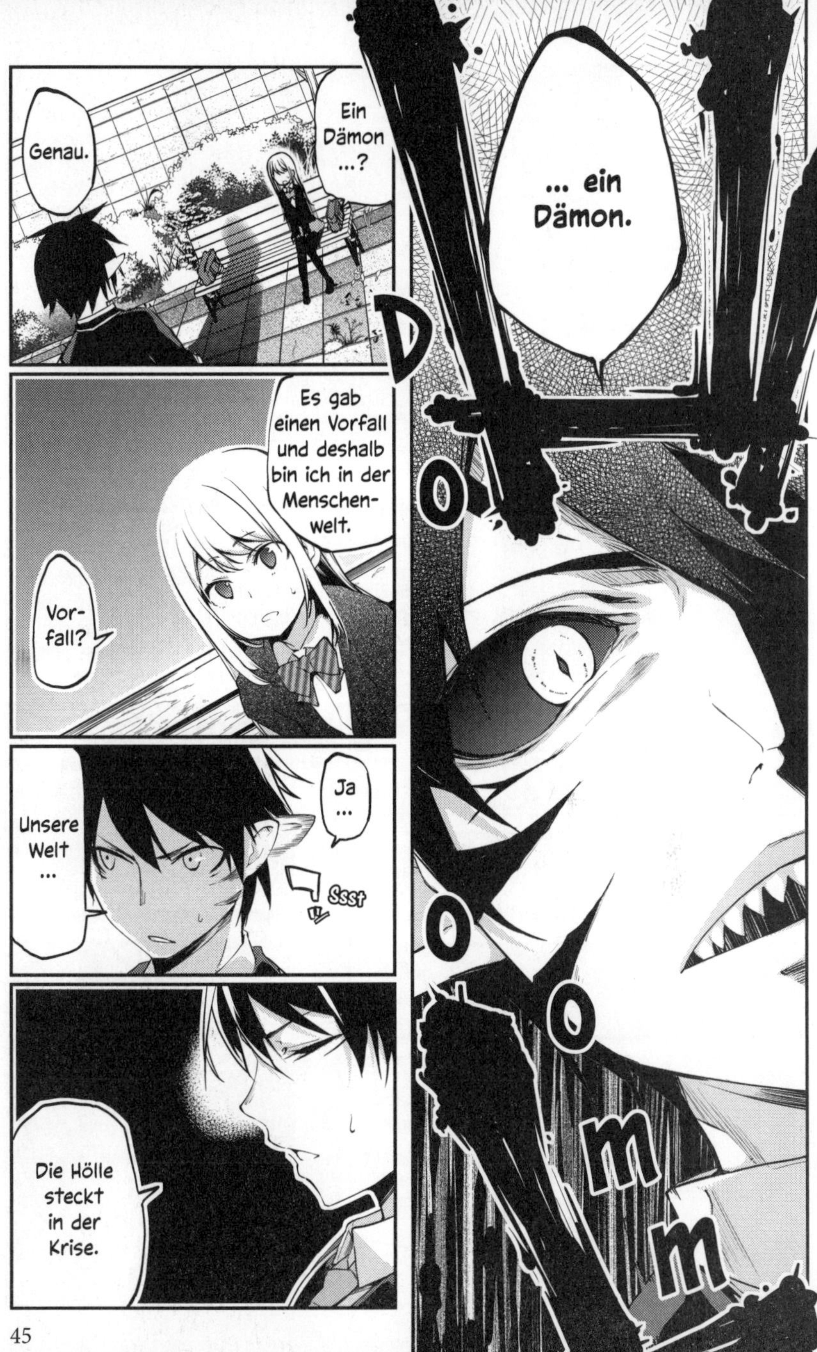
... ein Dämon.
DOOOOOmmm
Ein Dämon ...?
Genau.
Es gab einen Vorfall und deshalb bin ich in der Menschen-welt.
Vor-fall?
Ja ...
Ssst
Unsere Welt ...
Die Hölle steckt in der Krise.

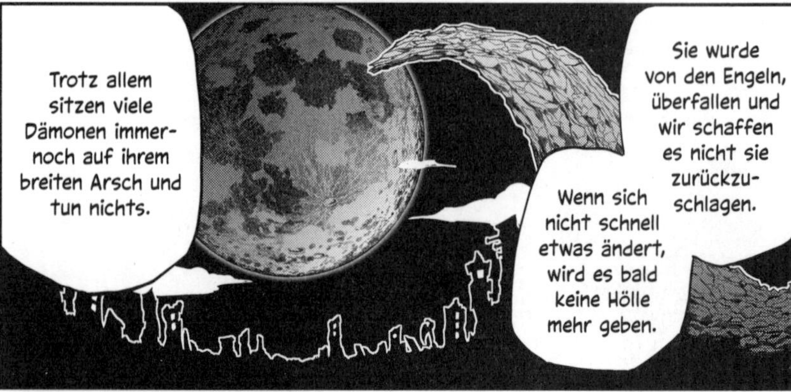
Sie wurde von den Engeln, überfallen und wir schaffen es nicht sie zurückzuschlagen.
Wenn sich nicht schnell etwas ändert, wird es bald keine Hölle mehr geben.
Trotz allem sitzen viele Dämonen immernoch auf ihrem breiten Arsch und tun nichts.

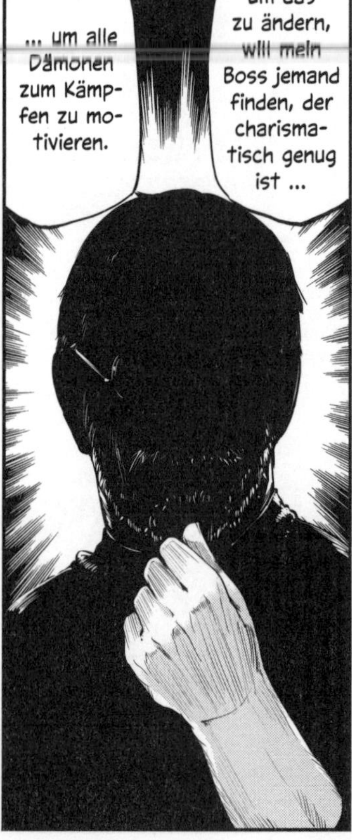
Um das zu ändern, will mein Boss jemand finden, der charismatisch genug ist ...
... um alle Dämonen zum Kämpfen zu motivieren.

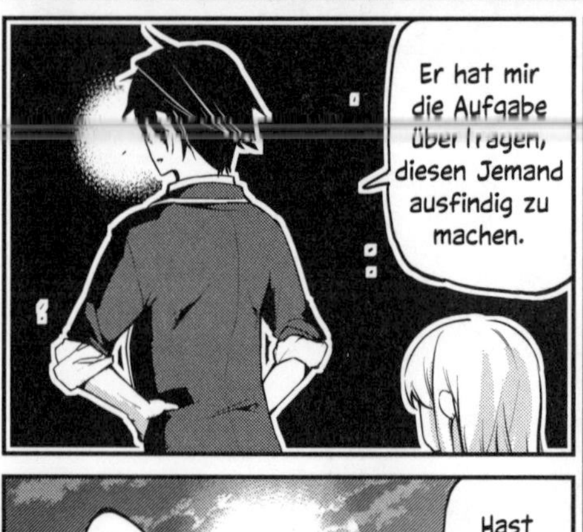
Er hat mir die Aufgabe übertragen, diesen Jemand ausfindig zu machen.

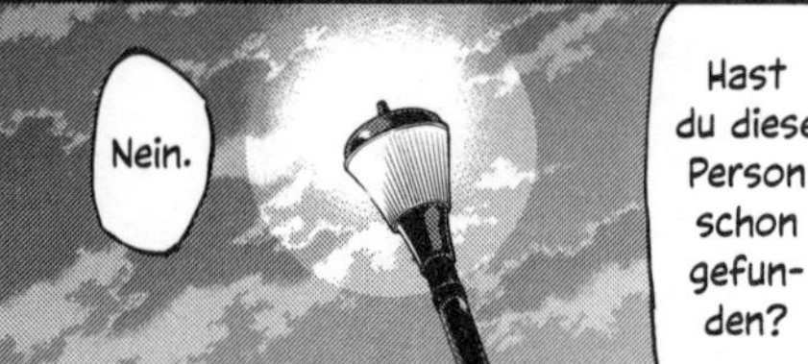
Hast du diese Person schon gefunden?
Nein.

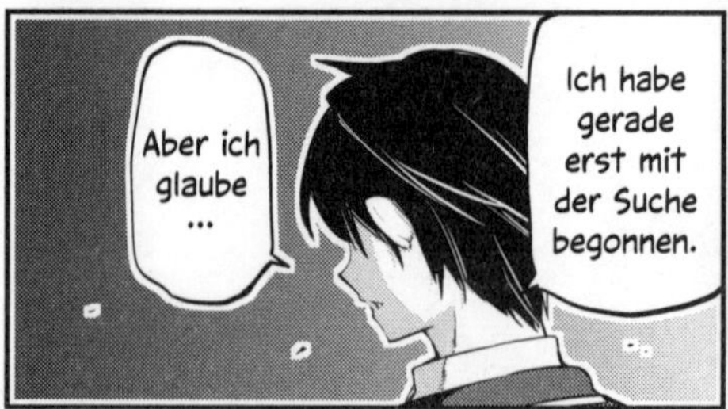
Ich habe gerade erst mit der Suche begonnen.
Aber ich glaube ...

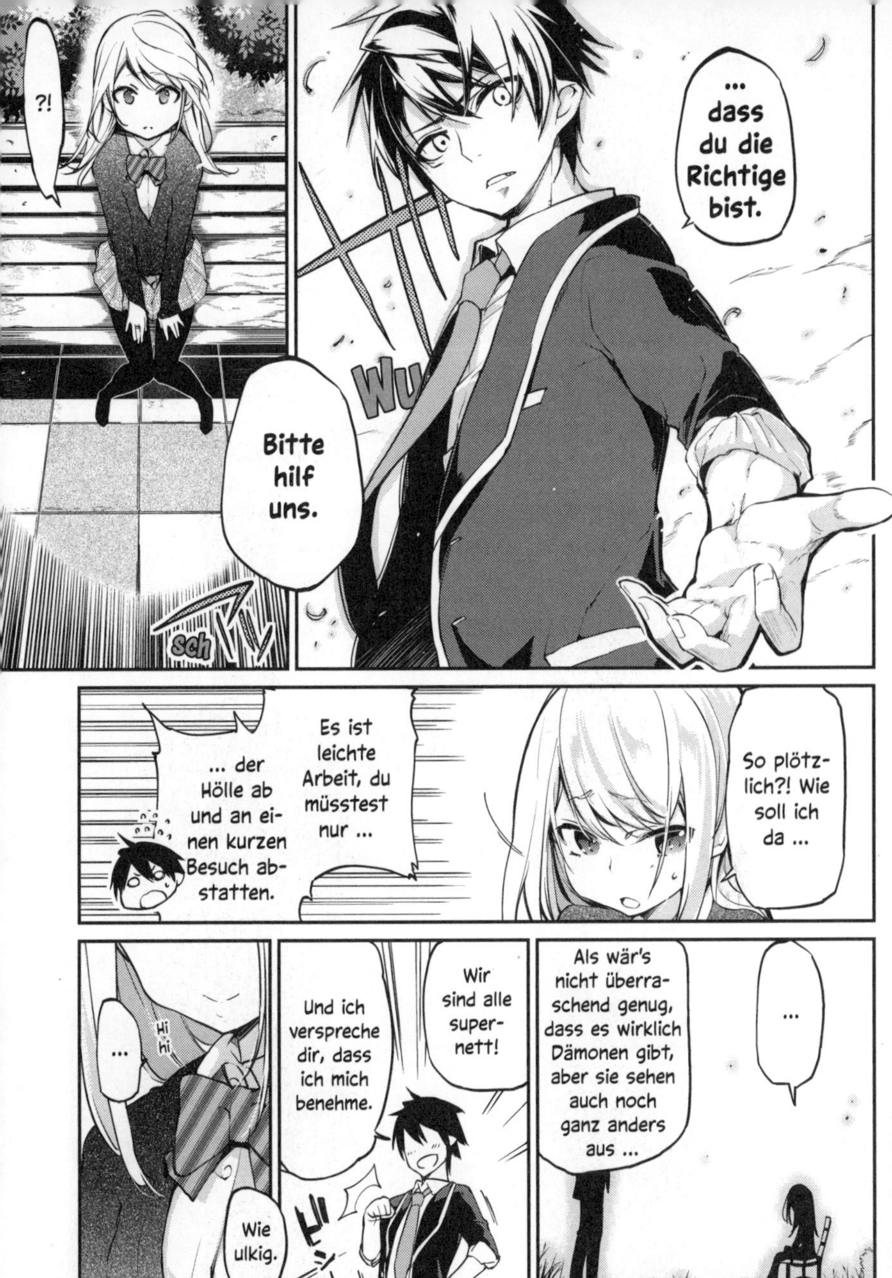
... dass du die Richtige bist.
?!
Wu
Bitte hilf uns.
sch
So plötzlich?! Wie soll ich da ...
Es ist leichte Arbeit, du müsstest nur ...
... der Hölle ab und an einen kurzen Besuch abstatten.
...
Als wär's nicht überraschend genug, dass es wirklich Dämonen gibt, aber sie sehen auch noch ganz anders aus ...
Wir sind alle supernett!
Und ich verspreche dir, dass ich mich benehme.
Wupp
...
Hi hi
Wie ulkig.

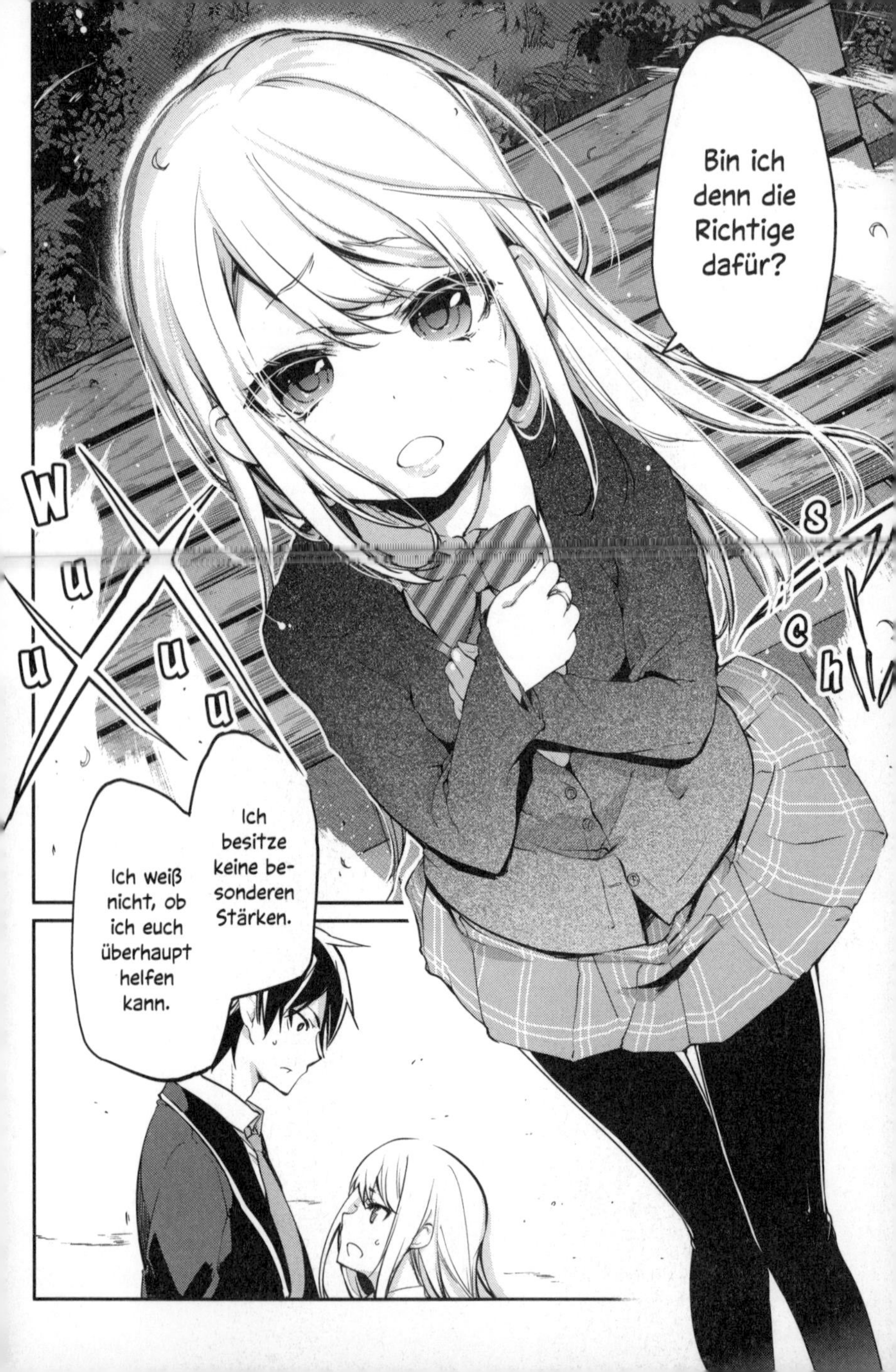
Bin ich denn die Richtige dafür?
Wuuuu
Sch
Ich besitze keine be- sonderen Stärken.
Ich weiß nicht, ob ich euch überhaupt helfen kann.

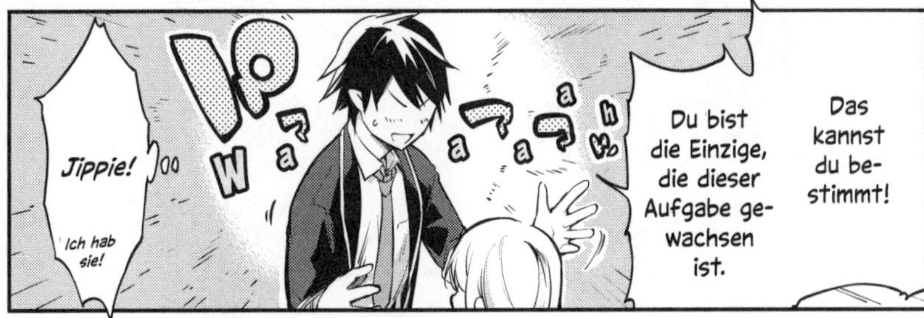
Das kannst du bestimmt!
Du bist die Einzige, die dieser Aufgabe gewachsen ist.
Jippie!
Ich hab sie!

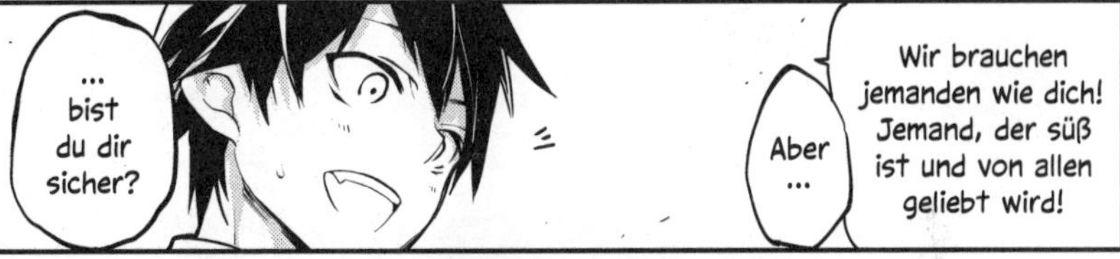
Wir brauchen jemanden wie dich! Jemand, der süß ist und von allen geliebt wird!
Aber ...
... bist du dir sicher?

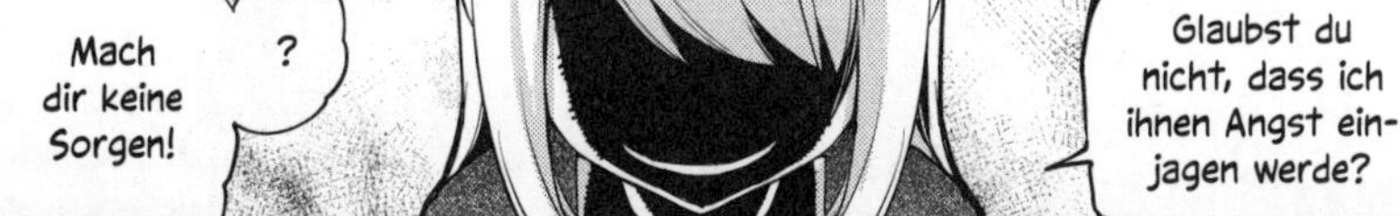
Glaubst du nicht, dass ich ihnen Angst einjagen werde?
?
Mach dir keine Sorgen!

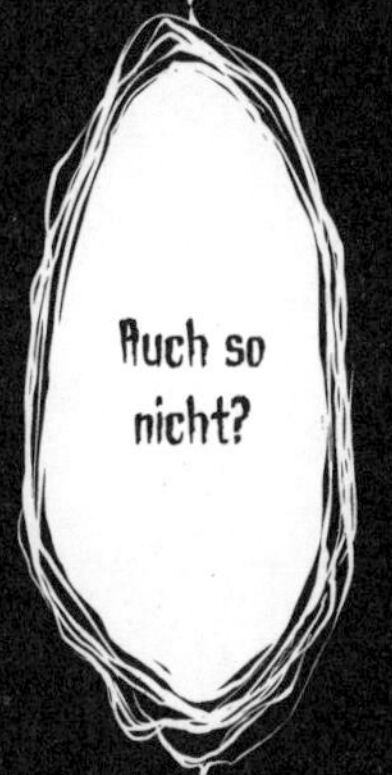
Auch so nicht?

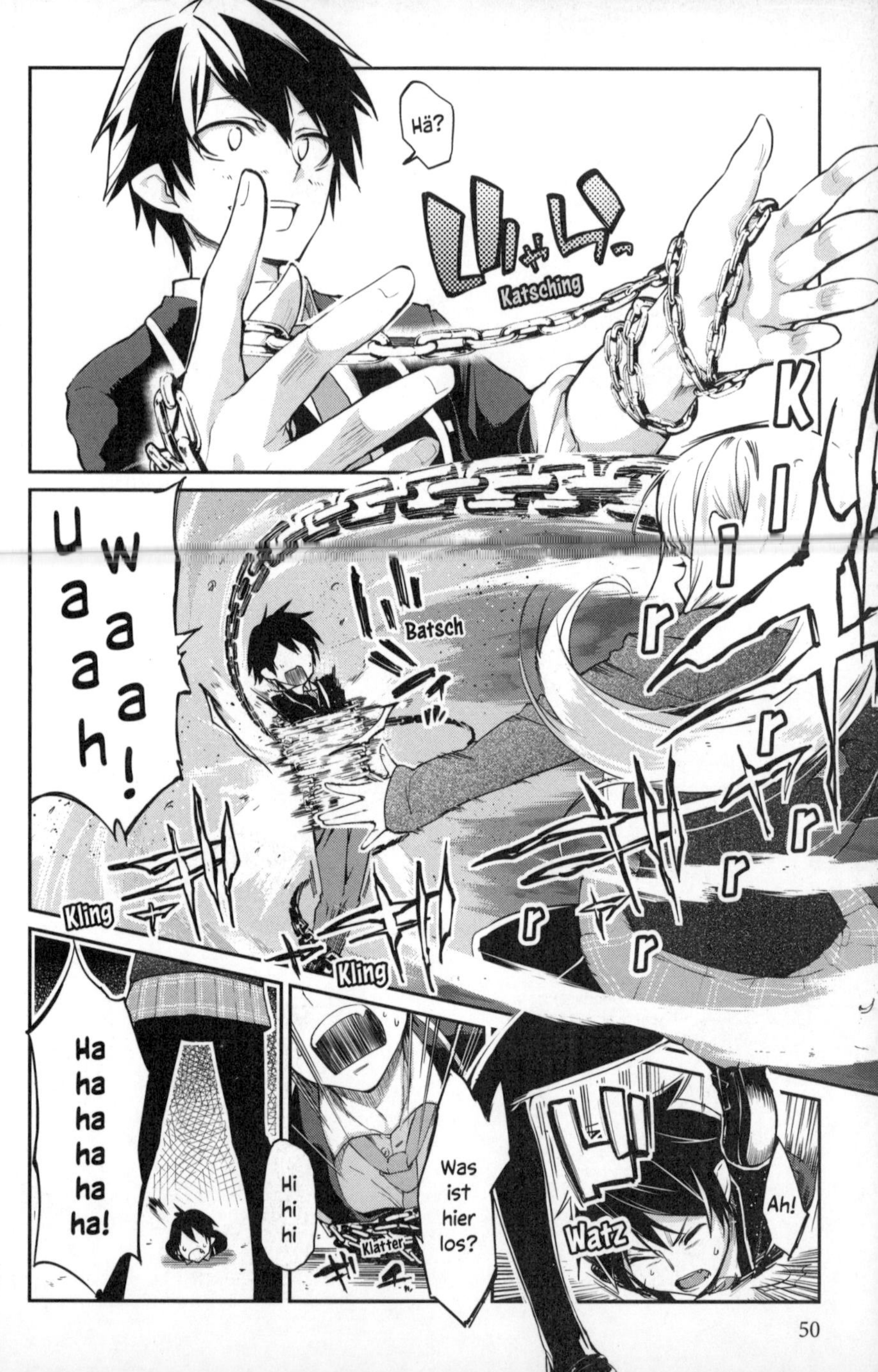

Katsching
Hä?
Kliiirrrrrrrr
Batsch
Uwaaaaah!
Kling
Kling
Ah!
Watz
Was ist hier los?
Hi hi hi
Klatter
Ha ha ha ha ha ha!

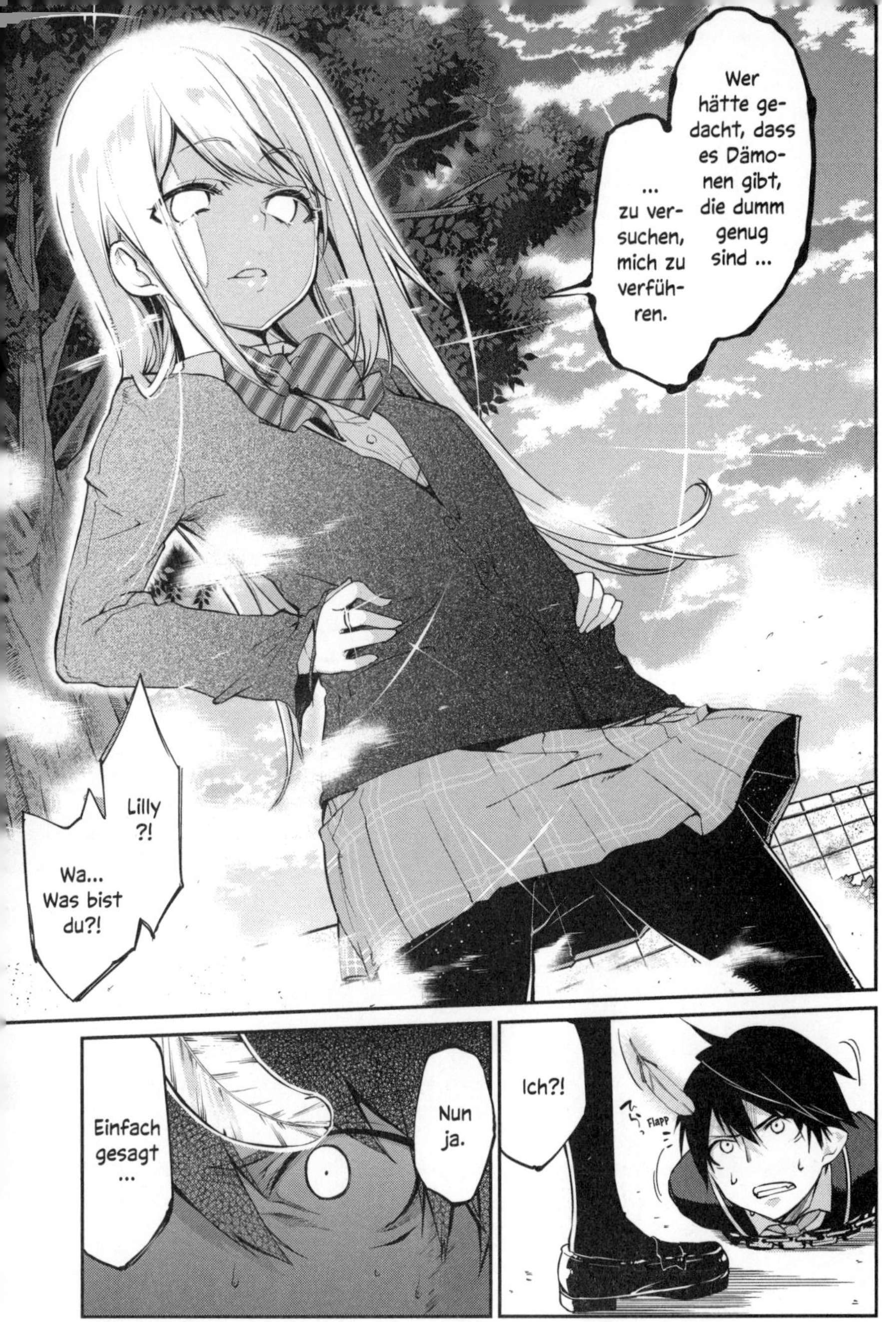

Wer hätte gedacht, dass es Dämonen gibt, die dumm genug sind ...

... zu versuchen, mich zu verführen.

Lilly ?!

Wa... Was bist du?!

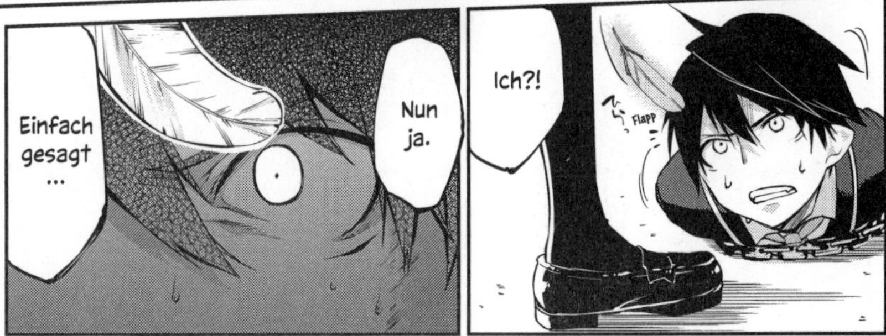

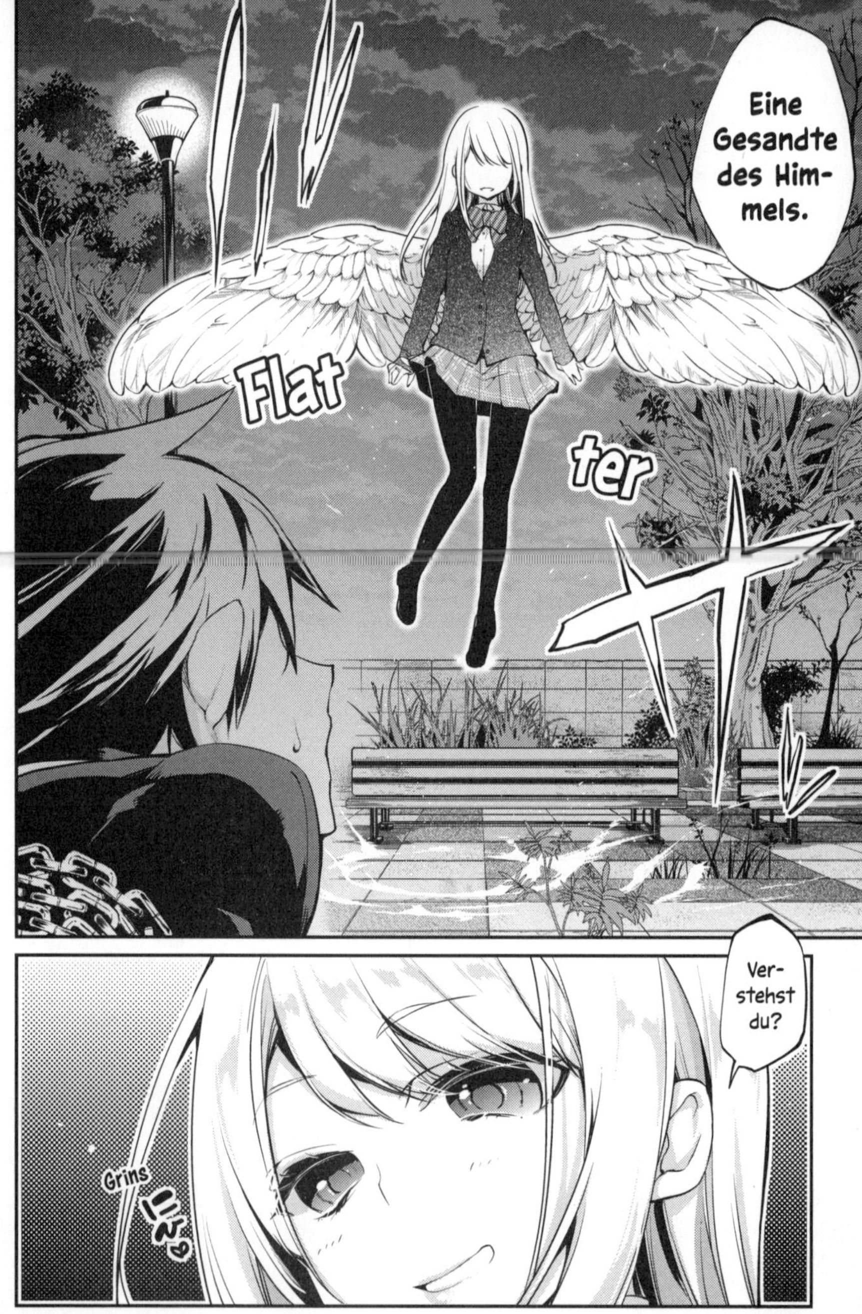
Eine Gesandte des Him-mels.
Flat
ter
Ver-stehst du?
Grins

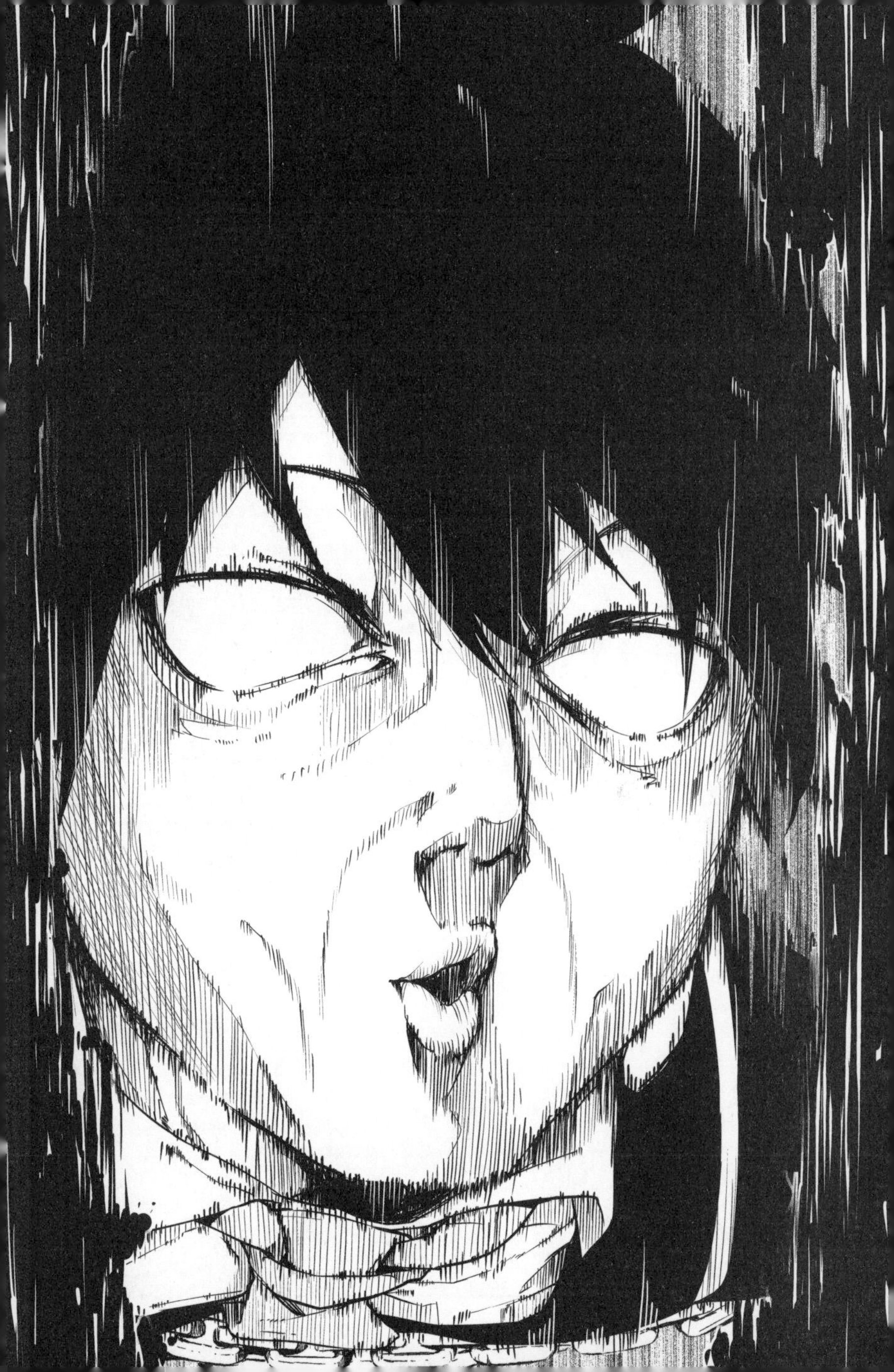

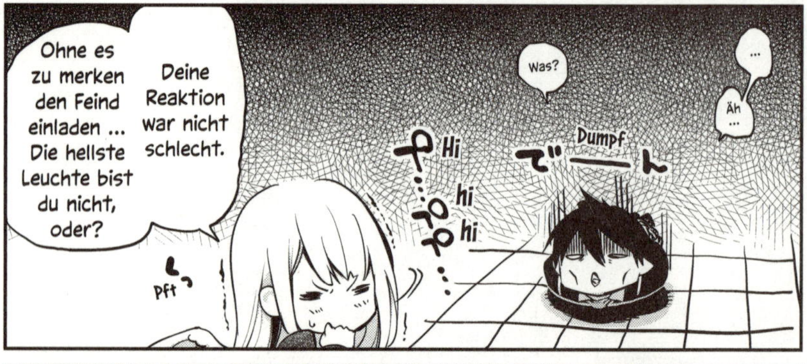
Deine Reaktion war nicht schlecht.
Ohne es zu merken den Feind einladen ... Die hellste Leuchte bist du nicht, oder?
Pft
Hi hi hi
Dumpf
Was?
...
Äh ...

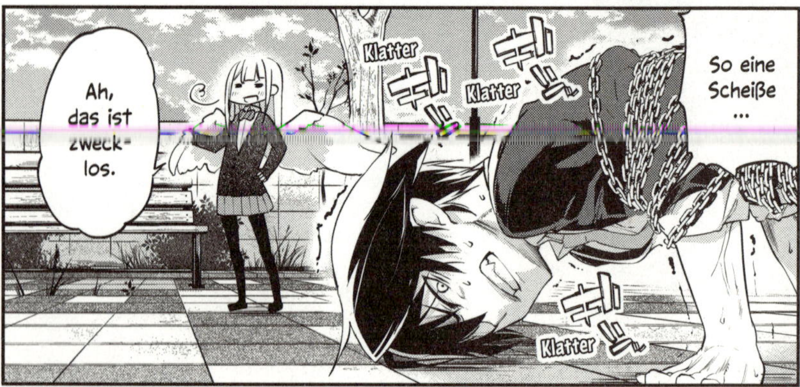
So eine Scheiße ...
Klatter
Klatter
Klatter
Ah, das ist zweck-los.

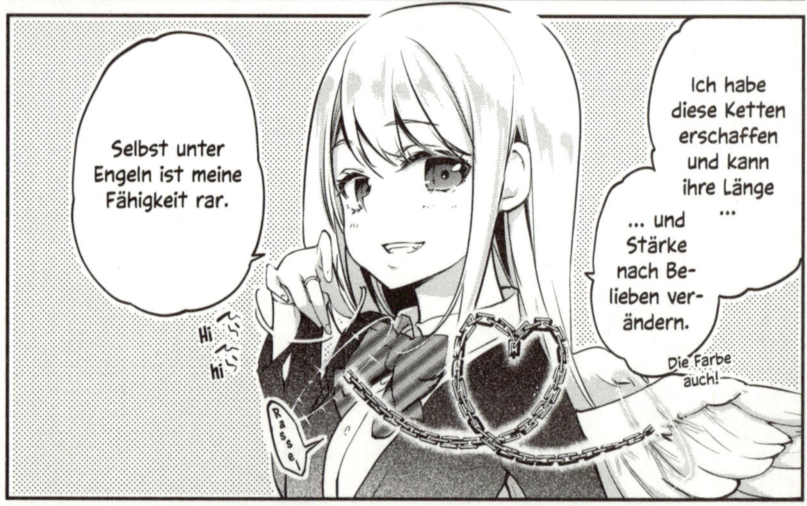
Ich habe diese Ketten erschaffen und kann ihre Länge ...
... und Stärke nach Be-lieben ver-ändern.
Die Farbe auch!
Selbst unter Engeln ist meine Fähigkeit rar.
Hi hi
Rassel

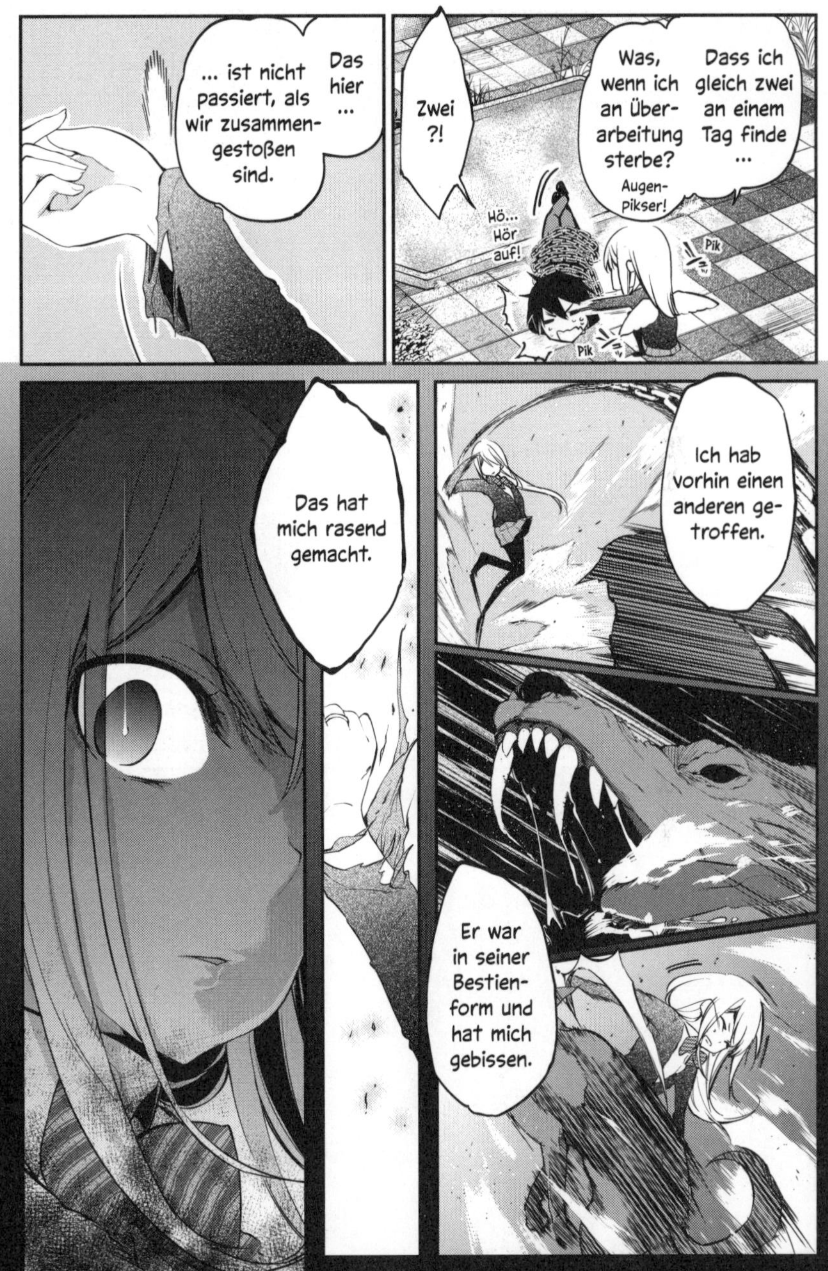
Dass ich gleich zwei an einem Tag finde ...
Was, wenn ich an Überarbeitung sterbe?
Augen-pikser!
Pik
Zwei ?!
Hö... Hör auf!
Pik
Das hier ...
... ist nicht passiert, als wir zusammengestoßen sind.
Ich hab vorhin einen anderen getroffen.
Er war in seiner Bestienform und hat mich gebissen.
Das hat mich rasend gemacht.

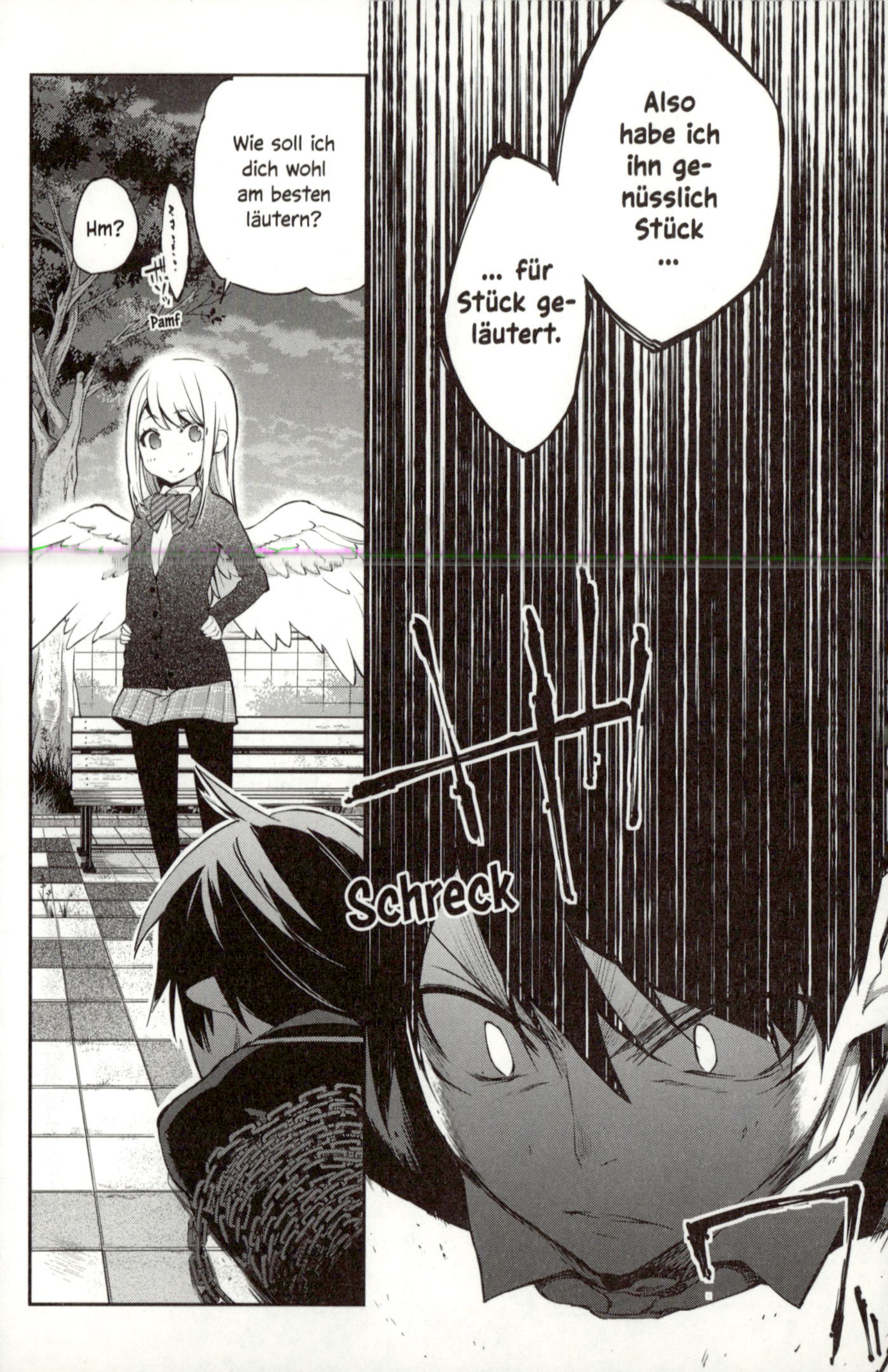
Also habe ich ihn genüsslich Stück ...
... für Stück geläutert.
Schreck
Wie soll ich dich wohl am besten läutern?
Hm?
Pamf

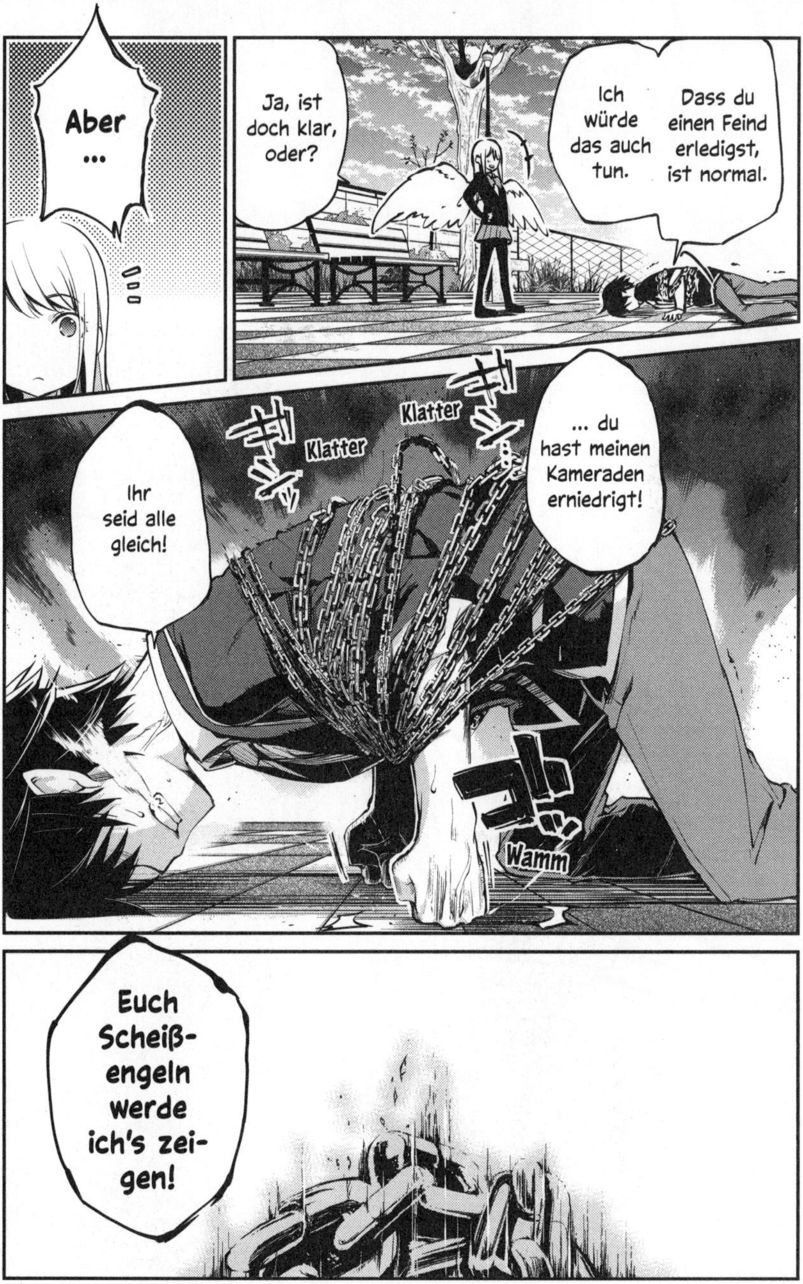

Dass du einen Feind erledigst, ist normal.

Ich würde das auch tun.

Ja, ist doch klar, oder?

Aber ...

... du hast meinen Kameraden erniedrigt!

Klatter

Klatter

Ihr seid alle gleich!

Wamm

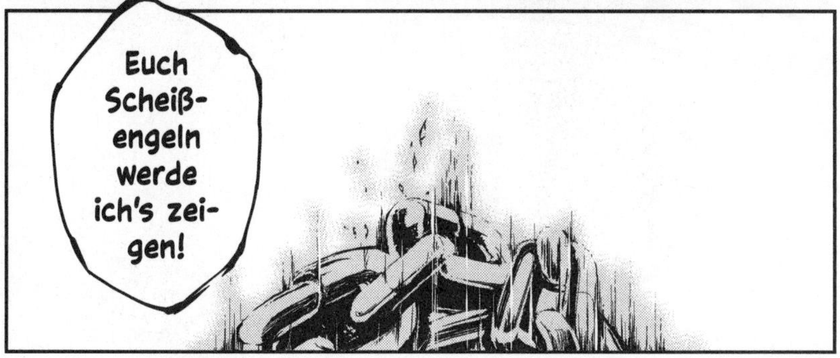

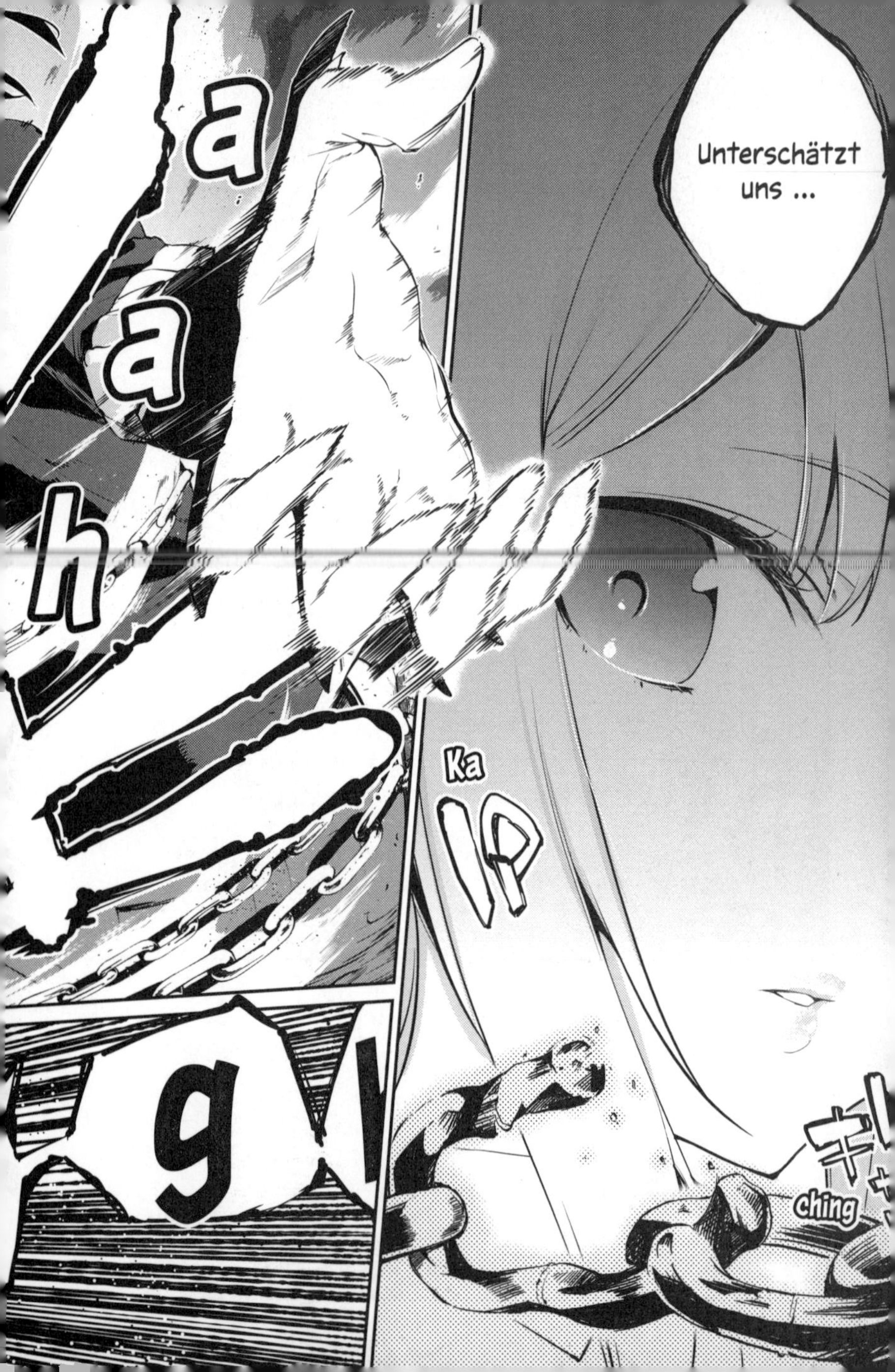

Unterschätzt uns ...
Ka
IP
ching
aah
g

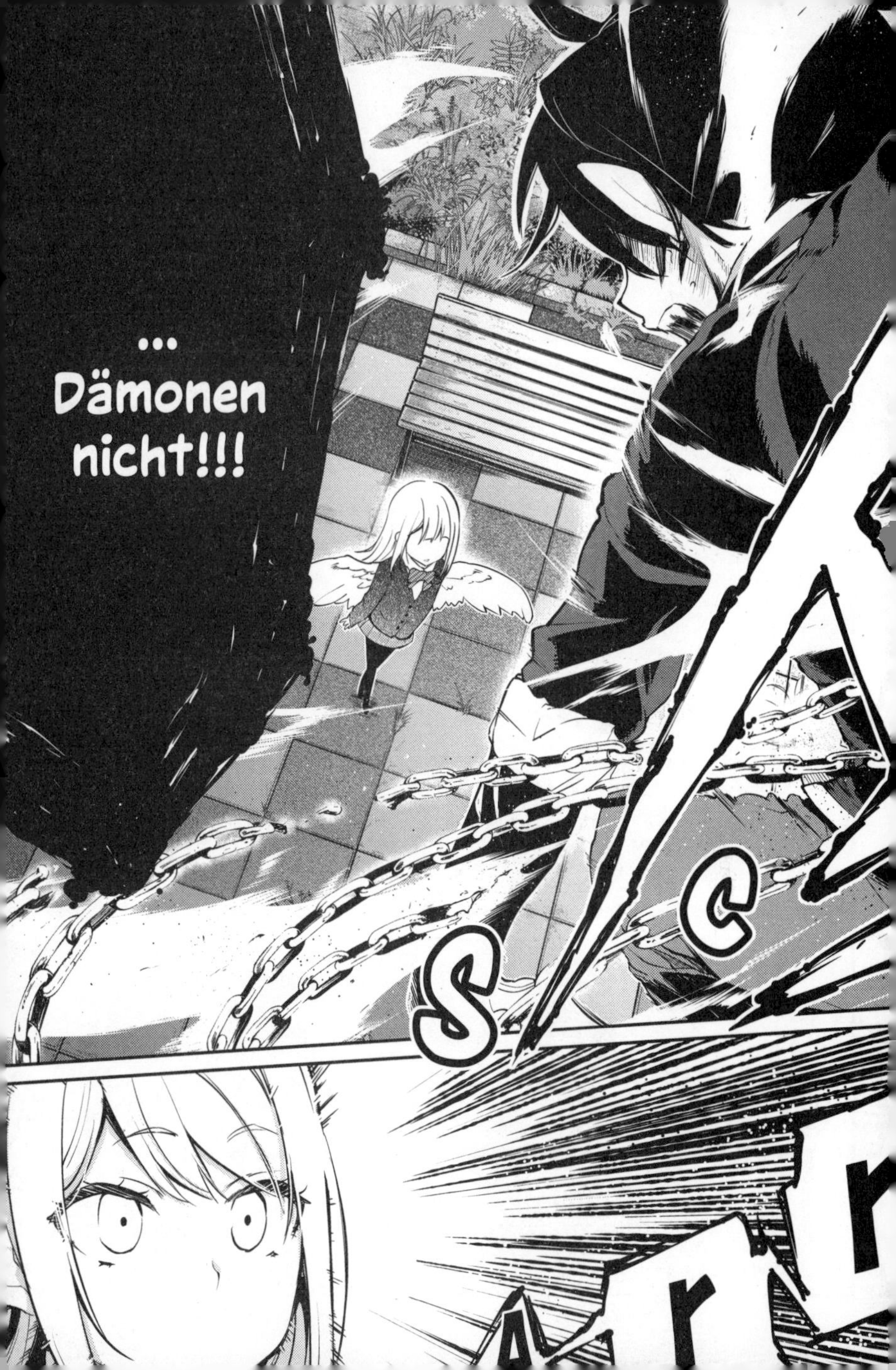
... Dämonen nicht!!!

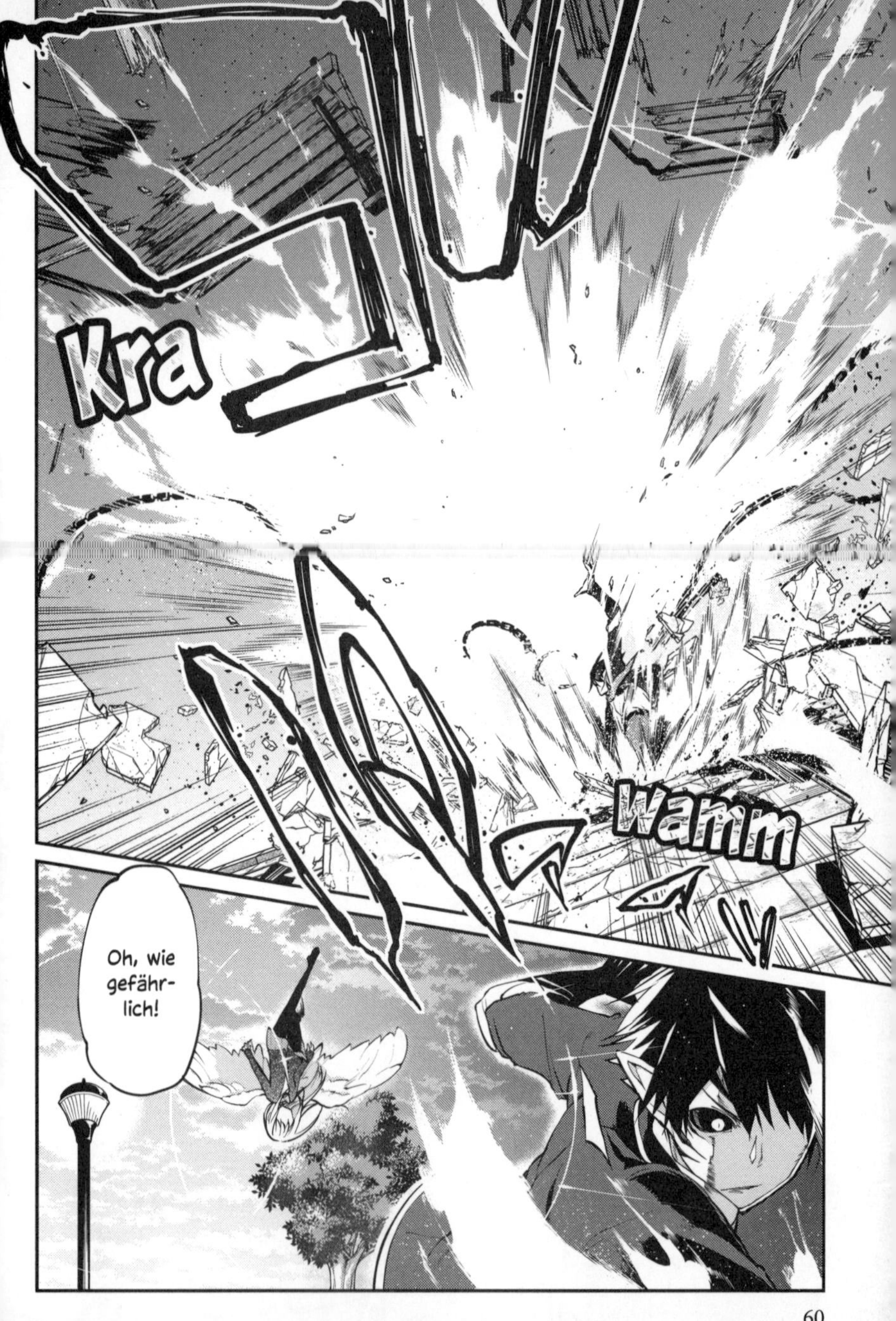
Kra
Wamm
Oh, wie gefährlich!

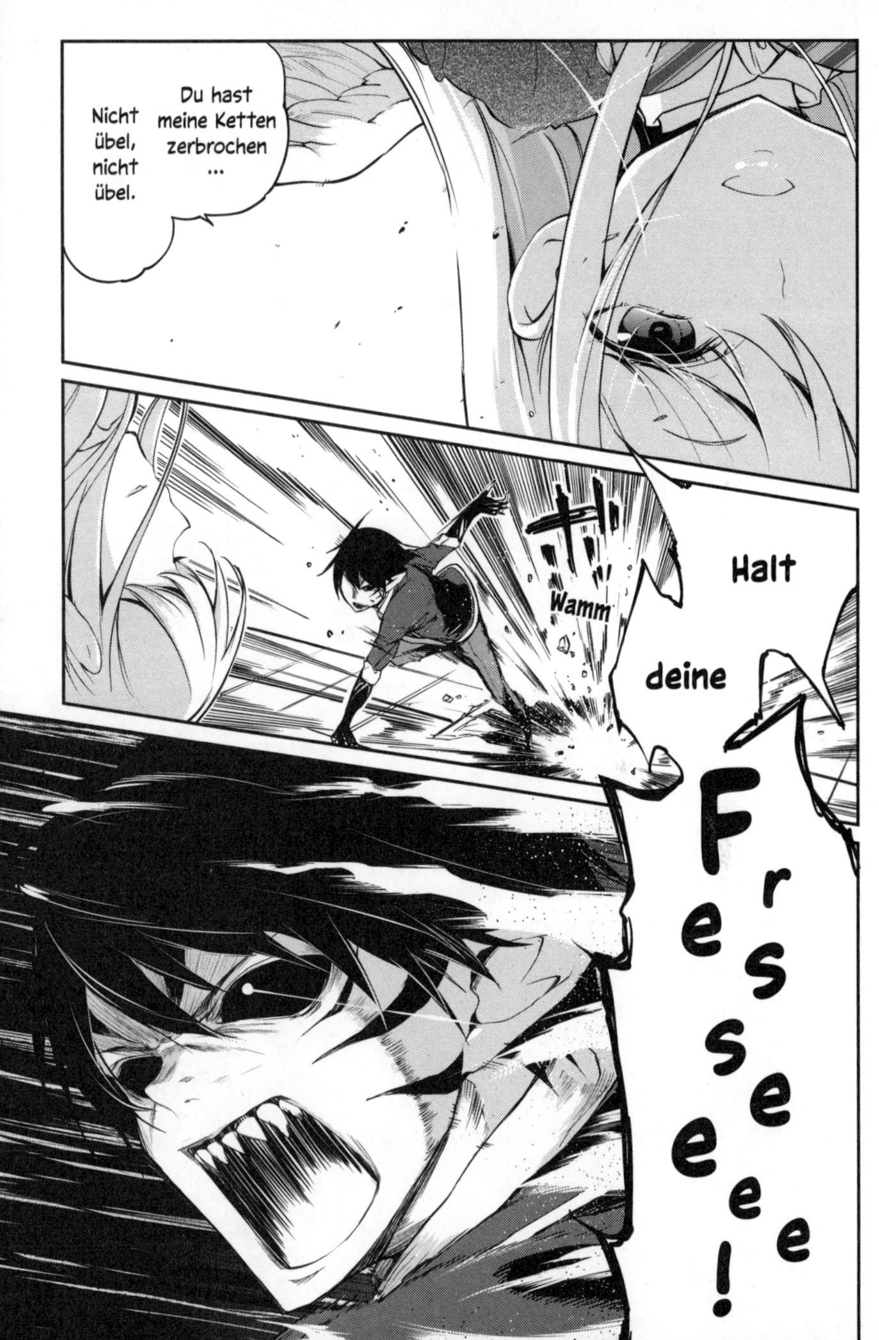
Du hast meine Ketten zerbrochen ...
Nicht übel, nicht übel.
Wamm
Halt deine Freeesseee!

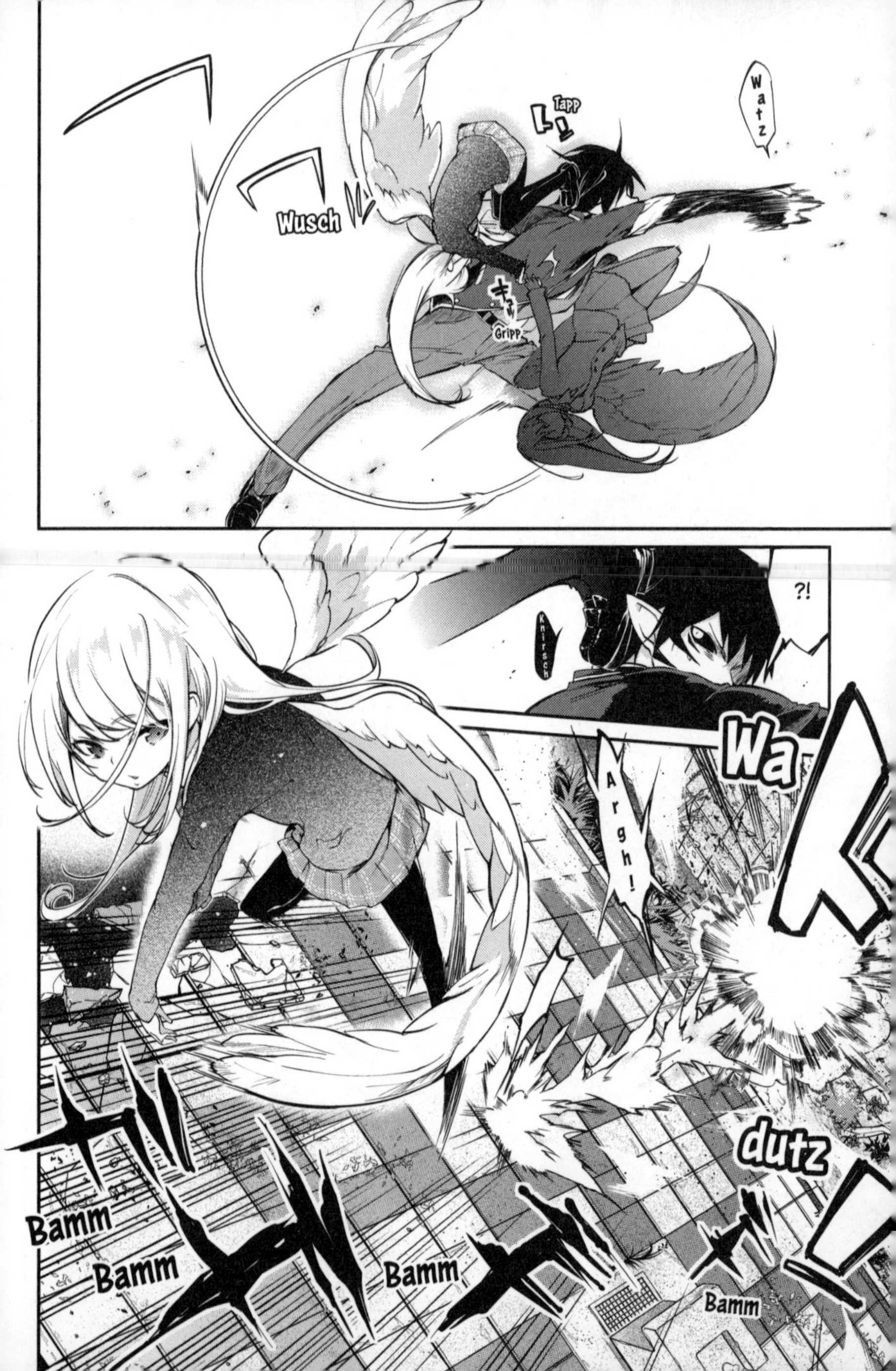
Watz
Tapp
Wusch
Gripp
?!
Knirsch
Wa
Argh!
dutz
Bamm
Bamm
Bamm
Bamm

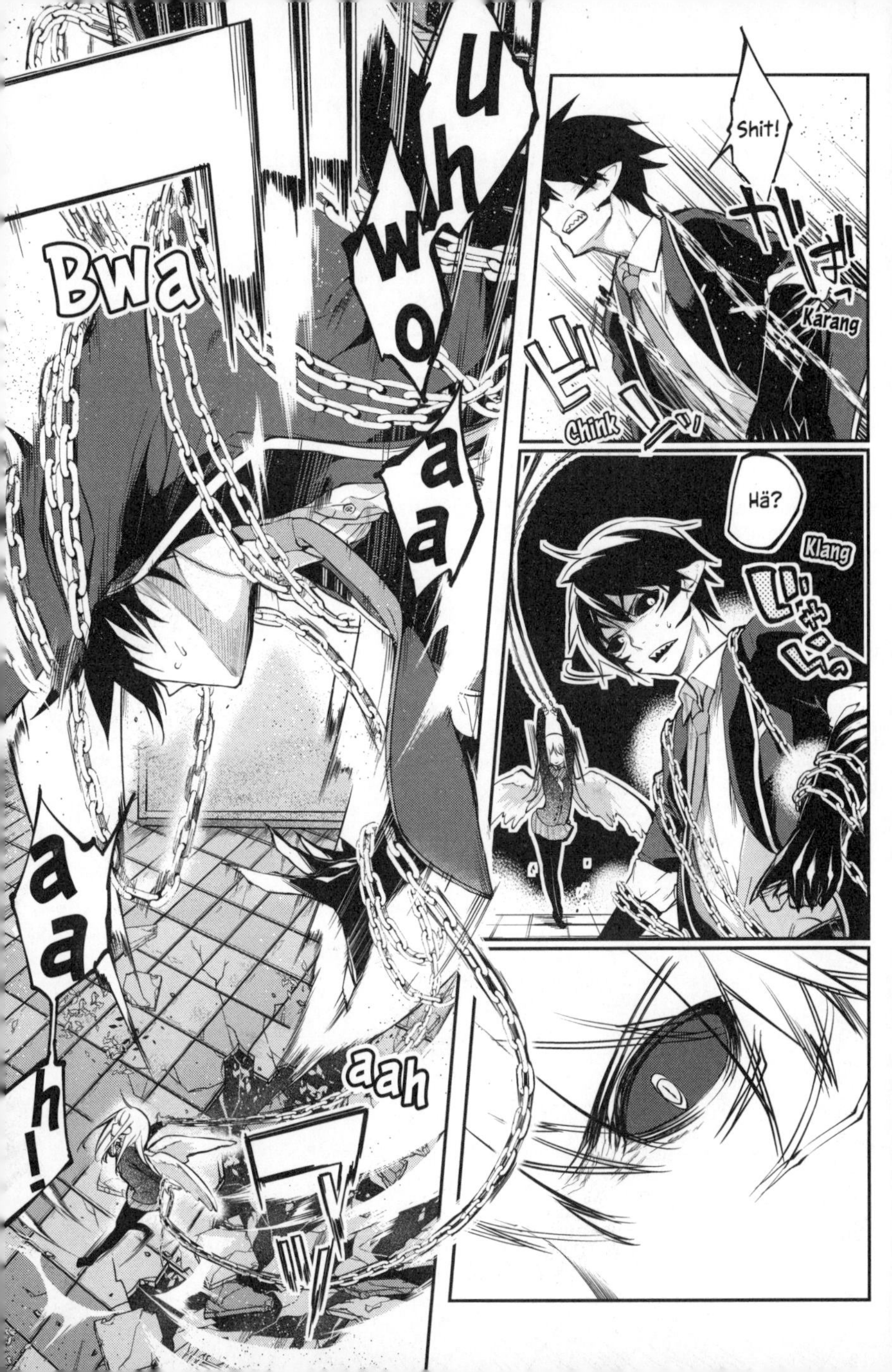

Shit!
Karang
Chink
Hä?
Klang
Bwa
u h w o a a a
a a h ! !
aah

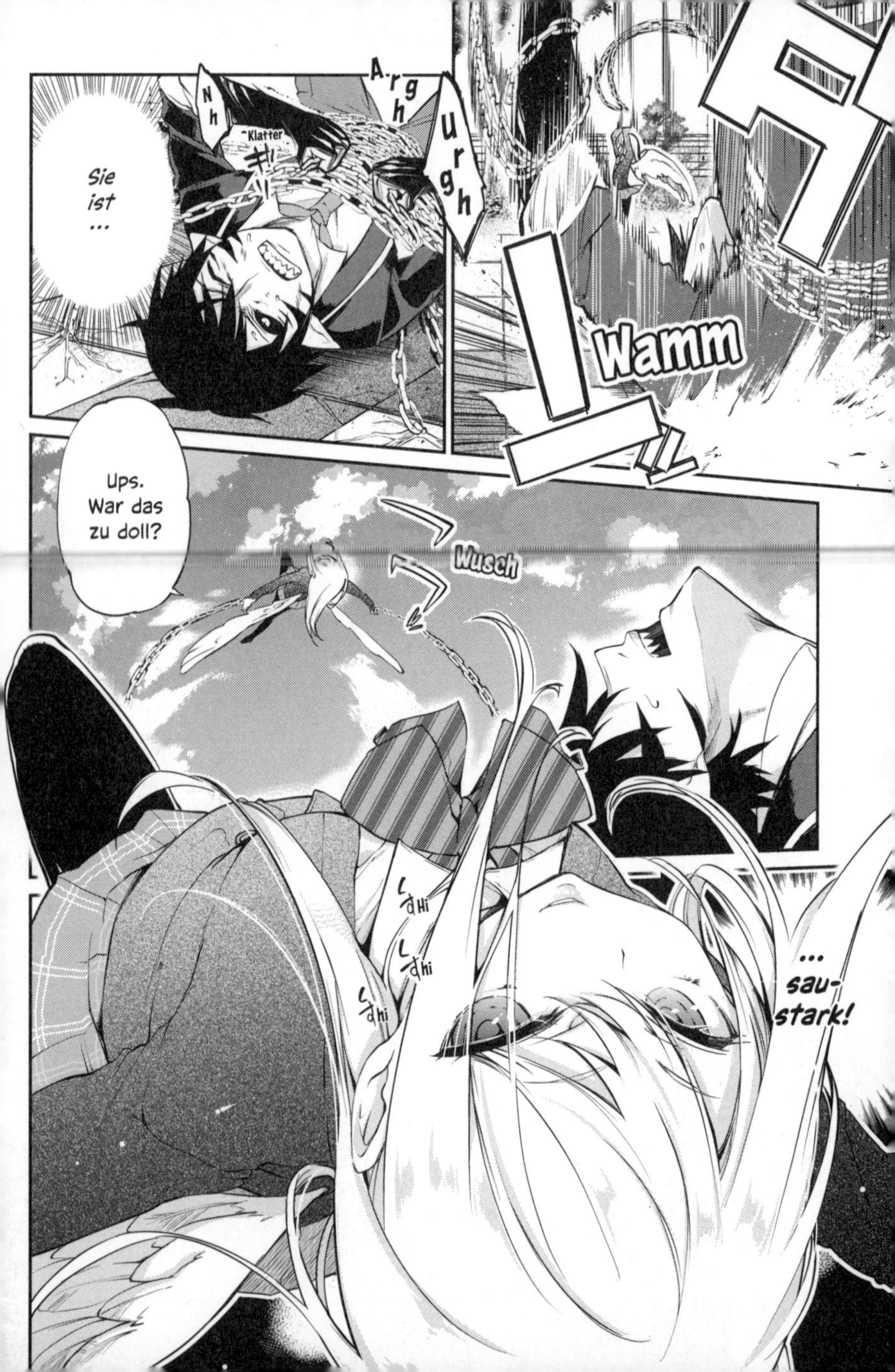
Wamm
Argh
Urgh
Nh
Klatter
Sie ist ...
Ups. War das zu doll?
Wusch
... sau-stark!

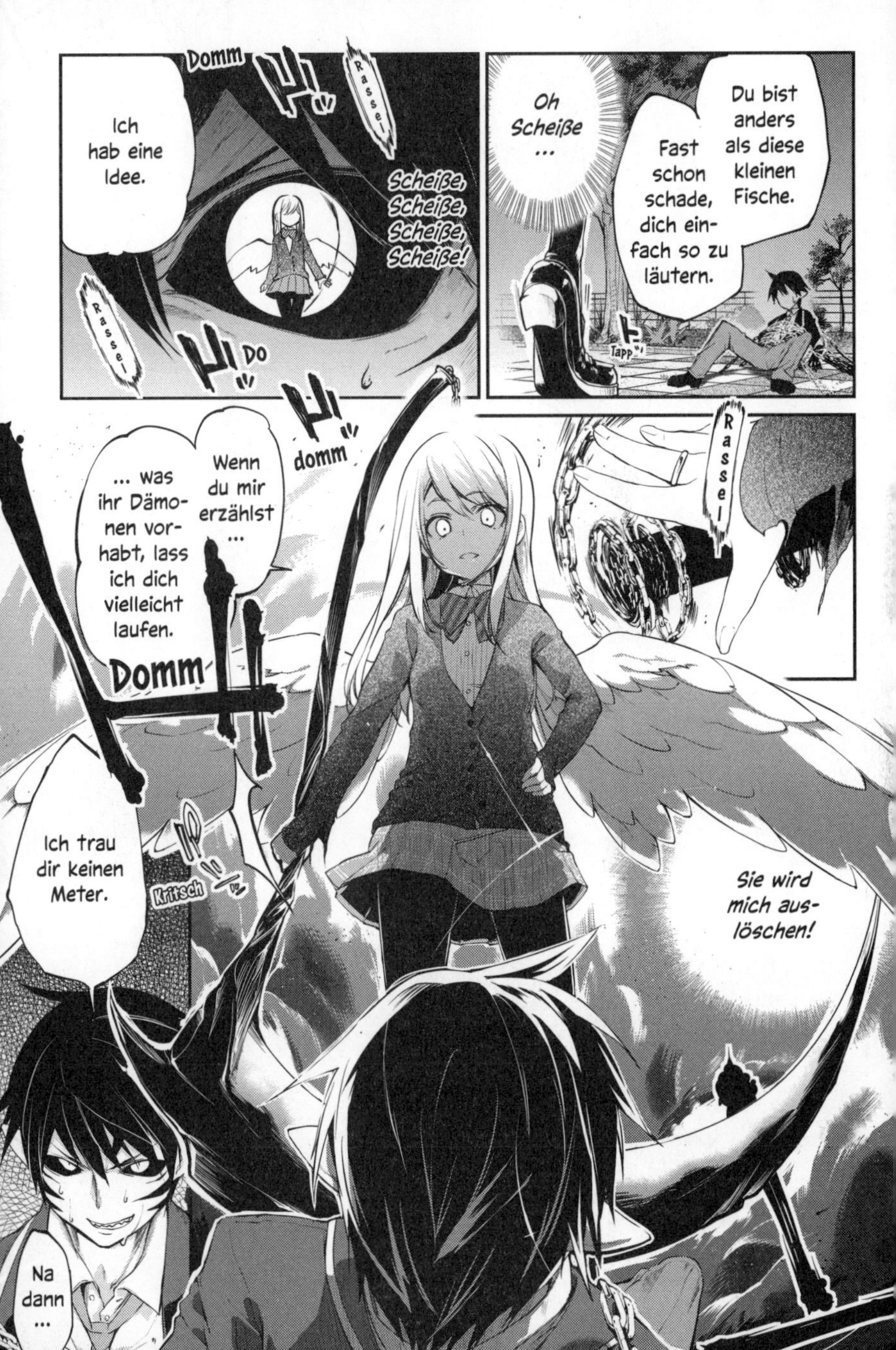

Du bist anders als diese kleinen Fische.
Fast schon schade, dich einfach so zu läutern.
Oh Scheiße ...
Tapp
Scheiße, Scheiße, Scheiße, Scheiße!
Rassel
Ich hab eine Idee.
Domm
Rassel
Do
Rassel
Wenn du mir erzählst ...
... was ihr Dämonen vorhabt, lass ich dich vielleicht laufen.
domm
Domm
Sie wird mich auslöschen!
Ich trau dir keinen Meter.
Kritsch
Na dann ...

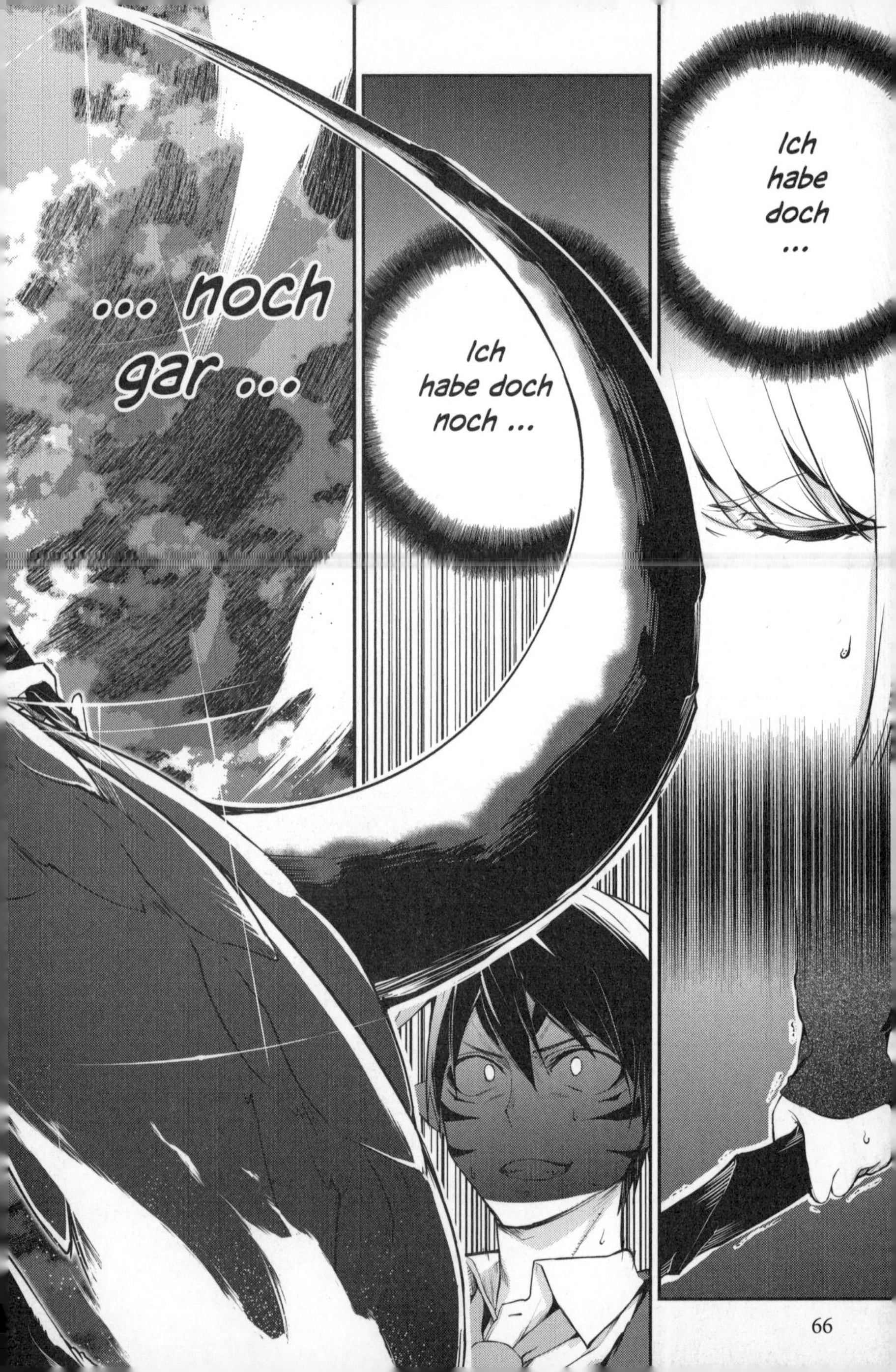
Ich habe doch ...
Ich habe doch noch ...
... noch gar ...

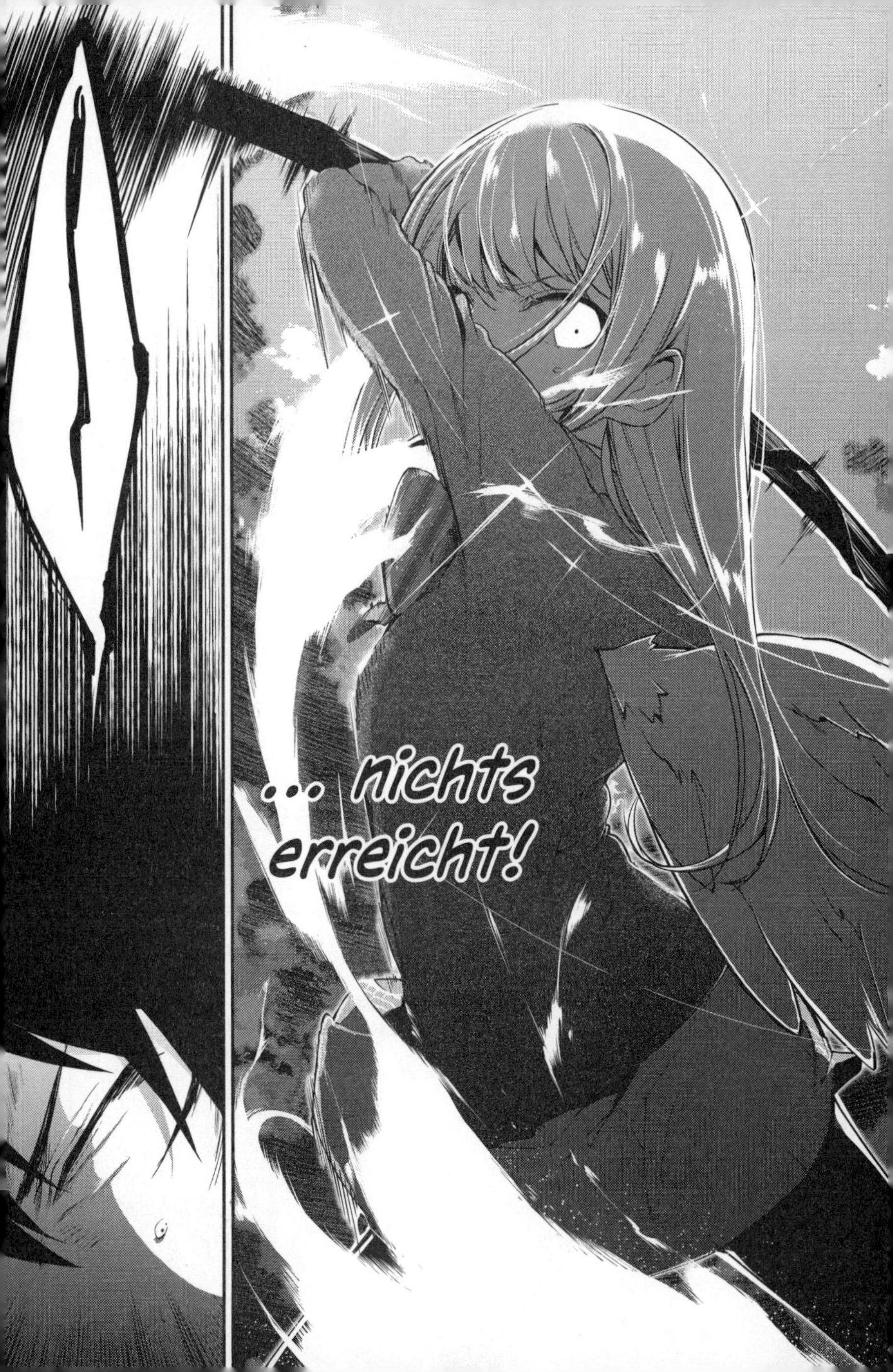
... nichts
erreicht!

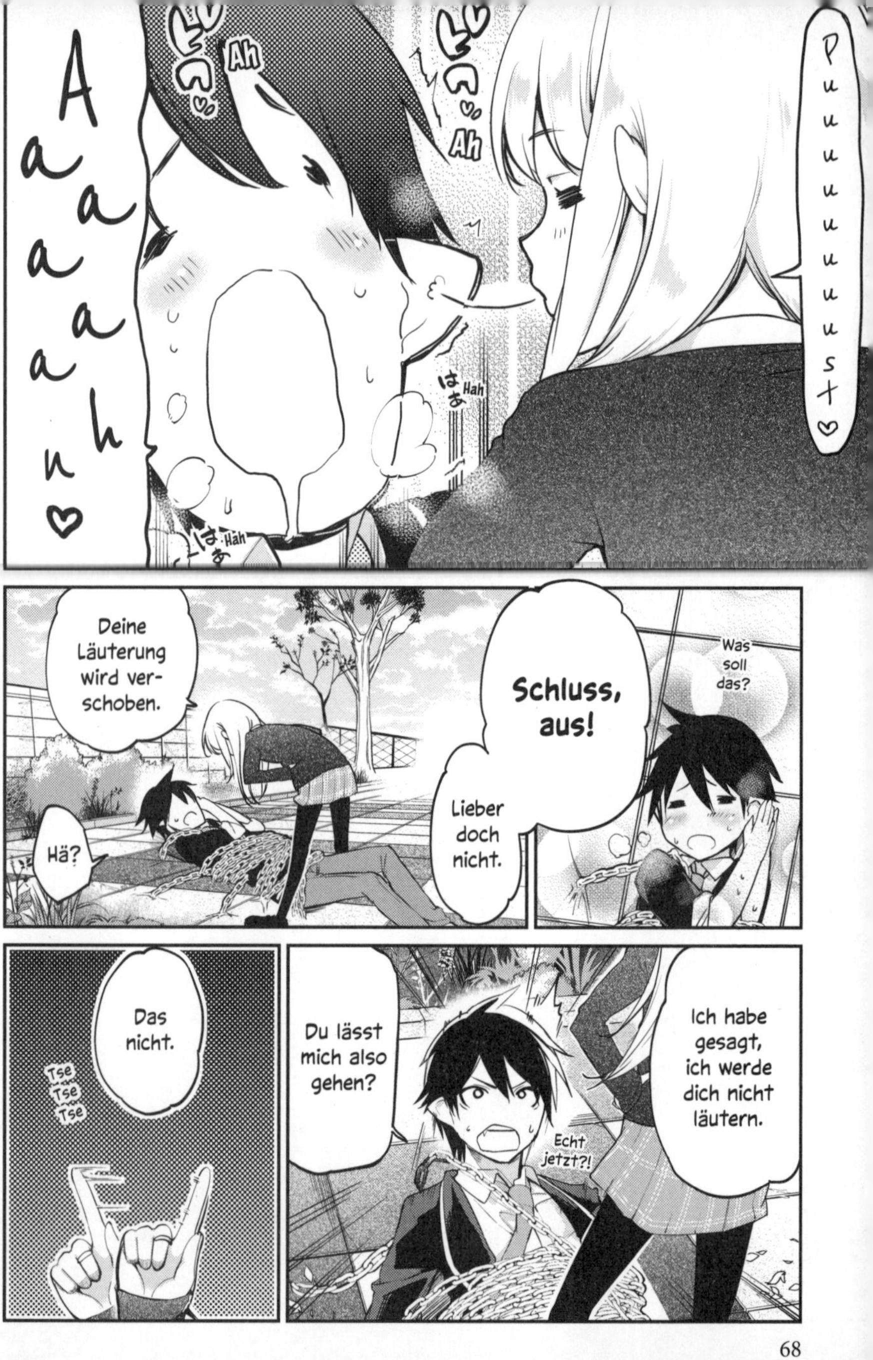

Puuuuuuuust♡

Ah

Ah

はぁ Hah

Aaaaaahn♡

はぁ Hah

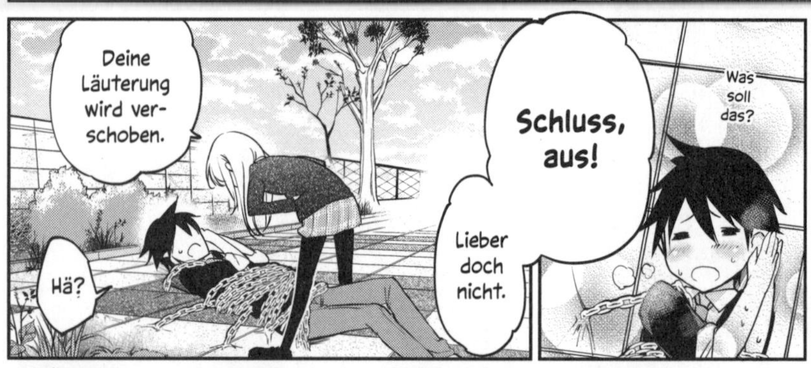

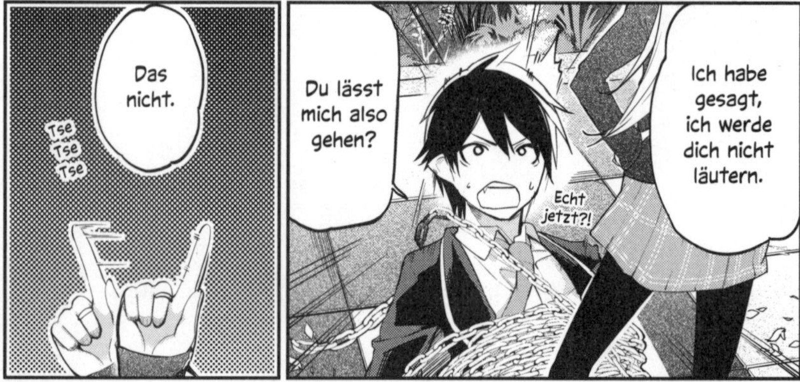

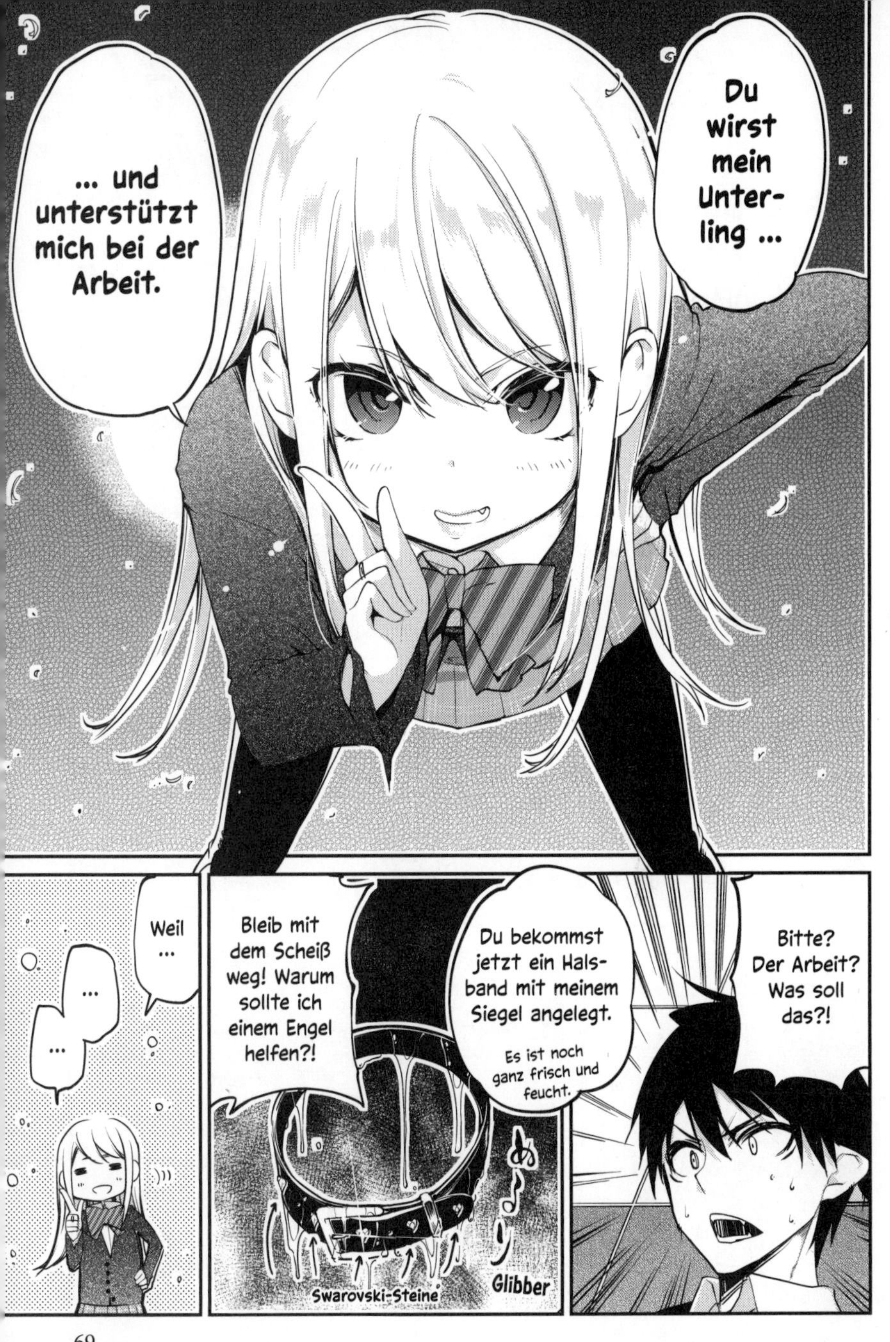
Du wirst mein Unter-ling ...
... und unterstützt mich bei der Arbeit.
Bitte? Der Arbeit? Was soll das?!
Du bekommst jetzt ein Hals-band mit meinem Siegel angelegt.
Es ist noch ganz frisch und feucht.
Glibber
Swarovski-Steine
Bleib mit dem Scheiß weg! Warum sollte ich einem Engel helfen?!
Weil ...
...
...

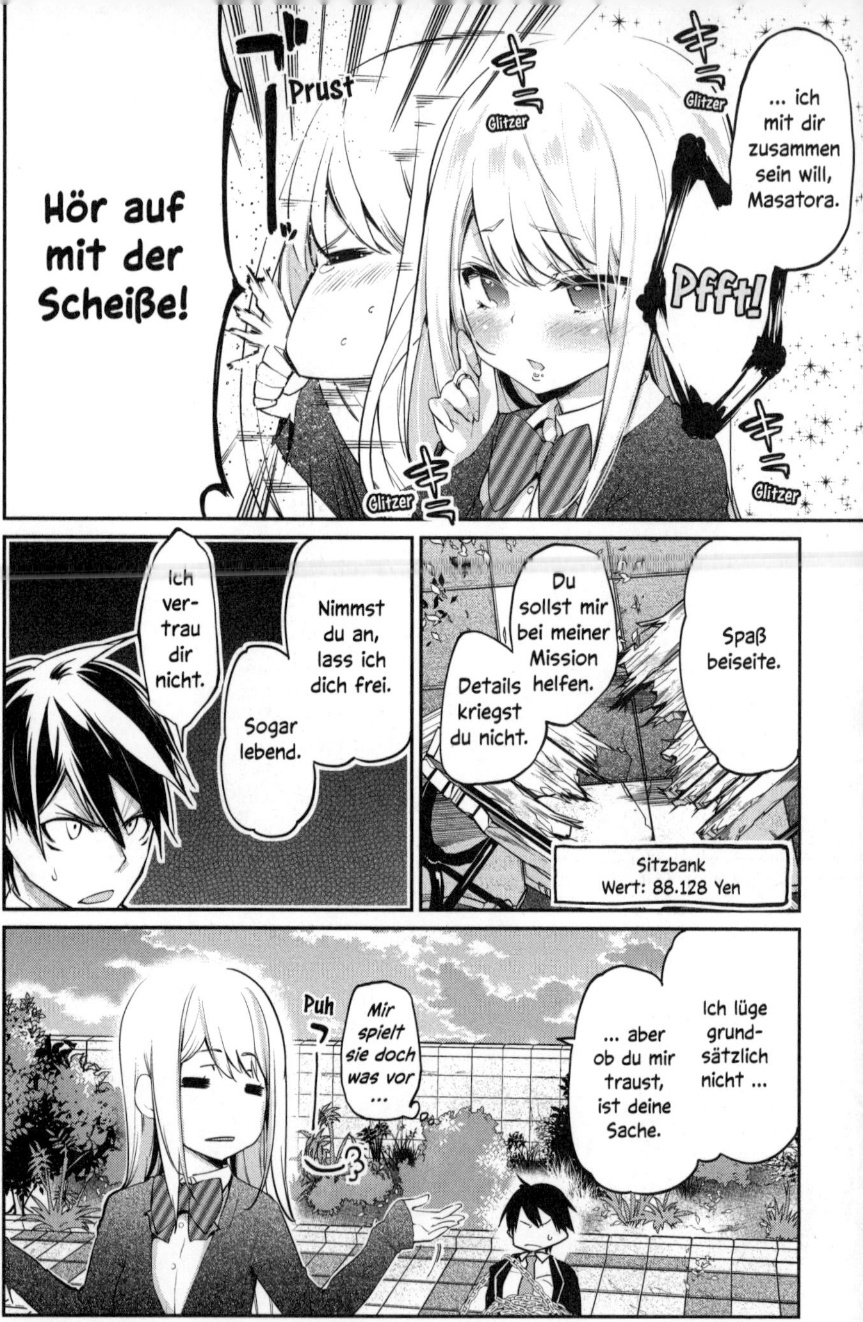

... ich mit dir zusammen sein will, Masatora.

Glitzer

Glitzer

Pfft!

Prust

Glitzer

Glitzer

Hör auf mit der Scheiße!

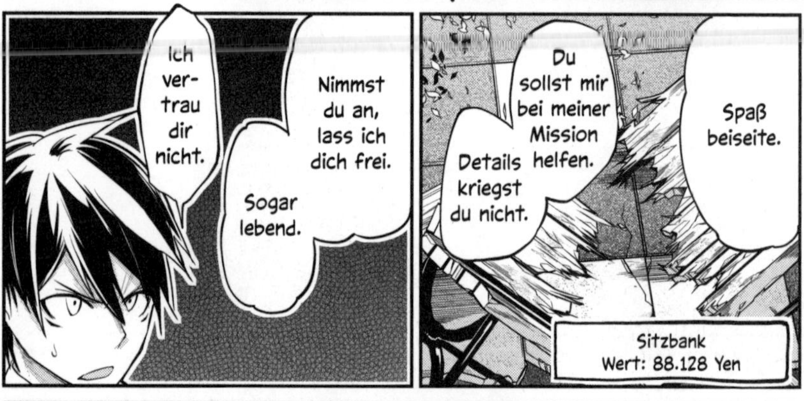

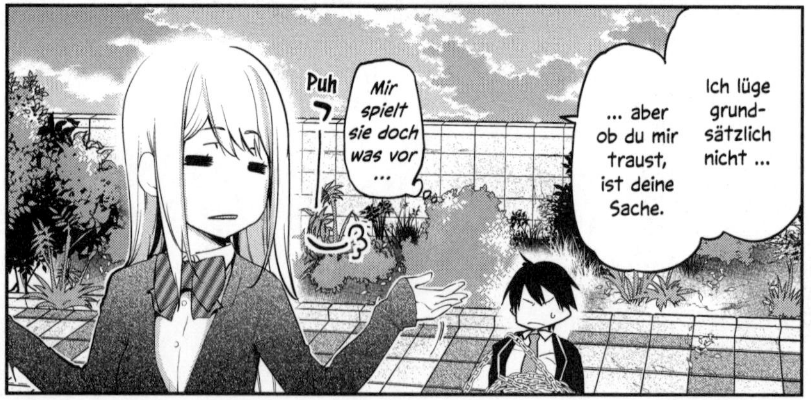

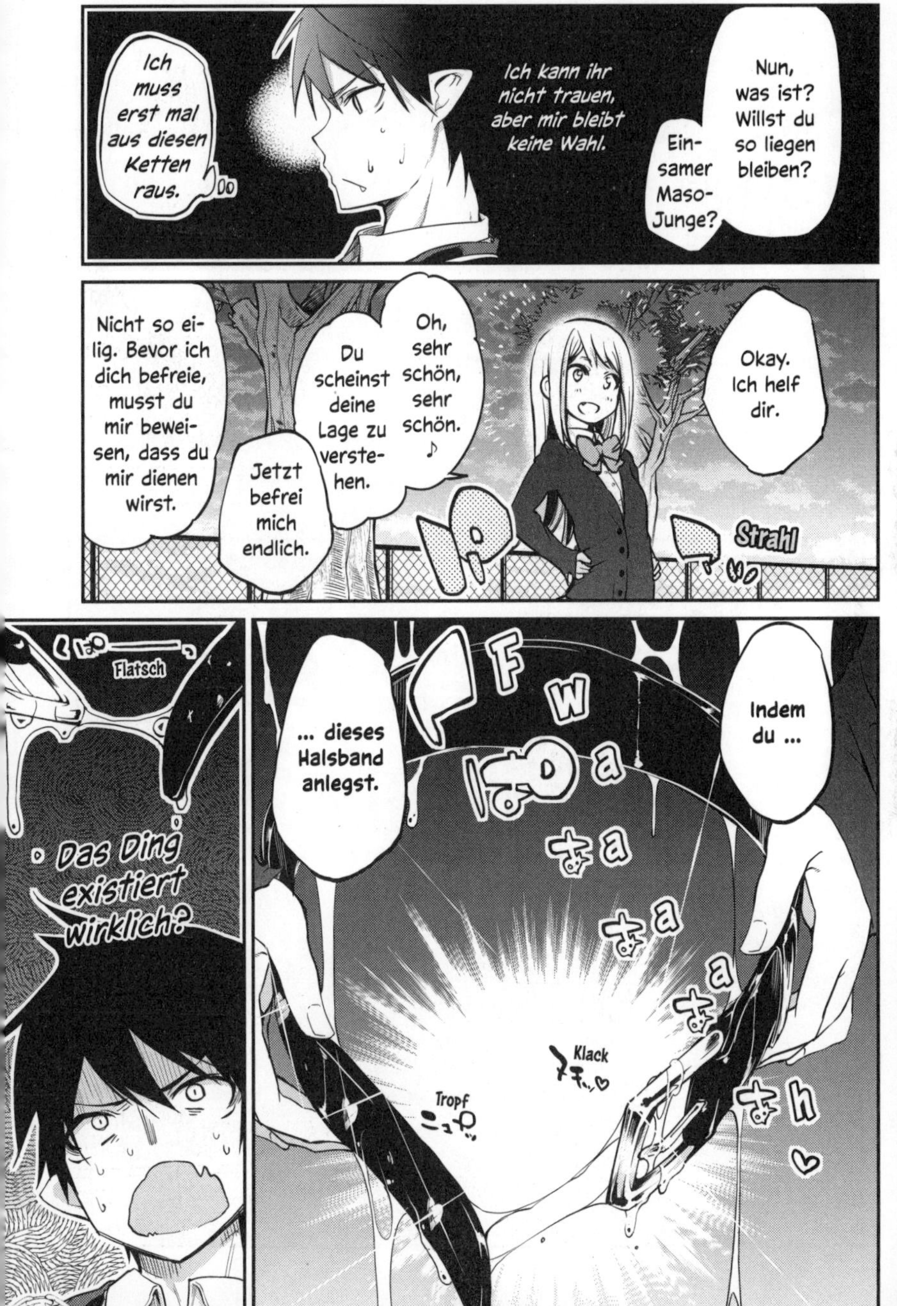

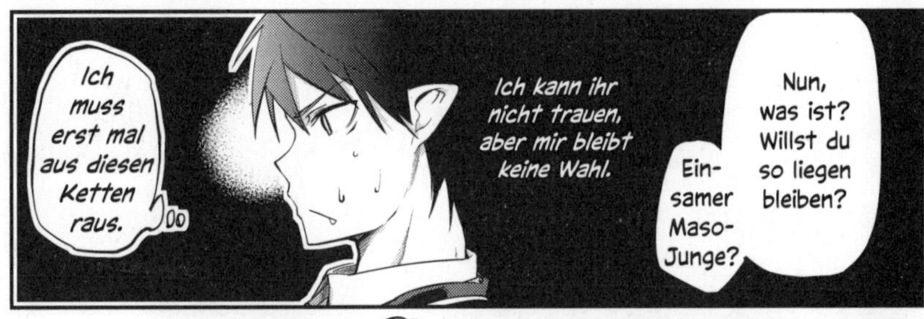

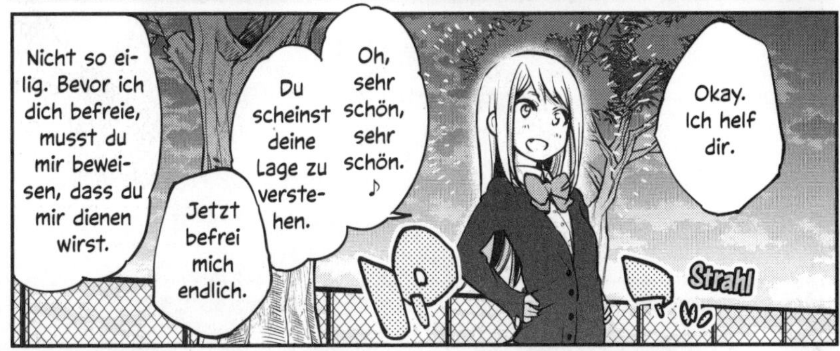

Indem du ...
... dieses Halsband anlegst.
Klack
Tropf
Flatsch
Das Ding existiert wirklich?

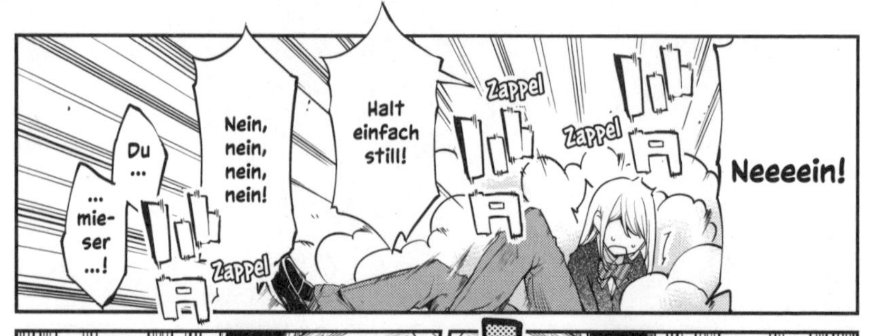

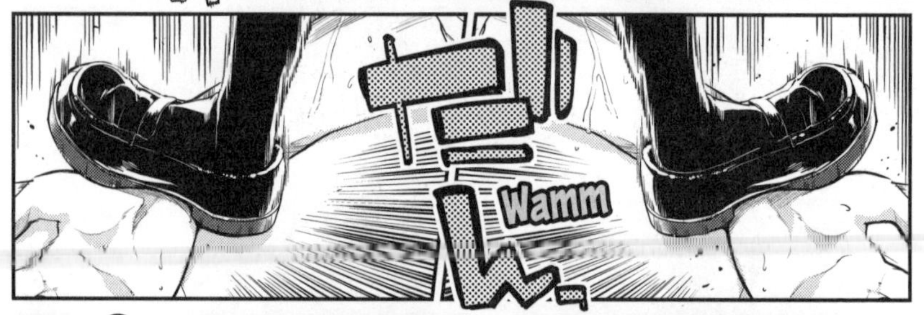

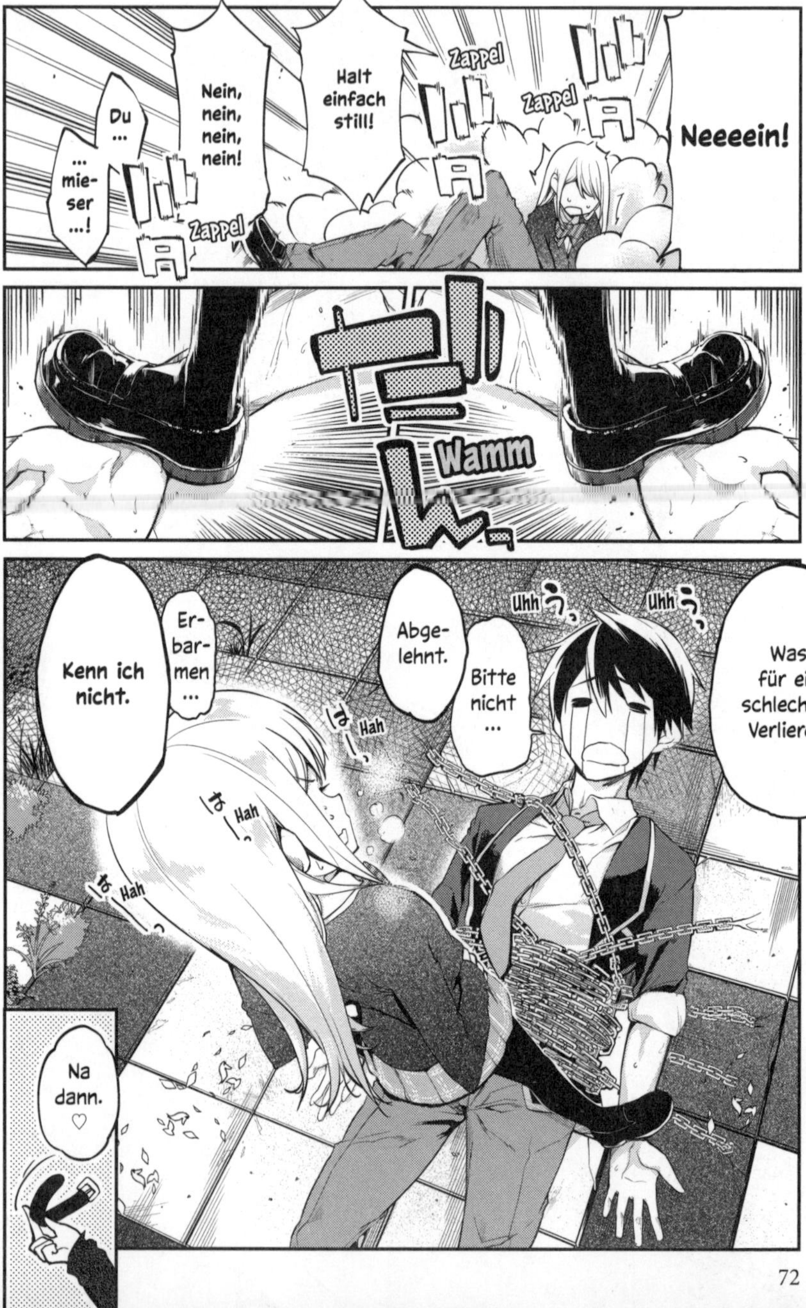

Was für ein schlechter Verlierer.

Uhh

Uhh

Abgelehnt.

Bitte nicht ...

Erbarmen ...

Kenn ich nicht.

Hah

Hah

Hah

Na dann. ♡

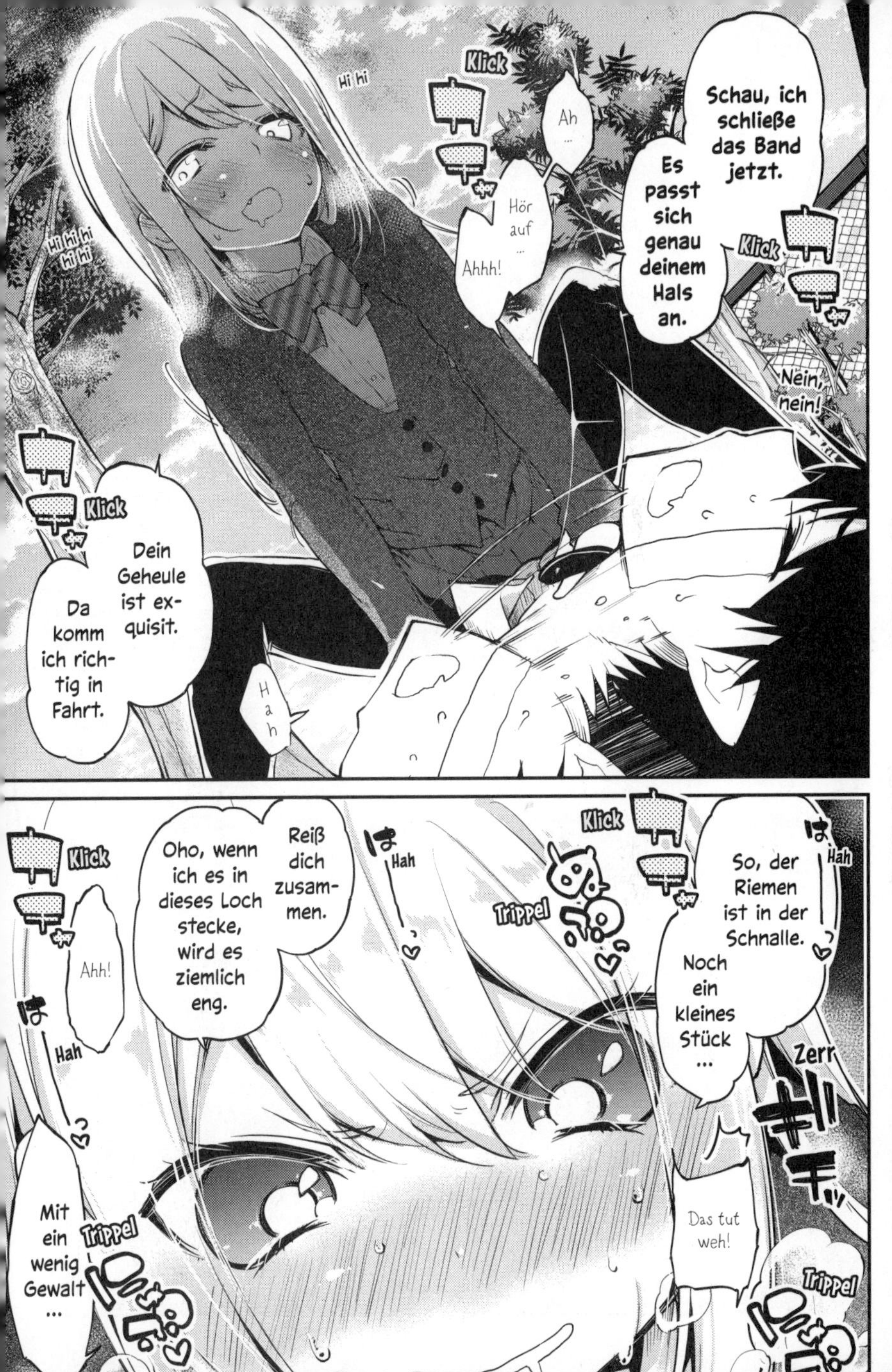

Schau, ich schließe das Band jetzt.
Es passt sich genau deinem Hals an.
Klick
Nein, nein!
Klick
Ah …
Hör auf …
Ahhh!
Hi hi
Hi hi hi hi hi
Klick
Dein Geheule ist exquisit.
Da komm ich richtig in Fahrt.
Hah
Klick
So, der Riemen ist in der Schnalle.
Hah
Noch ein kleines Stück …
Zerr
Das tut weh!
Trippel
Trippel
Hah
Reiß dich zusammen.
Oho, wenn ich es in dieses Loch stecke, wird es ziemlich eng.
Klick
Ahh!
Hah
Mit ein wenig Gewalt …
Trippel

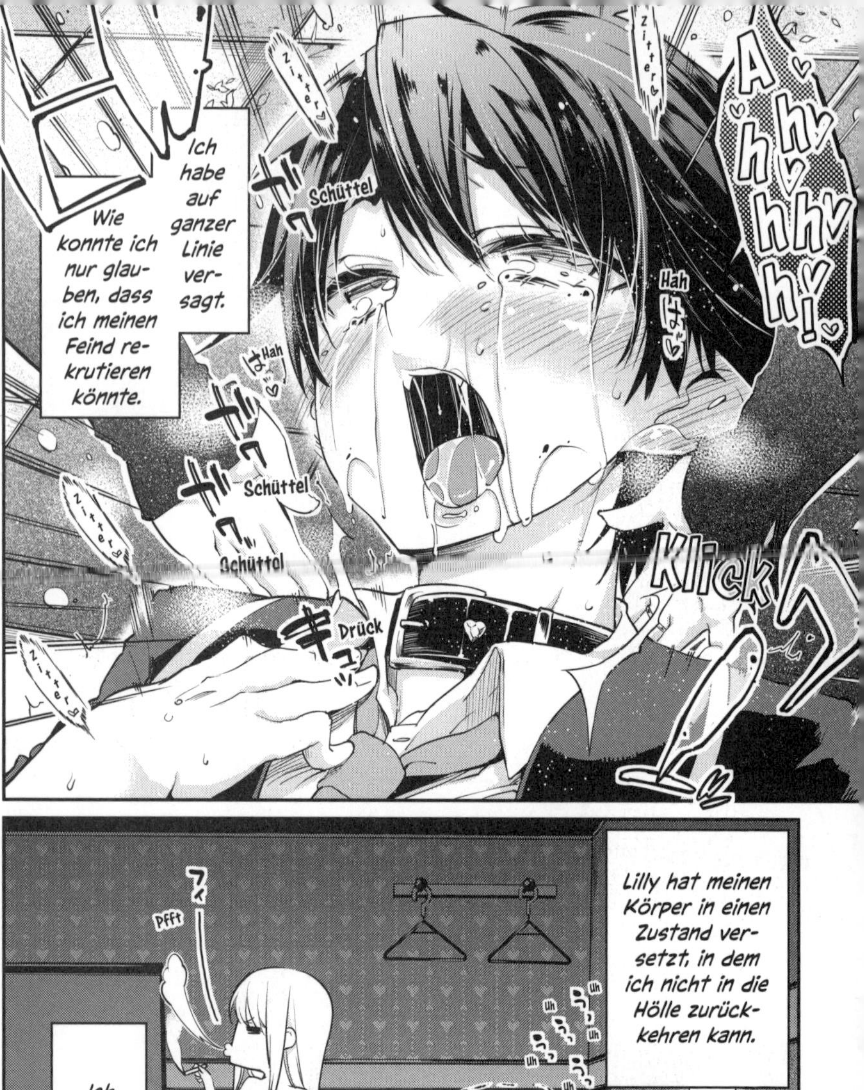

Zitter

Zitter

Ich habe auf ganzer Linie versagt.

Wie konnte ich nur glauben, dass ich meinen Feind rekrutieren könnte.

Schüttel

Hah

Hah

Schüttel

Zitter

Schüttel

Klick

Drück

Zitter

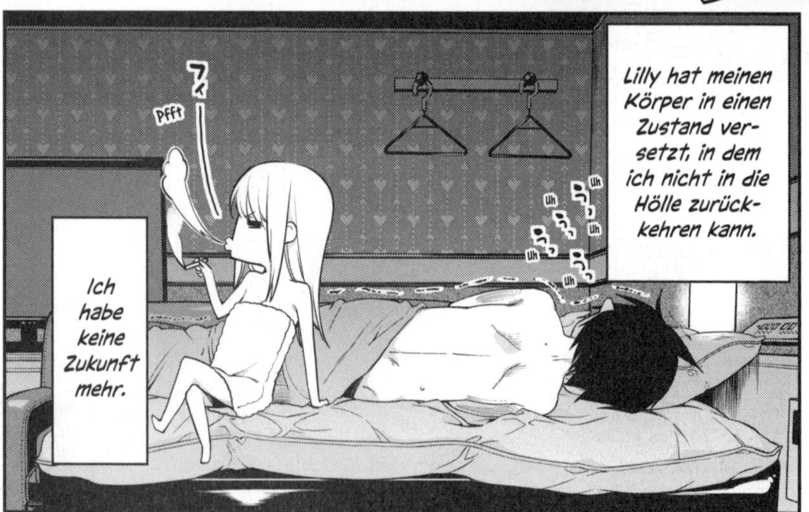

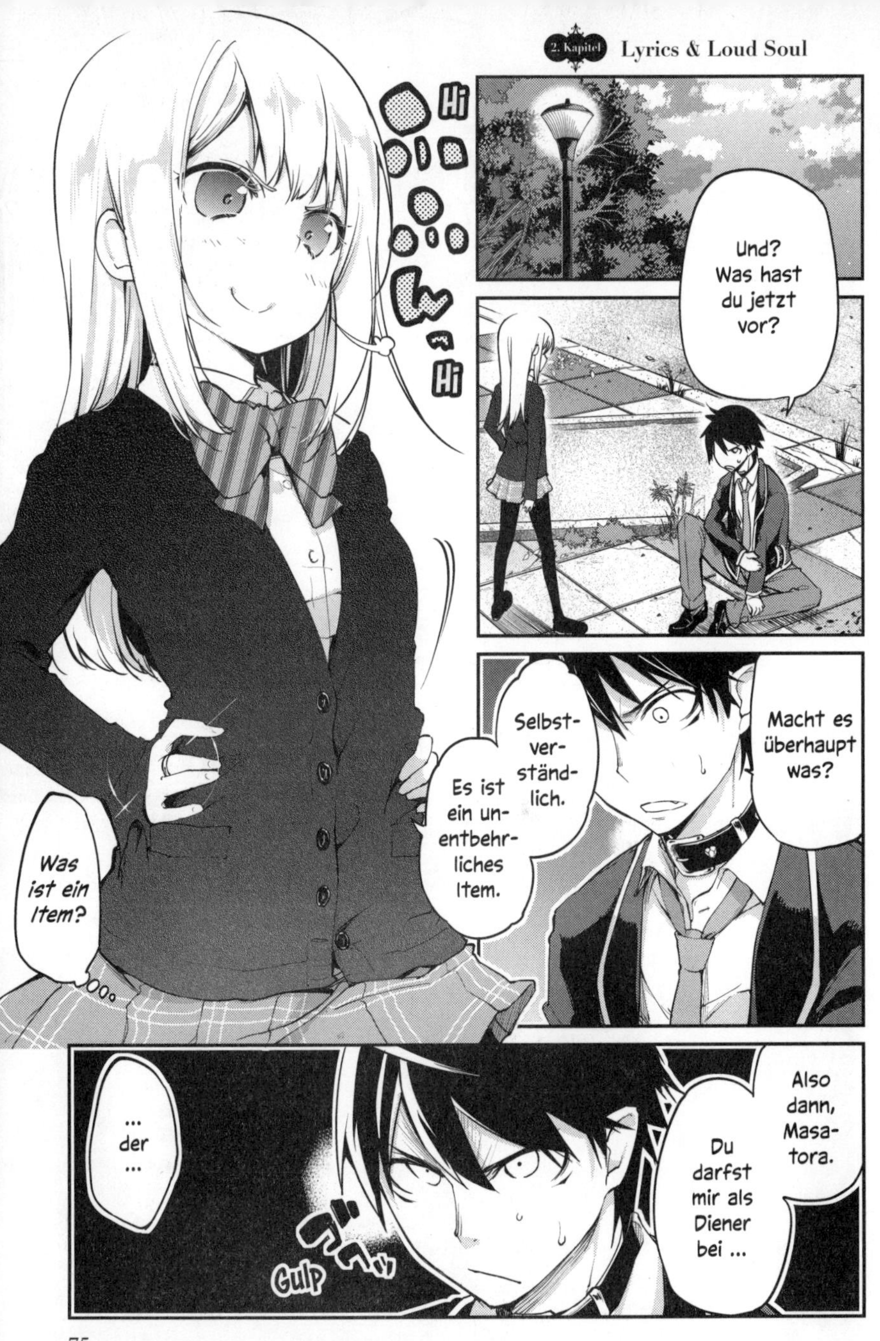
Und? Was hast du jetzt vor?
Macht es überhaupt was?
Selbstverständlich.
Es ist ein unentbehrliches Item.
Hi
Hi
Was ist ein Item?
Also dann, Masatora.
Du darfst mir als Diener bei ...
... der ...
Gulp

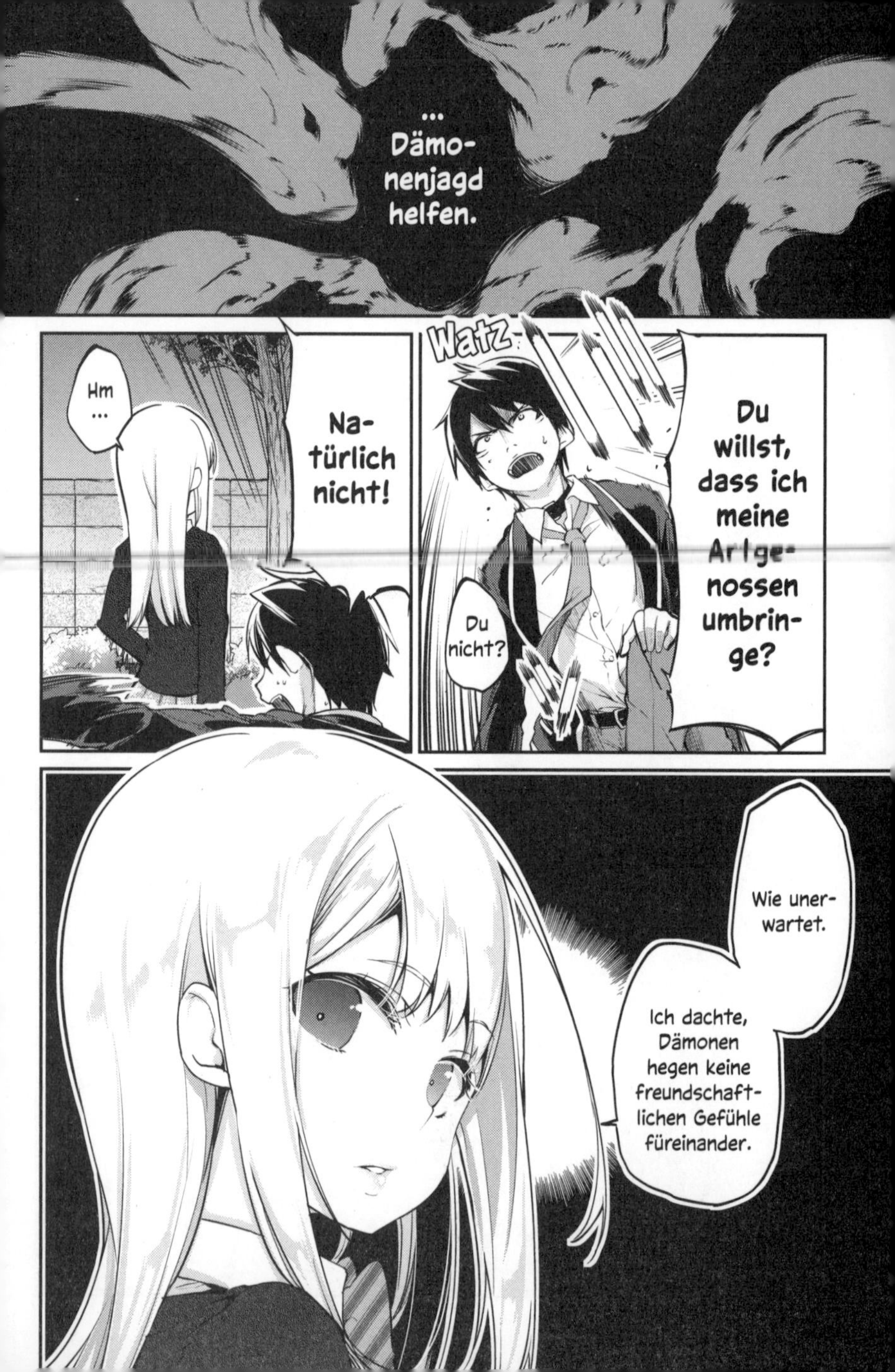
... Dämonenjagd helfen.
Watz
Du willst, dass ich meine Artgenossen umbringe?
Du nicht?
Natürlich nicht!
Hm ...
Wie unerwartet.
Ich dachte, Dämonen hegen keine freundschaftlichen Gefühle füreinander.

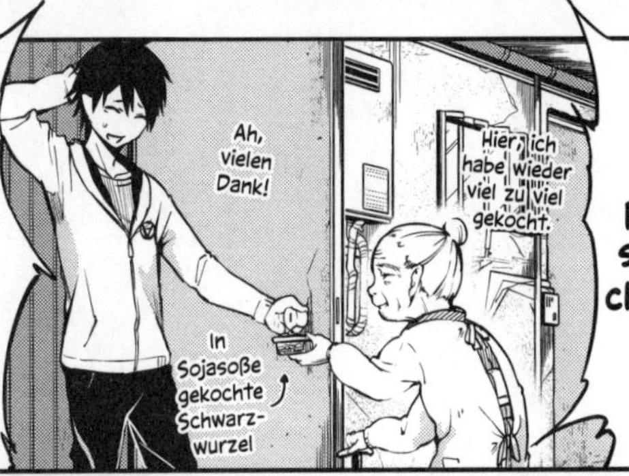
Auch Dämonen pflegen gesellschaftliche Beziehungen zueinander.
Hier, ich habe wieder viel zu viel gekocht.
Ah, vielen Dank!
In Sojasoße gekochte Schwarzwurzel
Ich würde nie jemand betrügen, der gut zu mir war.

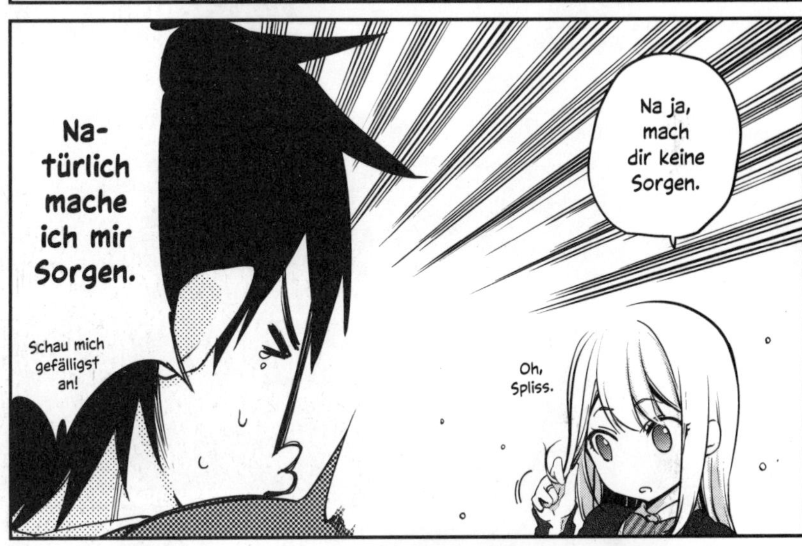
Na ja, mach dir keine Sorgen.
Natürlich mache ich mir Sorgen.
Oh, Spliss.
Schau mich gefälligst an!

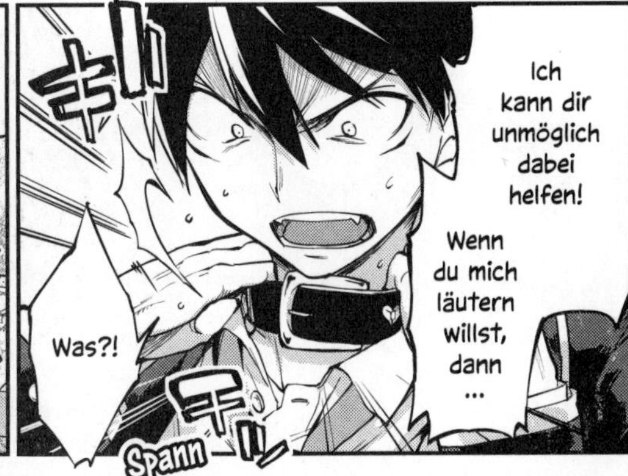
Ich kann dir unmöglich dabei helfen!
Wenn du mich läutern willst, dann ...
Was?!
Spann

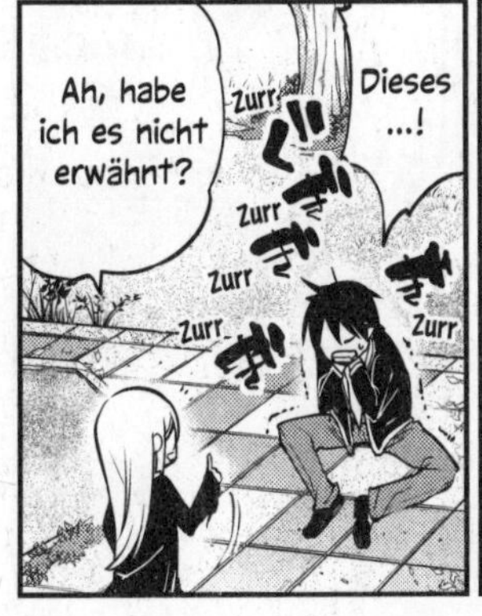
Dieses ...!
Ah, habe ich es nicht erwähnt?
Zurr
Zurr
Zurr
Zurr
Zurr

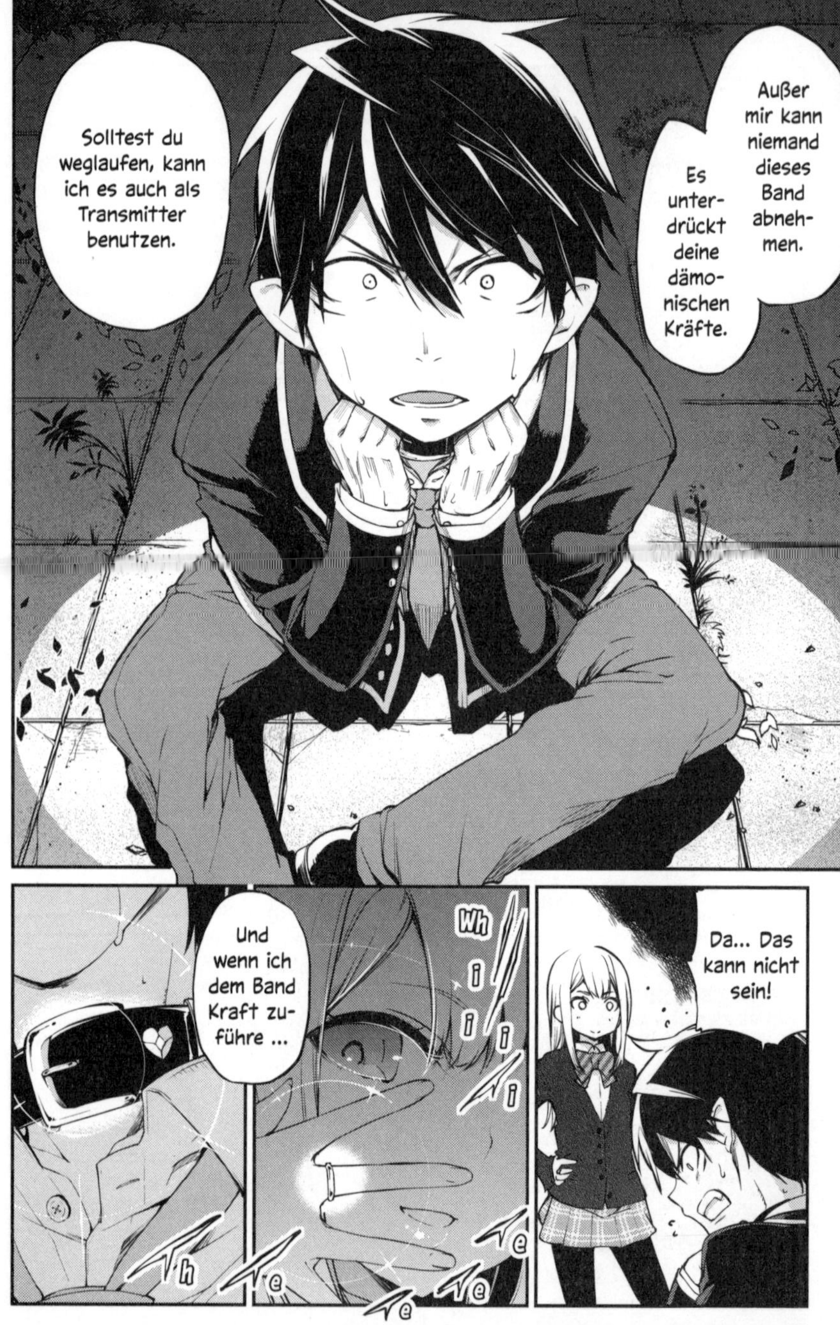
Außer mir kann niemand dieses Band abnehmen.
Es unterdrückt deine dämonischen Kräfte.
Solltest du weglaufen, kann ich es auch als Transmitter benutzen.
Da... Das kann nicht sein!
Whiiiii
Und wenn ich dem Band Kraft zuführe ...
Theeee

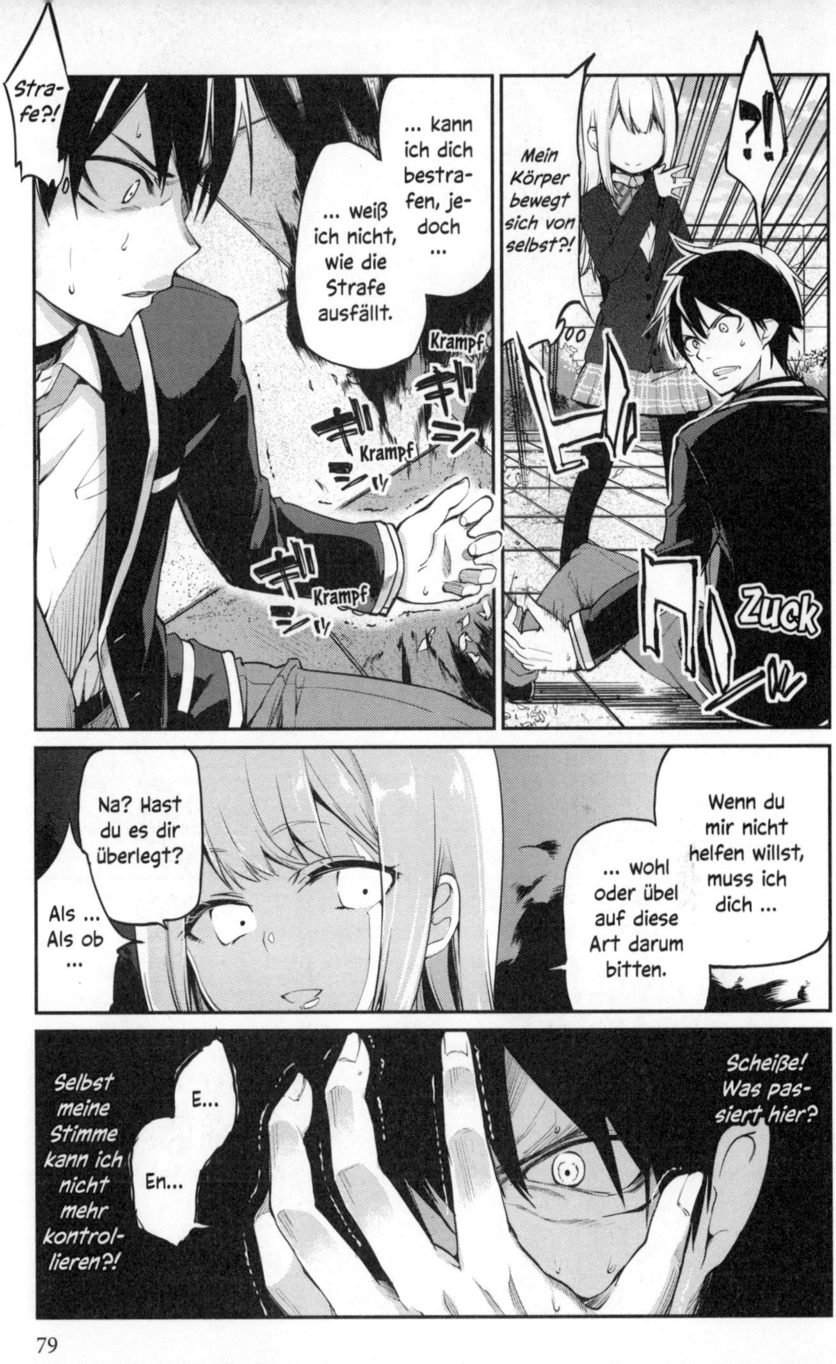

?!
Mein Körper bewegt sich von selbst?!
Zuck
... kann ich dich bestrafen, jedoch ...
... weiß ich nicht, wie die Strafe ausfällt.
Krampf
Krampf
Krampf
Strafe?!

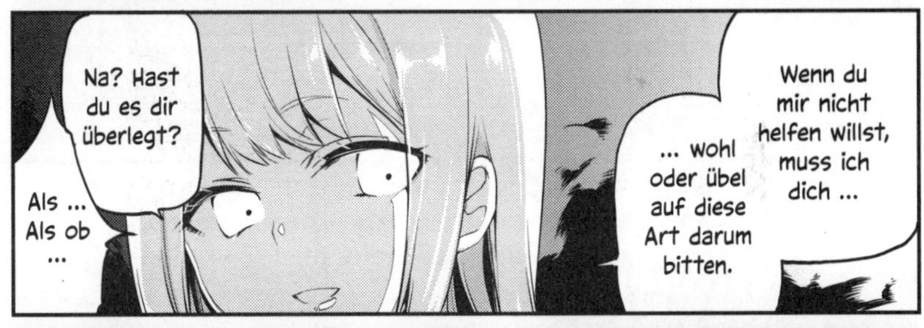

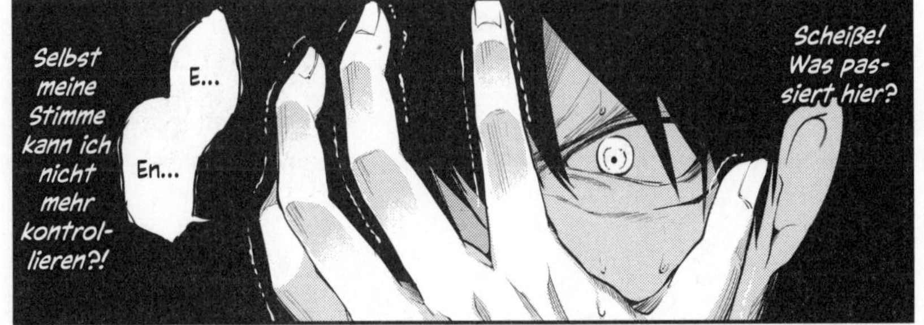

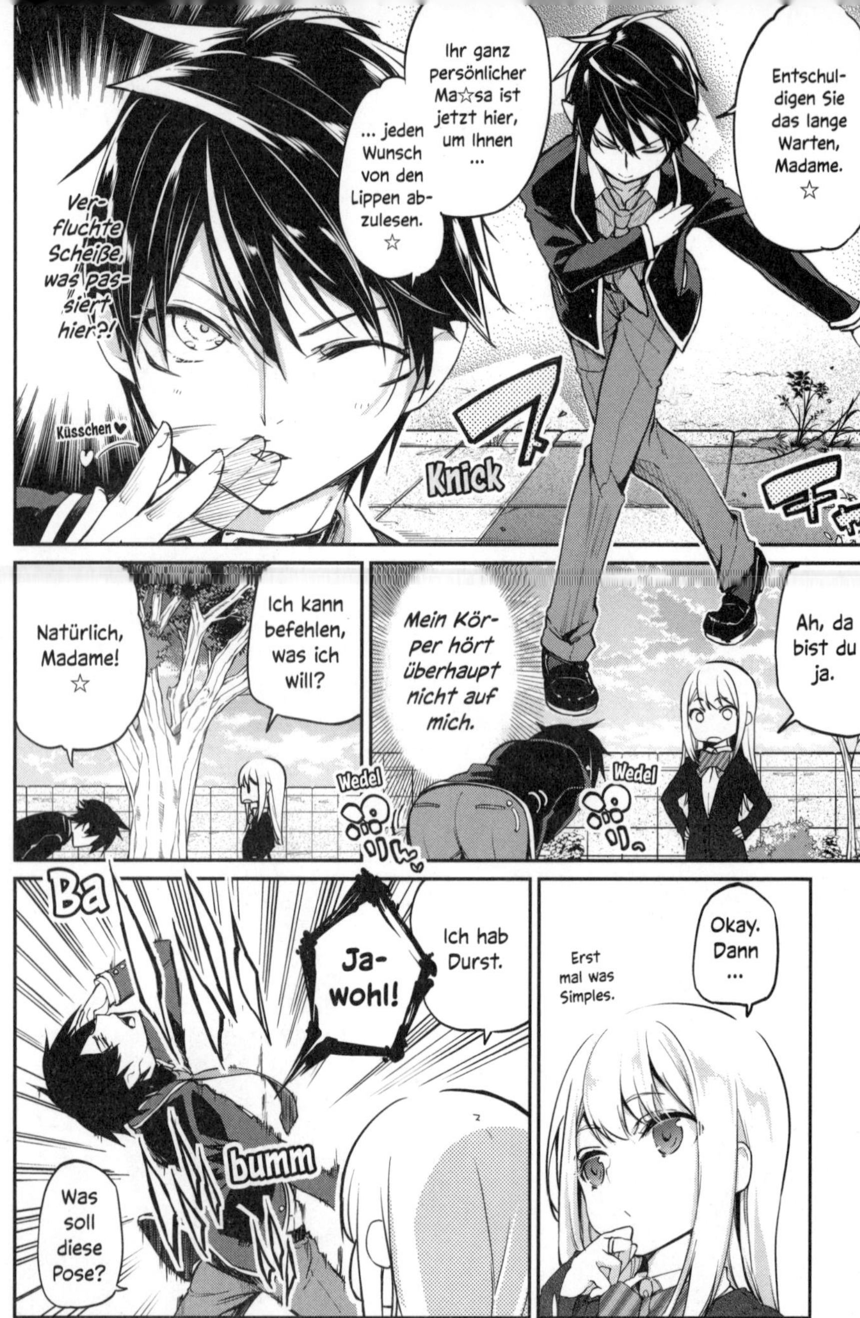
Entschuldigen Sie das lange Warten, Madame. ☆
Ihr ganz persönlicher Ma☆sa ist jetzt hier, um Ihnen ...
... jeden Wunsch von den Lippen abzulesen. ☆
Knick
Verfluchte Scheiße, was passiert hier?!
Küsschen
Ah, da bist du ja.
Wedel
Mein Körper hört überhaupt nicht auf mich.
Wedel
Ich kann befehlen, was ich will?
Natürlich, Madame! ☆
Okay. Dann ...
Erst mal was Simples.
Ich hab Durst.
Jawohl!
Ba
bumm
Was soll diese Pose?

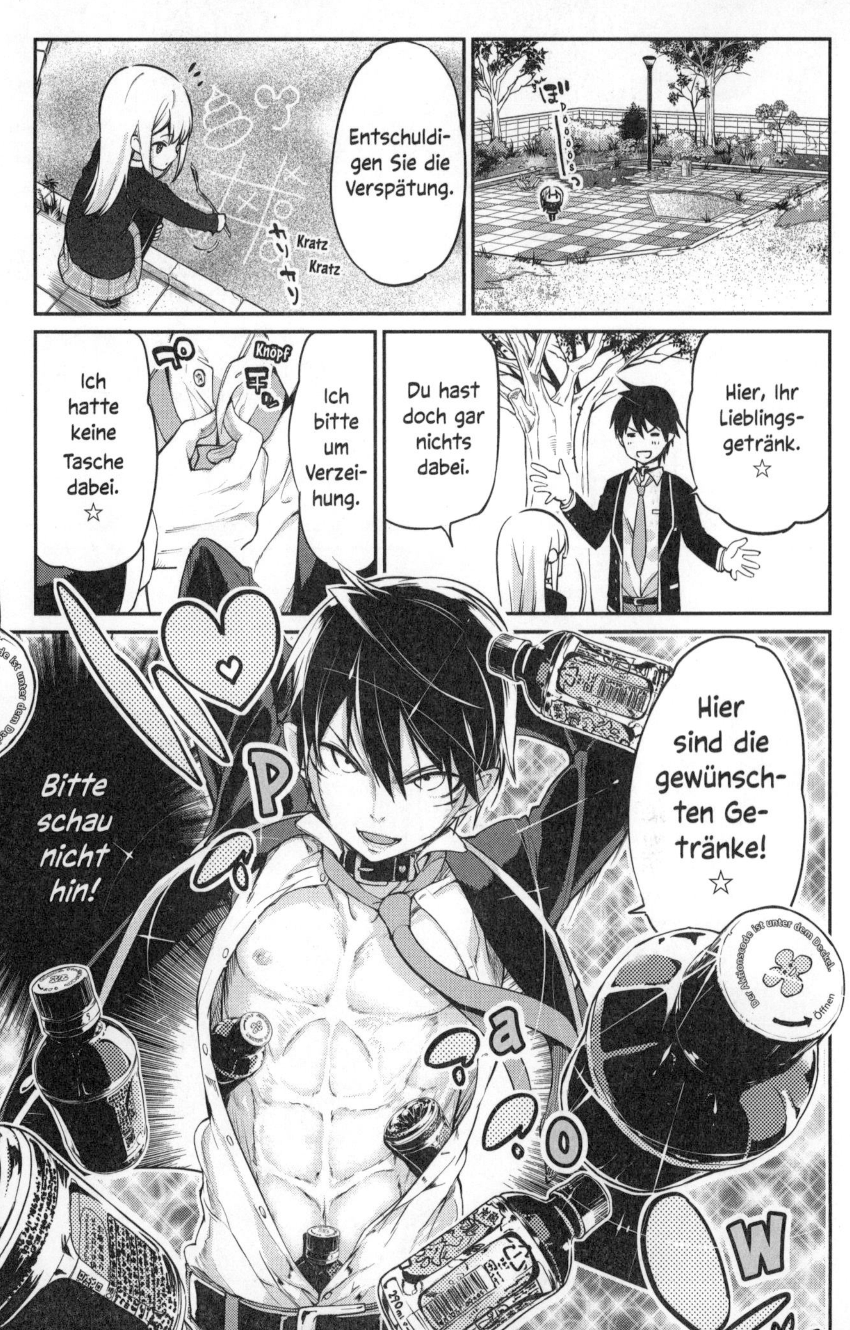

Entschuldigen Sie die Verspätung.
Kratz
Kratz
Hier, Ihr Lieblingsgetränk. ☆
Du hast doch gar nichts dabei.
Ich bitte um Verzeihung.
Knöpf
Ich hatte keine Tasche dabei. ☆
Hier sind die gewünschten Getränke! ☆
Der Aktionscode ist unter dem Deckel.
Öffnen
Bitte schau nicht hin!
P
a
o
W

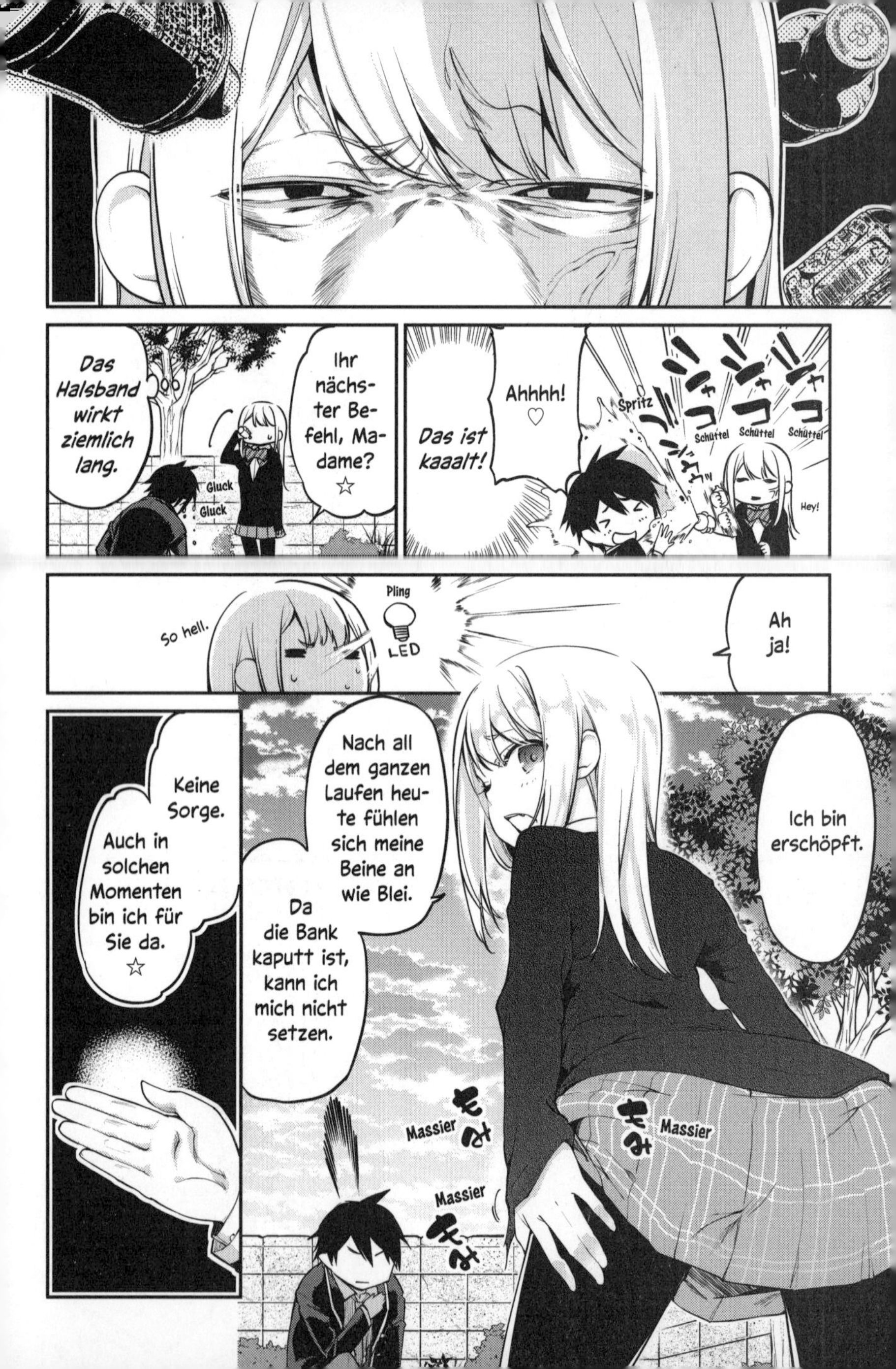
Schüttel
Schüttel
Schüttel
Spritz
Hey!
Ahhhh! ♡
Das ist kaaalt!
Ihr nächster Befehl, Madame? ☆
Gluck
Gluck
Das Halsband wirkt ziemlich lang.
Ah ja!
Pling
LED
So hell.
Ich bin erschöpft.
Nach all dem ganzen Laufen heute fühlen sich meine Beine an wie Blei.
Da die Bank kaputt ist, kann ich mich nicht setzen.
Keine Sorge.
Auch in solchen Momenten bin ich für Sie da. ☆
Massier
Massier
Massier

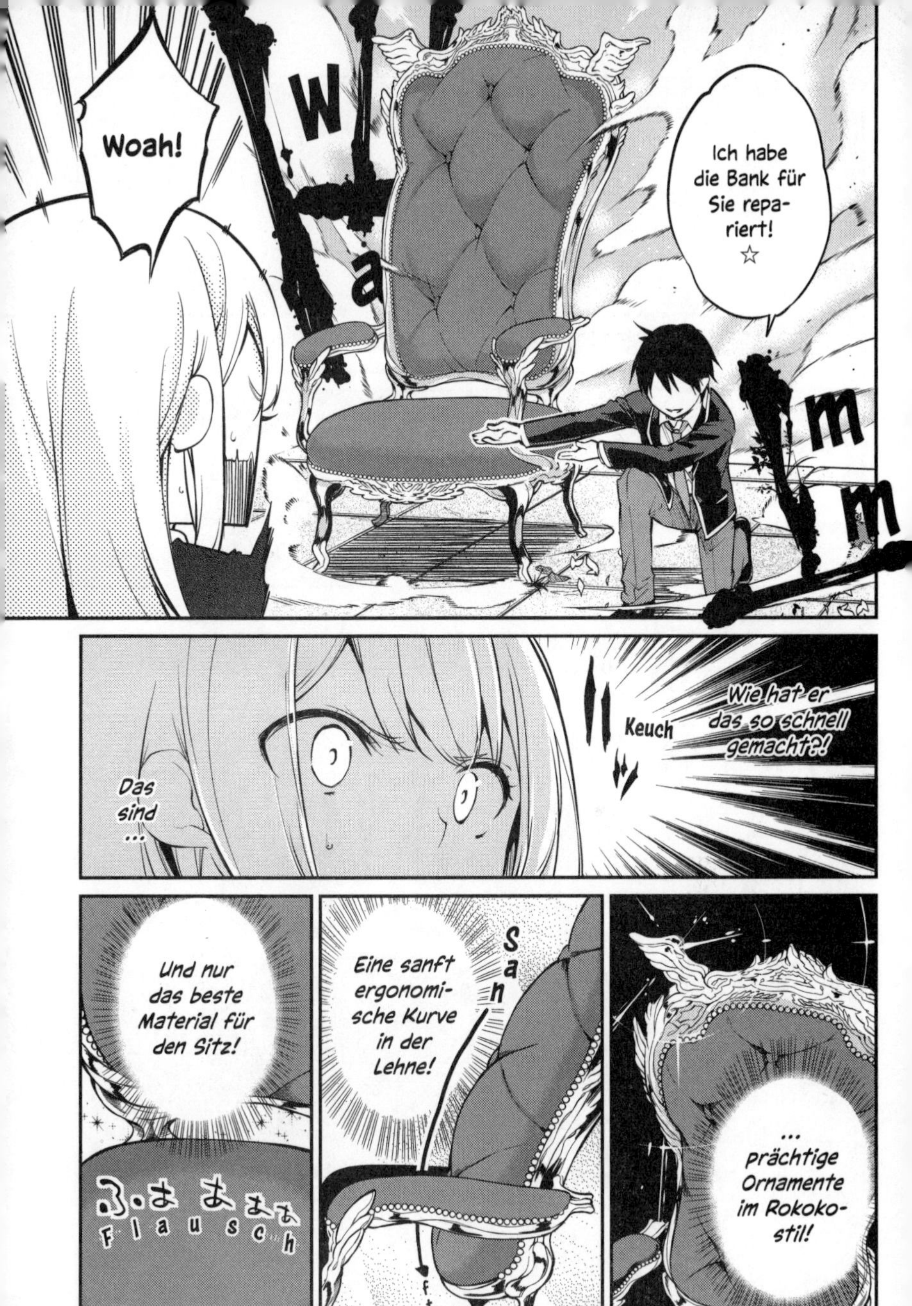

Ich habe die Bank für Sie repariert! ☆

Woah!

Wa

mm

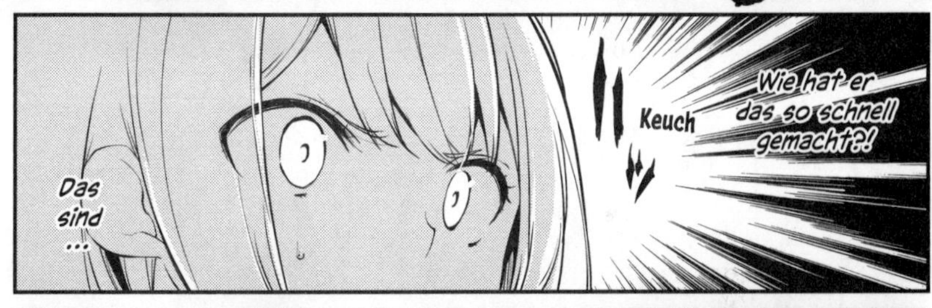

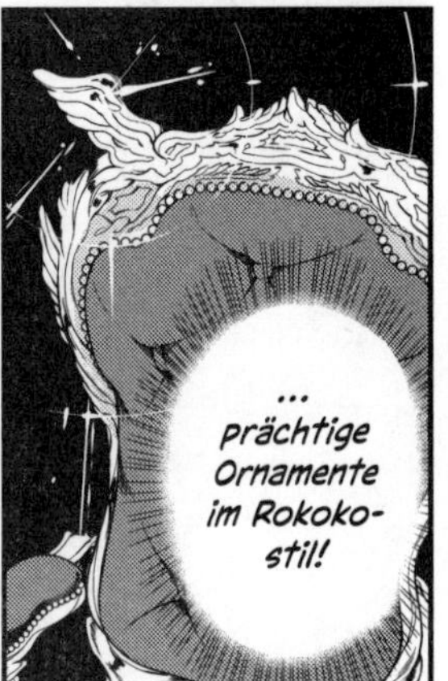

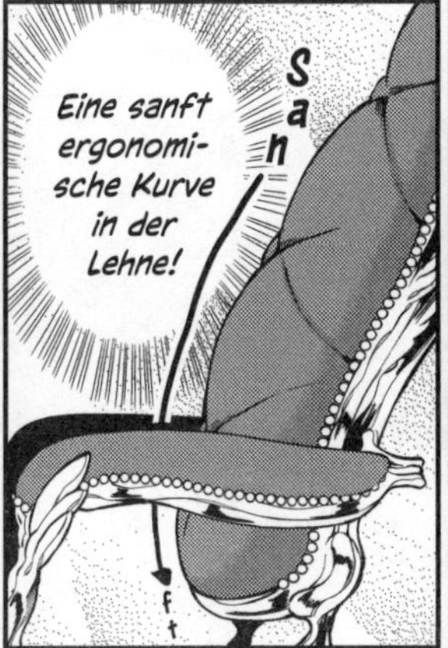

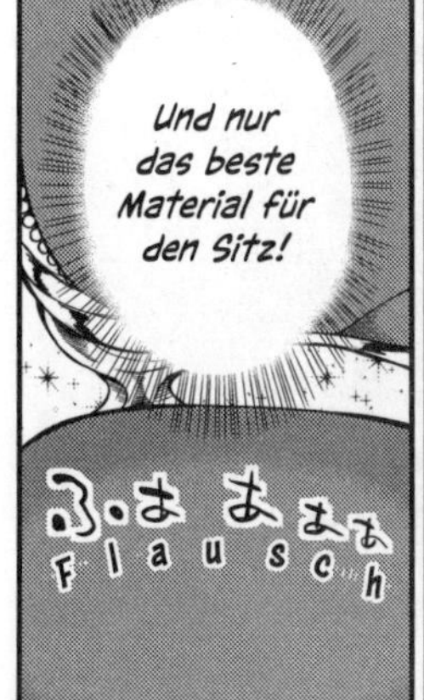

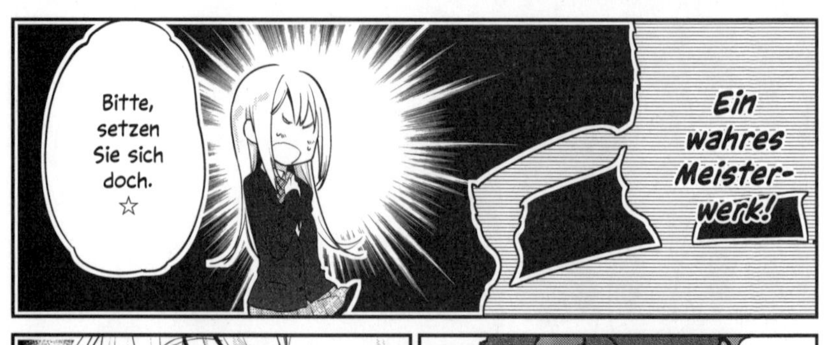
Ein wahres Meister-werk!
Bitte, setzen Sie sich doch. ☆

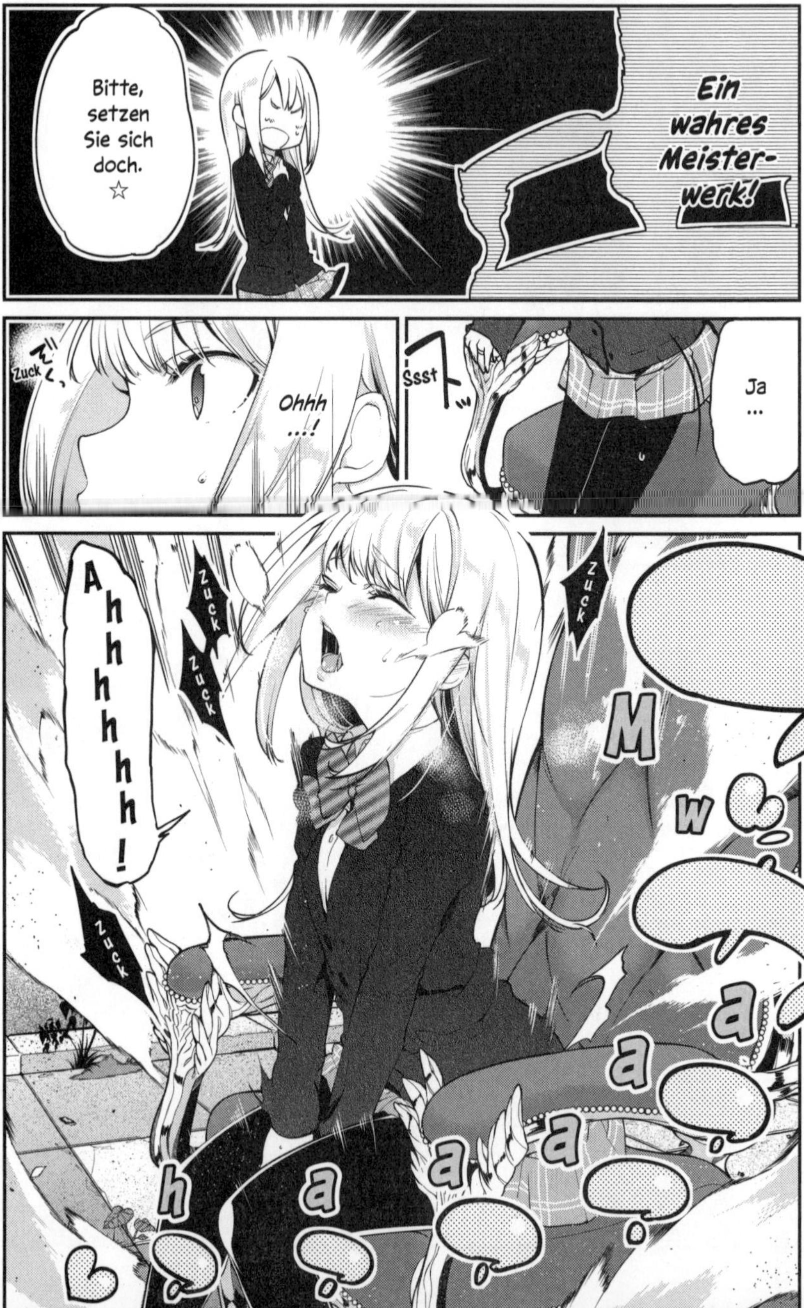

Ja ...
Ssst
Ohhh ...!
Zuck
Mwaaaaah ♡
Zuck
Zuck
Zuck
Ahhhhhhh!
Zuck

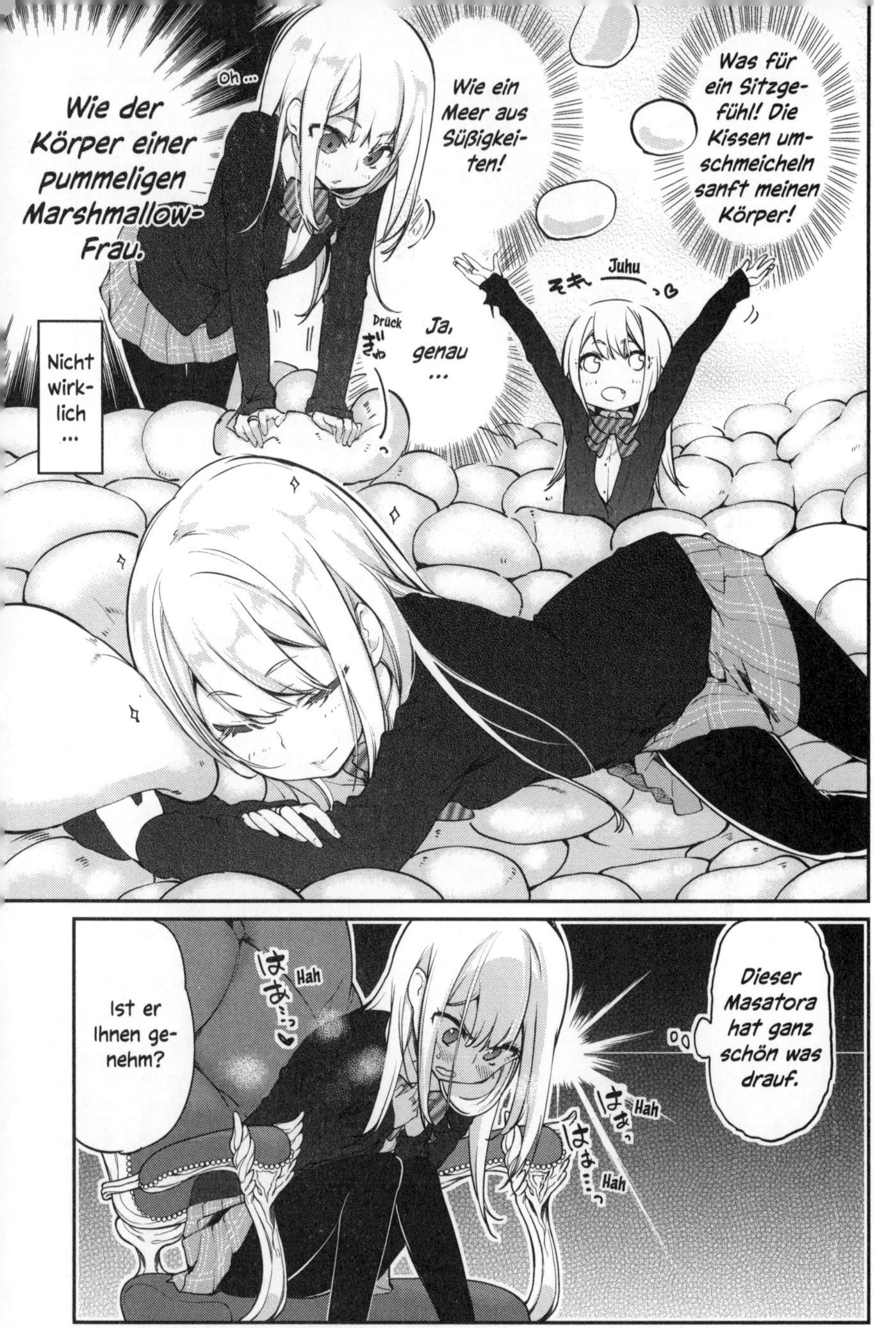

Was für ein Sitzgefühl! Die Kissen umschmeicheln sanft meinen Körper!
Wie ein Meer aus Süßigkeiten!
Oh ...
Wie der Körper einer pummeligen Marshmallow-Frau.
Juhu
Ja, genau ...
Drück
Nicht wirklich ...

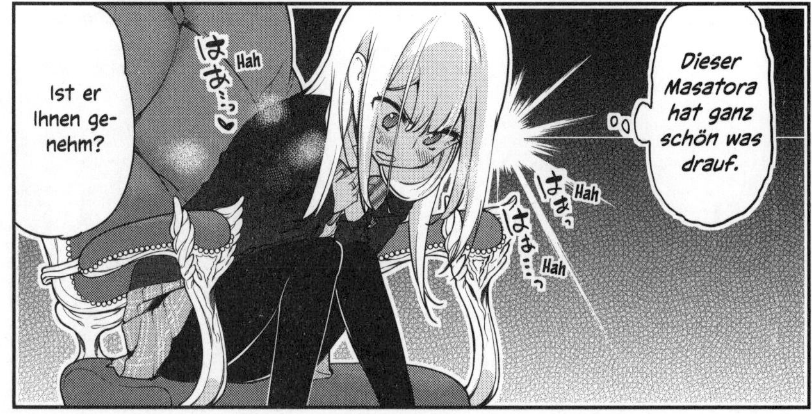

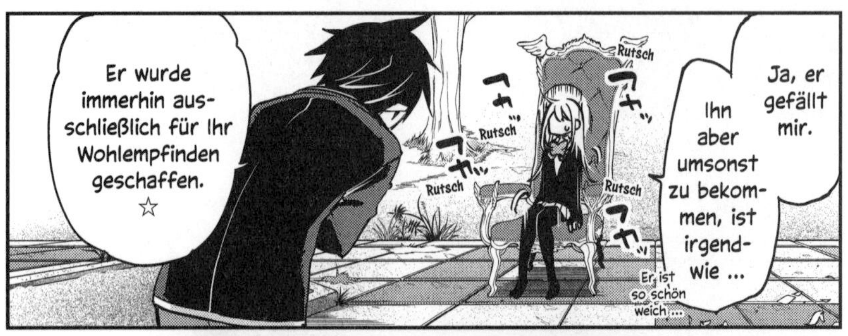
Ja, er gefällt mir.
Ihn aber umsonst zu bekommen, ist irgendwie ...
Rutsch
Rutsch
Rutsch
Rutsch
Er ist so schön weich ...
Er wurde immerhin ausschließlich für Ihr Wohlempfinden geschaffen. ☆

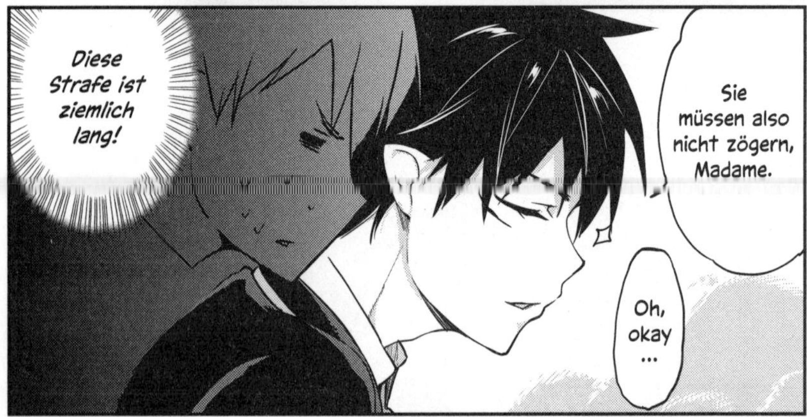
Sie müssen also nicht zögern, Madame.
Oh, okay ...
Diese Strafe ist ziemlich lang!

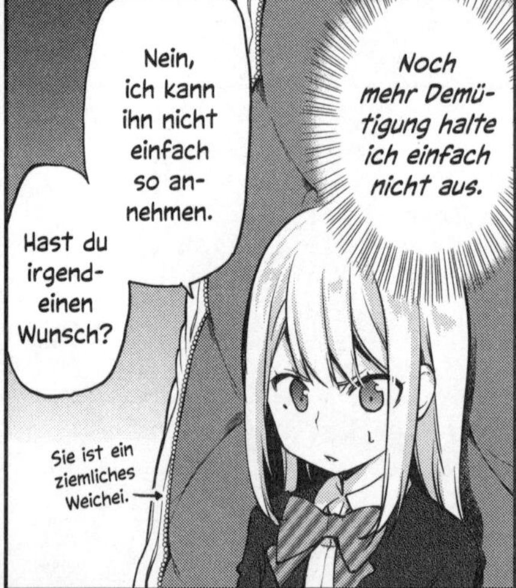
Noch mehr Demütigung halte ich einfach nicht aus.
Nein, ich kann ihn nicht einfach so annehmen.
Hast du irgendeinen Wunsch?
Sie ist ein ziemliches Weichei.

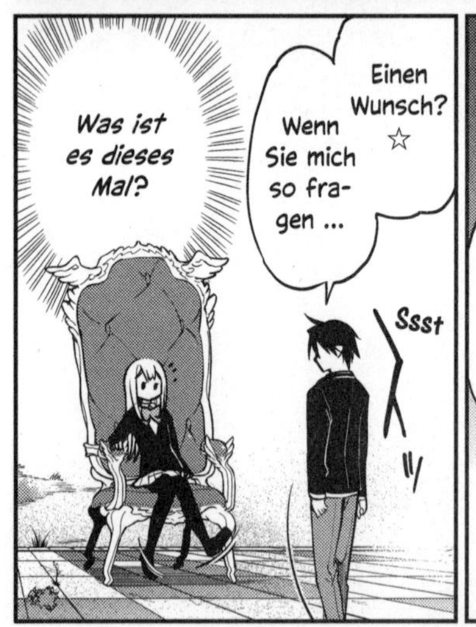
Einen Wunsch? ☆
Wenn Sie mich so fragen ...
Ssst
Was ist es dieses Mal?

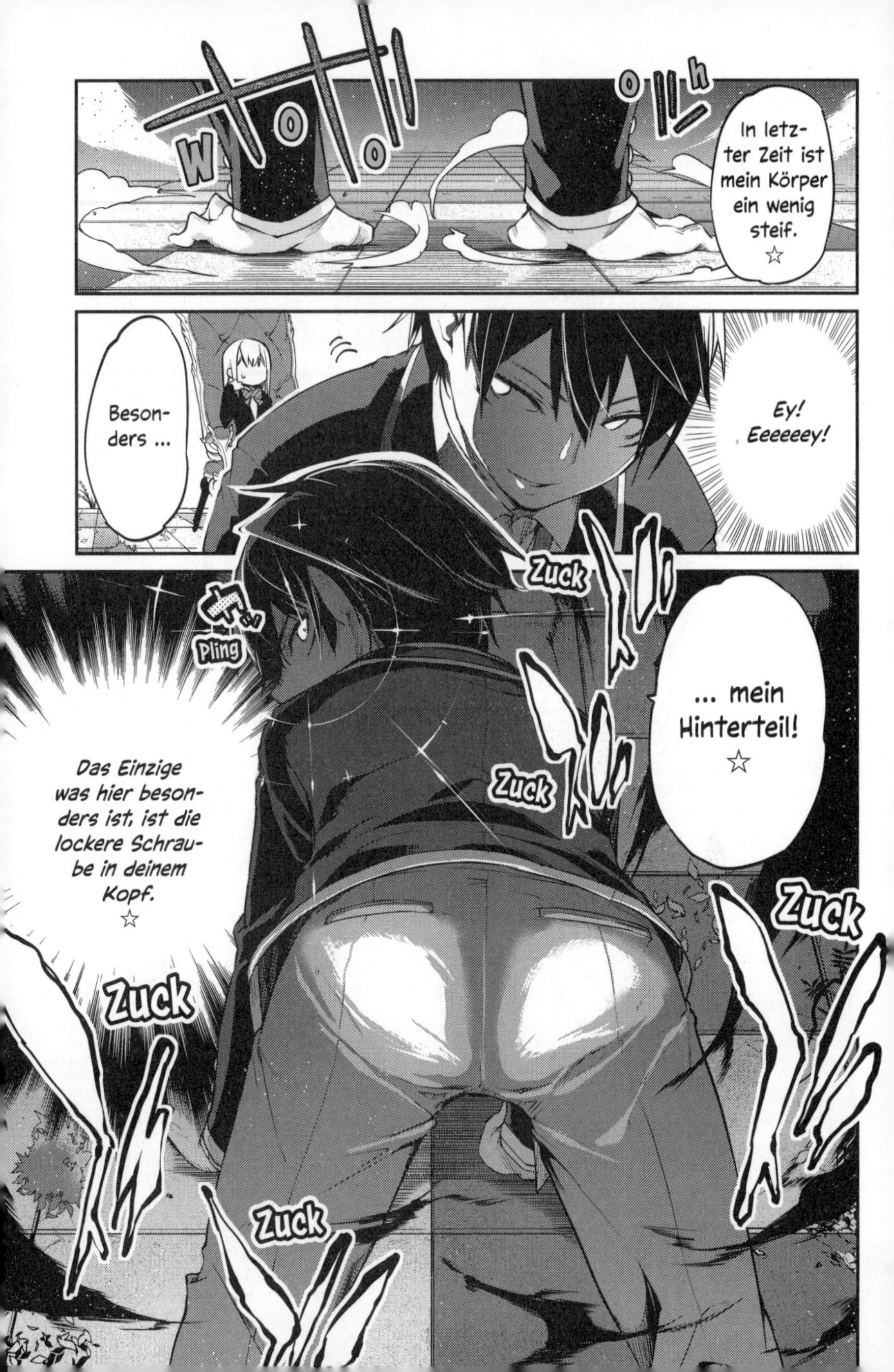

WOoOh

In letzter Zeit ist mein Körper ein wenig steif. ☆

Ey! Eeeeeey!

Besonders ...

Zuck

Pling

... mein Hinterteil! ☆

Zuck

Das Einzige was hier besonders ist, ist die lockere Schraube in deinem Kopf. ☆

Zuck

Zuck

Zuck

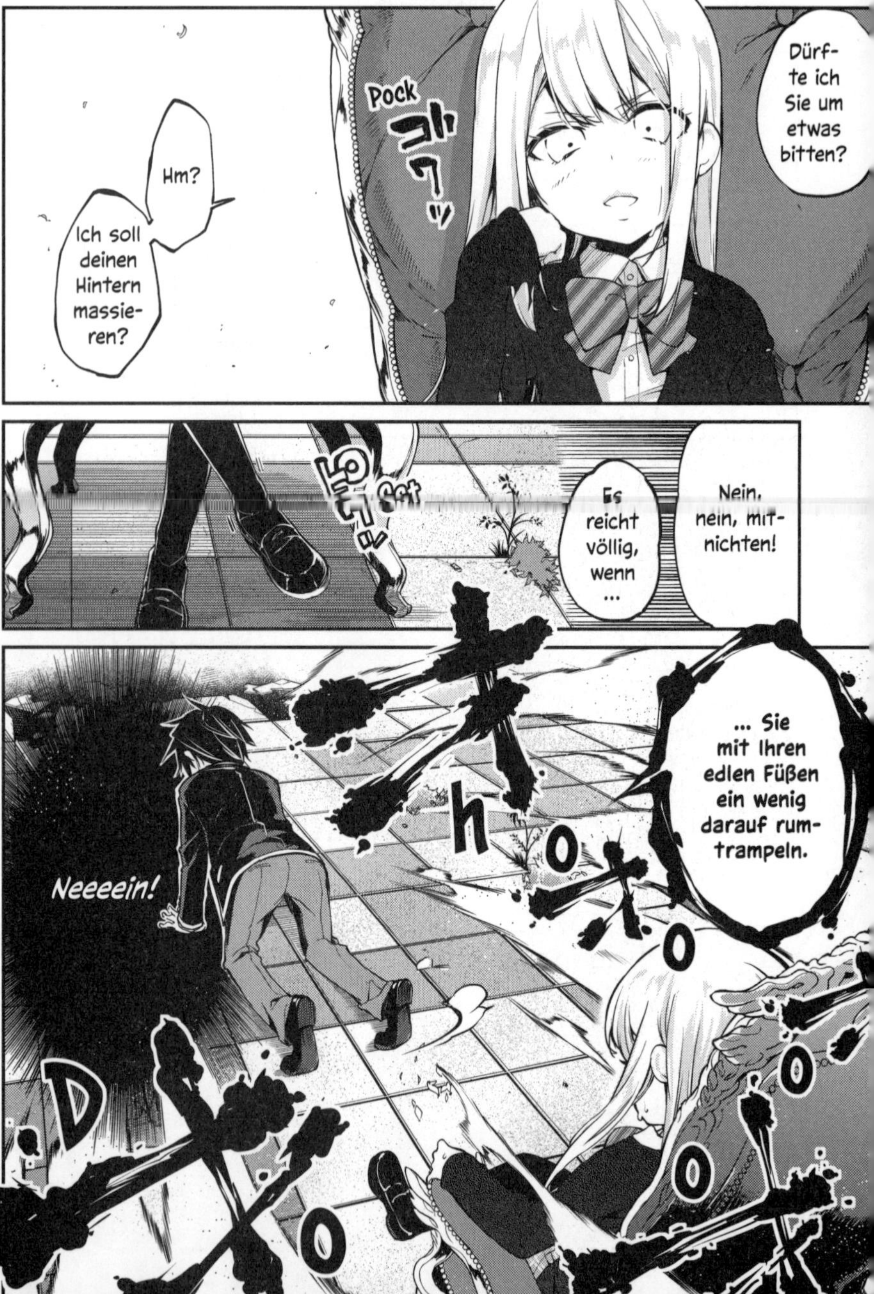

Dürfte ich Sie um etwas bitten?

Pock

Hm?

Ich soll deinen Hintern massieren?

Nein, nein, mitnichten!

Es reicht völlig, wenn ...

Set

... Sie mit Ihren edlen Füßen ein wenig darauf rumtrampeln.

Neeeein!

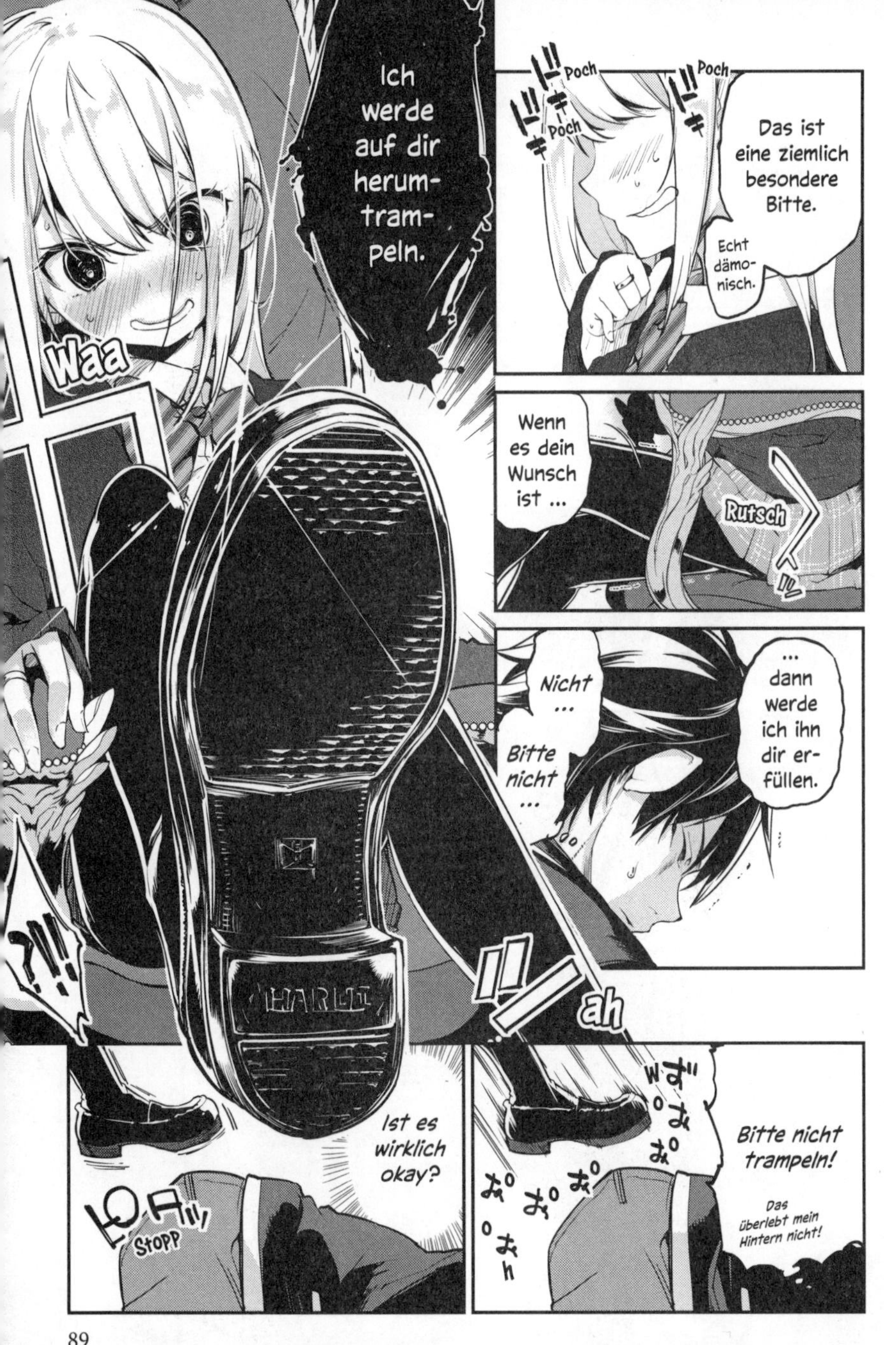

Poch
Poch
Poch
Das ist eine ziemlich besondere Bitte.
Echt dämonisch.
Ich werde auf dir herumtrampeln.
Waa
Wenn es dein Wunsch ist ...
Rutsch
... dann werde ich ihn dir erfüllen.
Nicht ...
Bitte nicht ...
?!!
ah
Ist es wirklich okay?
Stopp
Bitte nicht trampeln!
Das überlebt mein Hintern nicht!

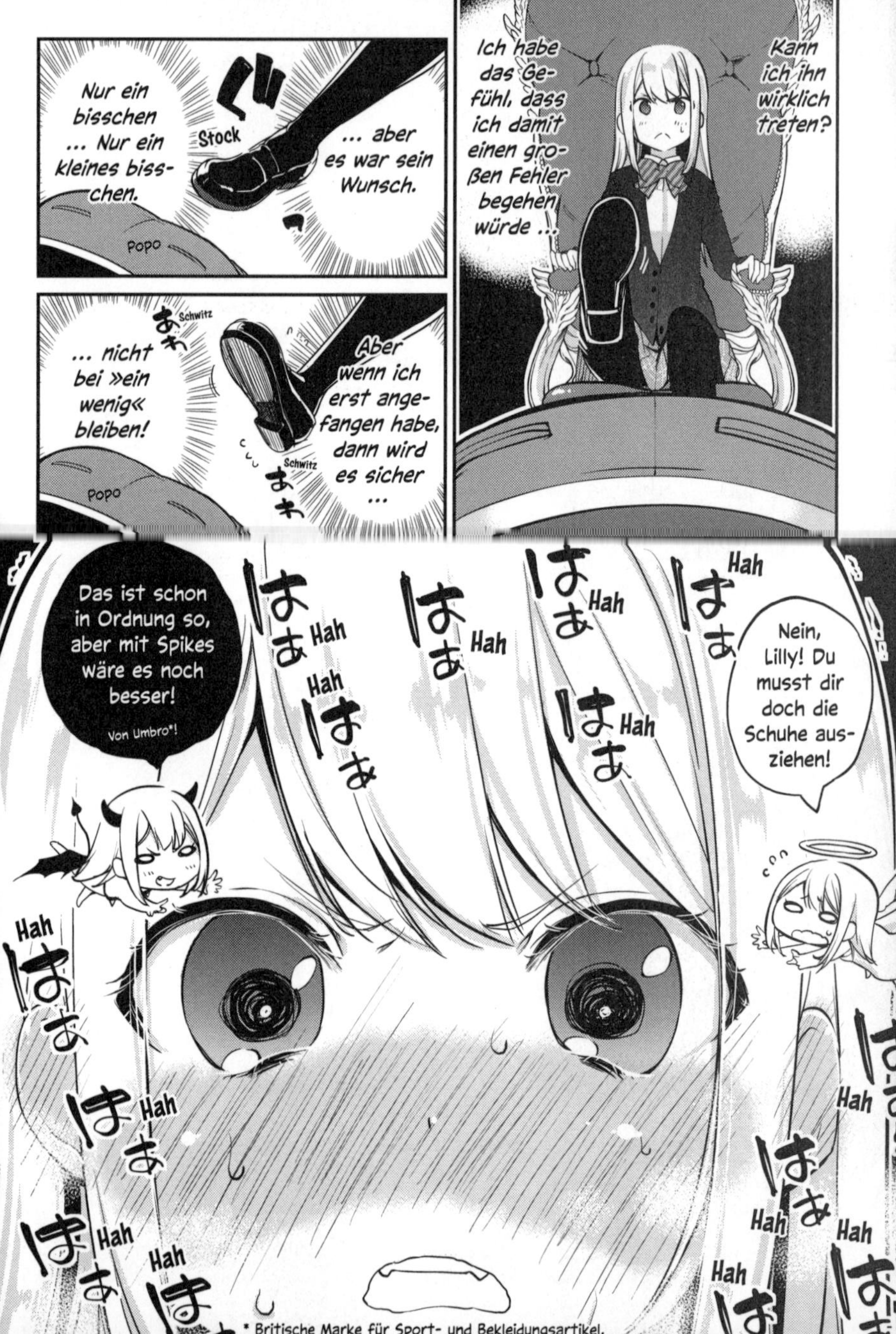

* Britische Marke für Sport- und Bekleidungsartikel.

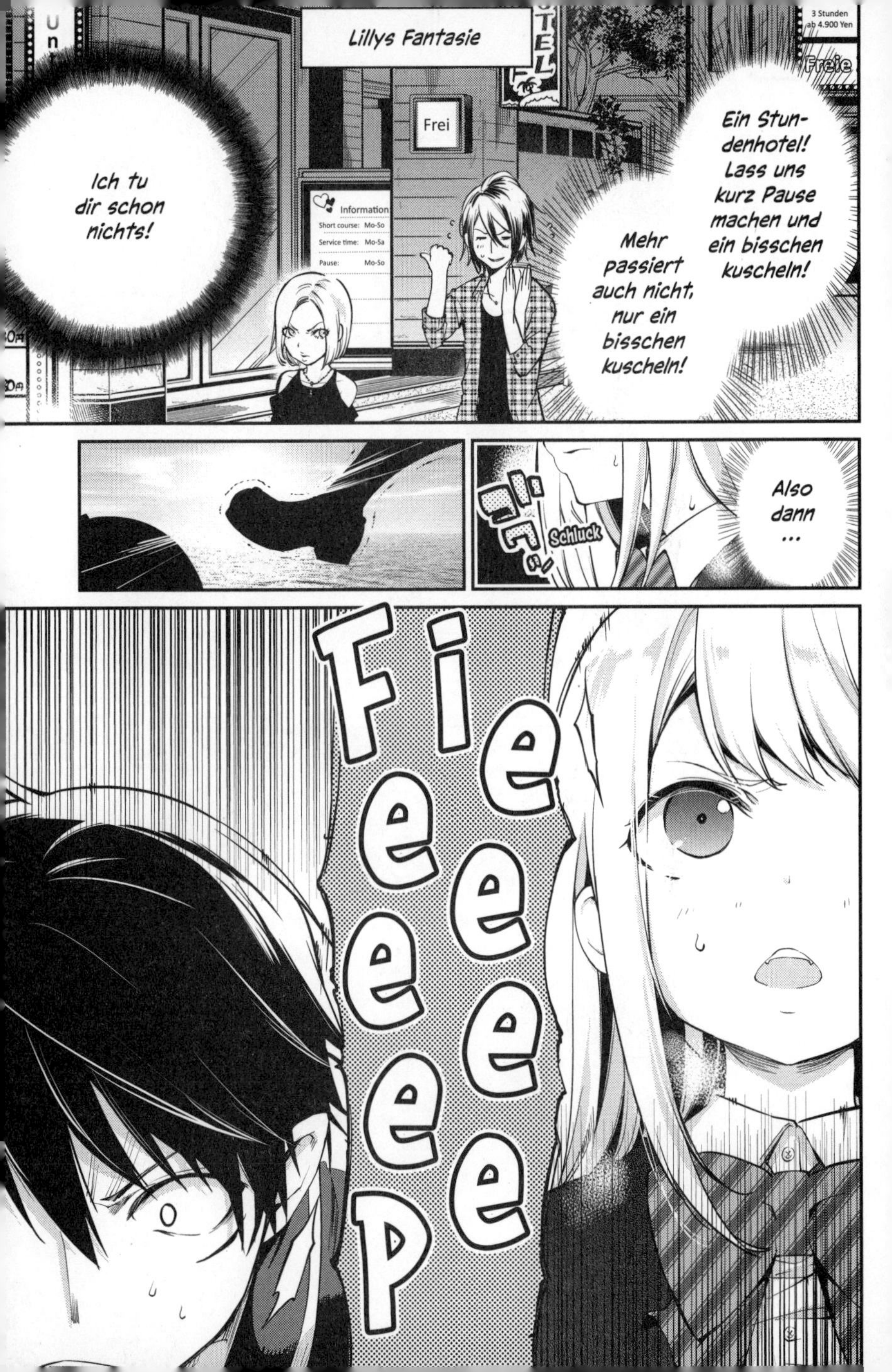

Lillys Fantasie

3 Stunden ab 4.900 Yen

Freie

Frei

Information
Short course: Mo-So
Service time: Mo-Sa
Pause: Mo-So

Ein Stundenhotel! Lass uns kurz Pause machen und ein bisschen kuscheln!

Mehr passiert auch nicht, nur ein bisschen kuscheln!

Ich tu dir schon nichts!

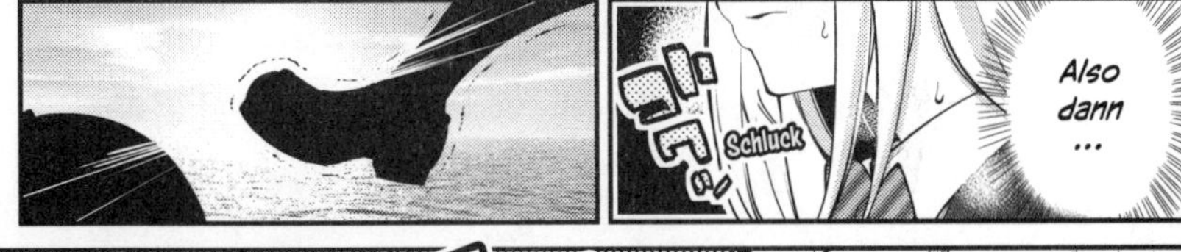

Fieeeeeeep

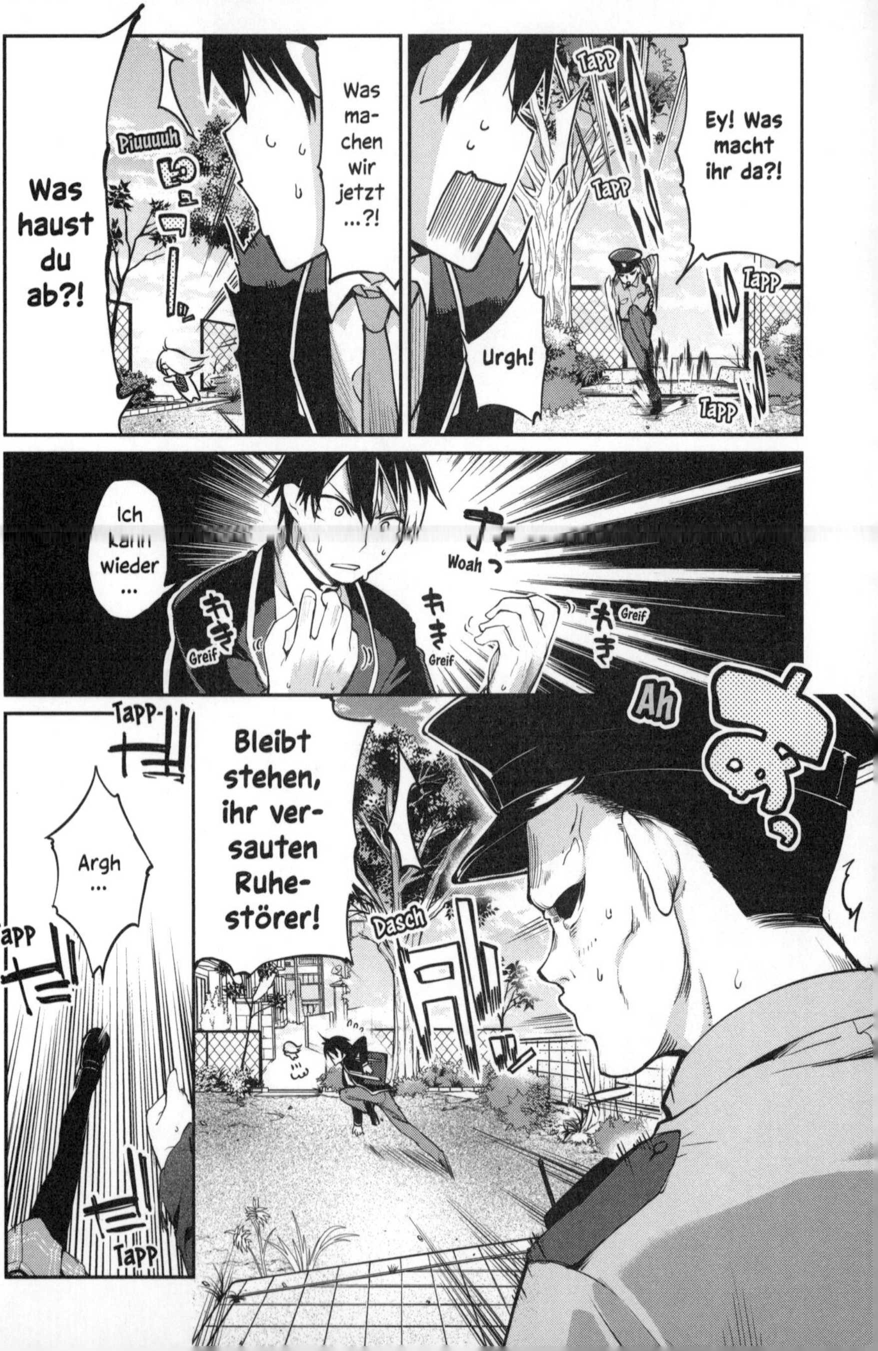

Tapp

Ey! Was macht ihr da?!

Tapp

Tapp

Urgh!

Tapp

Was machen wir jetzt ...?!

Piuuuuh

Was haust du ab?!

Woah

Greif

Greif

Greif

Ich kann wieder ...

Ah

Bleibt stehen, ihr versauten Ruhestörer!

Dasch

Tapp-

Argh ...

Tapp

Tapp

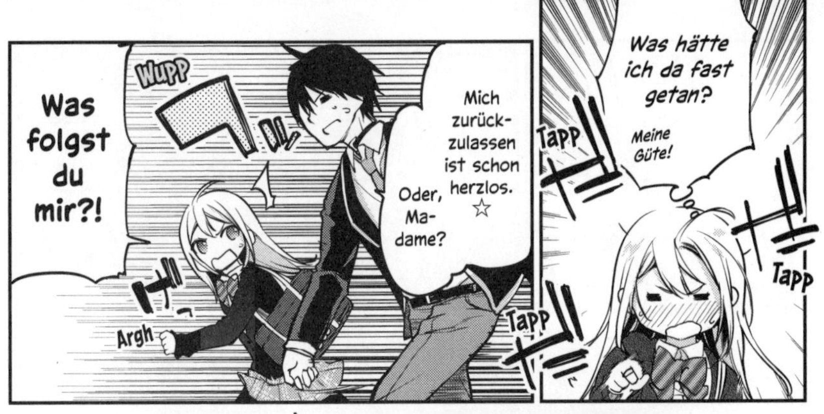

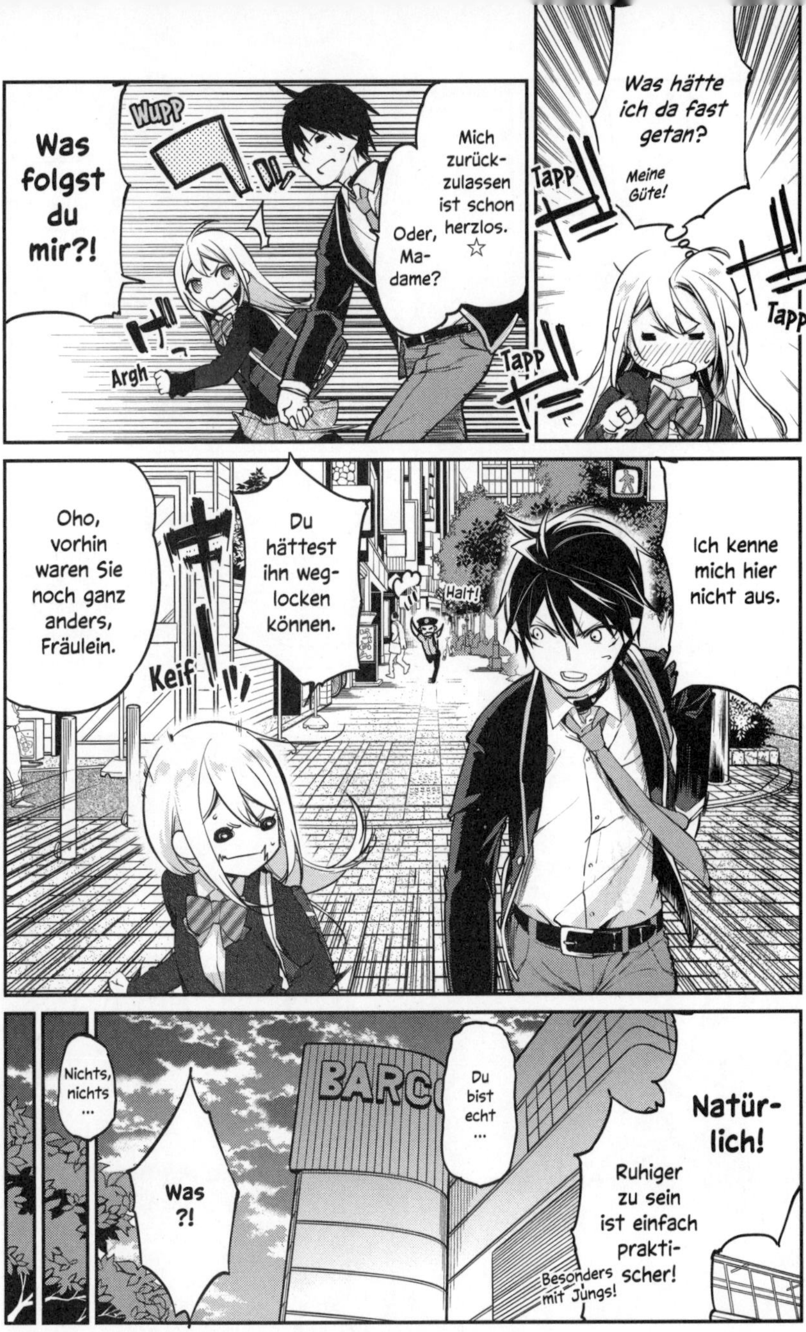

Ich kenne mich hier nicht aus.

Halt!

Du hättest ihn weglocken können.

Keif

Oho, vorhin waren Sie noch ganz anders, Fräulein.

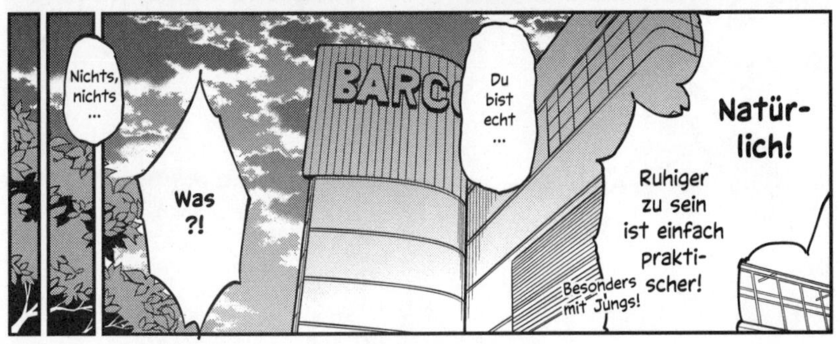

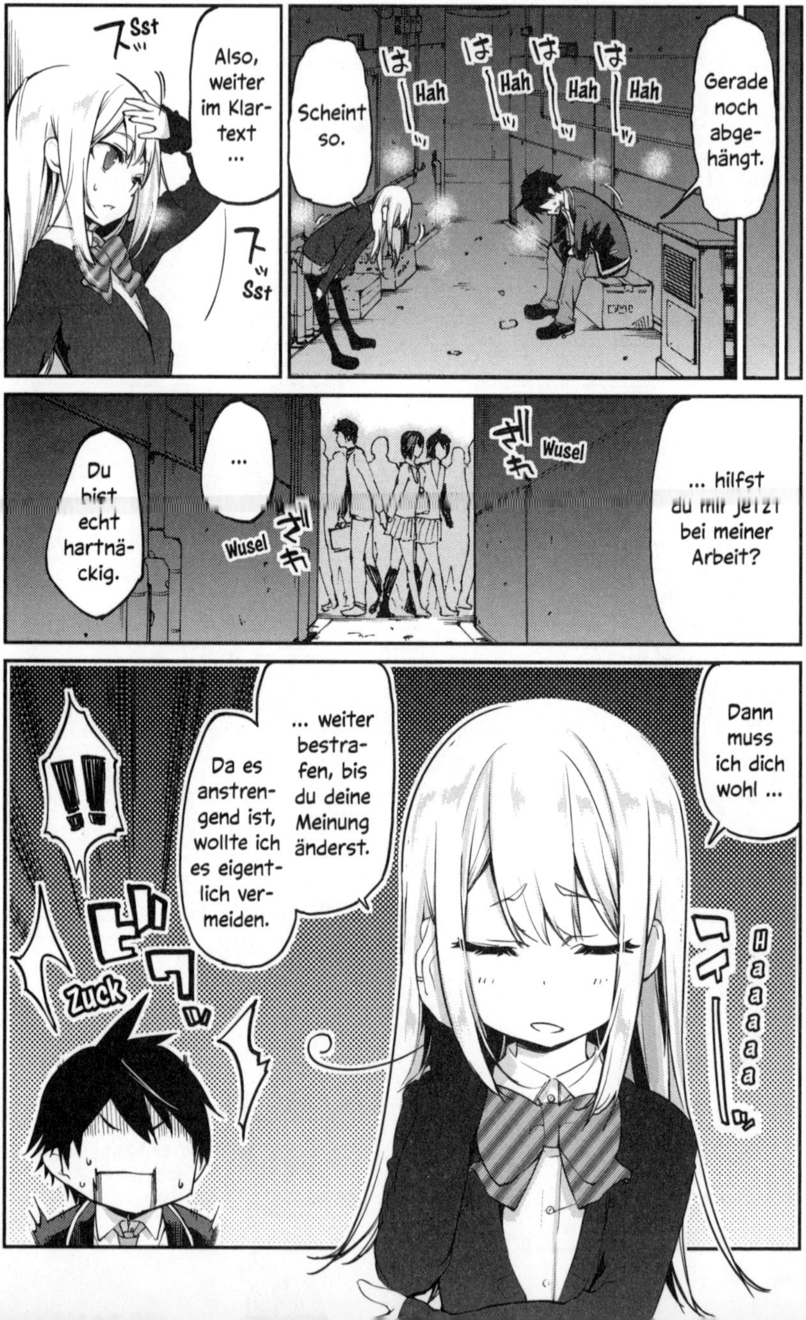

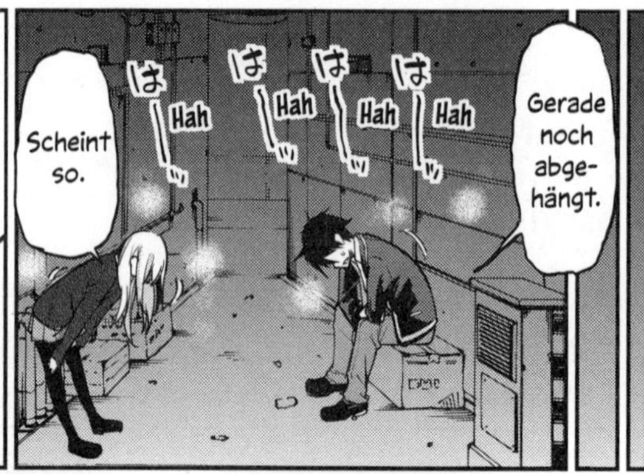

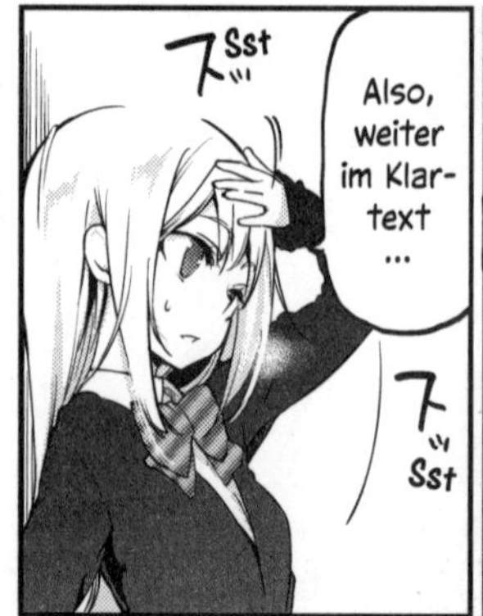

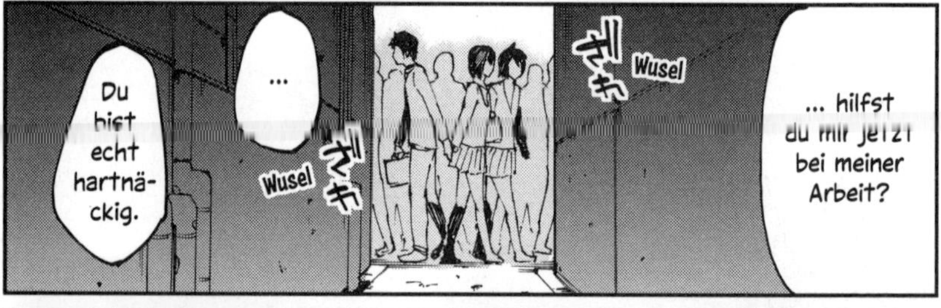

Dann muss ich dich wohl ...

Haaaaaa

... weiter bestrafen, bis du deine Meinung änderst.

Da es anstrengend ist, wollte ich es eigentlich vermeiden.

!!

Zuck

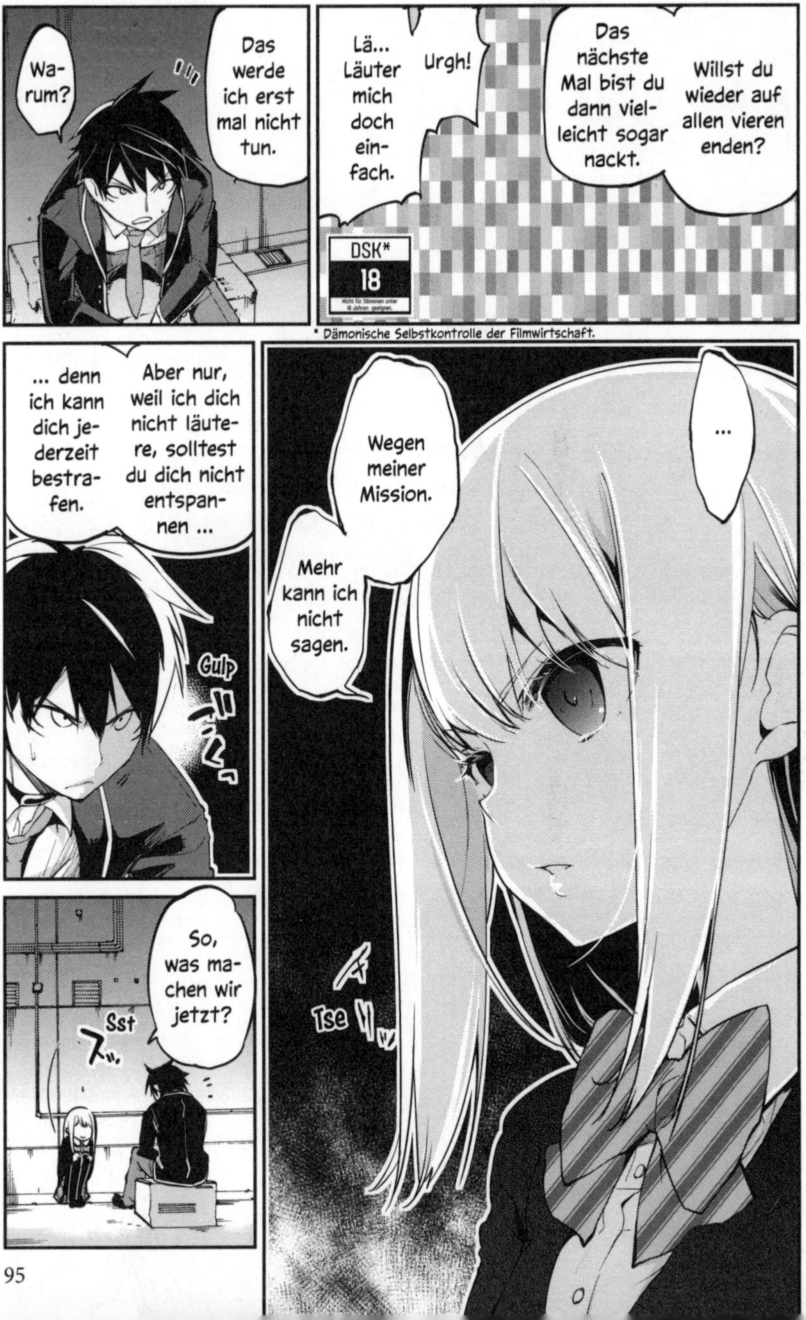

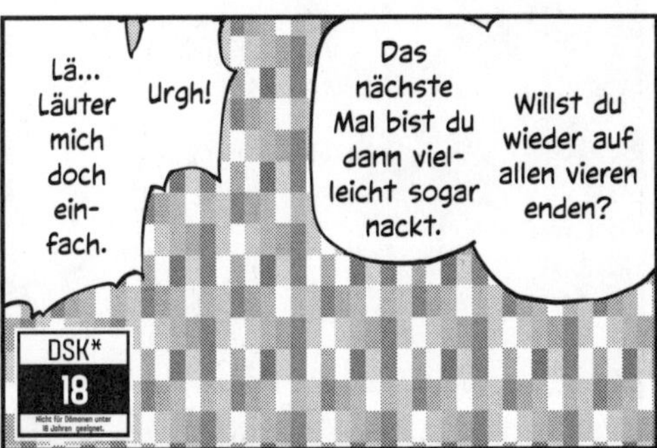

* Dämonische Selbstkontrolle der Filmwirtschaft.

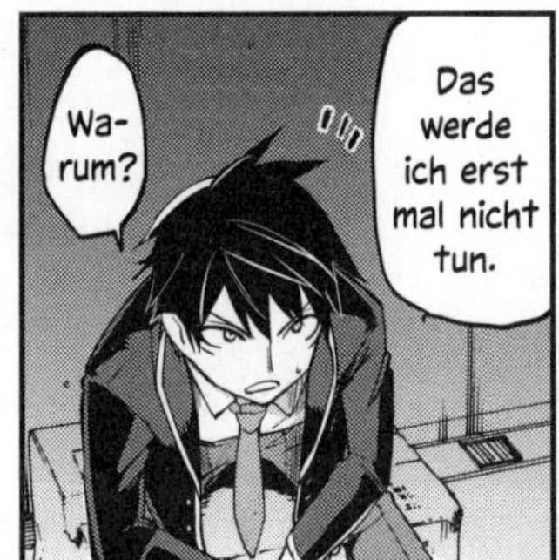

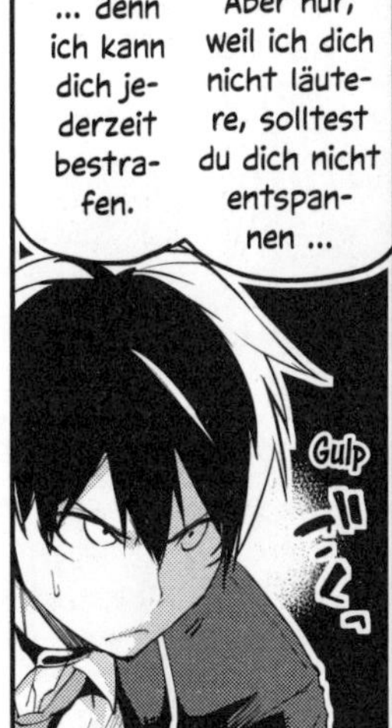

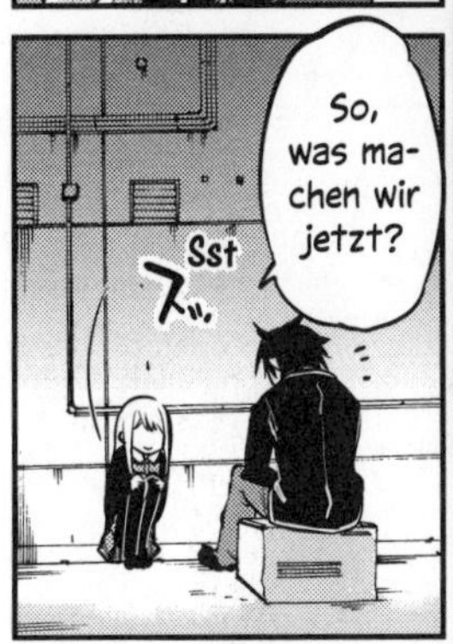

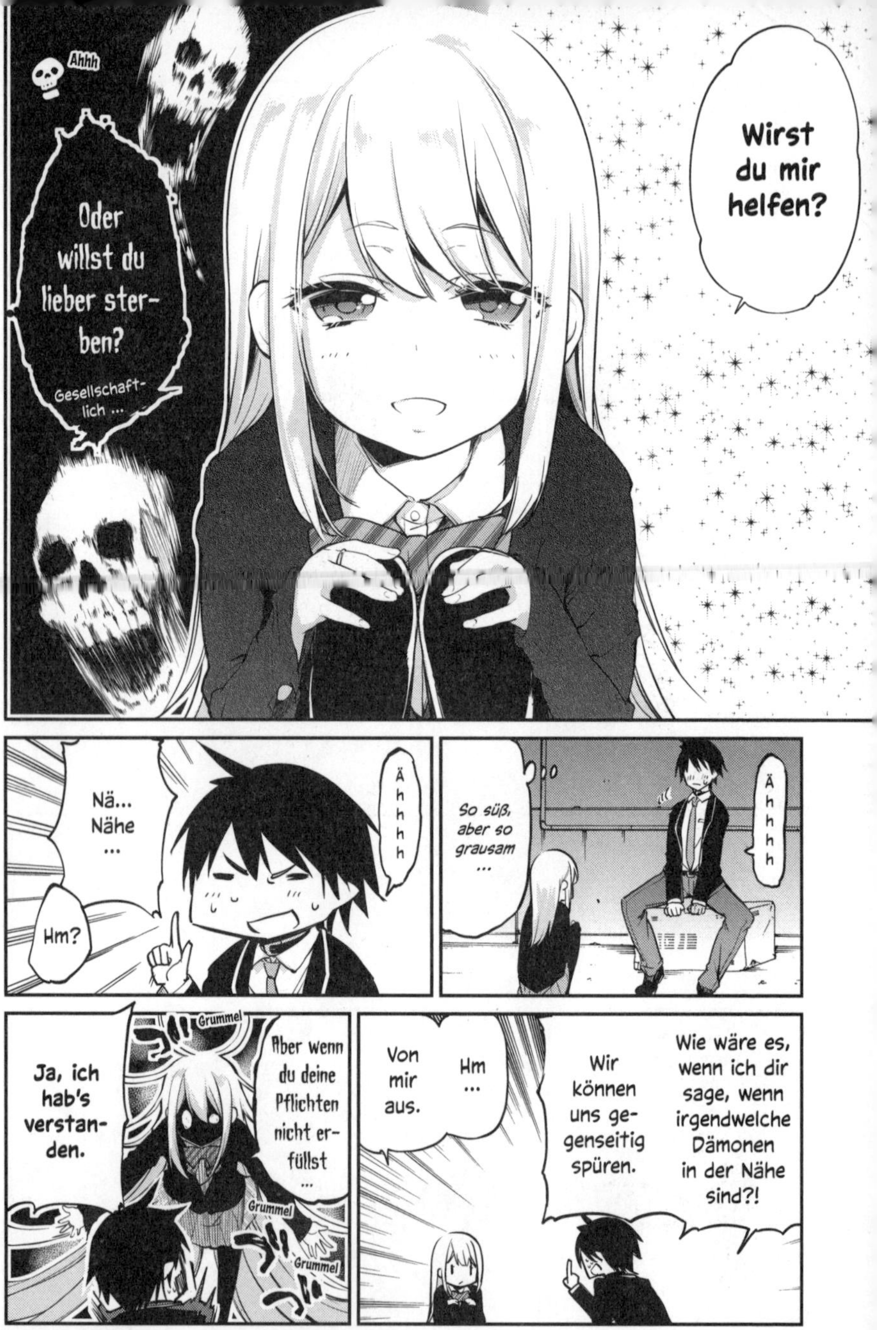

Wirst du mir helfen?

Oder willst du lieber sterben?

Gesellschaftlich ...

Ahhh

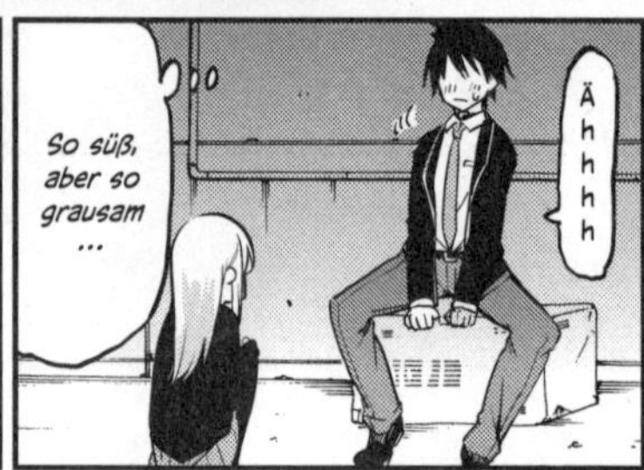

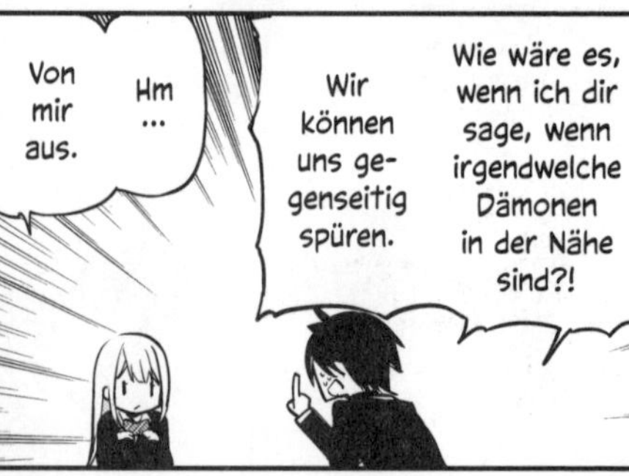

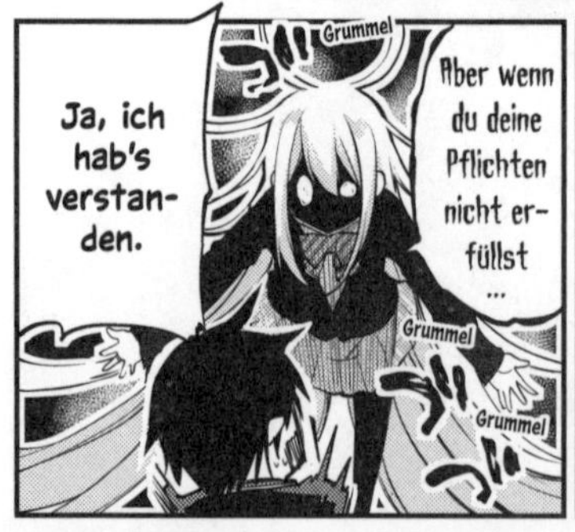

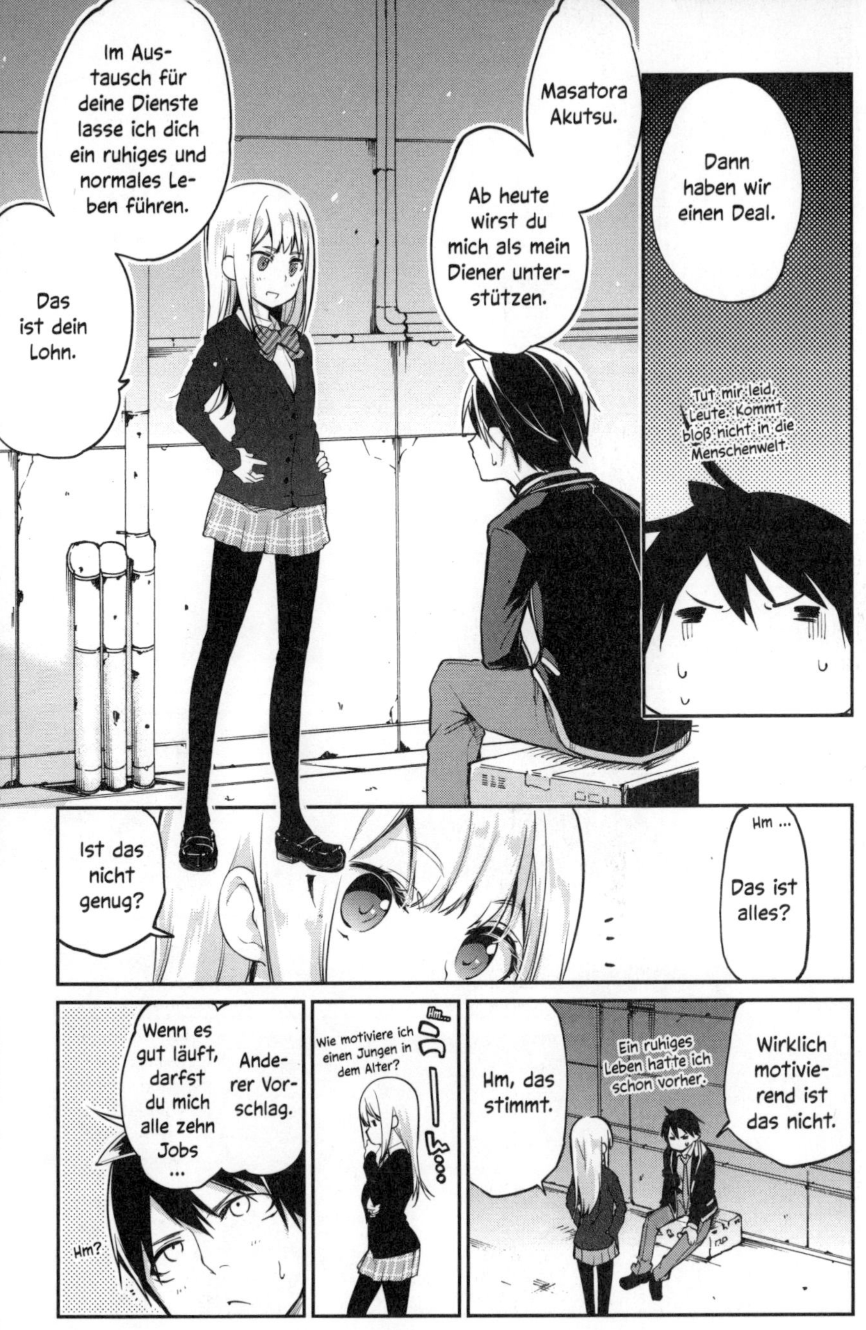

Dann haben wir einen Deal.
Tut mir leid, Leute. Kommt bloß nicht in die Menschenwelt.
Masatora Akutsu.
Ab heute wirst du mich als mein Diener unterstützen.
Im Austausch für deine Dienste lasse ich dich ein ruhiges und normales Leben führen.
Das ist dein Lohn.
Hm ...
Das ist alles?
Ist das nicht genug?
Wirklich motivierend ist das nicht.
Ein ruhiges Leben hatte ich schon vorher.
Hm, das stimmt.
Hm...
Wie motiviere ich einen Jungen in dem Alter?
Wooo
Anderer Vorschlag.
Wenn es gut läuft, darfst du mich alle zehn Jobs ...
Hm?

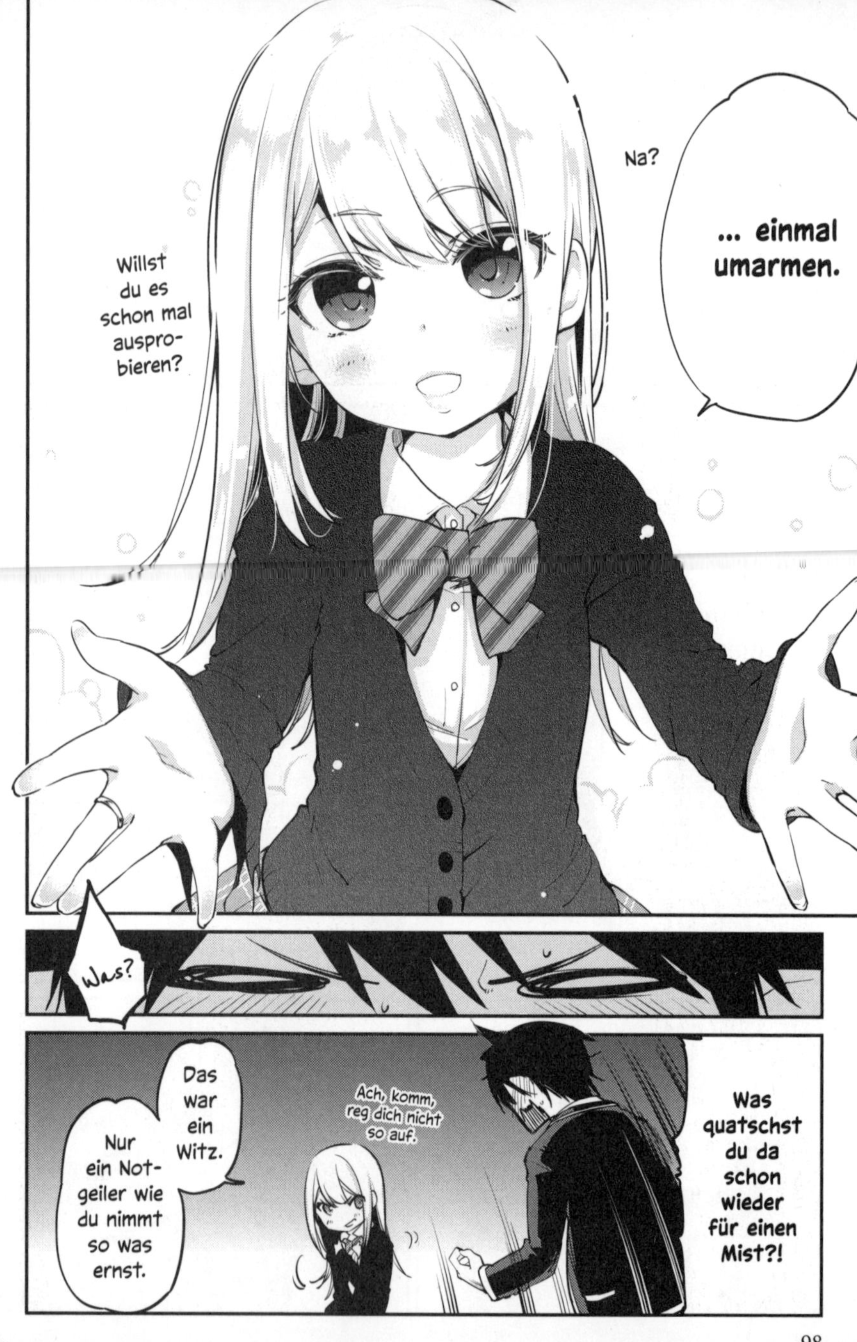
... einmal umarmen.
Na?
Willst du es schon mal auspro-bieren?
Was?
Was quatschst du da schon wieder für einen Mist?!
Ach, komm, reg dich nicht so auf.
Das war ein Witz.
Nur ein Not-geiler wie du nimmt so was ernst.

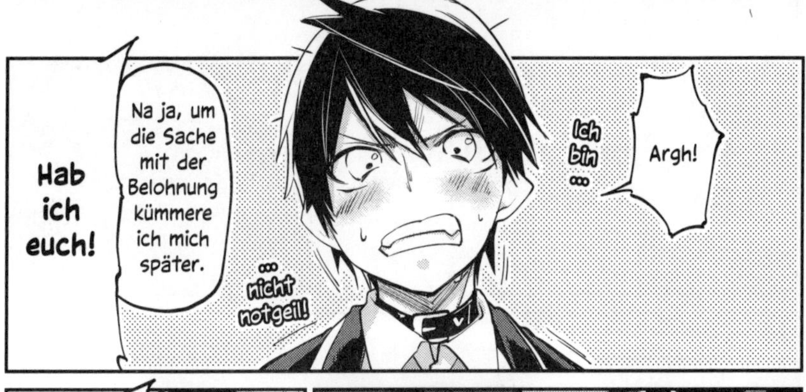

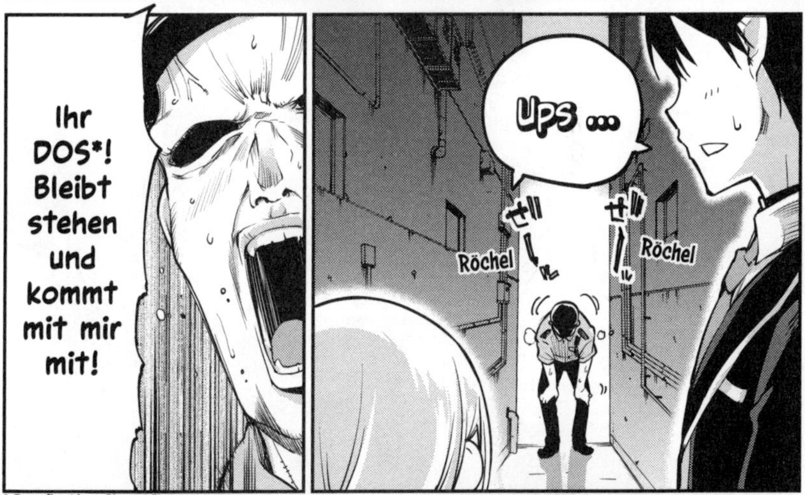

Ups ...
Röchel
Röchel
Ihr DOS*! Bleibt stehen und kommt mit mir mit!

* Dumpfbackigen Oberschüler.

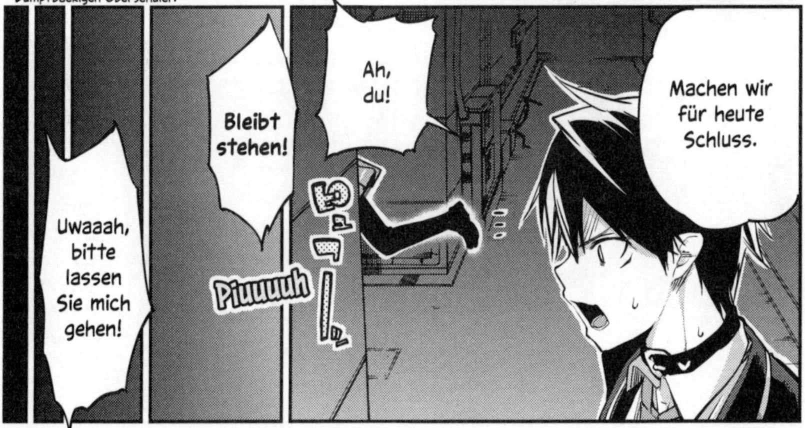

Machen wir für heute Schluss.
Ah, du!
Bleibt stehen!
Piuuuuh
Uwaaah, bitte lassen Sie mich gehen!

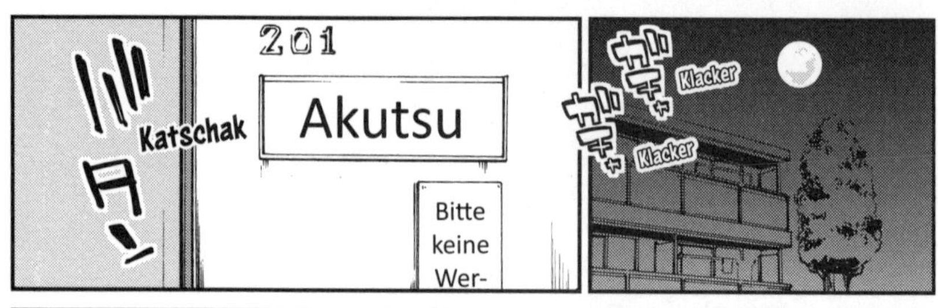
Klacker
Klacker
201
Akutsu
Bitte keine Wer-
Katschak

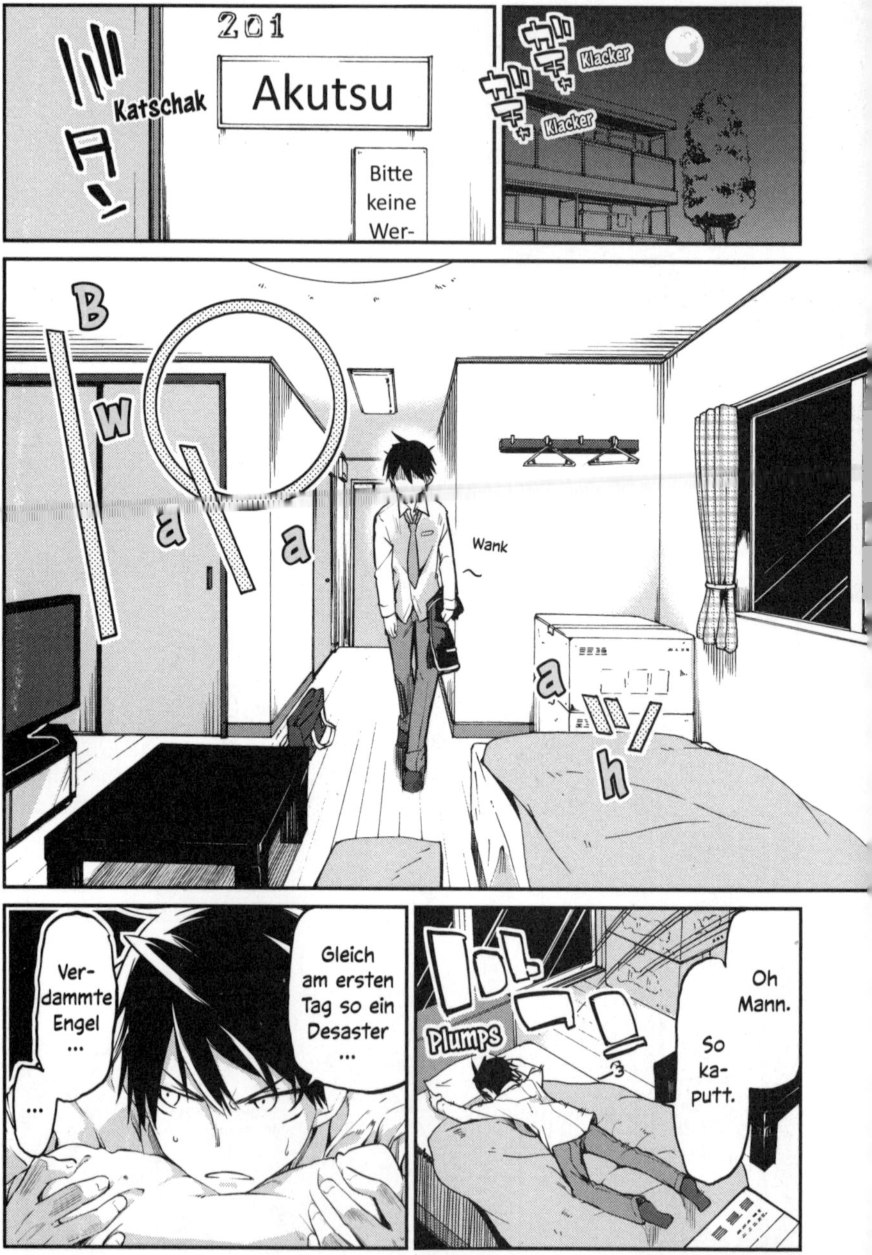

BWaaah
Wank

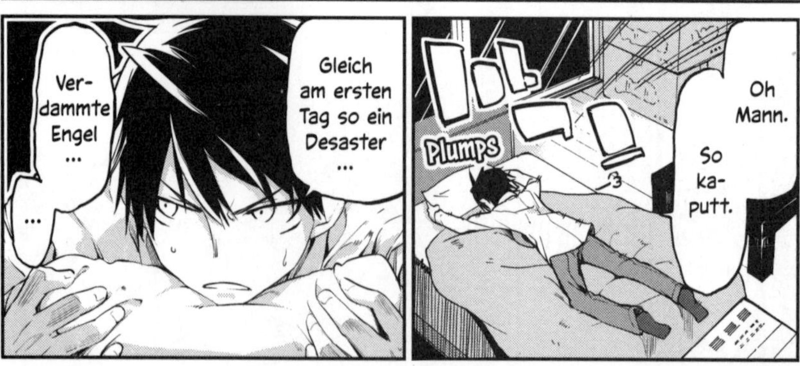
Oh Mann.
So ka-putt.
Plumps
Gleich am ersten Tag so ein Desaster ...
Ver-dammte Engel ...
...

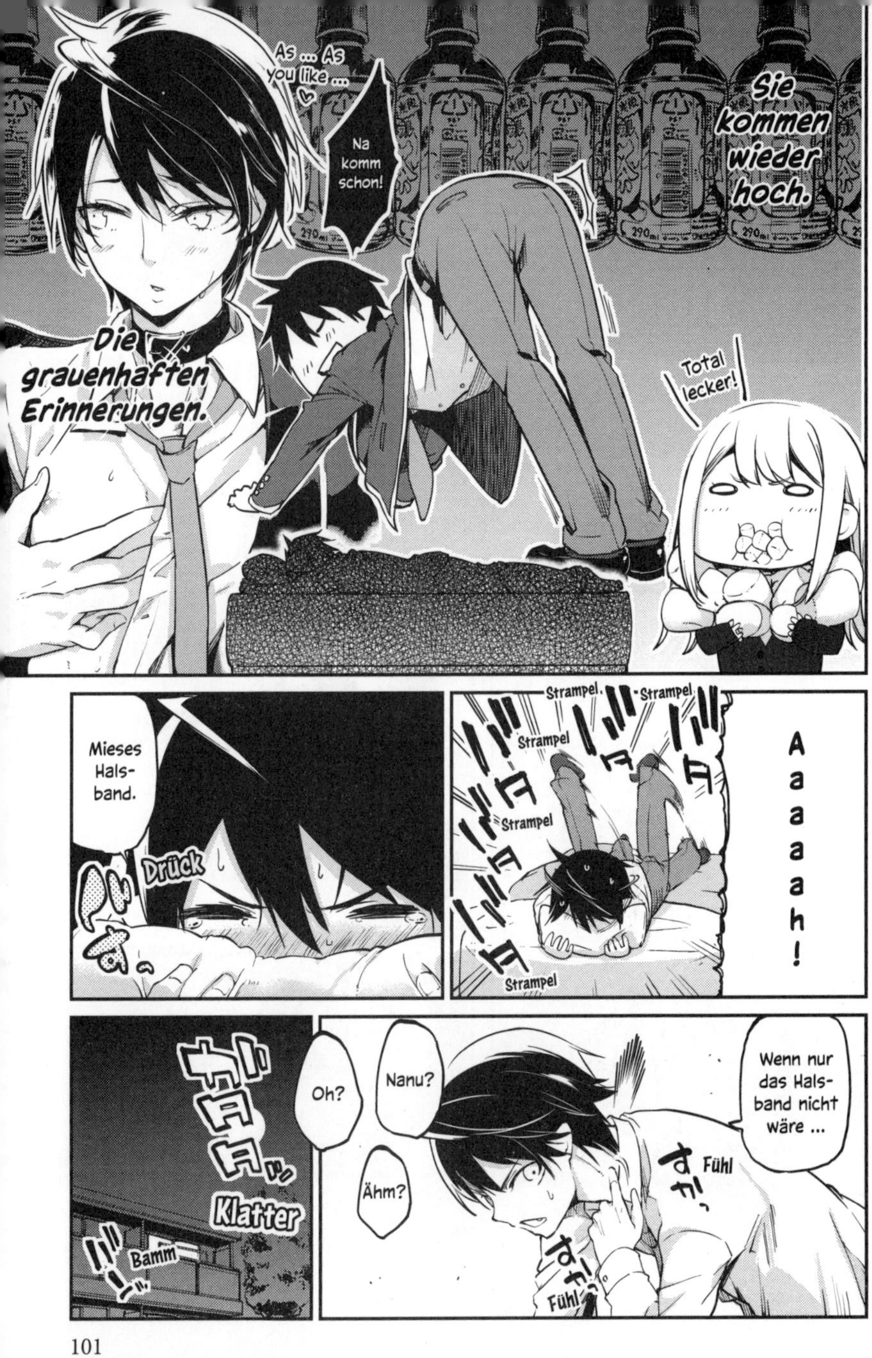

Sie kommen wieder hoch.

Total lecker!

Na komm schon!

As ... As you like ... ♡

Die grauenhaften Erinnerungen.

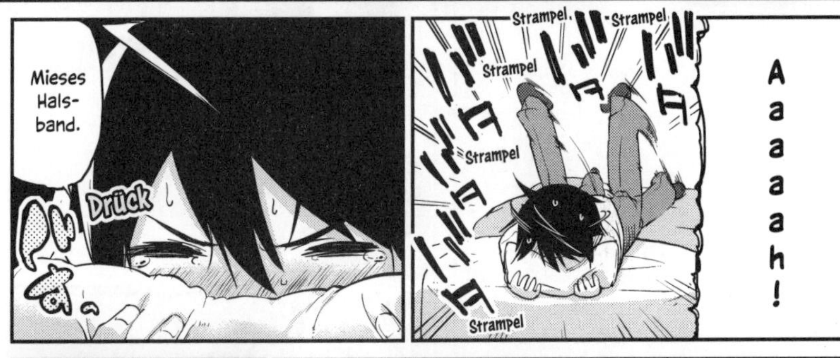

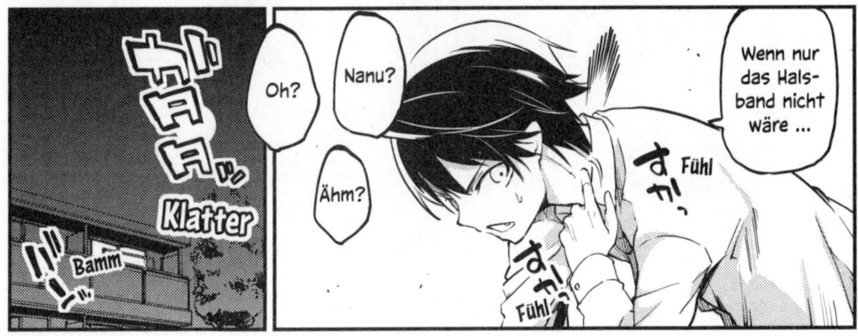

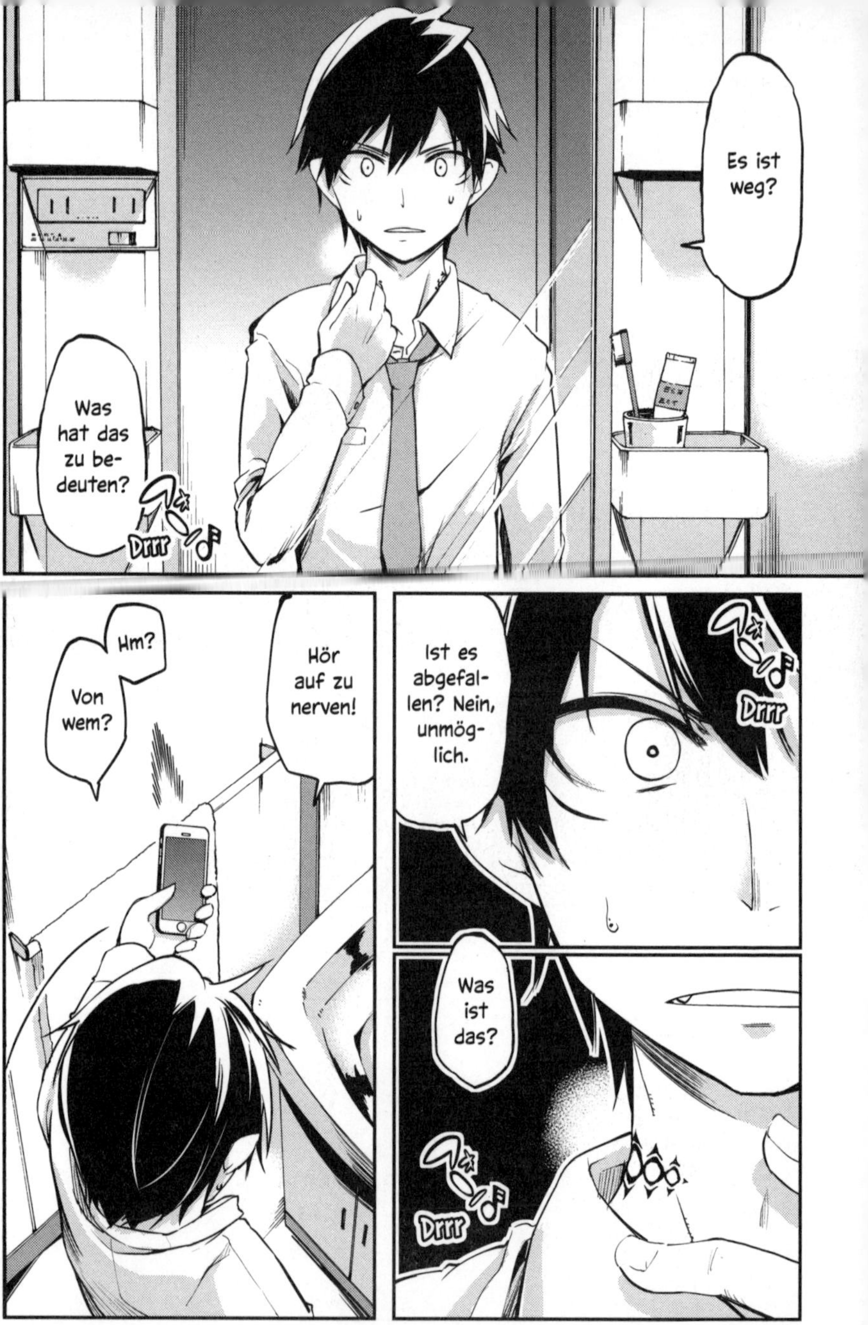

Es ist weg?

Was hat das zu bedeuten?

Drrr

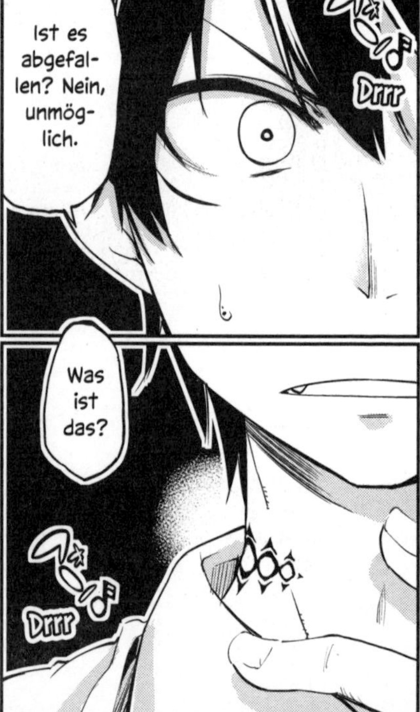

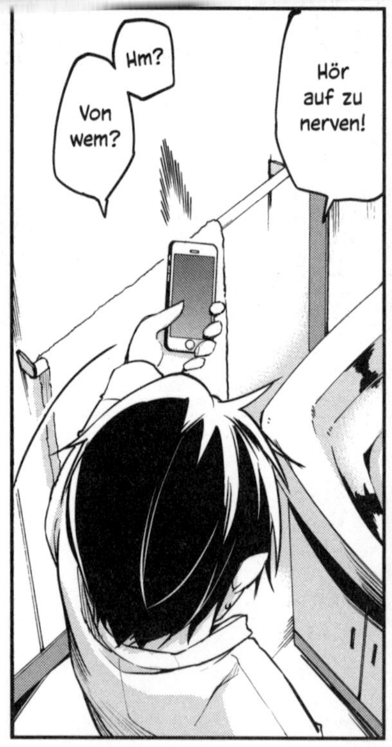

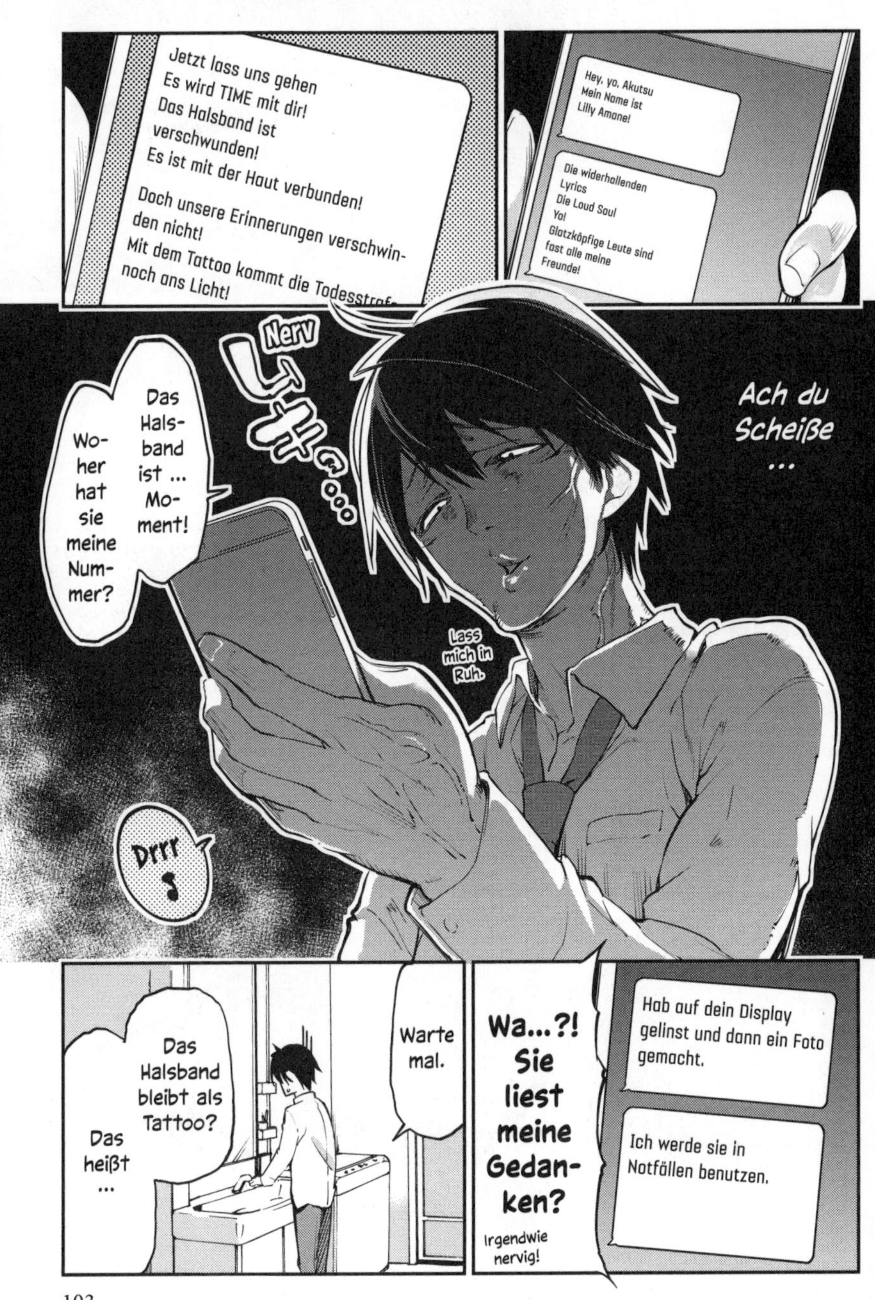
Hey, yo, Akutsu
Mein Name ist
Lilly Amane!
Die widerhallenden
Lyrics
Die Loud Soul
Yo!
Glatzköpfige Leute sind
fast alle meine
Freunde!
Jetzt lass uns gehen
Es wird TIME mit dir!
Das Halsband ist
verschwunden!
Es ist mit der Haut verbunden!
Doch unsere Erinnerungen verschwin-
den nicht!
Mit dem Tattoo kommt die Todesstrafe
noch ans Licht!
Ach du Scheiße …
Nerv
Das Hals-band ist … Mo-ment!
Wo-her hat sie meine Num-mer?
Lass mich in Ruh.
Drrr
Hab auf dein Display gelinst und dann ein Foto gemacht.
Ich werde sie in Notfällen benutzen.
Wa…?! Sie liest meine Gedan-ken?
Irgendwie nervig!
Warte mal.
Das Halsband bleibt als Tattoo?
Das heißt …

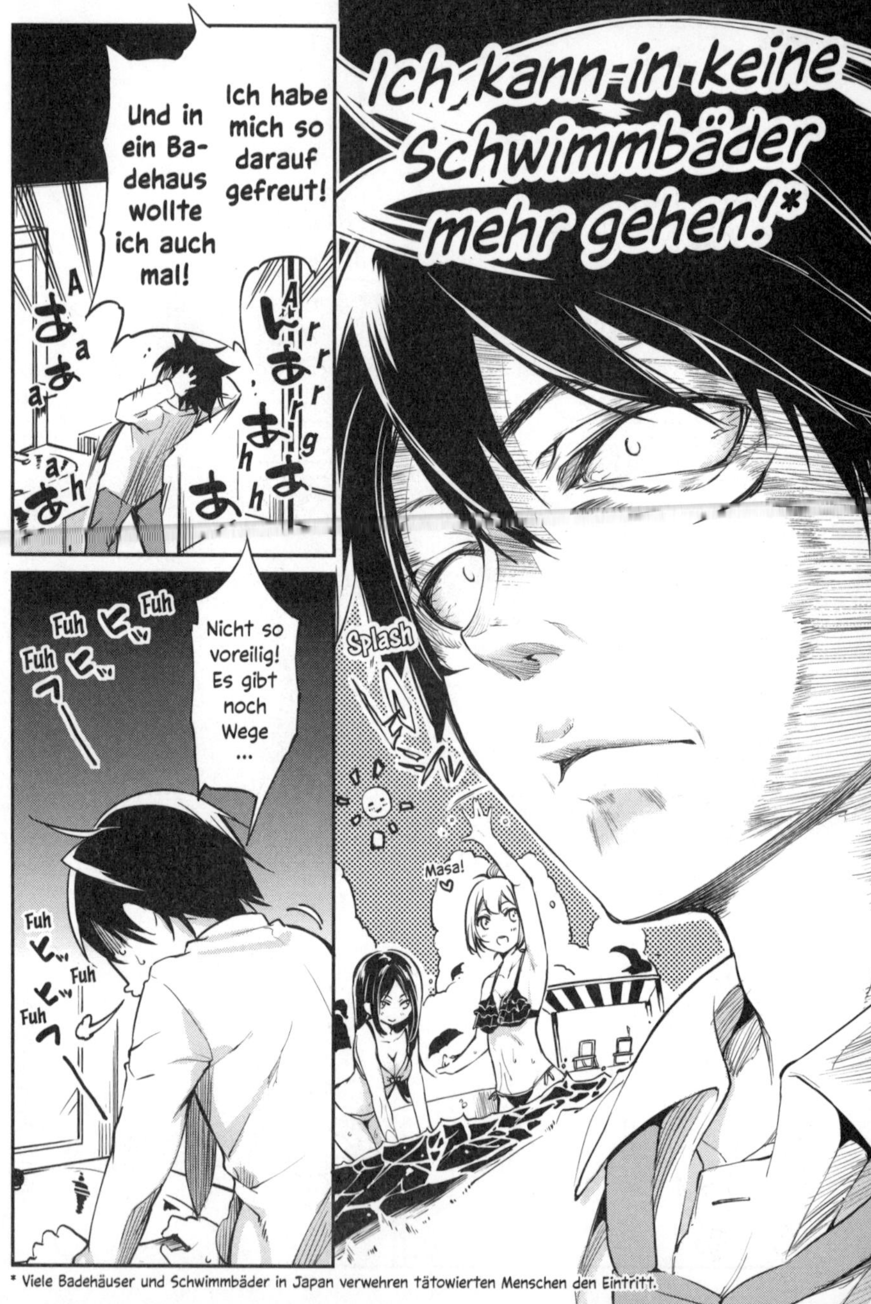

* Viele Badehäuser und Schwimmbäder in Japan verwehren tätowierten Menschen den Eintritt.

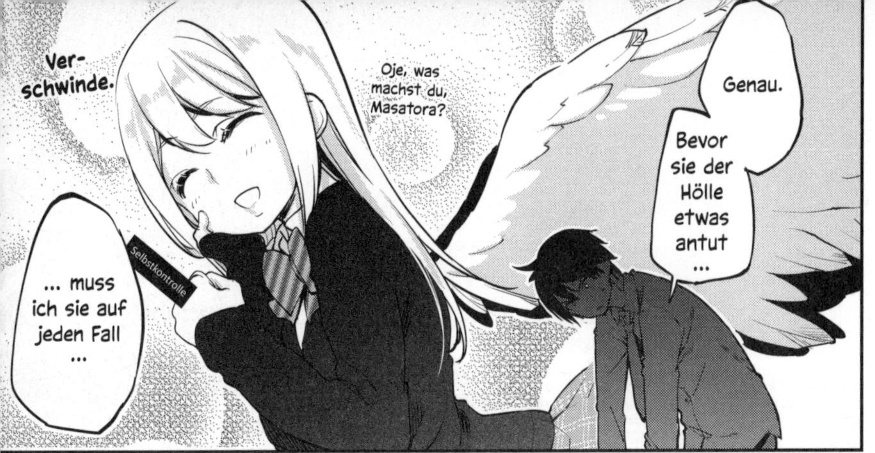
Genau.
Bevor sie der Hölle etwas antut ...
Oje, was machst du, Masatora?
Ver-schwinde.
Selbstkontrolle
... muss ich sie auf jeden Fall ...

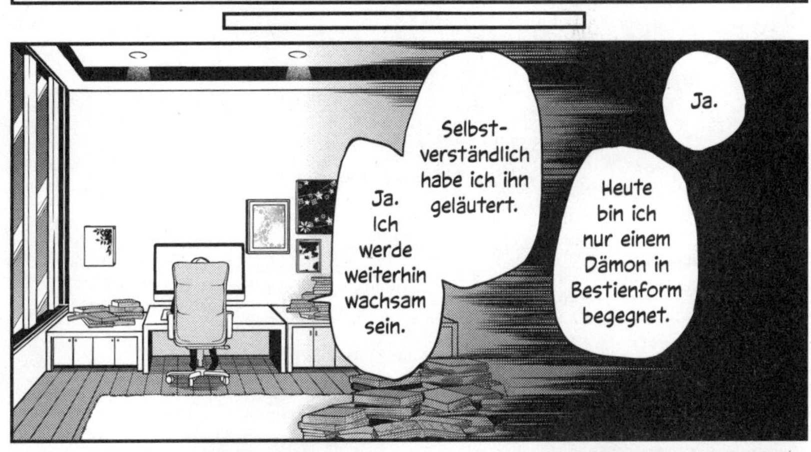
Ja.
Heute bin ich nur einem Dämon in Bestienform begegnet.
Selbst-verständlich habe ich ihn geläutert.
Ja. Ich werde weiterhin wachsam sein.

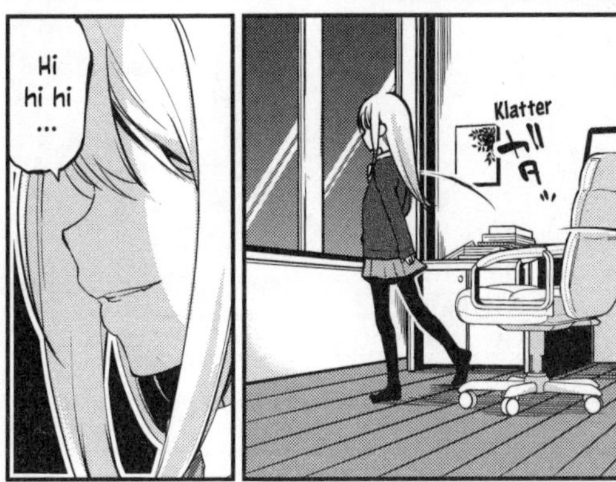
Klatter
Hi hi hi ...

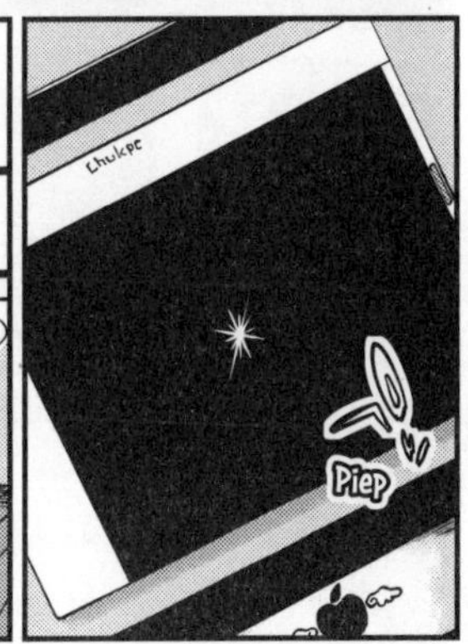
Piep

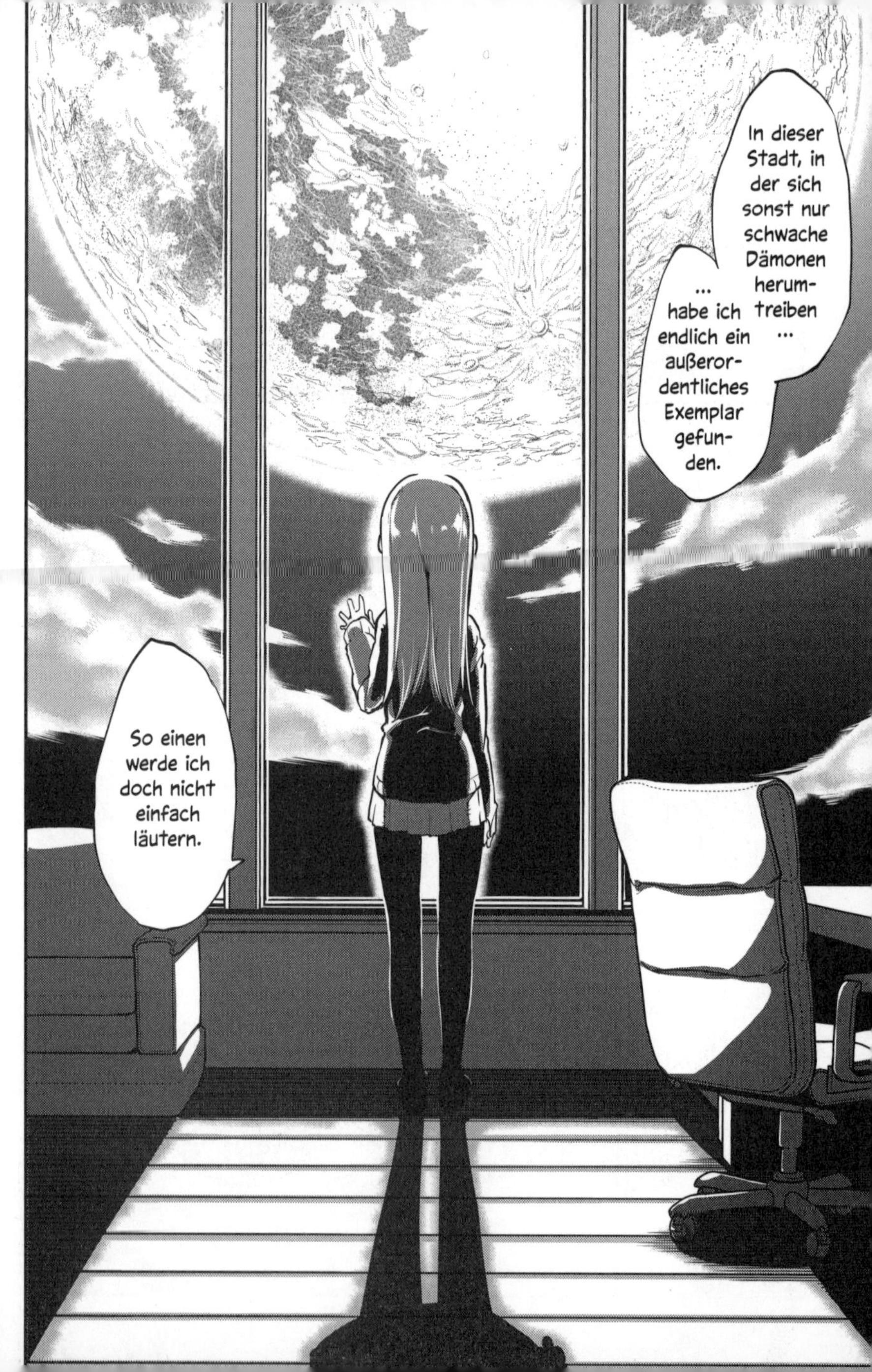
In dieser Stadt, in der sich sonst nur schwache Dämonen herumtreiben …
… habe ich endlich ein außerordentliches Exemplar gefunden.
So einen werde ich doch nicht einfach läutern.

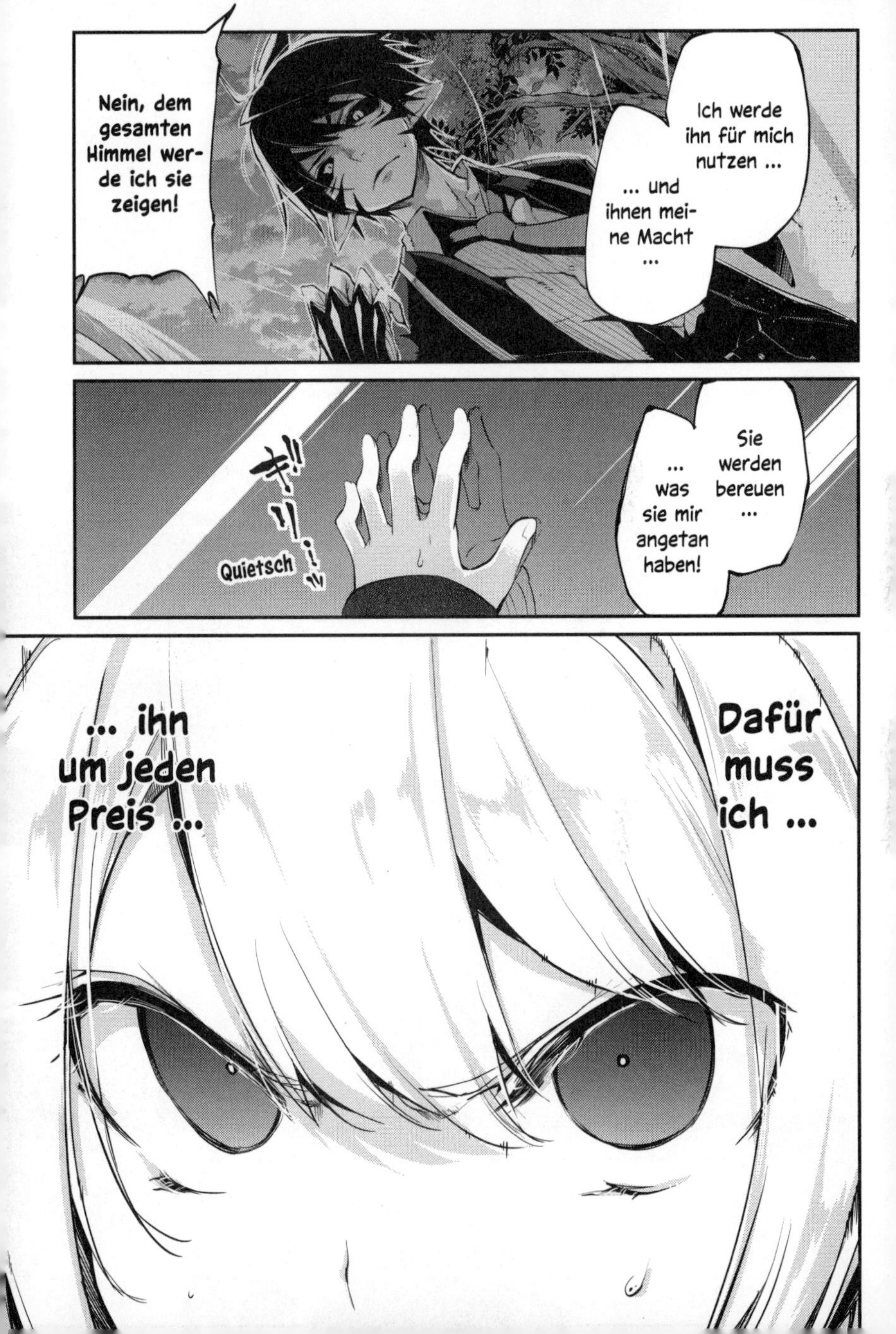

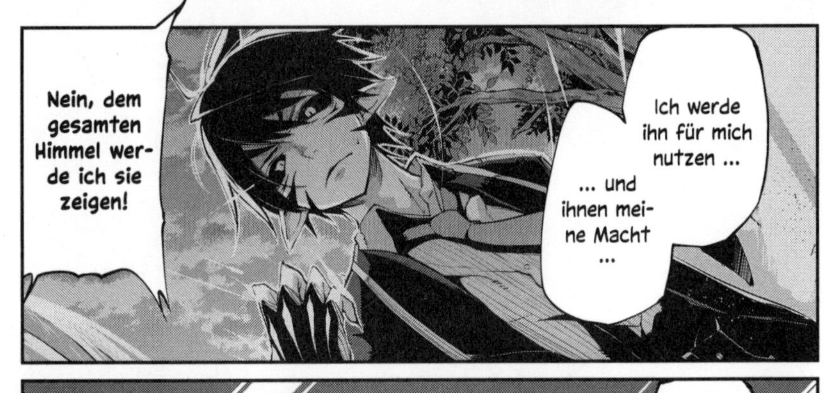

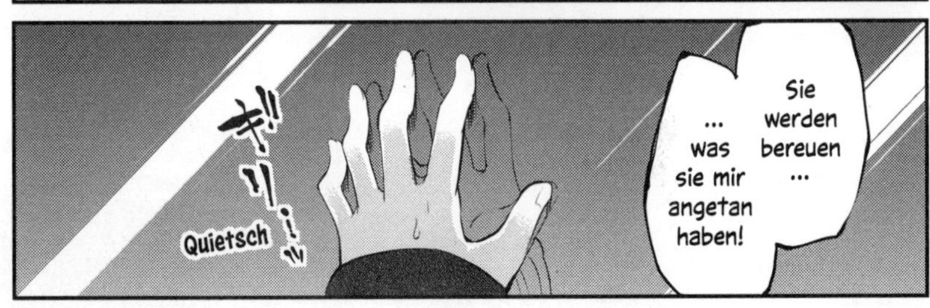

Dafür muss ich ...

... ihn um jeden Preis ...

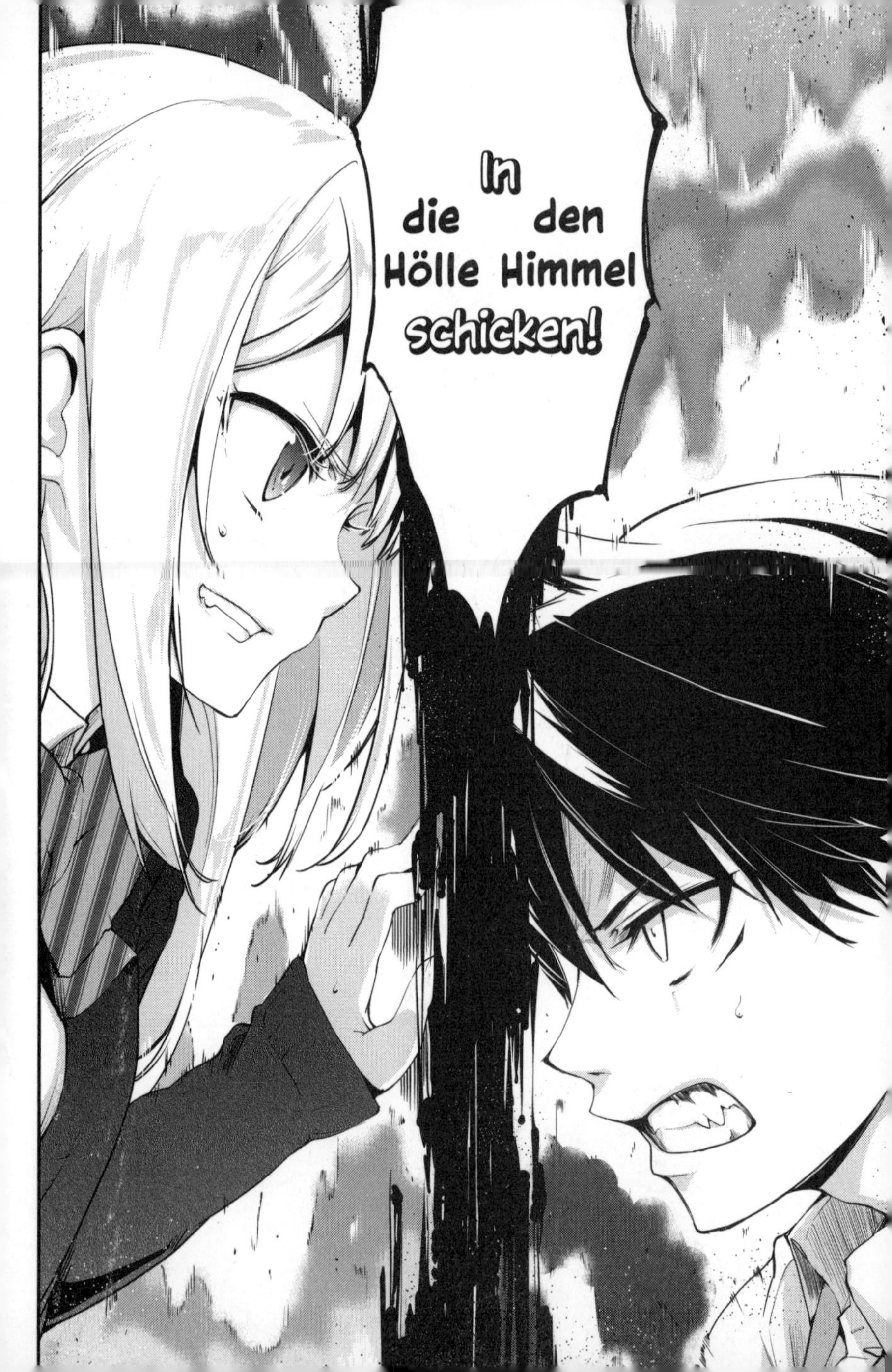
In
die den
Hölle Himmel
schicken!

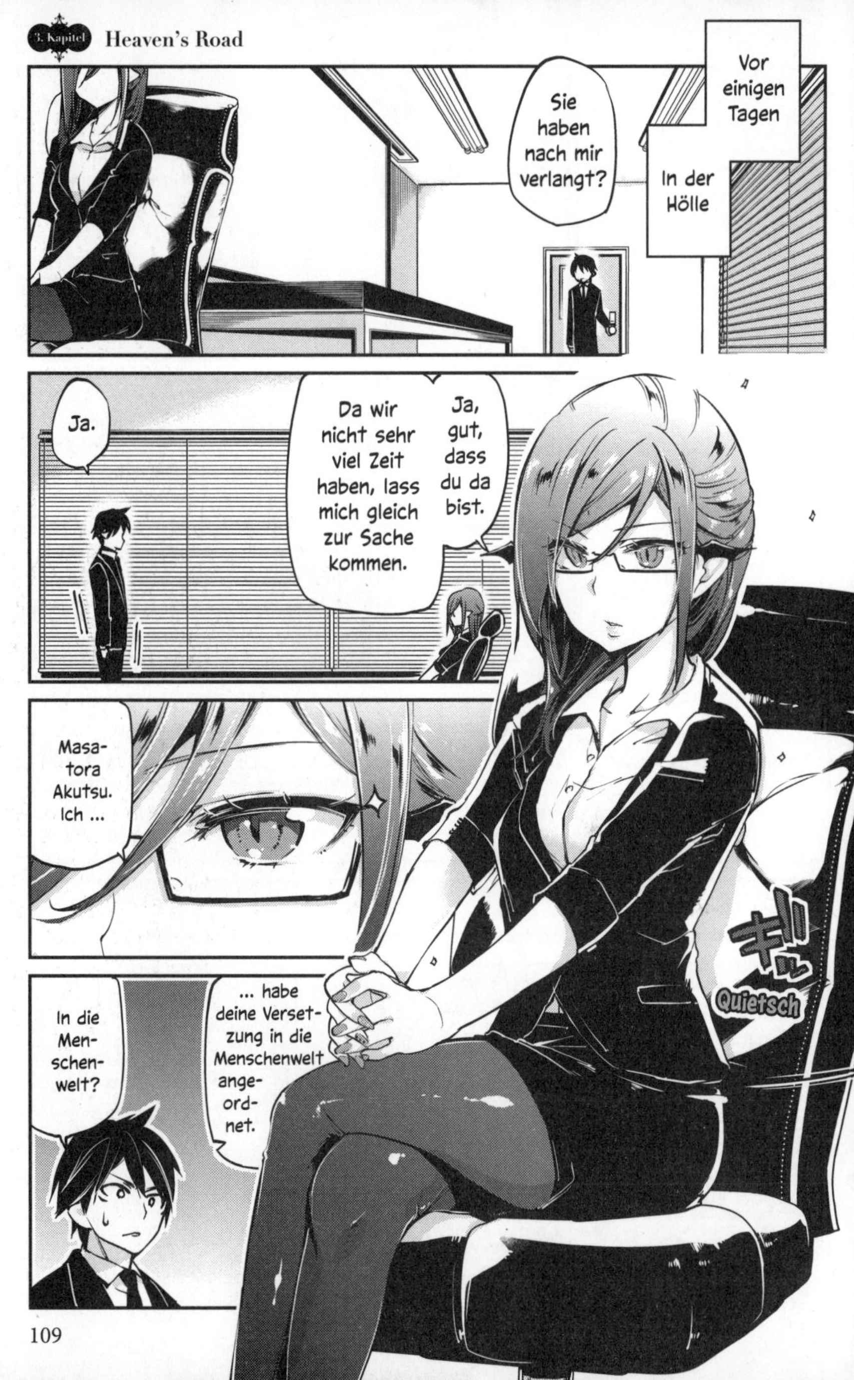
Vor einigen Tagen
In der Hölle
Sie haben nach mir verlangt?
Ja, gut, dass du da bist.
Da wir nicht sehr viel Zeit haben, lass mich gleich zur Sache kommen.
Ja.
Masatora Akutsu. Ich ...
Quietsch
... habe deine Versetzung in die Menschenwelt angeordnet.
In die Menschenwelt?

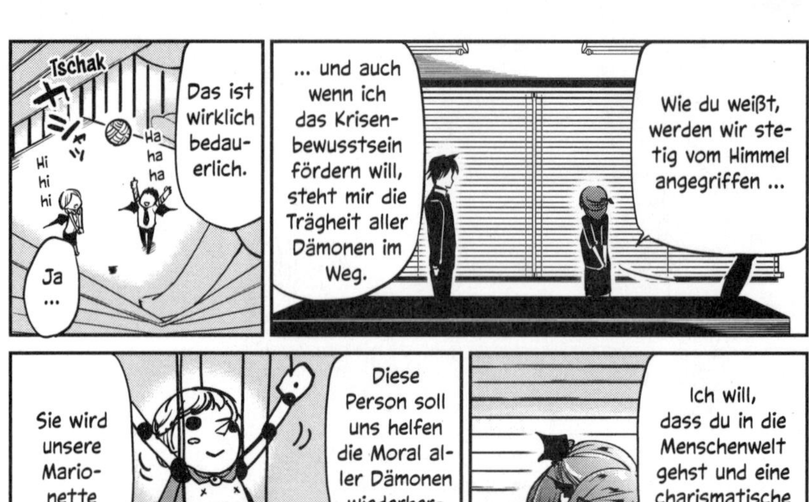
Wie du weißt, werden wir stetig vom Himmel angegriffen ...
... und auch wenn ich das Krisenbewusstsein fördern will, steht mir die Trägheit aller Dämonen im Weg.
Das ist wirklich bedauerlich.
Tschak
Ha ha ha
Hi hi hi
Ja ...

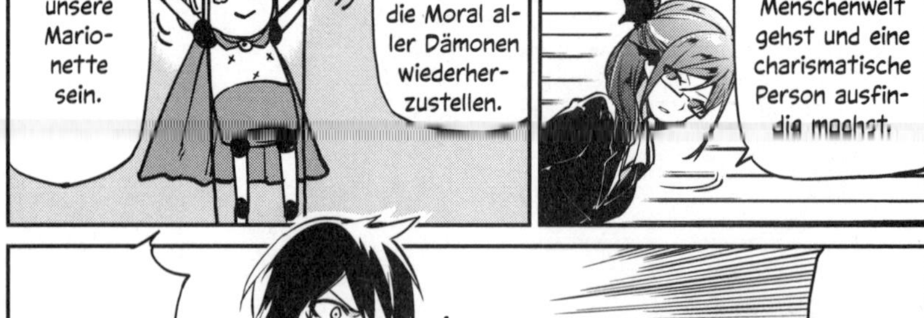
Ich will, dass du in die Menschenwelt gehst und eine charismatische Person ausfindig machst.
Diese Person soll uns helfen die Moral aller Dämonen wiederherzustellen.
Sie wird unsere Marionette sein.
Verstanden?
Jawohl.

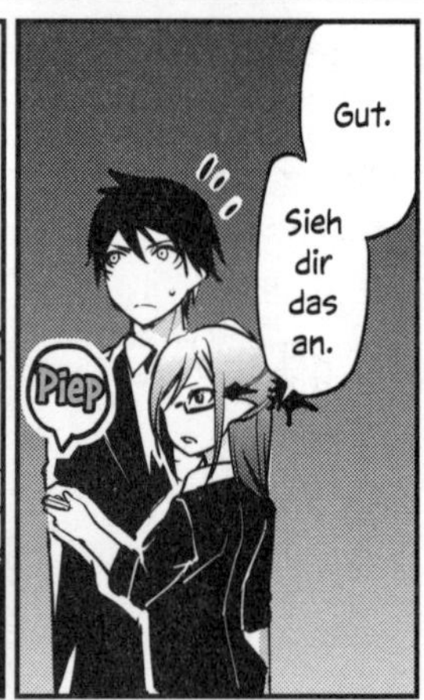
Gut.
Sieh dir das an.
Piep

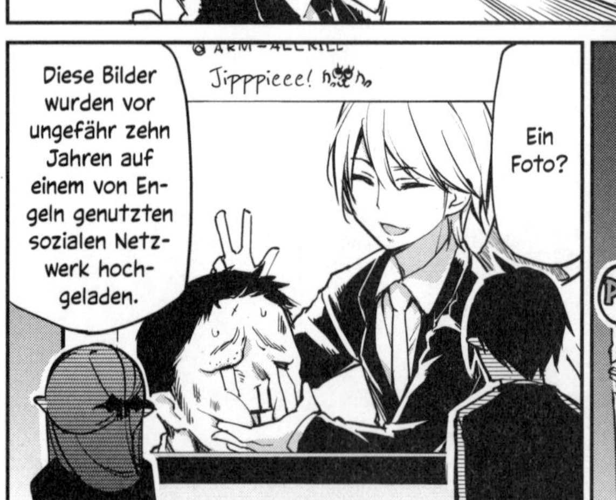
Ein Foto?
Jipppieee!
Diese Bilder wurden vor ungefähr zehn Jahren auf einem von Engeln genutzten sozialen Netzwerk hochgeladen.

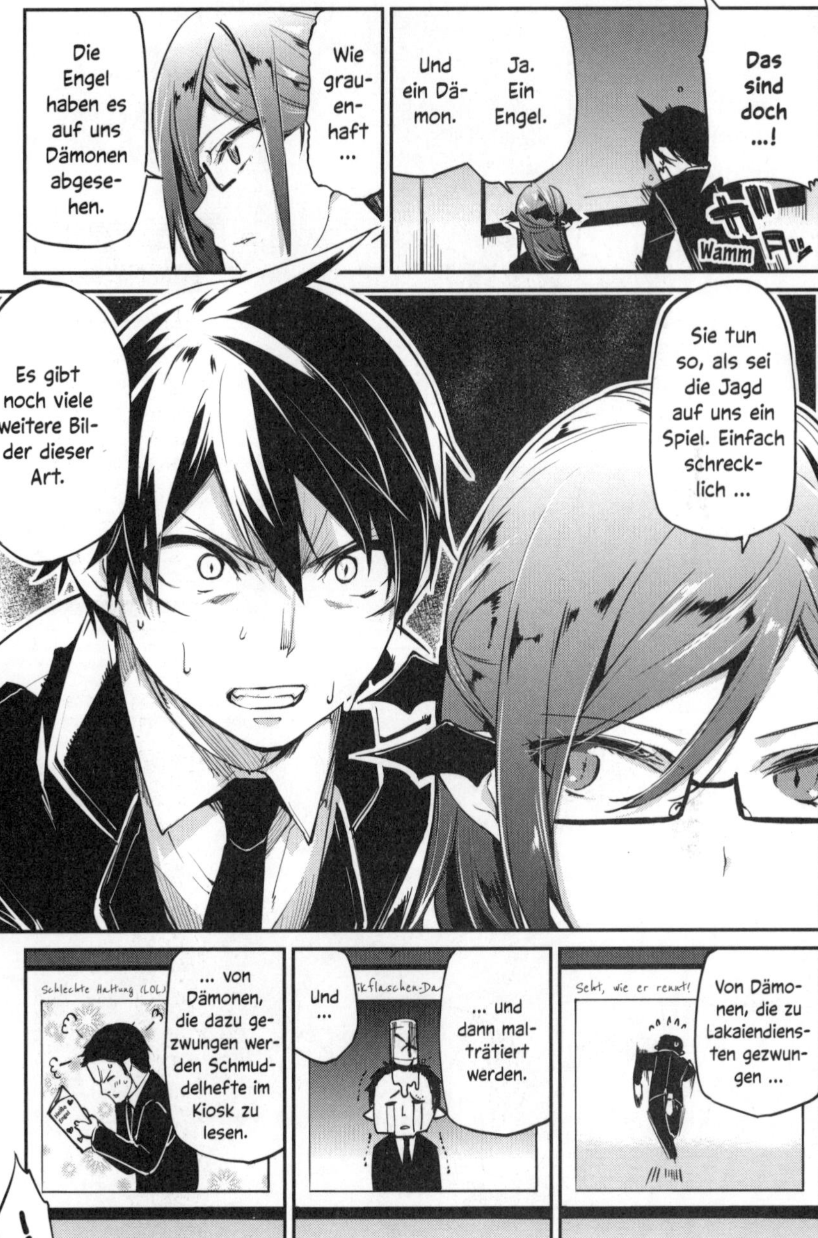
Das sind doch ...!
Wamm
Ja. Ein Engel.
Und ein Dämon.
Wie grauenhaft ...
Die Engel haben es auf uns Dämonen abgesehen.
Sie tun so, als sei die Jagd auf uns ein Spiel. Einfach schrecklich ...
Es gibt noch viele weitere Bilder dieser Art.
Seht, wie er rennt!
Von Dämonen, die zu Lakaiendiensten gezwungen ...
... und dann malträtiert werden.
Und ...
Schlechte Haltung (LOL)
... von Dämonen, die dazu gezwungen werden Schmuddelhefte im Kiosk zu lesen.
!

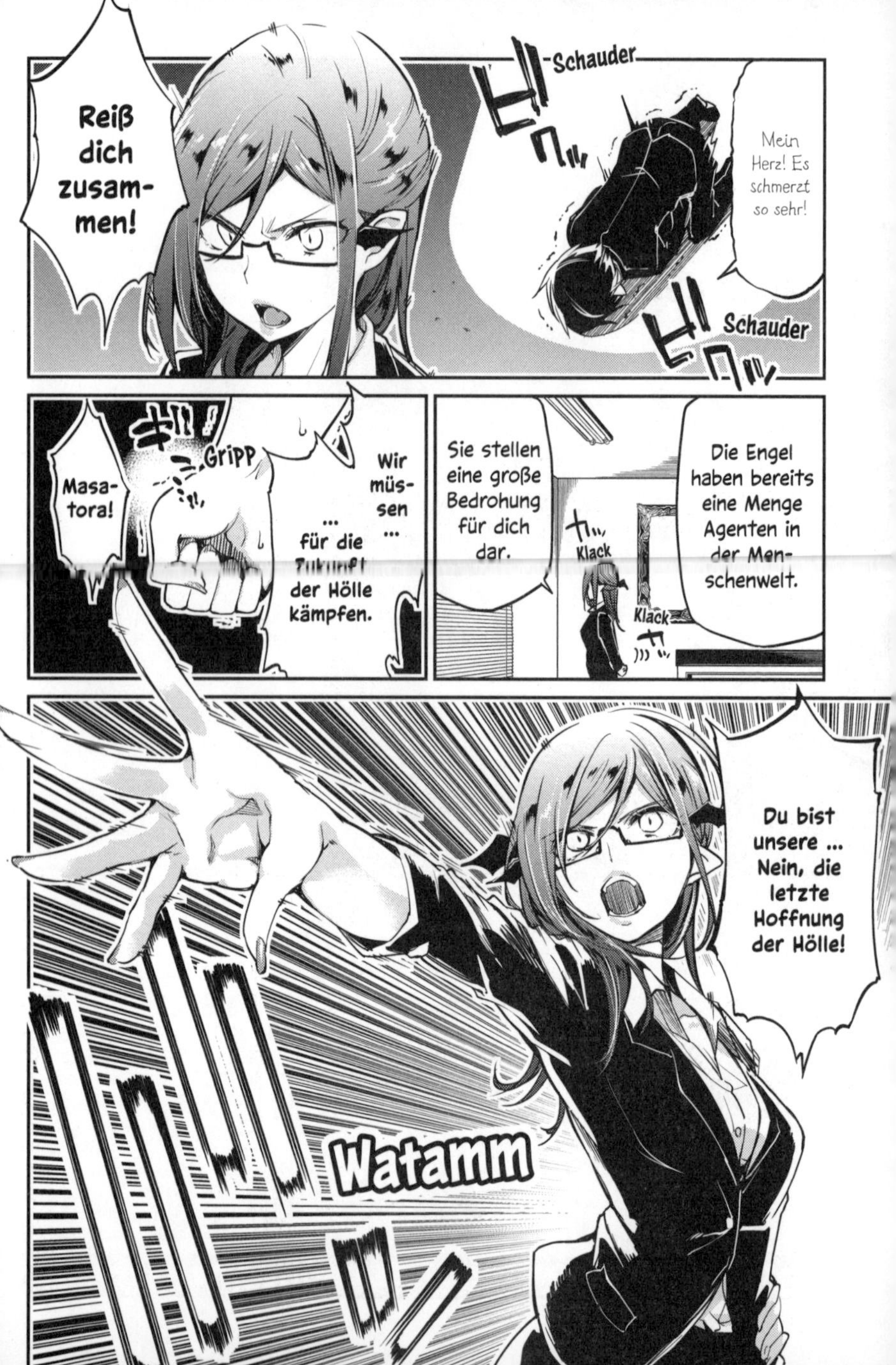
Schauder
Mein Herz! Es schmerzt so sehr!
Schauder
Reiß dich zusammen!
Die Engel haben bereits eine Menge Agenten in der Menschenwelt.
Klack
Klack
Sie stellen eine große Bedrohung für dich dar.
Wir müssen …
… für die
der Hölle kämpfen.
Gripp
Masatora!
Du bist unsere … Nein, die letzte Hoffnung der Hölle!
Watamm

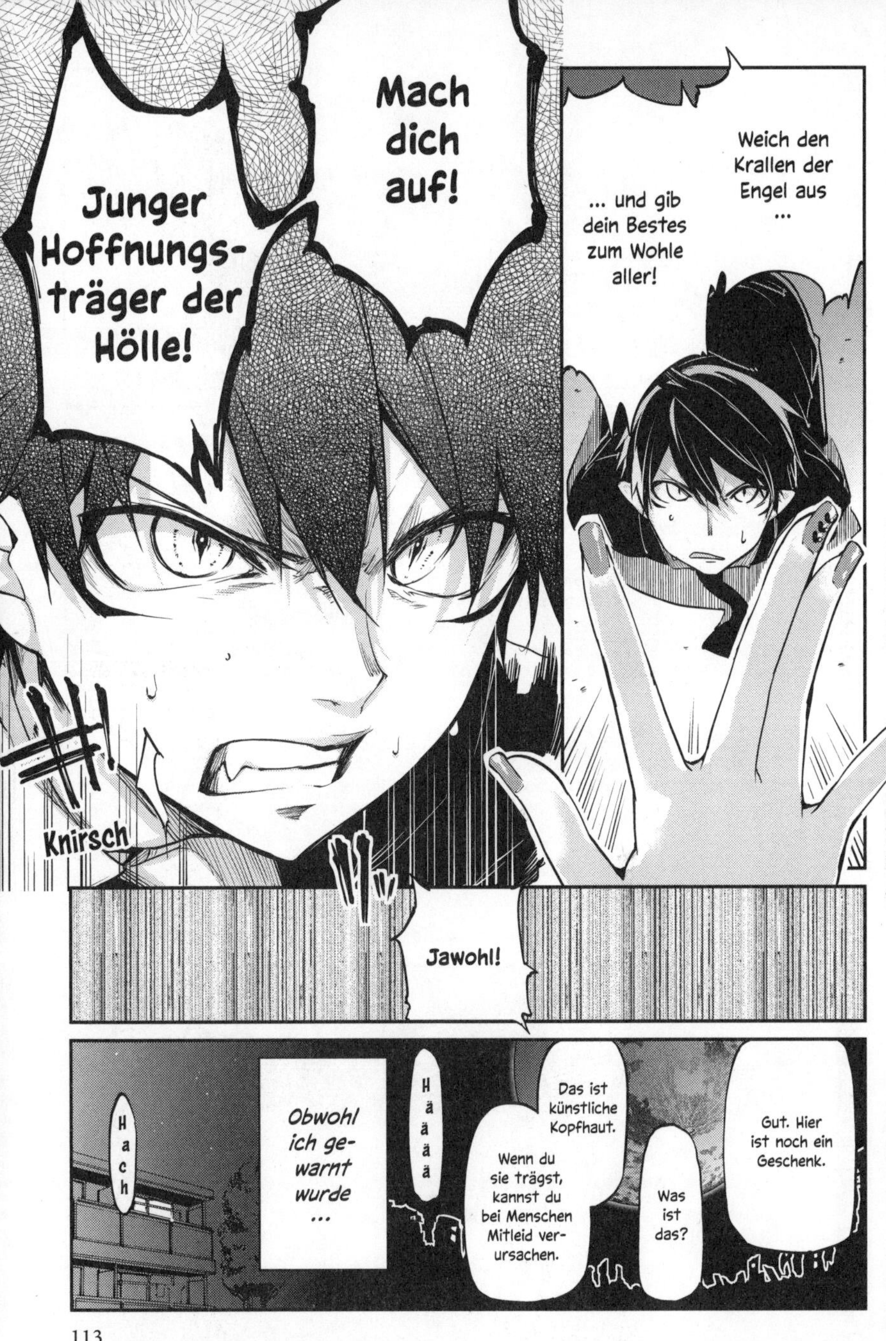
Weich den Krallen der Engel aus ...
... und gib dein Bestes zum Wohle aller!
Mach dich auf!
Junger Hoffnungs-träger der Hölle!
Knirsch
Jawohl!
Gut. Hier ist noch ein Geschenk.
Was ist das?
Das ist künstliche Kopfhaut.
Wenn du sie trägst, kannst du bei Menschen Mitleid ver-ursachen.
Häää
Obwohl ich ge-warnt wurde ...
Hach

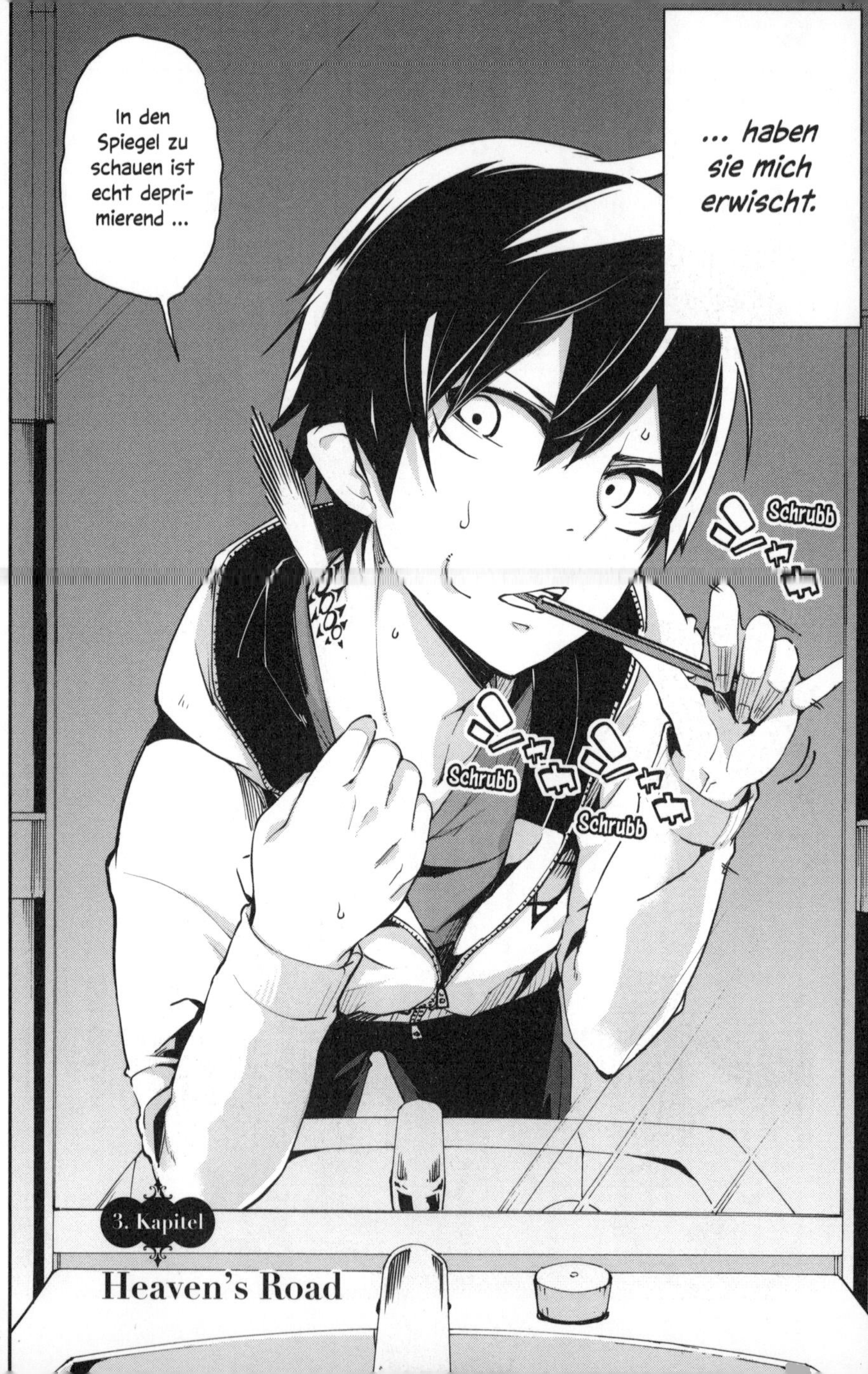

3. Kapitel

Heaven's Road

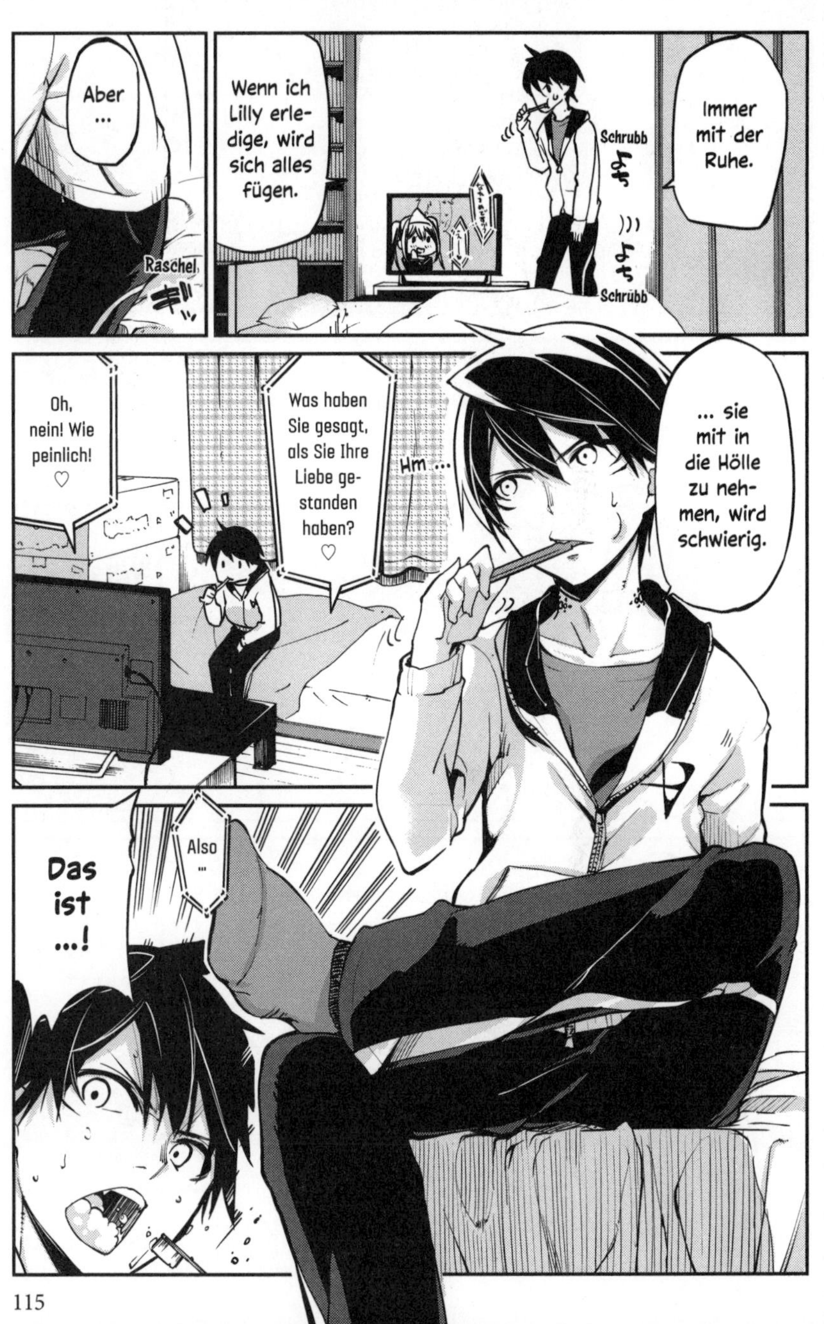

Immer mit der Ruhe.
Schrubb
Schrubb
Wenn ich Lilly erledige, wird sich alles fügen.
Aber ...
Raschel
... sie mit in die Hölle zu nehmen, wird schwierig.
Hm ...
Was haben Sie gesagt, als Sie Ihre Liebe gestanden haben? ♡
Oh, nein! Wie peinlich! ♡
Also ...
Das ist ...!

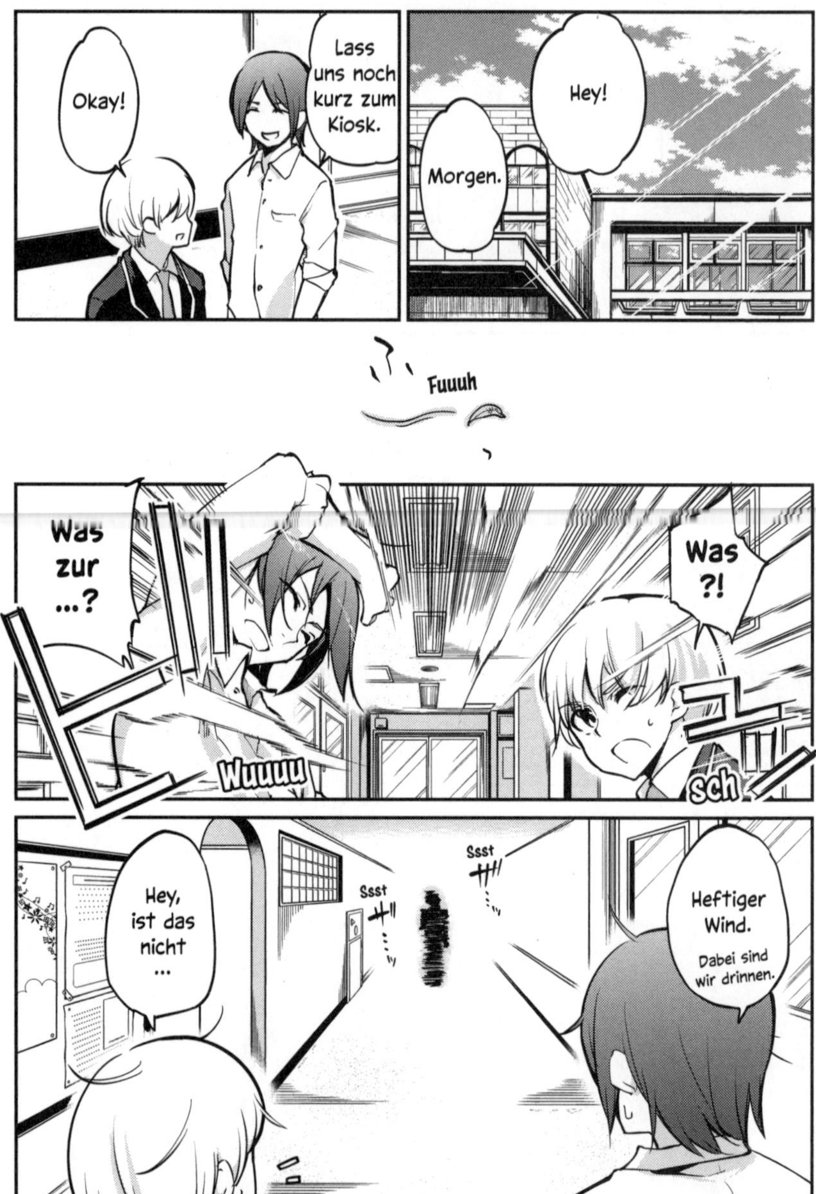
Hey!
Morgen.
Lass uns noch kurz zum Kiosk.
Okay!
Fuuuh
Was ?!
Sch
Was zur ...?
Wuuuu
Heftiger Wind.
Dabei sind wir drinnen.
Ssst
Ssst
Hey, ist das nicht ...

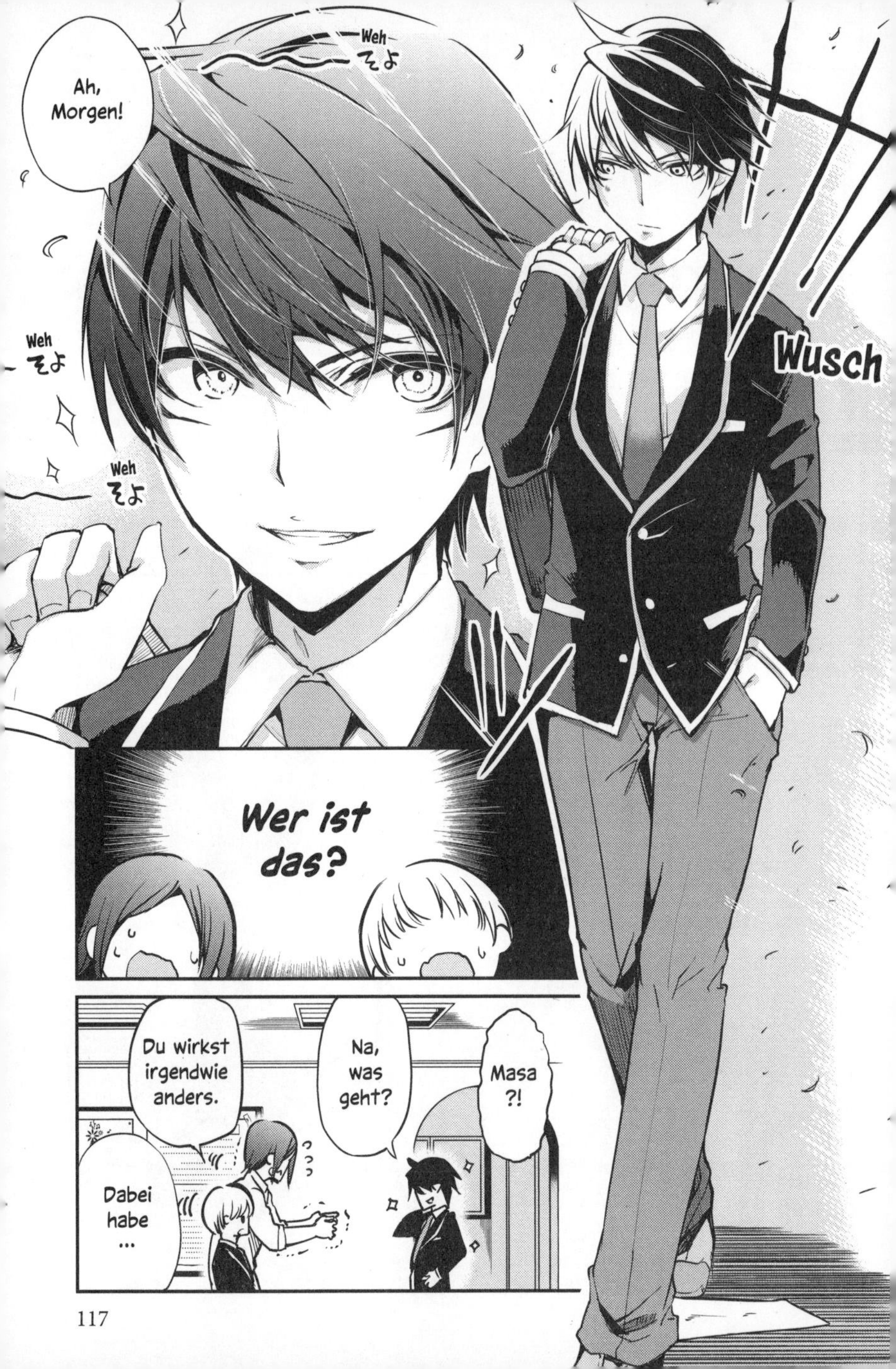
Wusch
Ah, Morgen!
Weh
そよ
Weh
そよ
Weh
そよ
Wer ist das?
Masa ?!
Na, was geht?
Du wirkst irgendwie anders.
Dabei habe ...

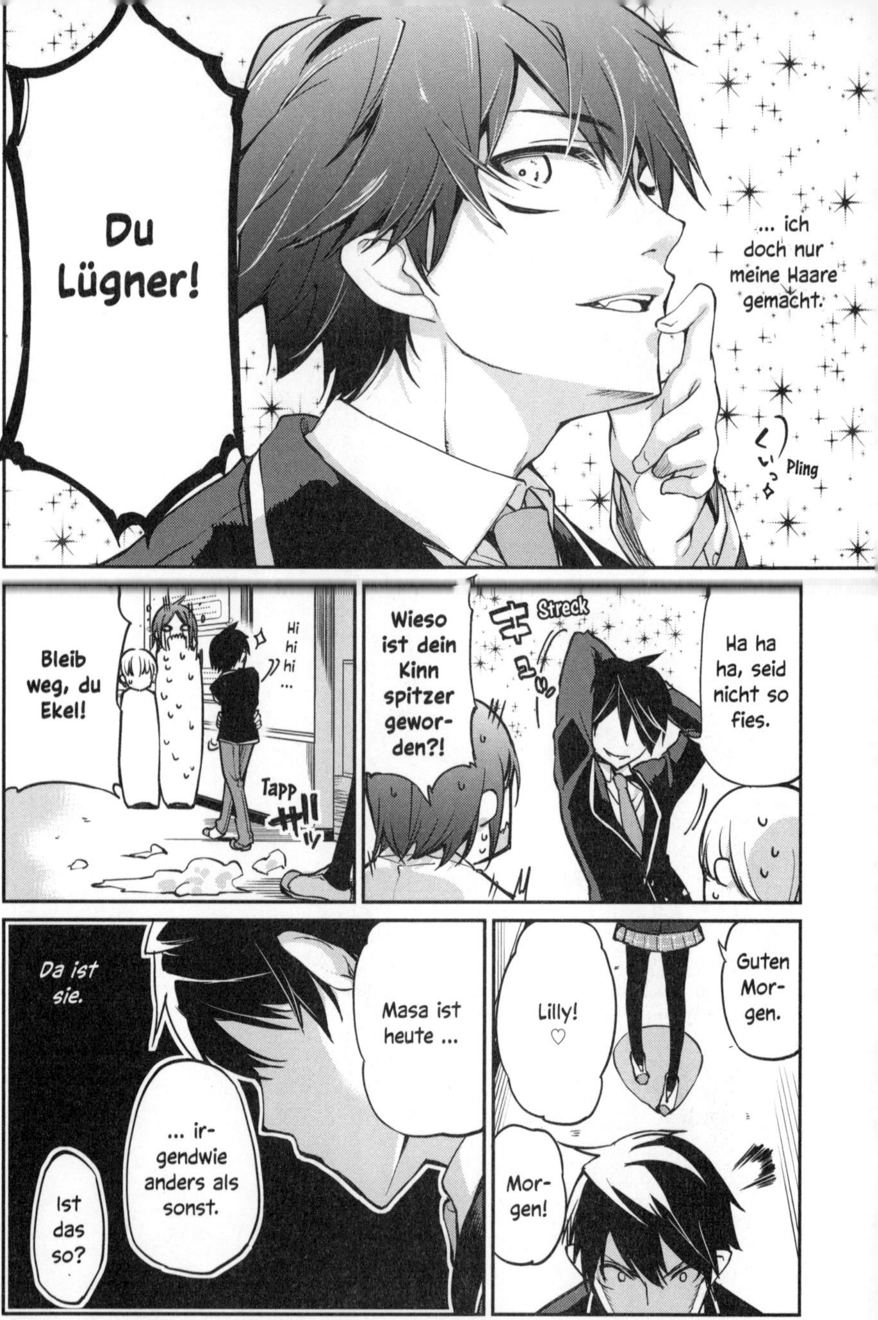

... ich doch nur meine Haare gemacht.

Pling

Du Lügner!

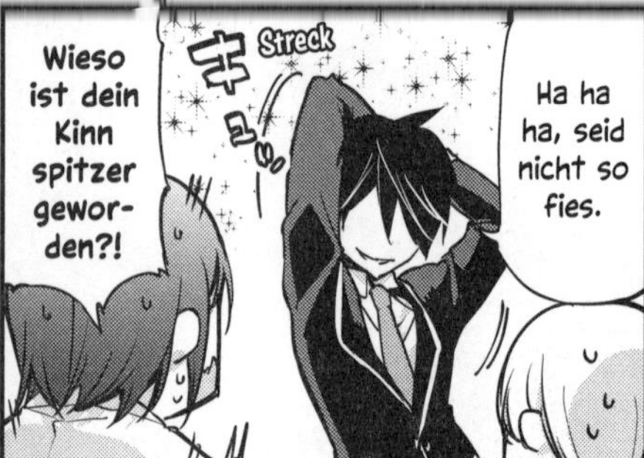

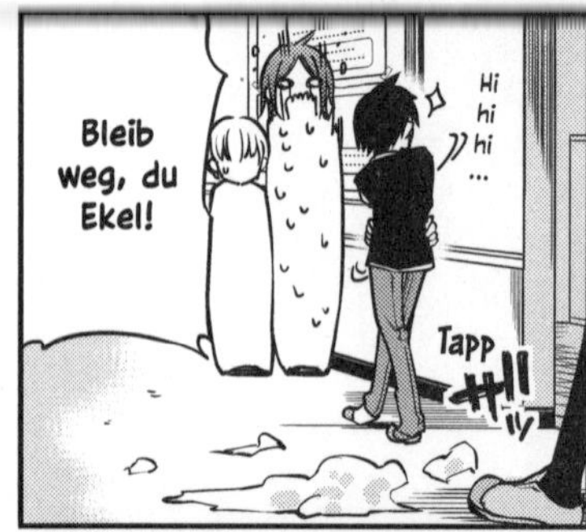

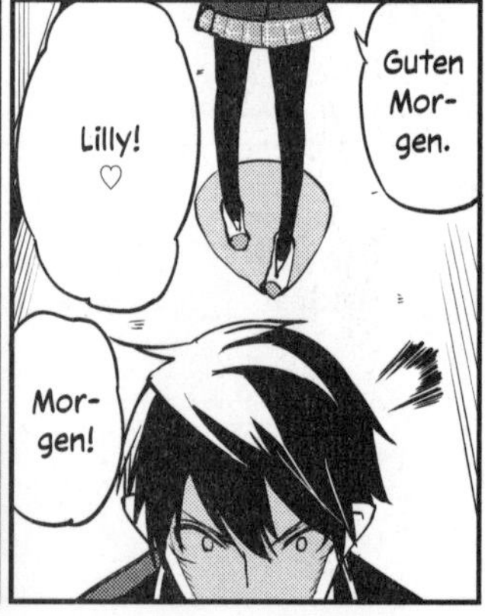

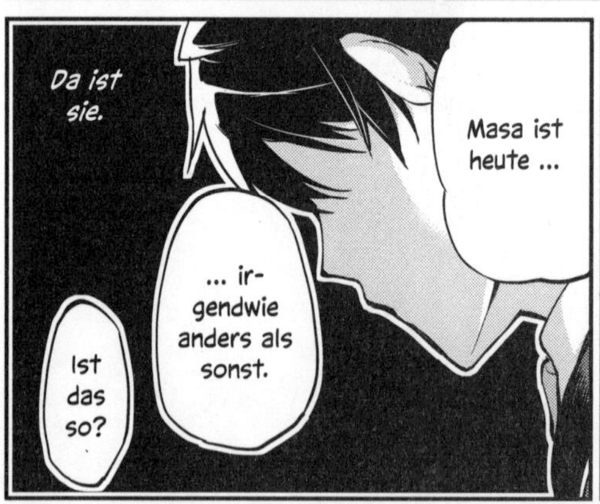

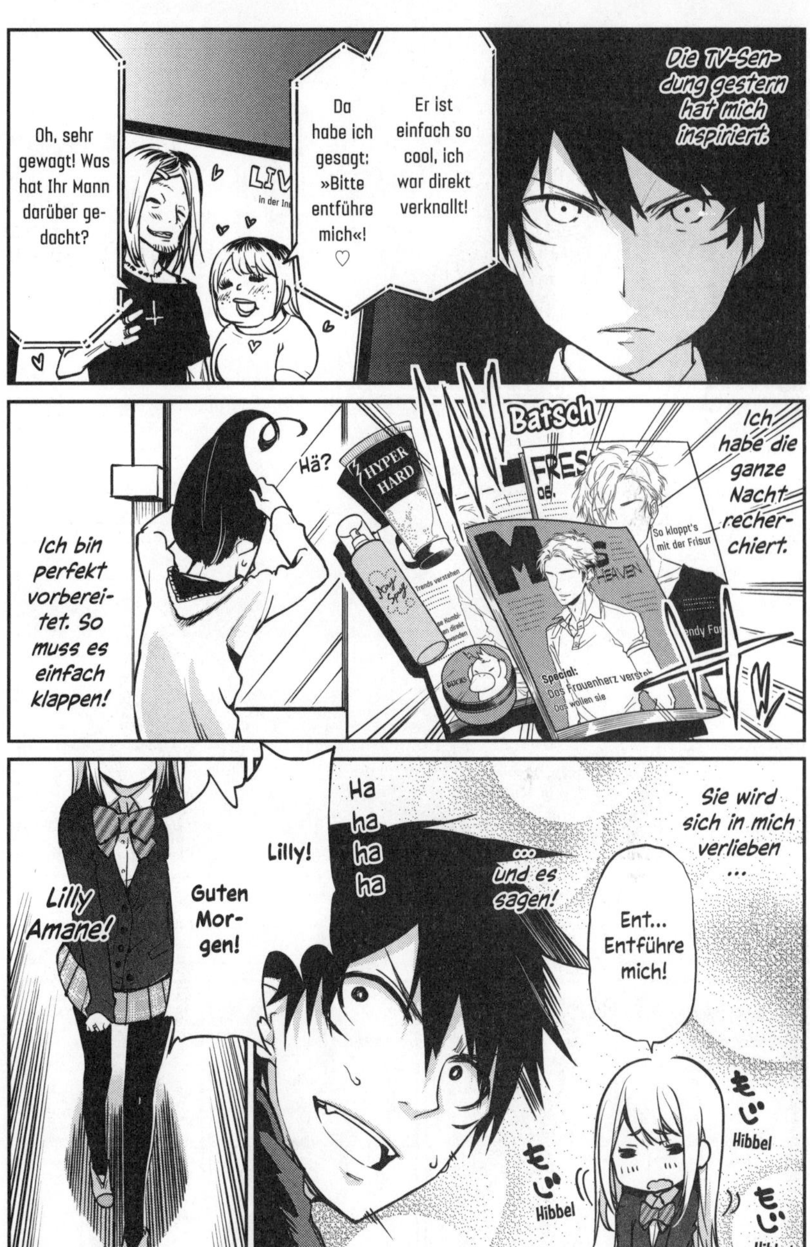
Die TV-Sendung gestern hat mich inspiriert.
Er ist einfach so cool, ich war direkt verknallt!
Da habe ich gesagt: »Bitte entführe mich«! ♡
Oh, sehr gewagt! Was hat Ihr Mann darüber gedacht?
LIV
Batsch
Ich habe die ganze Nacht recherchiert.
FRES
So klappt's mit der Frisur
Special:
Das Frauenherz versteh
Das wollen sie
Trends verstehen
HYPER HARD
Hä?
Ich bin perfekt vorbereitet. So muss es einfach klappen!
Sie wird sich in mich verlieben …
… und es sagen!
Ent… Entführe mich!
Ha ha ha ha
Lilly!
Guten Morgen!
Lilly Amane!
もじ Hibbel
もじ Hibbel
もじ Hibbel

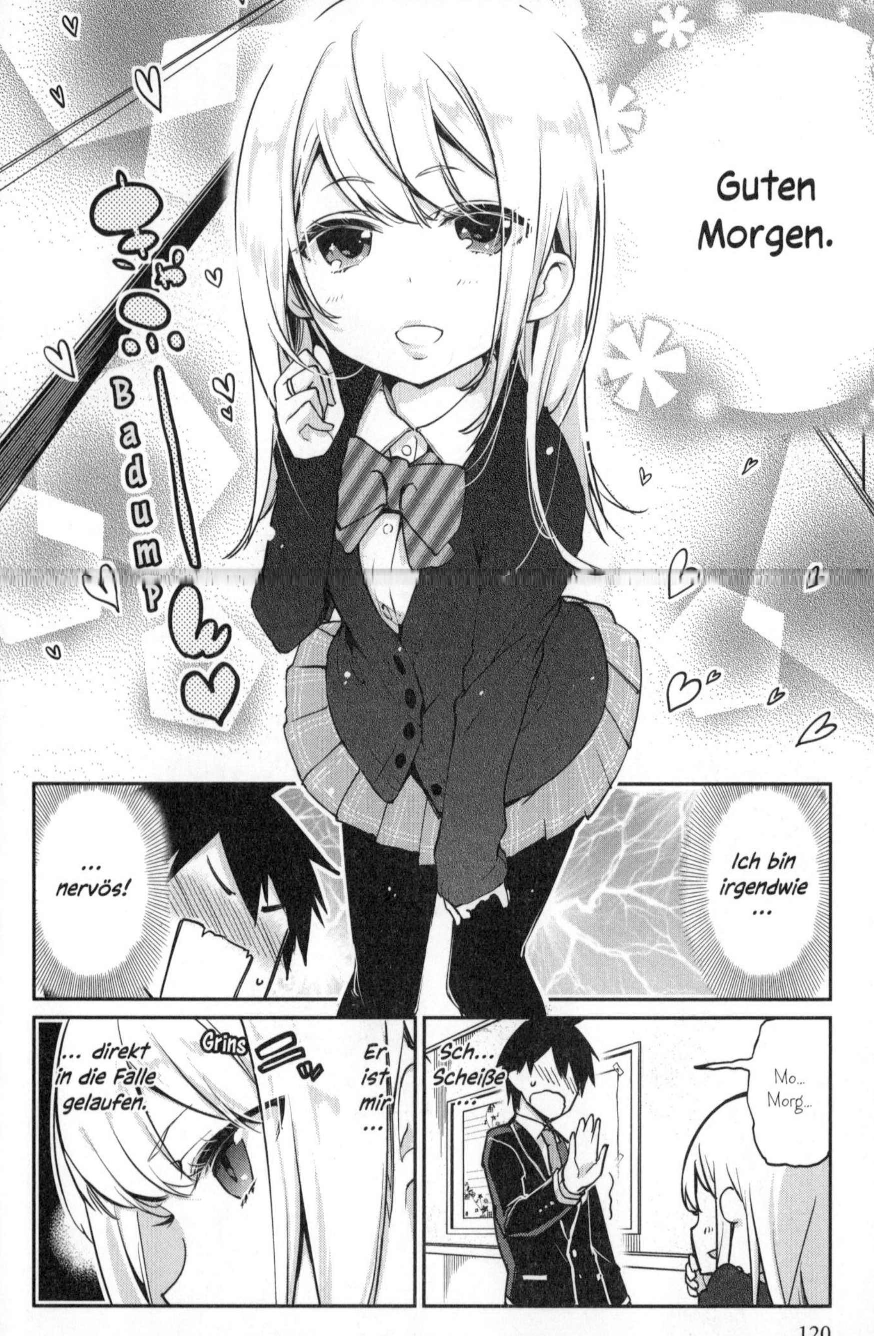
Guten Morgen.
Badump
Ich bin irgendwie …
… nervös!
Mo… Morg…
Sch… Scheiße …
Er ist mir …
Grins
… direkt in die Falle gelaufen.

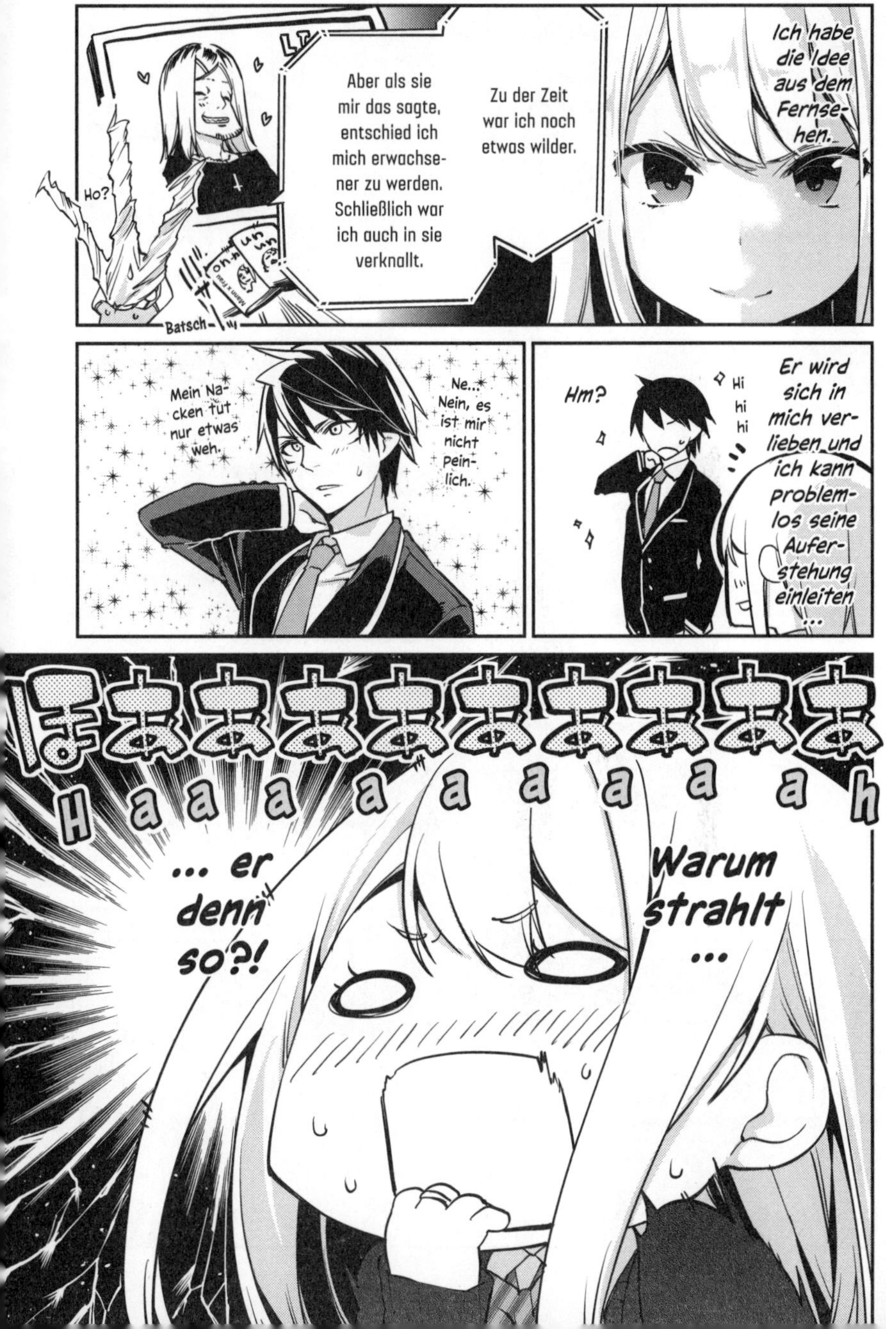

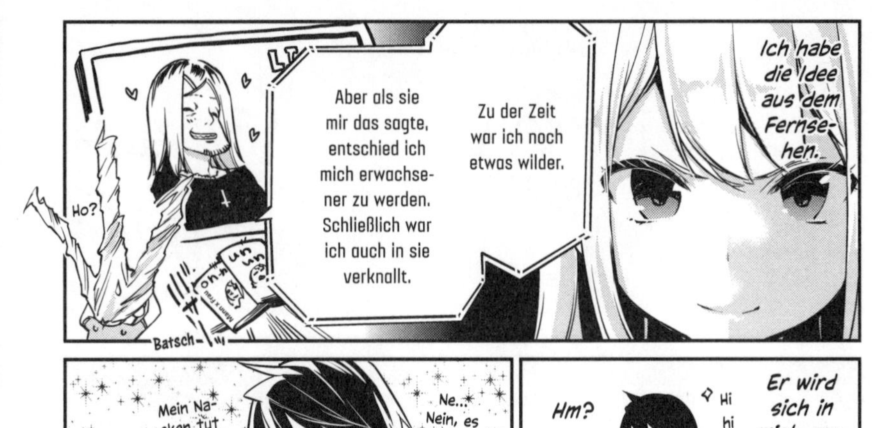

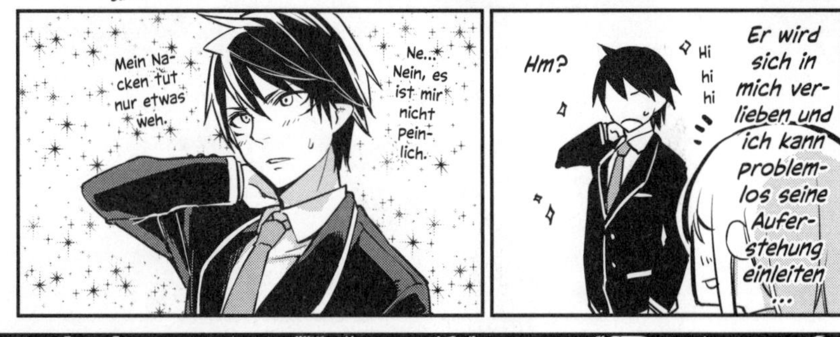

Haaaaaaaaaah

Warum strahlt ...

... er denn so?!

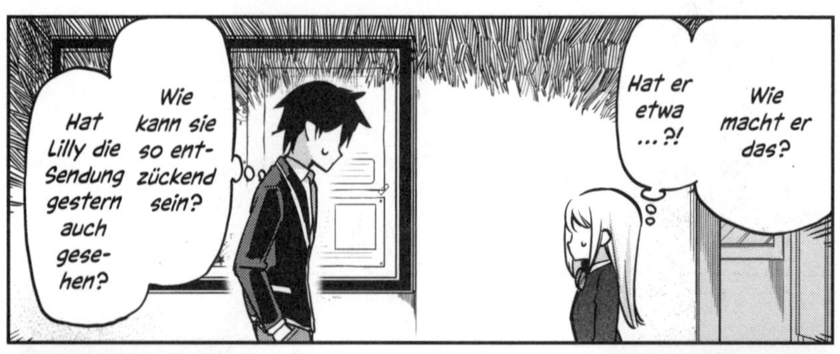

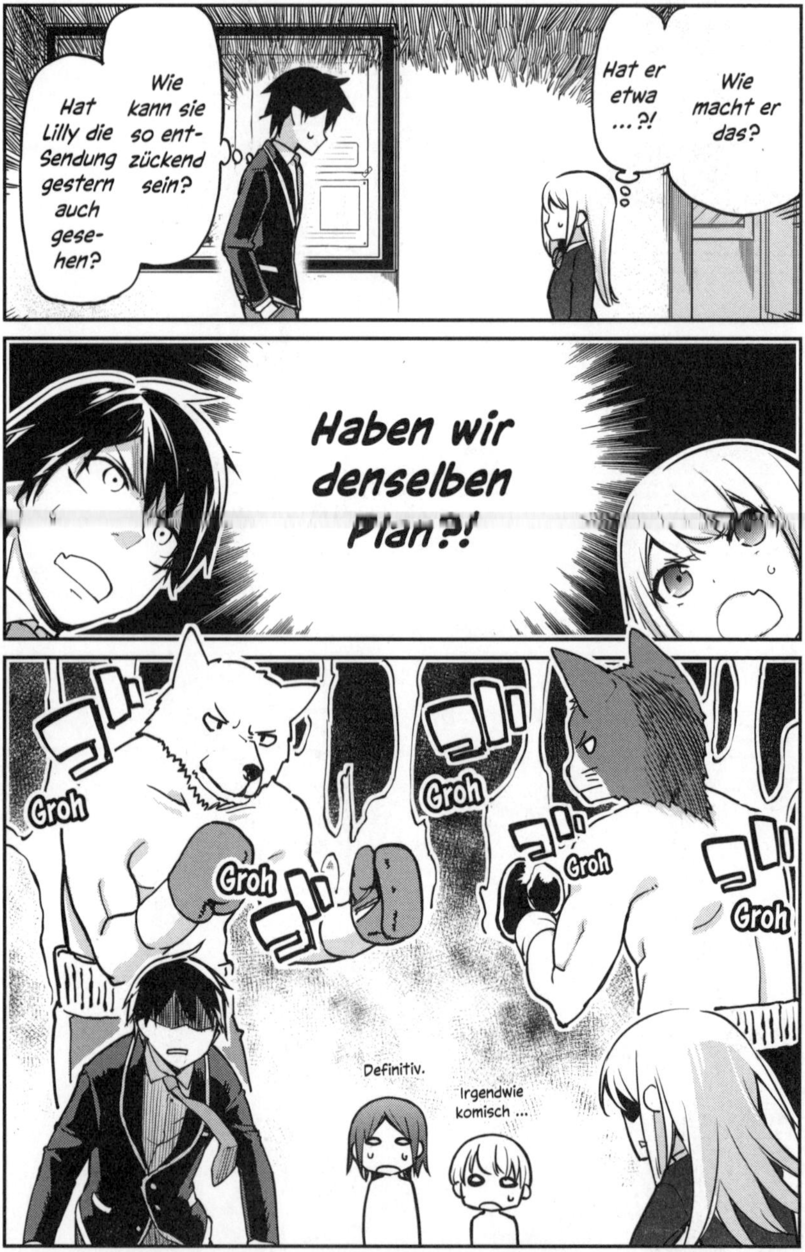

Haben wir denselben Plan?!

Groh
Groh
Groh
Groh
Groh

Irgendwie komisch ...

Definitiv.

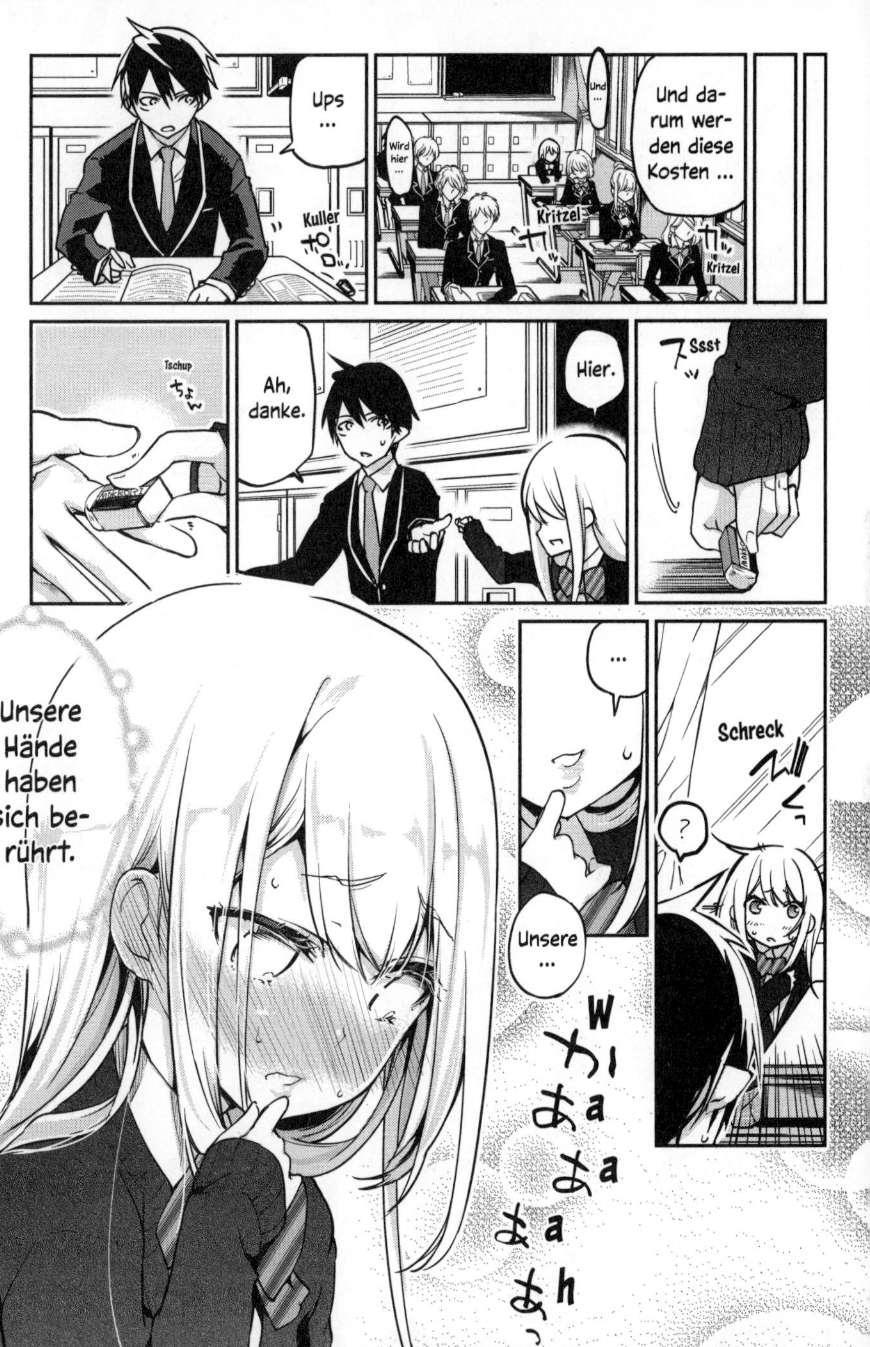

Und darum werden diese Kosten ...
Und ...
Wird hier ...
Kritzel
Kritzel
Ups ...
Kuller
Ssst
Hier.
Ah, danke.
Tschup
Schreck
?
...
Unsere ...
Unsere Hände haben sich berührt.
Waaaah

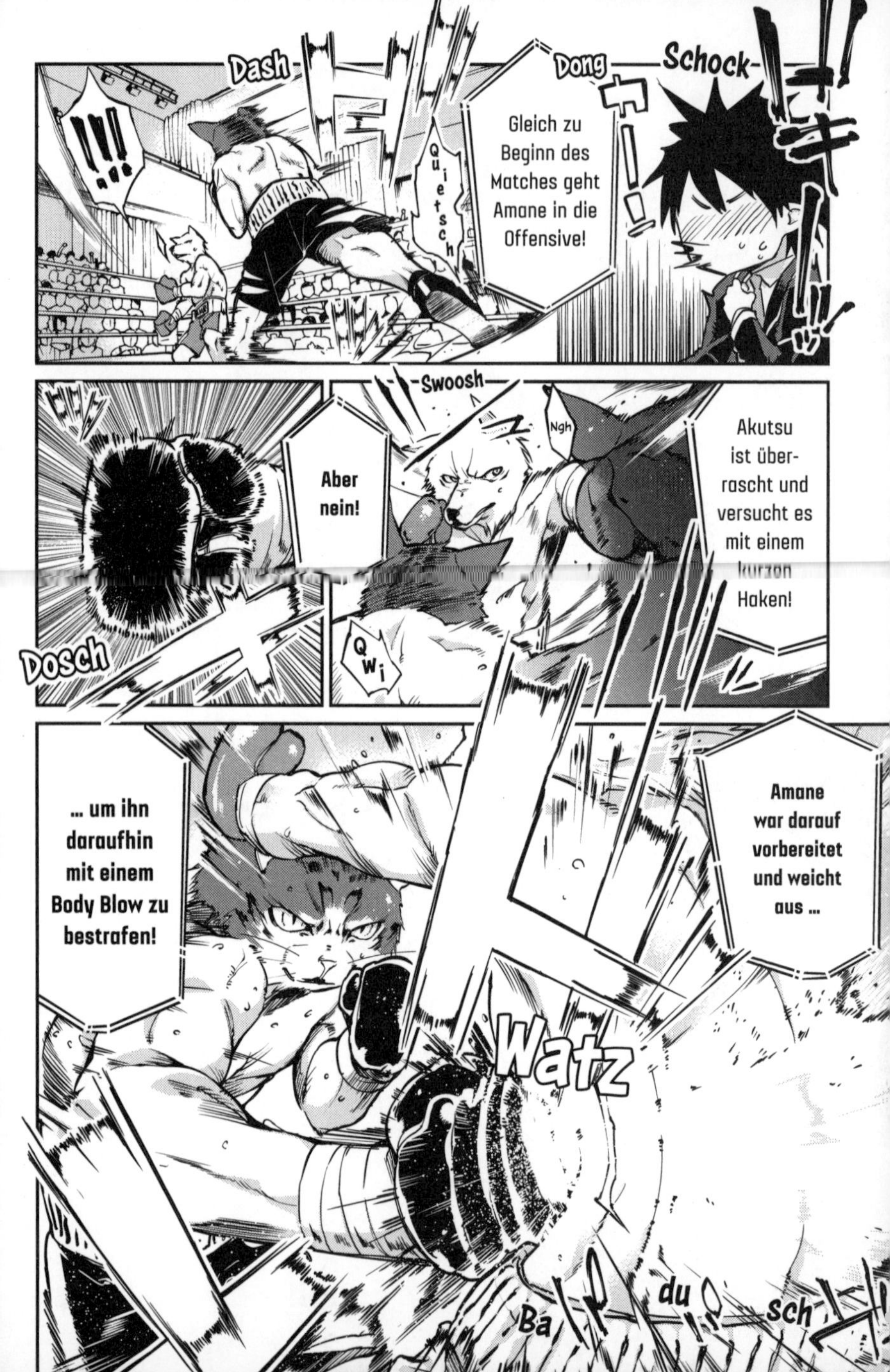

Schock
Dong
Gleich zu Beginn des Matches geht Amane in die Offensive!
Quietsch
Dash
Akutsu ist überrascht und versucht es mit einem kurzen Haken!
Ngh
Swoosh
Aber nein!
Qwi
Dosch
Amane war darauf vorbereitet und weicht aus …
… um ihn daraufhin mit einem Body Blow zu bestrafen!
Watz
Ba
du
sch

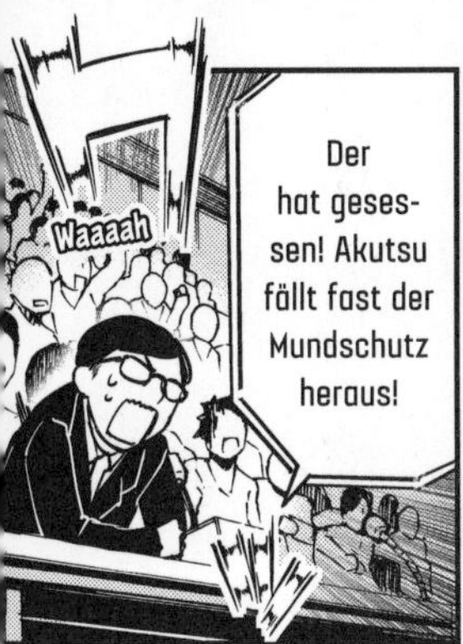
Waaaah
Der hat gesessen! Akutsu fällt fast der Mundschutz heraus!

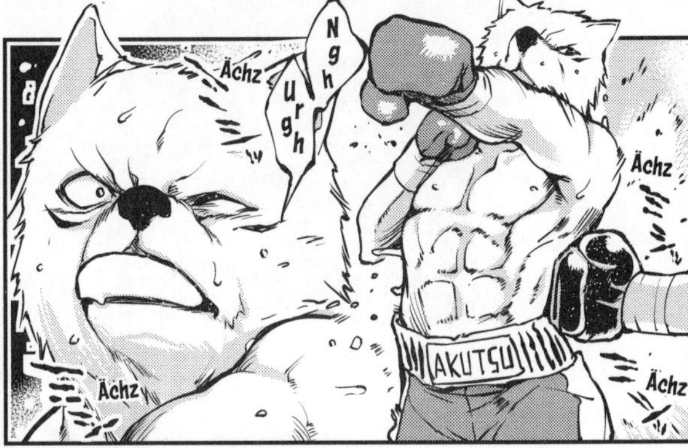
Ächz
Ngh
Urgh
Ächz
AKUTSU
Ächz
Ächz

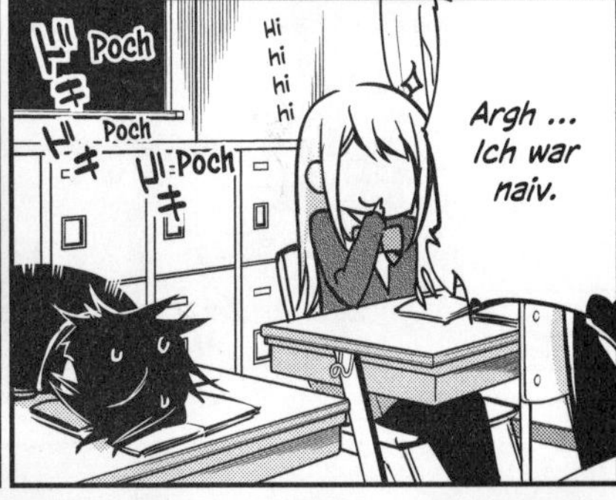
Poch
Poch
Poch
Hi hi hi hi
Argh ... Ich war naiv.

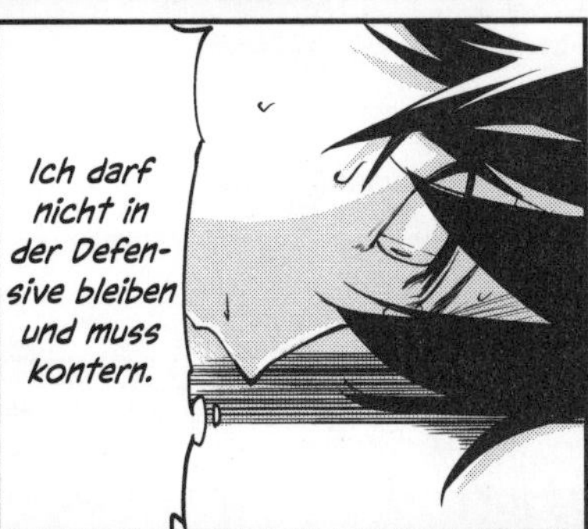
Ich darf nicht in der Defensive bleiben und muss kontern.

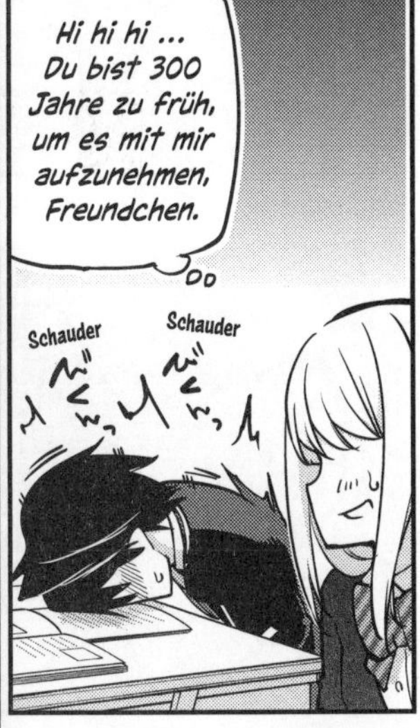
Hi hi hi ... Du bist 300 Jahre zu früh, um es mit mir aufzunehmen, Freundchen.
Schauder
Schauder

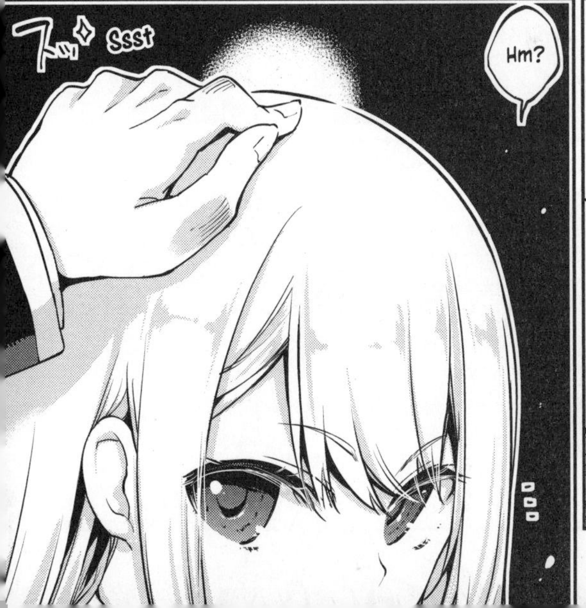
Ssst
Hm?

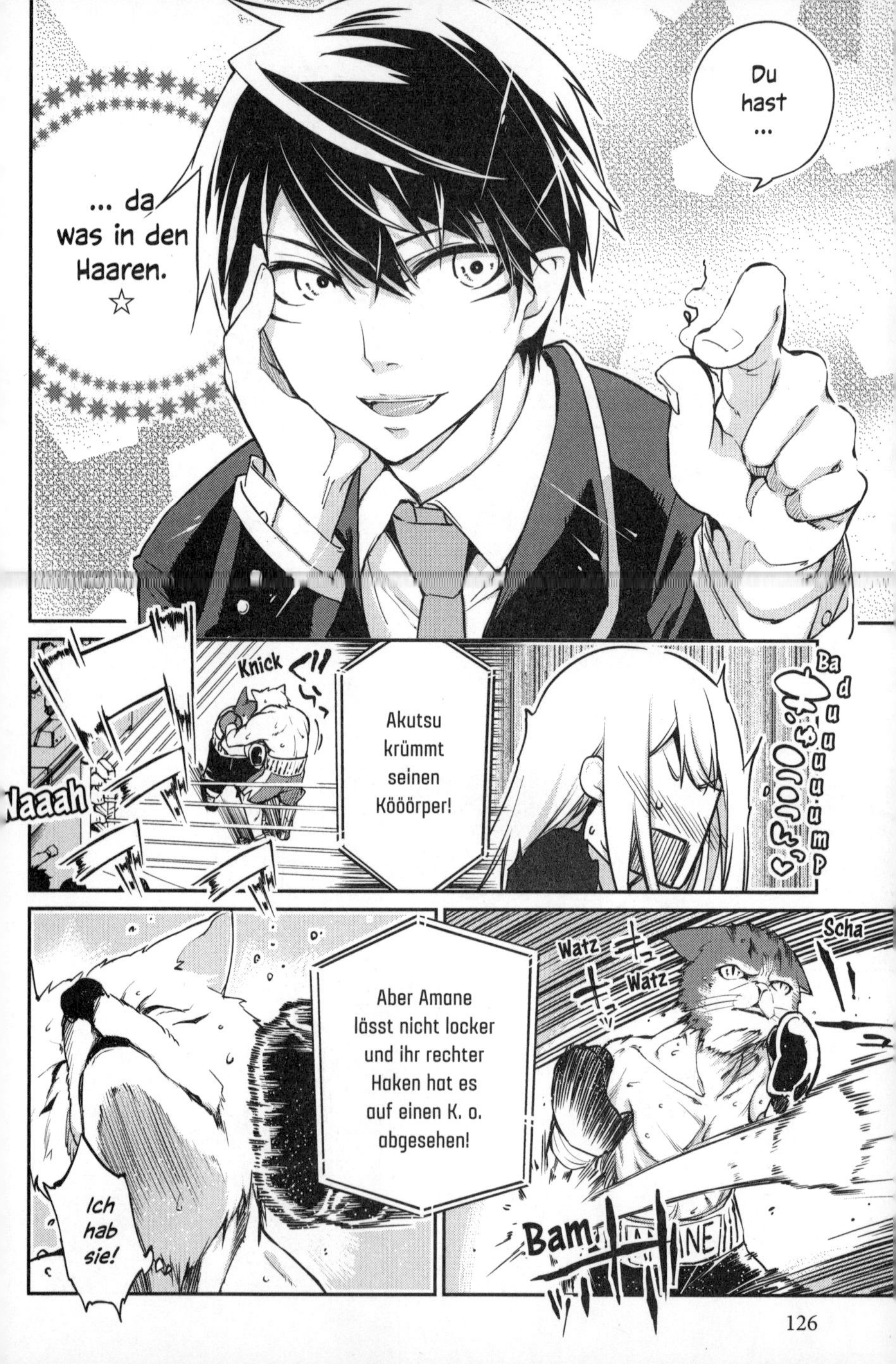

Du hast ...
... da was in den Haaren. ☆
Badauuuuuump
Akutsu krümmt seinen Kööörper!
Knick
Naaah
Scha
Watz
Watz
Bam
Aber Amane lässt nicht locker und ihr rechter Haken hat es auf einen K. o. abgesehen!
Ich hab sie!

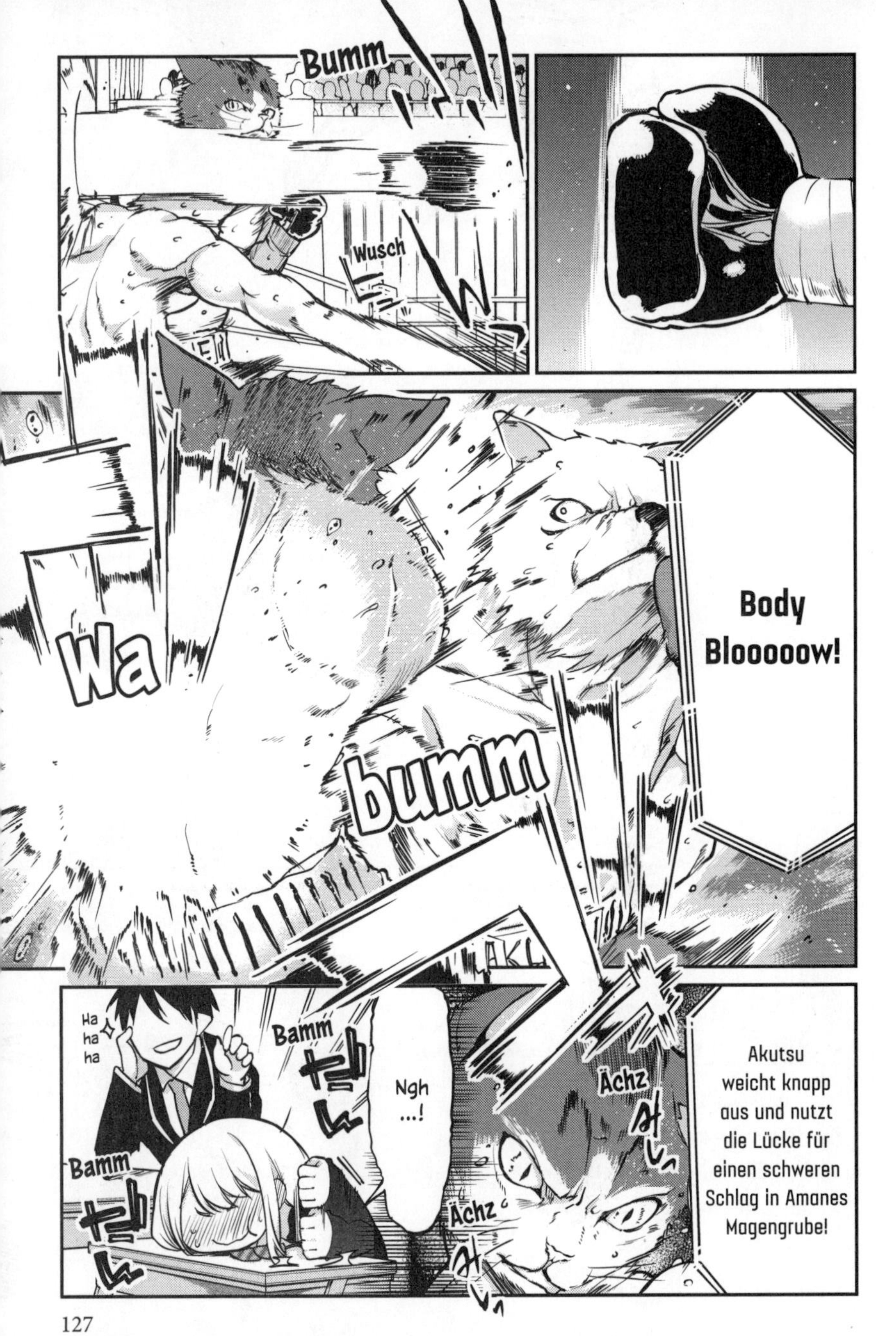
Bumm
Wusch
Body Blooooow!
Wa
bumm
Akutsu weicht knapp aus und nutzt die Lücke für einen schweren Schlag in Amanes Magengrube!
Ächz
Ächz
Ngh …!
Bamm
Ha ha ha
Bamm

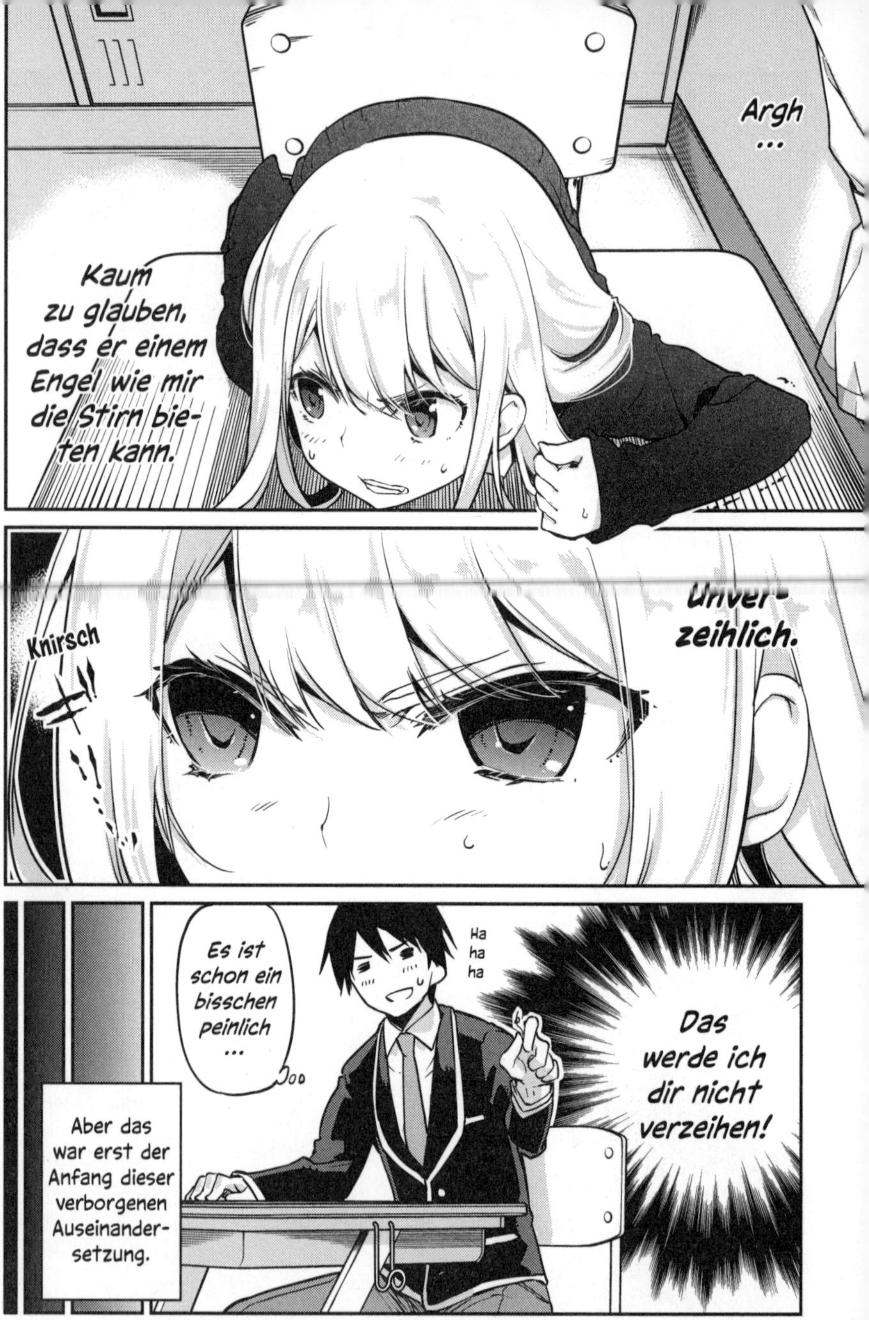

Argh ...

Kaum zu glauben, dass er einem Engel wie mir die Stirn bieten kann.

Unver- zeihlich.

Knirsch

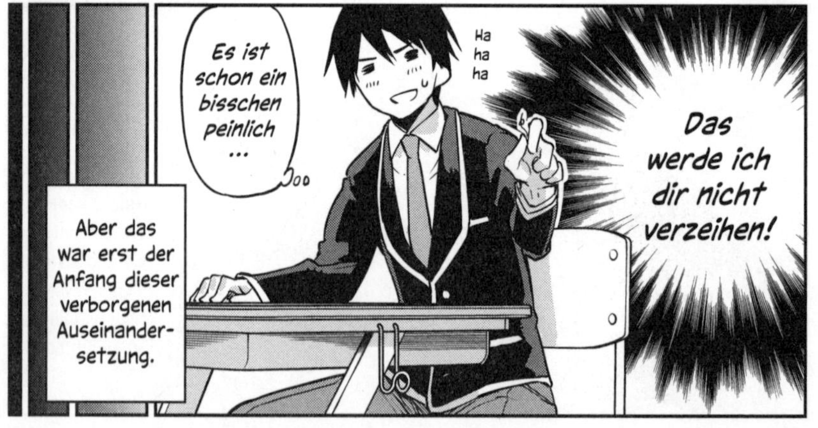

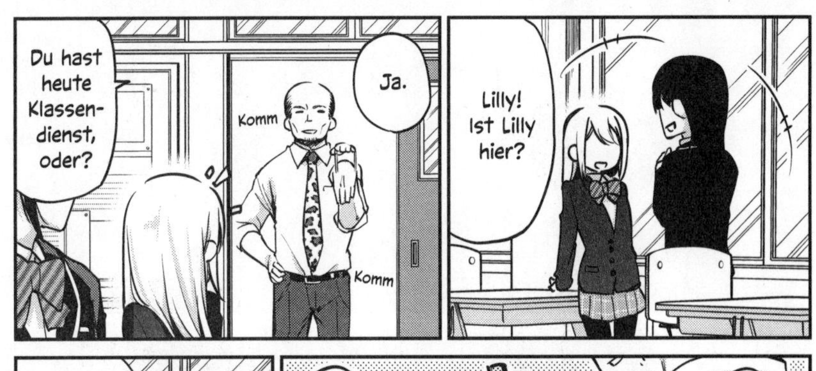

Lilly! Ist Lilly hier?
Ja.
Komm
Komm
Du hast heute Klassen-dienst, oder?

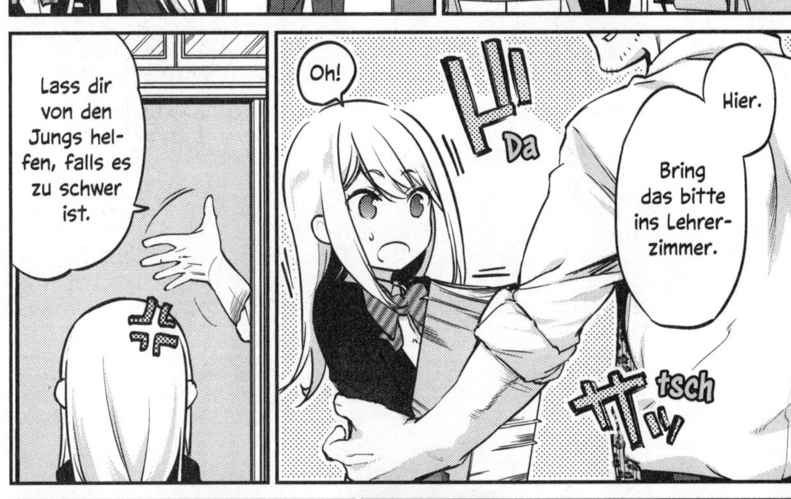

Hier.
Bring das bitte ins Lehrer-zimmer.
Da
tsch
Oh!
Lass dir von den Jungs hel-fen, falls es zu schwer ist.

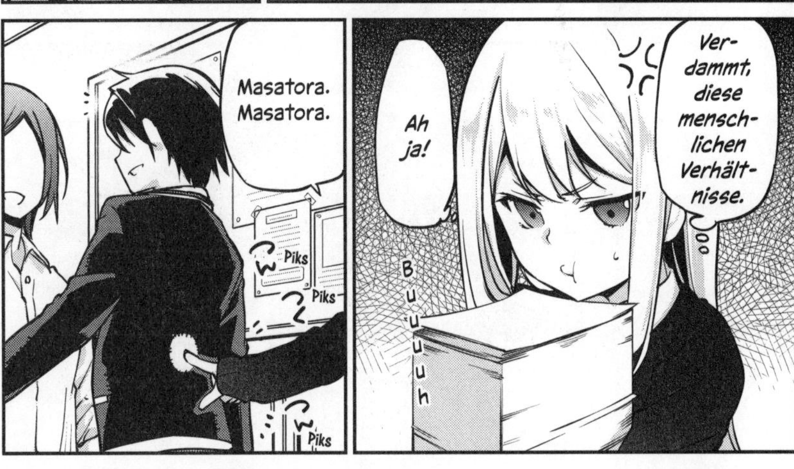

Ver-dammt, diese mensch-lichen Verhält-nisse.
Ah ja!
Buuuuuh
Masatora. Masatora.
Piks
Piks
Piks

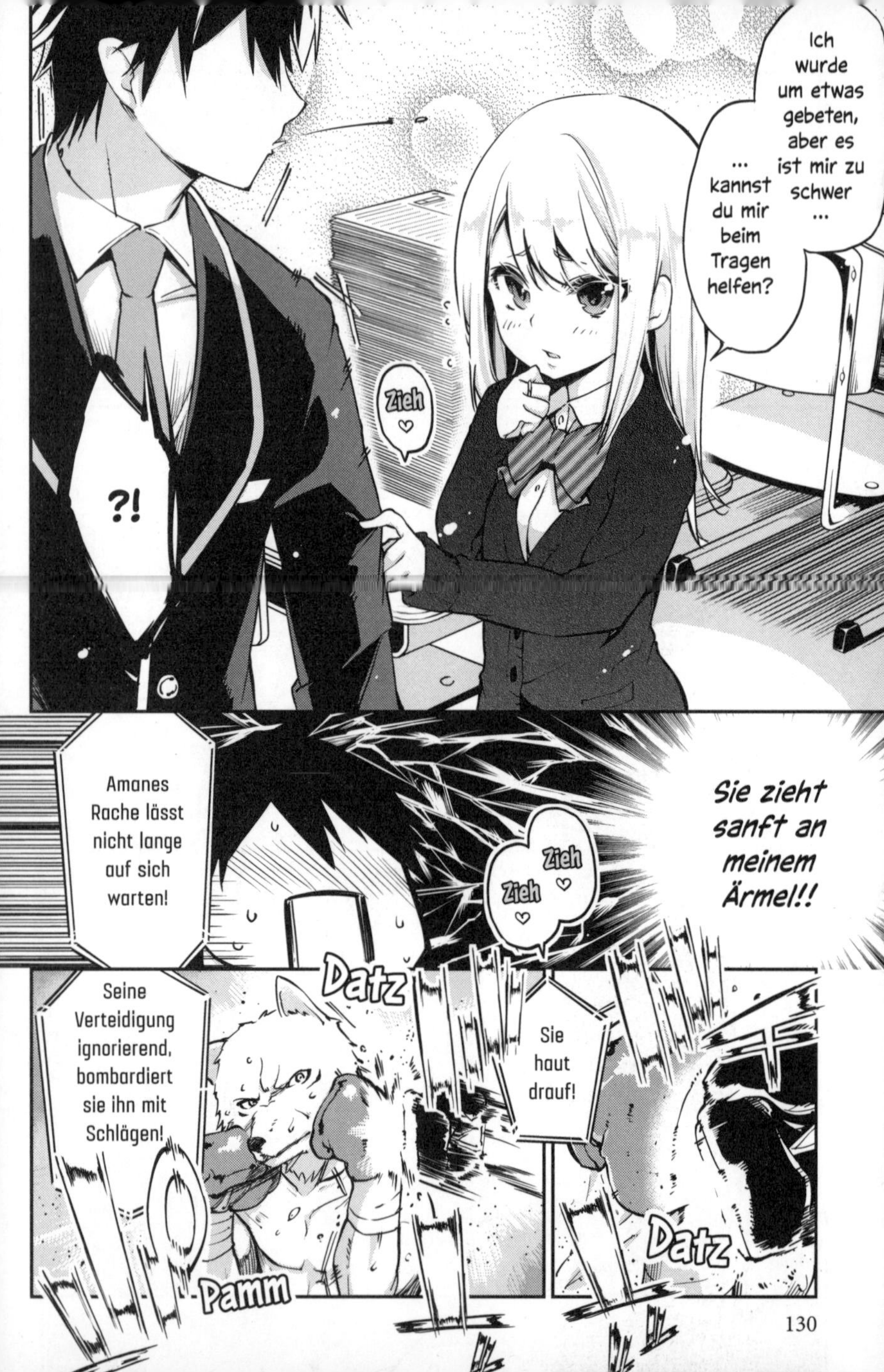
Ich wurde um etwas gebeten, aber es ist mir zu schwer ...
... kannst du mir beim Tragen helfen?
Zieh ♡
?!
Sie zieht sanft an meinem Ärmel!!
Zieh ♡ Zieh ♡
Amanes Rache lässt nicht lange auf sich warten!
Datz
Sie haut drauf!
Datz
Seine Verteidigung ignorierend, bombardiert sie ihn mit Schlägen!
Pamm

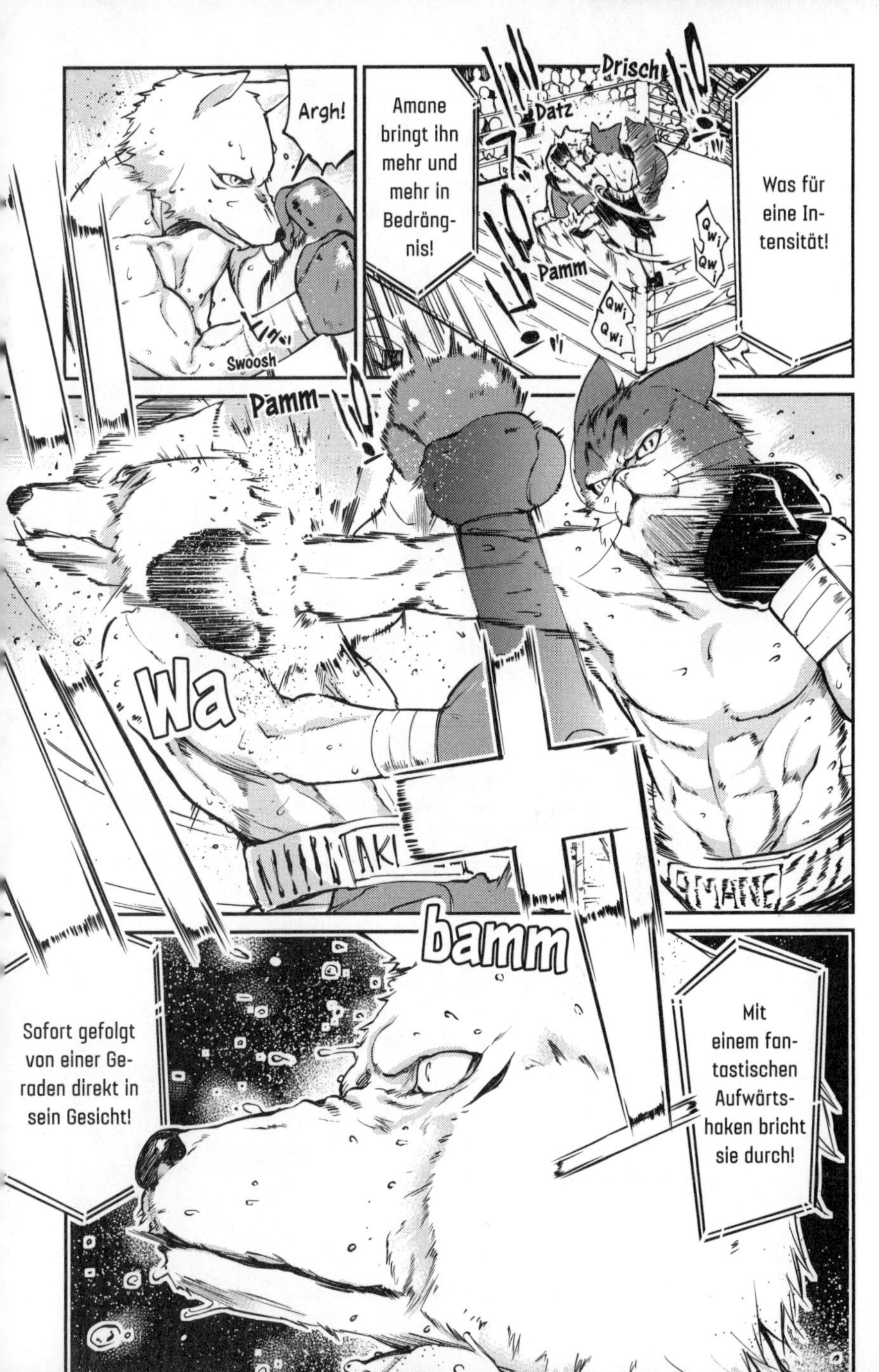
Argh!
Swoosh
Amane bringt ihn mehr und mehr in Bedrängnis!
Drisch
Datz
Pamm
Qwi Qwi
Qwi Qwi
Was für eine Intensität!
Pamm
Wa
AKI
AMANE
bamm
Mit einem fantastischen Aufwärtshaken bricht sie durch!
Sofort gefolgt von einer Geraden direkt in sein Gesicht!

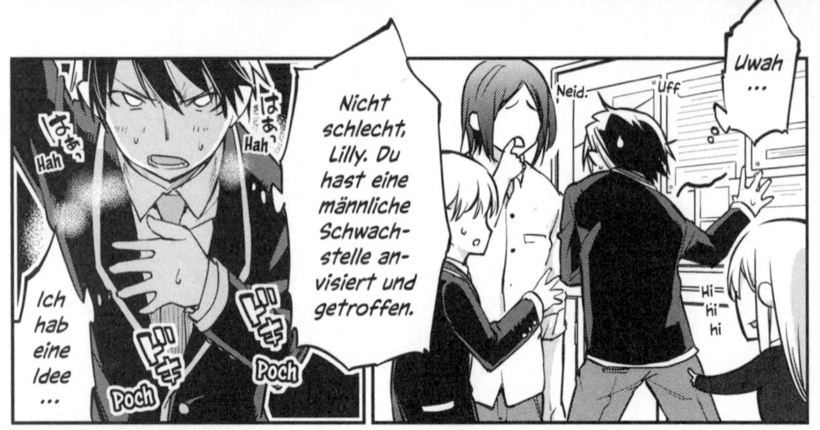
Uwah …
Uff
Neid.
Hi hi hi
Nicht schlecht, Lilly. Du hast eine männliche Schwachstelle anvisiert und getroffen.
Hah
Hah
Poch
Poch
Ich hab eine Idee …

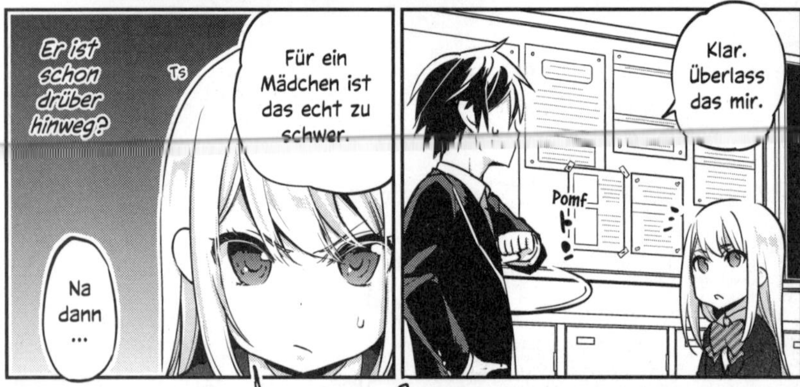
Klar. Überlass das mir.
Pomf
Für ein Mädchen ist das echt zu schwer.
Ts
Er ist schon drüber hinweg?
Na dann …

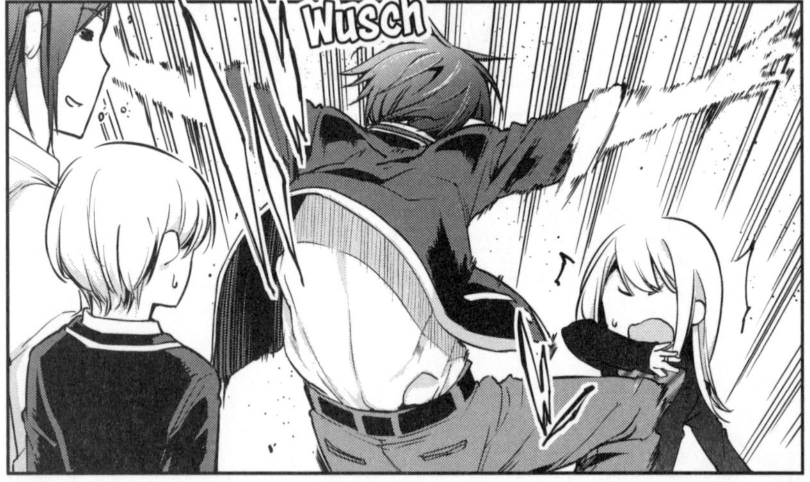
Wusch

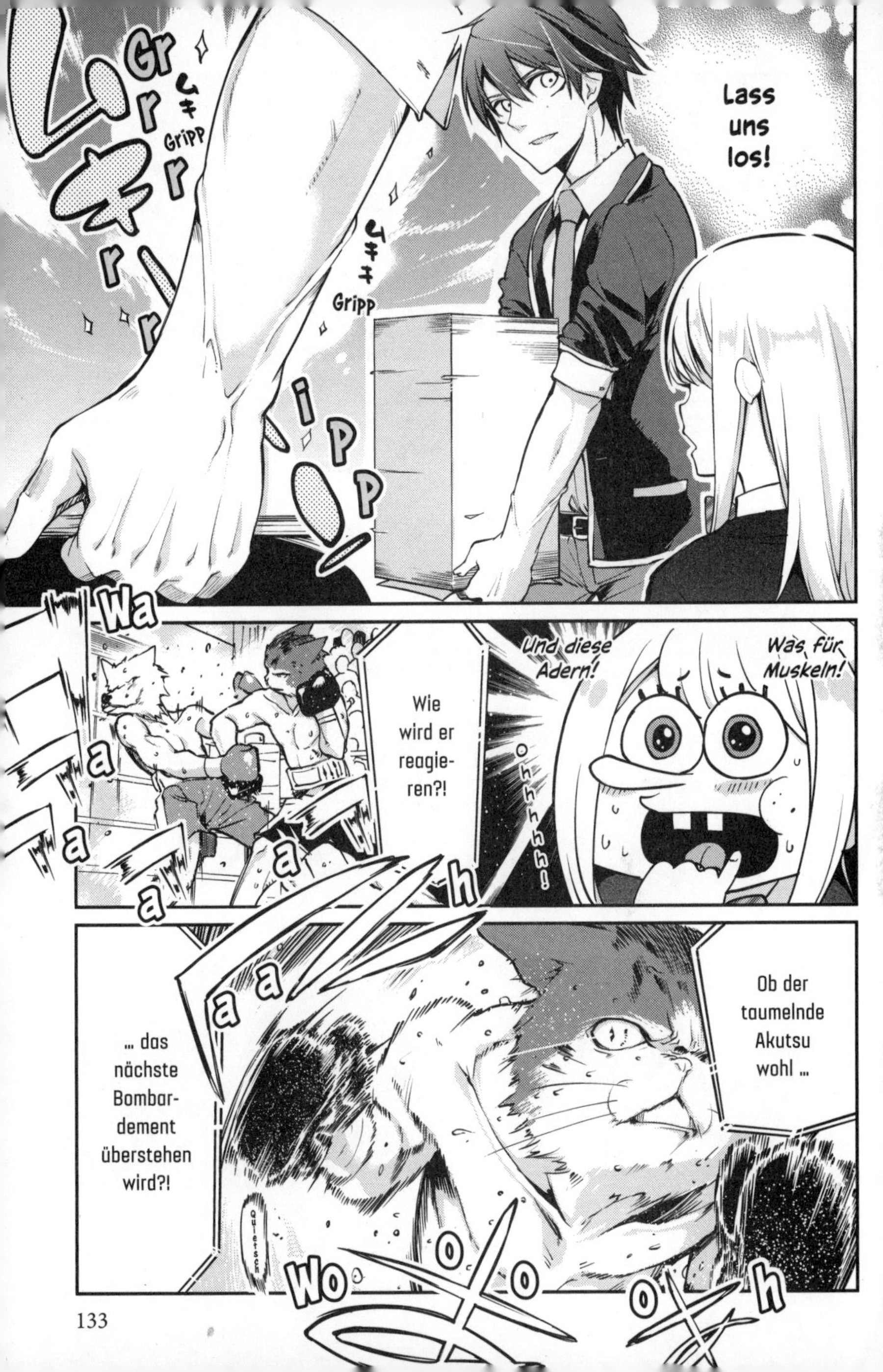
Grrrrr
ムキ
Gripp
ムキキ
Gripp
Gripp
Lass uns los!
Waaaaah
Was für Muskeln!
Und diese Adern!
Ohhhhh!
Wie wird er reagieren?!
Ob der taumelnde Akutsu wohl …
… das nächste Bombardement überstehen wird?!
Quietsch
Wooooh

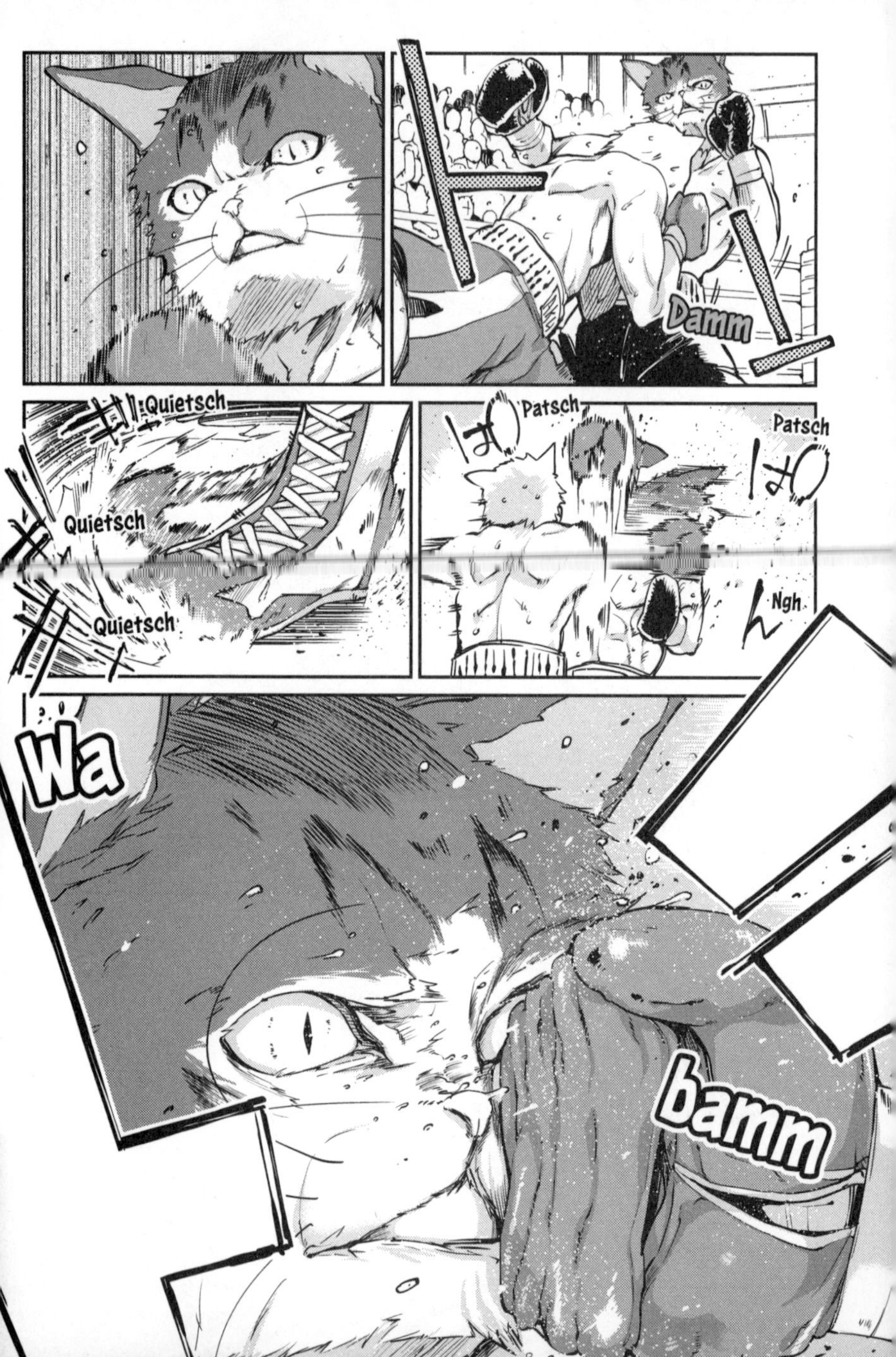
Damm
Patsch
Patsch
Ngh
Quietsch
Quietsch
Quietsch
Wa
bamm

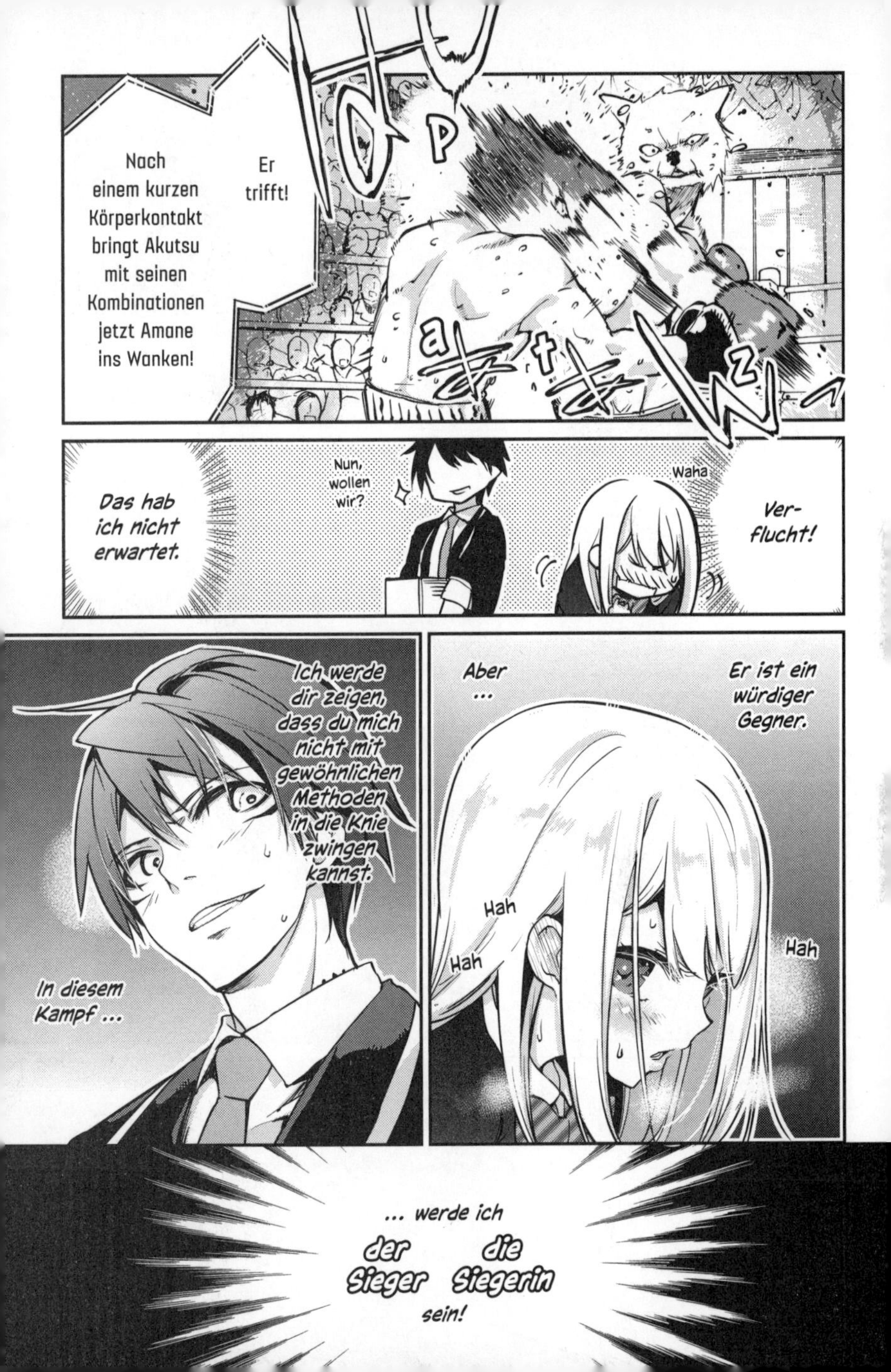

Er trifft!

Nach einem kurzen Körperkontakt bringt Akutsu mit seinen Kombinationen jetzt Amane ins Wanken!

Ver-flucht!

Waha

Nun, wollen wir?

Das hab ich nicht erwartet.

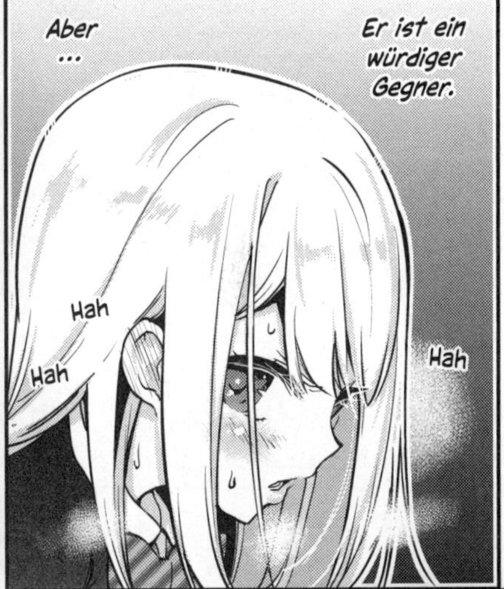

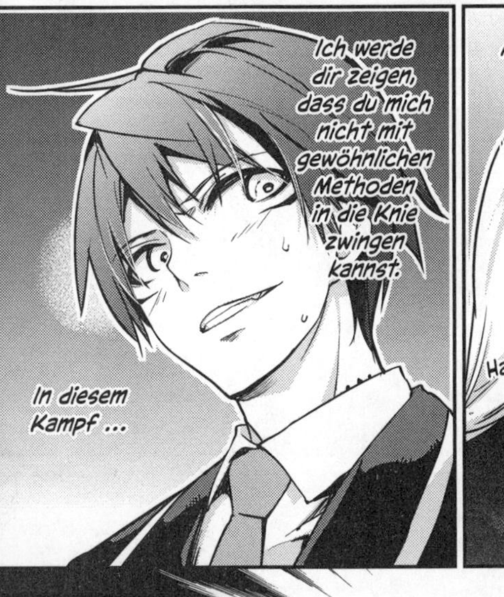

... werde ich

der Sieger die Siegerin

sein!

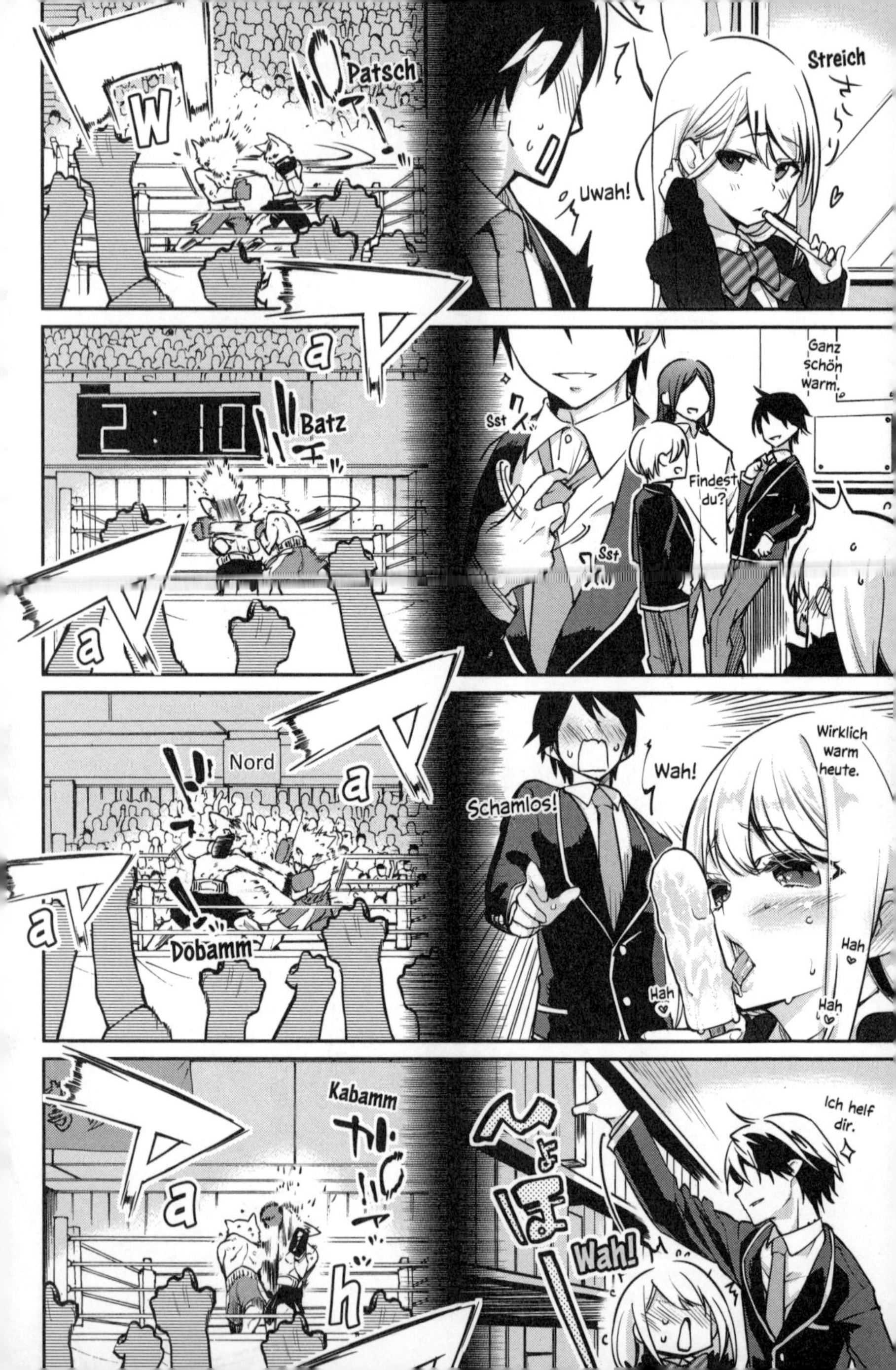

Streich
Uwah!
Patsch
W
Ganz schön warm.
Sst
Findest du?
Sst
a
Batz
2:10
a
Wirklich warm heute.
Wah!
Schamlos!
Hah
Hah
Hah
Nord
a
a
Dobamm
Ich helf dir.
Wah!
Kabamm
a
h

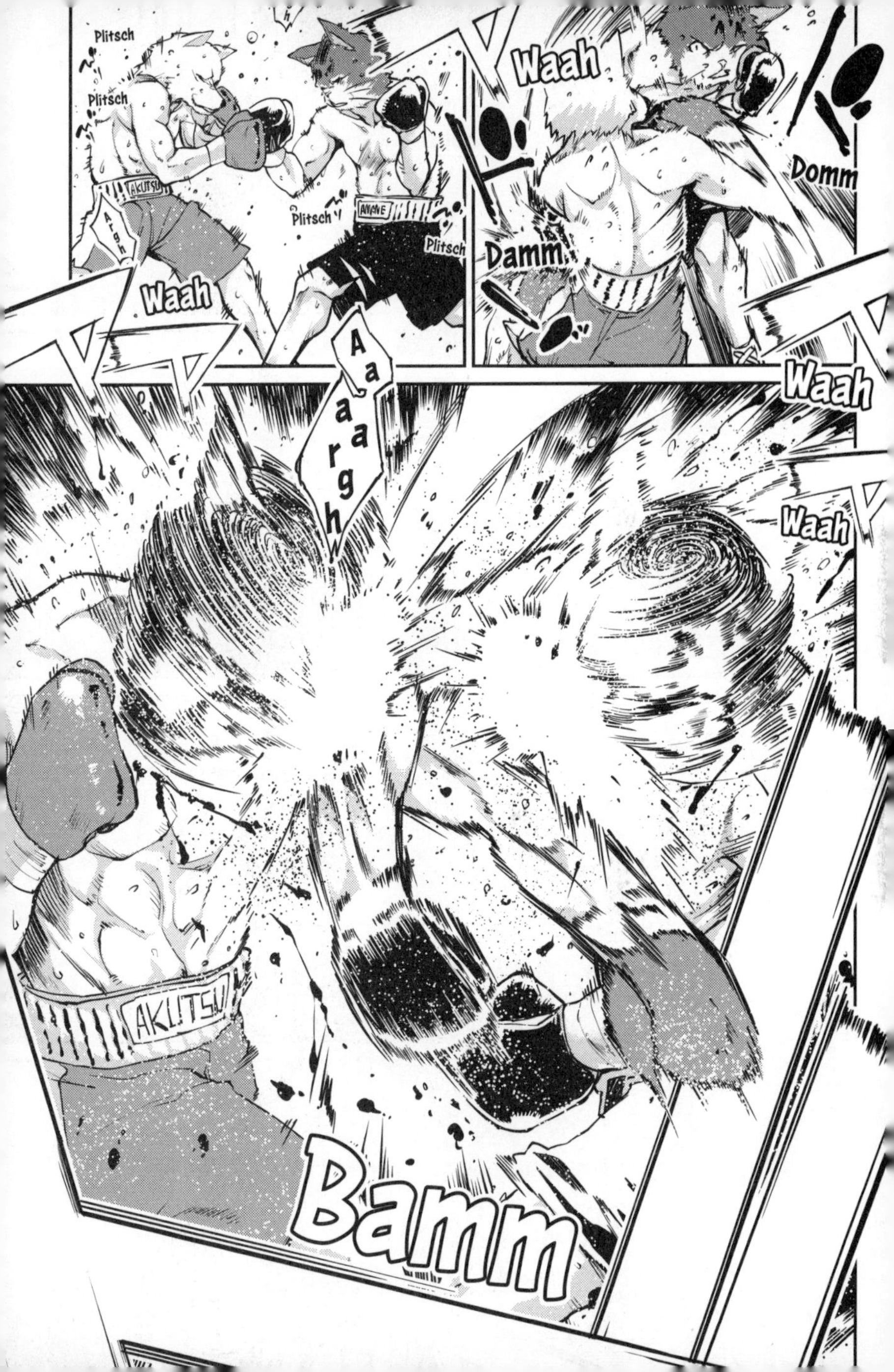

Plitsch
Plitsch
AKUTSU
Argh
Waah
Plitsch
Plitsch
Waah
Domm
Damm
Aaaargh
Waah
Waah
AKUTSU
Bamm

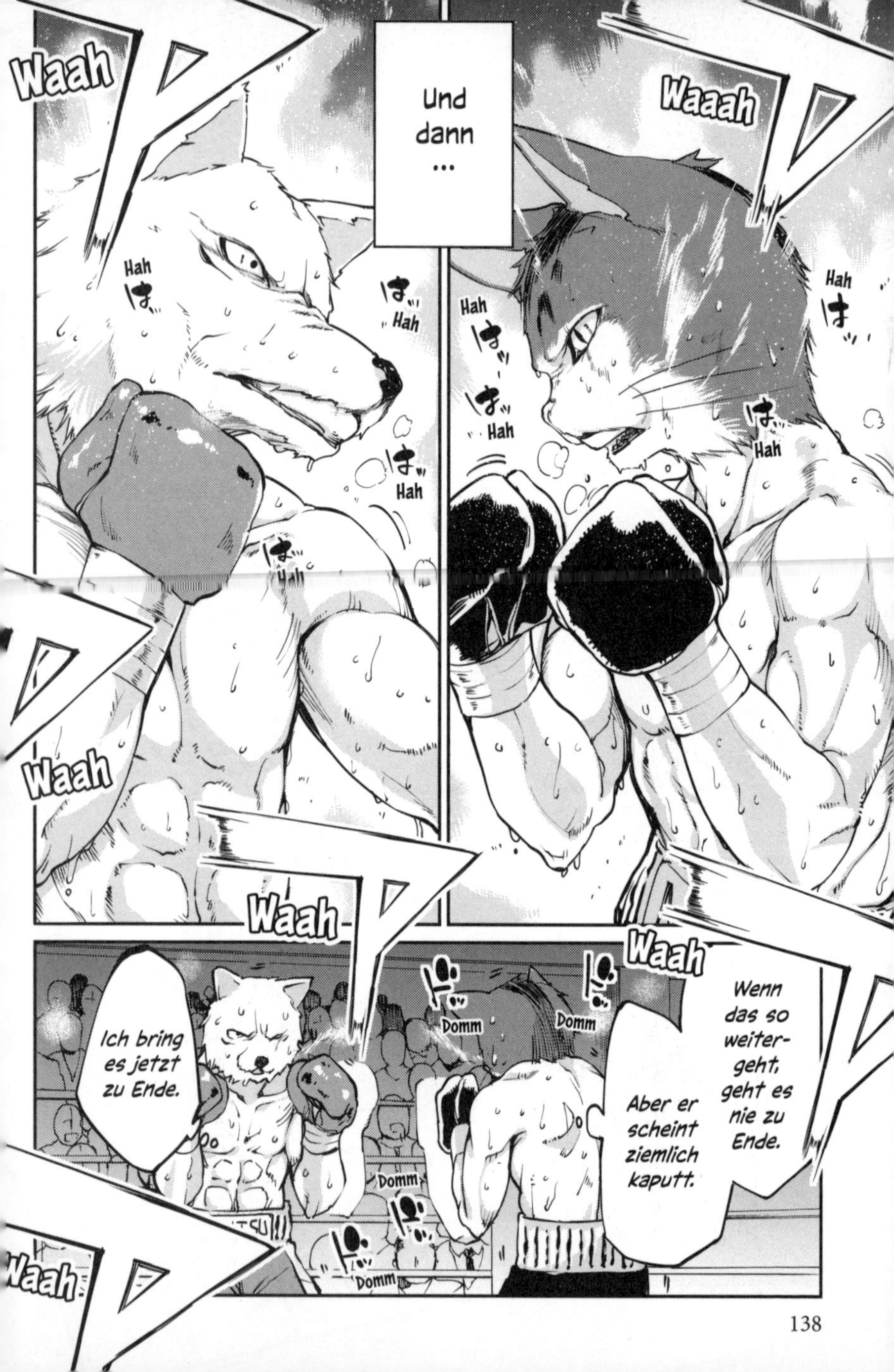

Und dann ...
Waaah
Hah
Hah
Hah
Hah
Waah
Hah
Hah
Hah
Hah
Waah
Waah
Waah
Wenn das so weiter-geht, geht es nie zu Ende.
Aber er scheint ziemlich kaputt.
Domm
Domm
Ich bring es jetzt zu Ende.
Domm
Domm
Waah

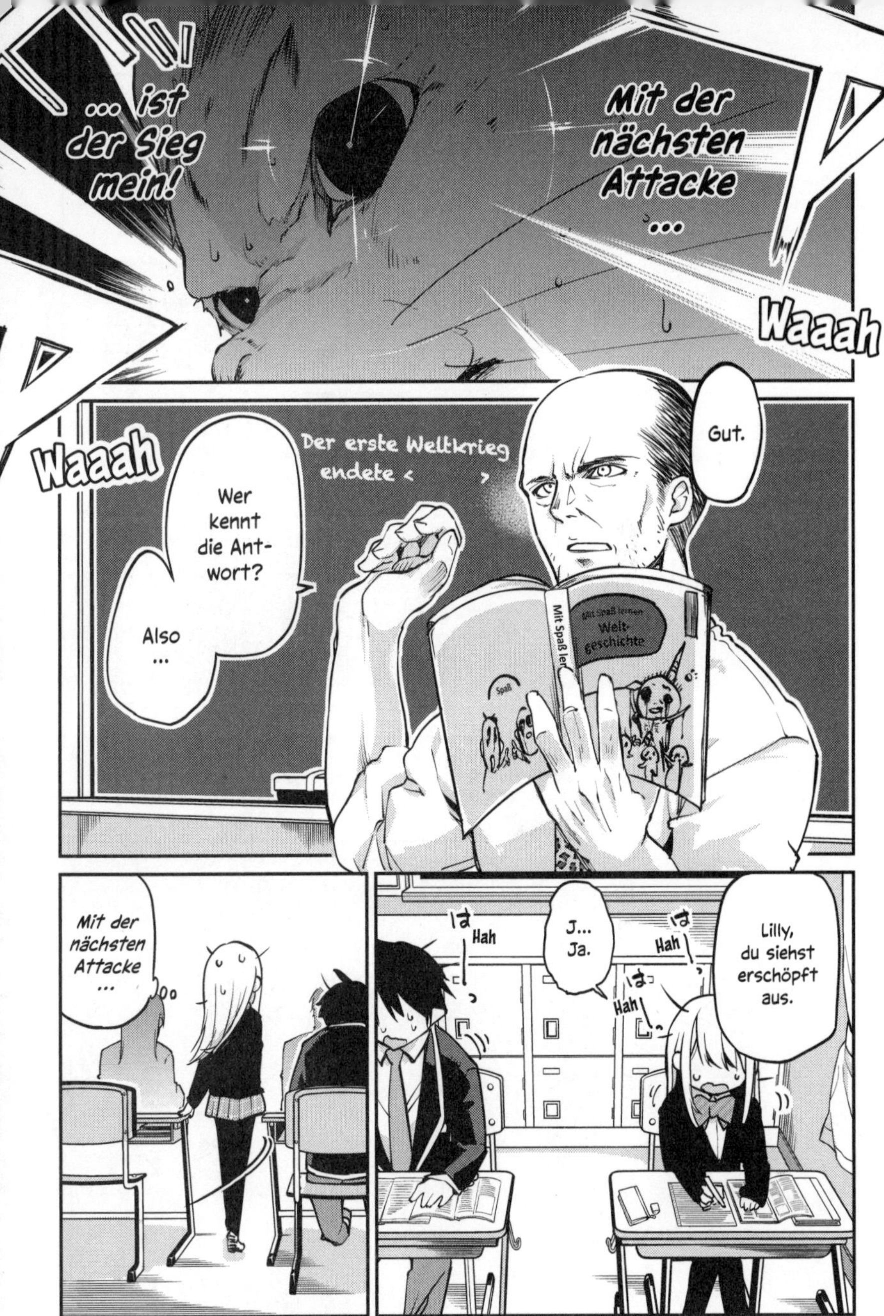

Mit der nächsten Attacke ...
... ist der Sieg mein!
Waaah
Waaah
Gut.
Der erste Weltkrieg endete < >
Wer kennt die Antwort?
Also ...
Mit Spaß lernen Welt-geschichte
Lilly, du siehst erschöpft aus.
は Hah
は Hah
はっ Hah
J... Ja.
Mit der nächsten Attacke ...

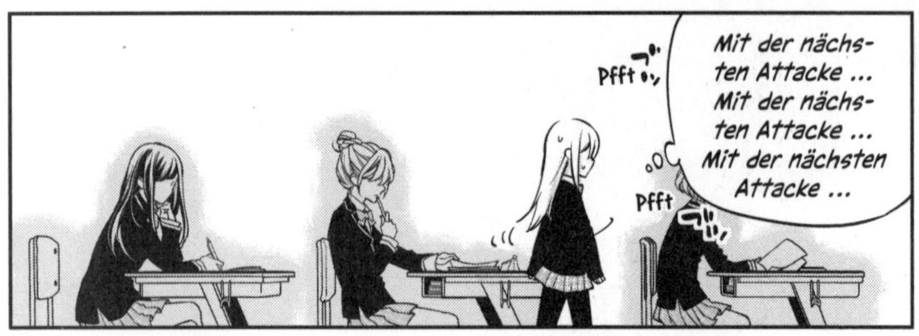
Mit der nächs-ten Attacke ... Mit der nächs-ten Attacke ... Mit der nächsten Attacke ...
Pfft
Pfft

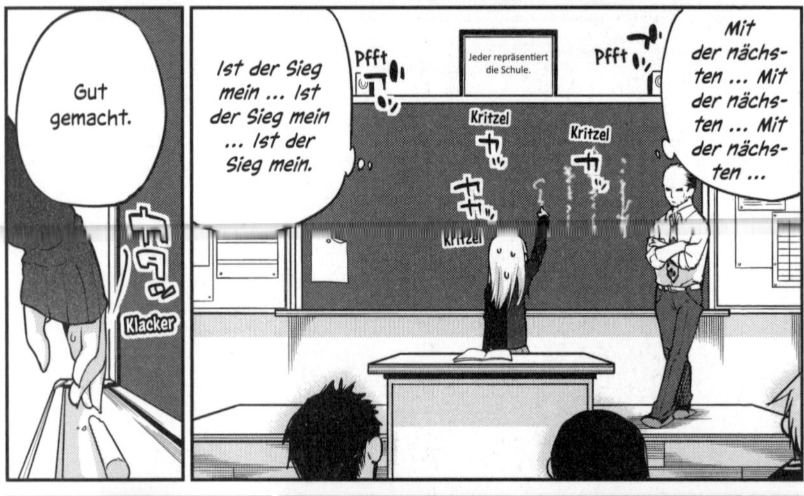
Mit der nächs-ten ... Mit der nächs-ten ... Mit der nächs-ten ...
Pfft
Jeder repräsentiert die Schule.
Pfft
Ist der Sieg mein ... Ist der Sieg mein ... Ist der Sieg mein.
Kritzel
Kritzel
Kritzel
Gut gemacht.
Klacker

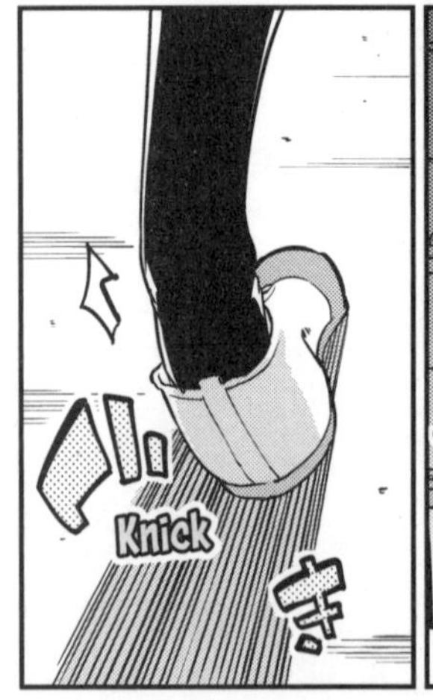
Knick

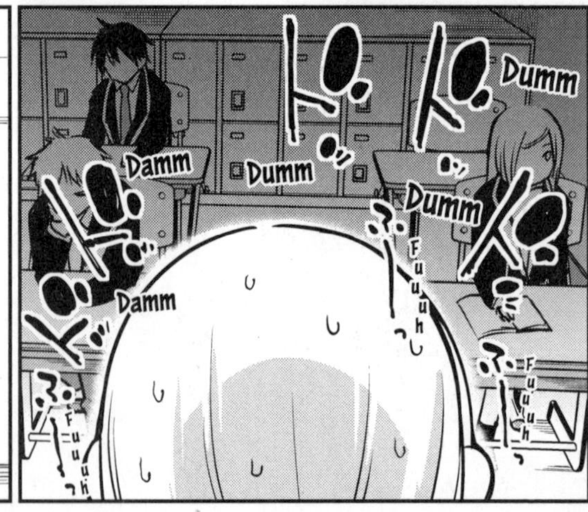
Dumm
Dumm
Dumm
Damm
Damm
Fuuuh
Fuuuh
Fuuuh

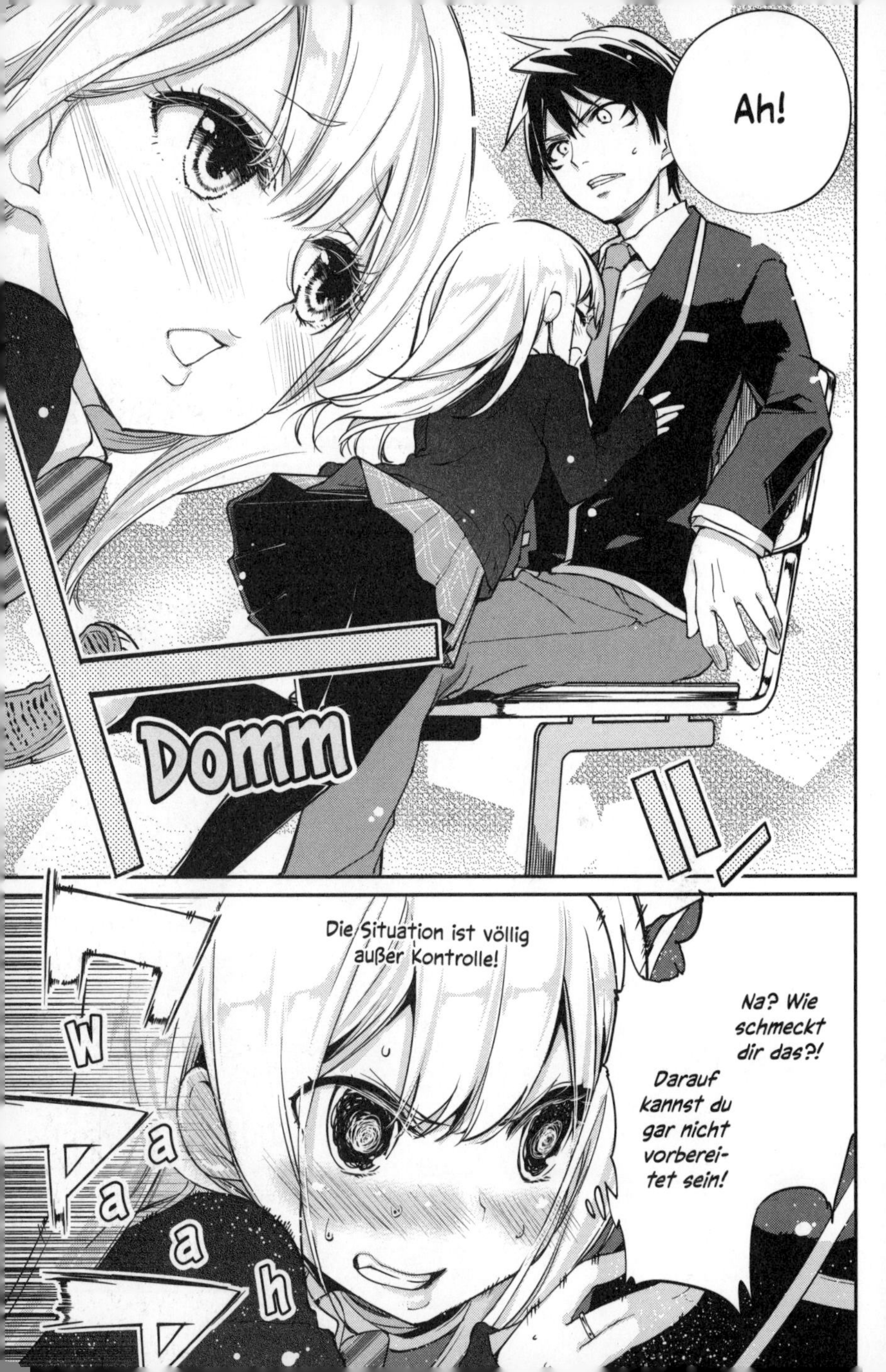
Ah!
Domm
Die Situation ist völlig
außer Kontrolle!
Na? Wie
schmeckt
dir das?!
Darauf
kannst du
gar nicht
vorberei-
tet sein!
W
a
a
h

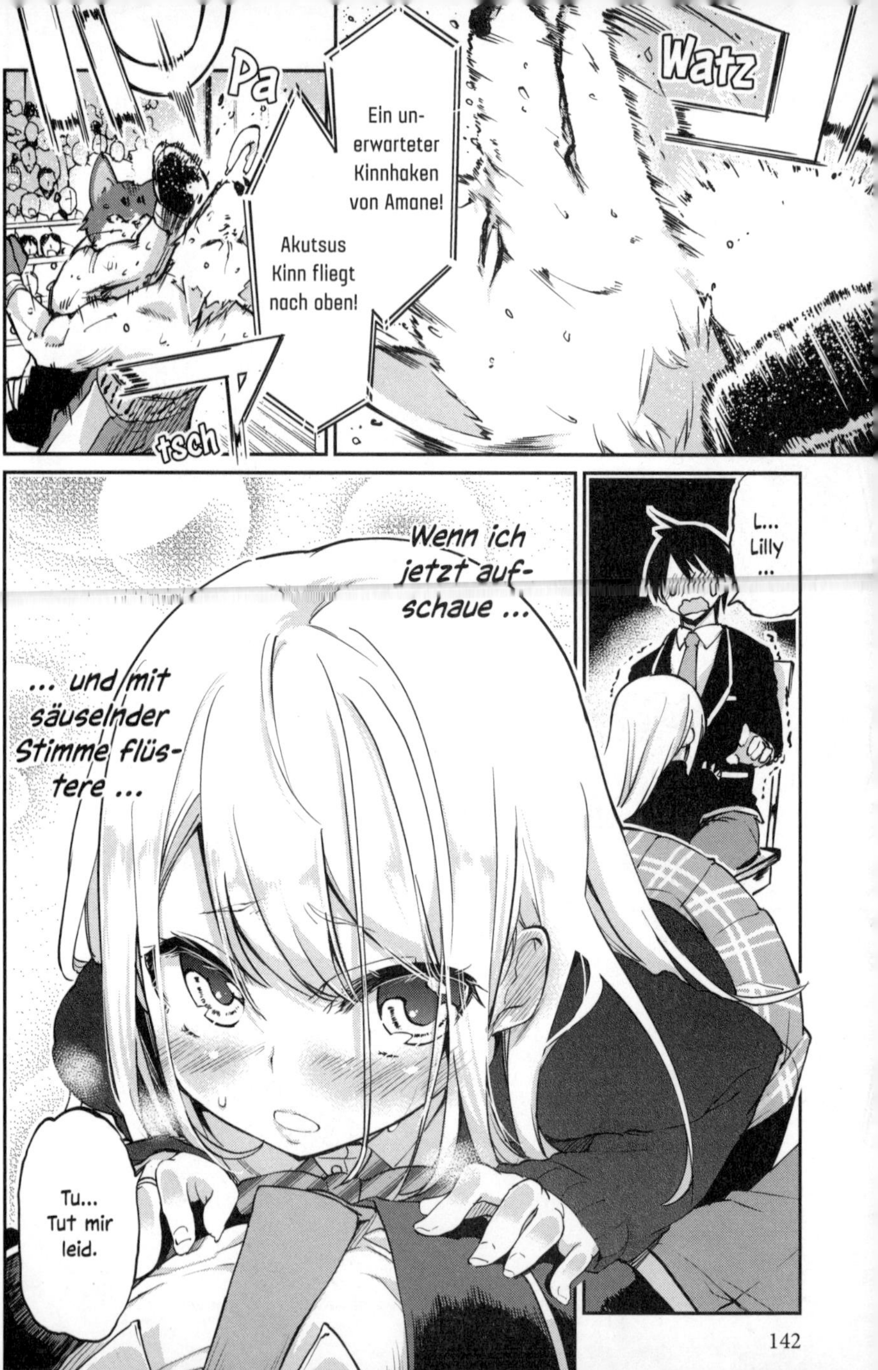

Watz

Ein unerwarteter Kinnhaken von Amane!

Akutsus Kinn fliegt nach oben!

Pa

tsch

L... Lilly ...

Wenn ich jetzt aufschaue ...

... und mit säuselnder Stimme flüstere ...

Tu... Tut mir leid.

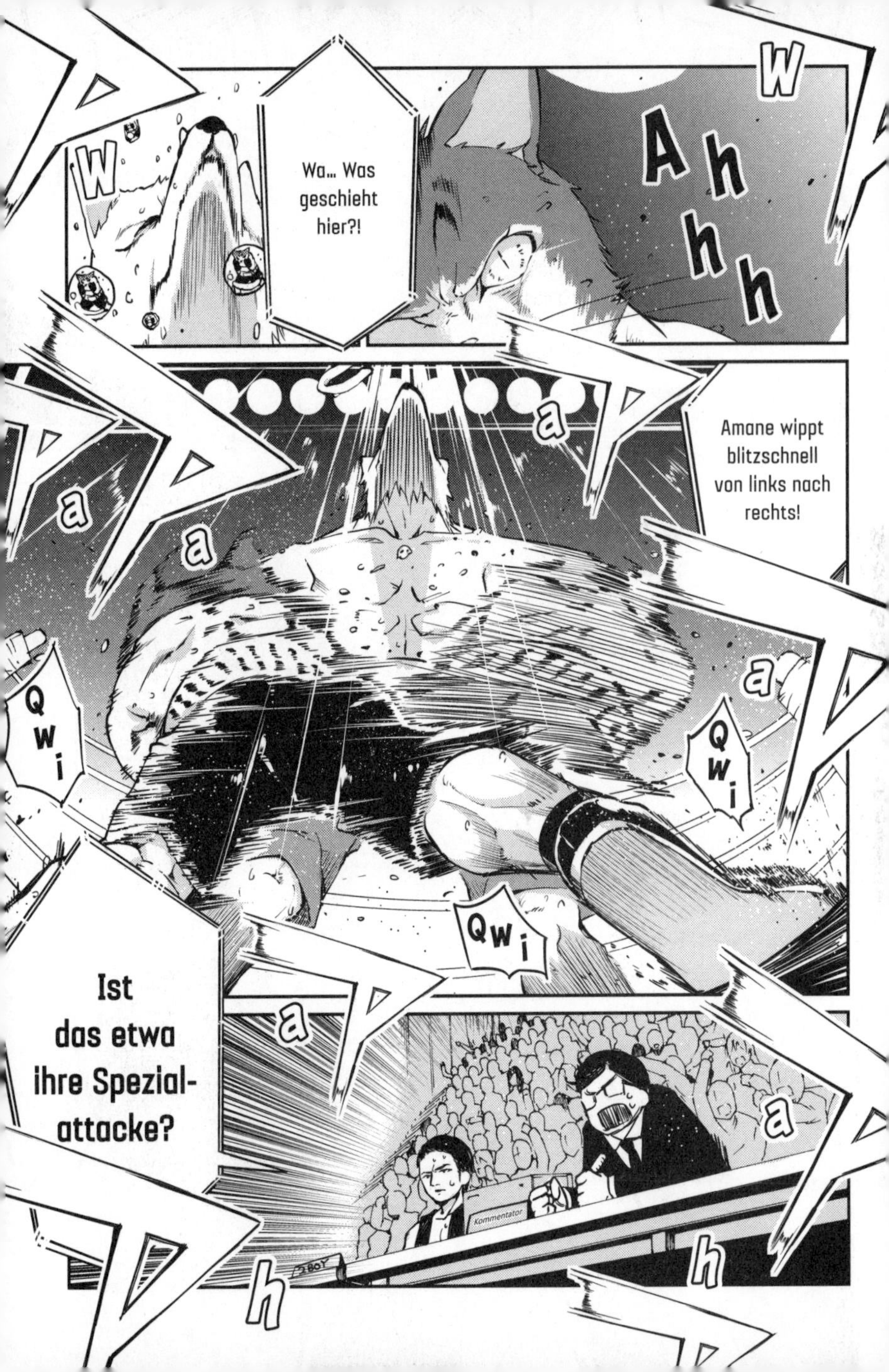
Ahhh
W
Wa... Was geschieht hier?!
W
a
Amane wippt blitzschnell von links nach rechts!
a
a
Qwi
a
Qwi
Qwi
a
Ist das etwa ihre Spezialattacke?
a
Kommentator
h
h

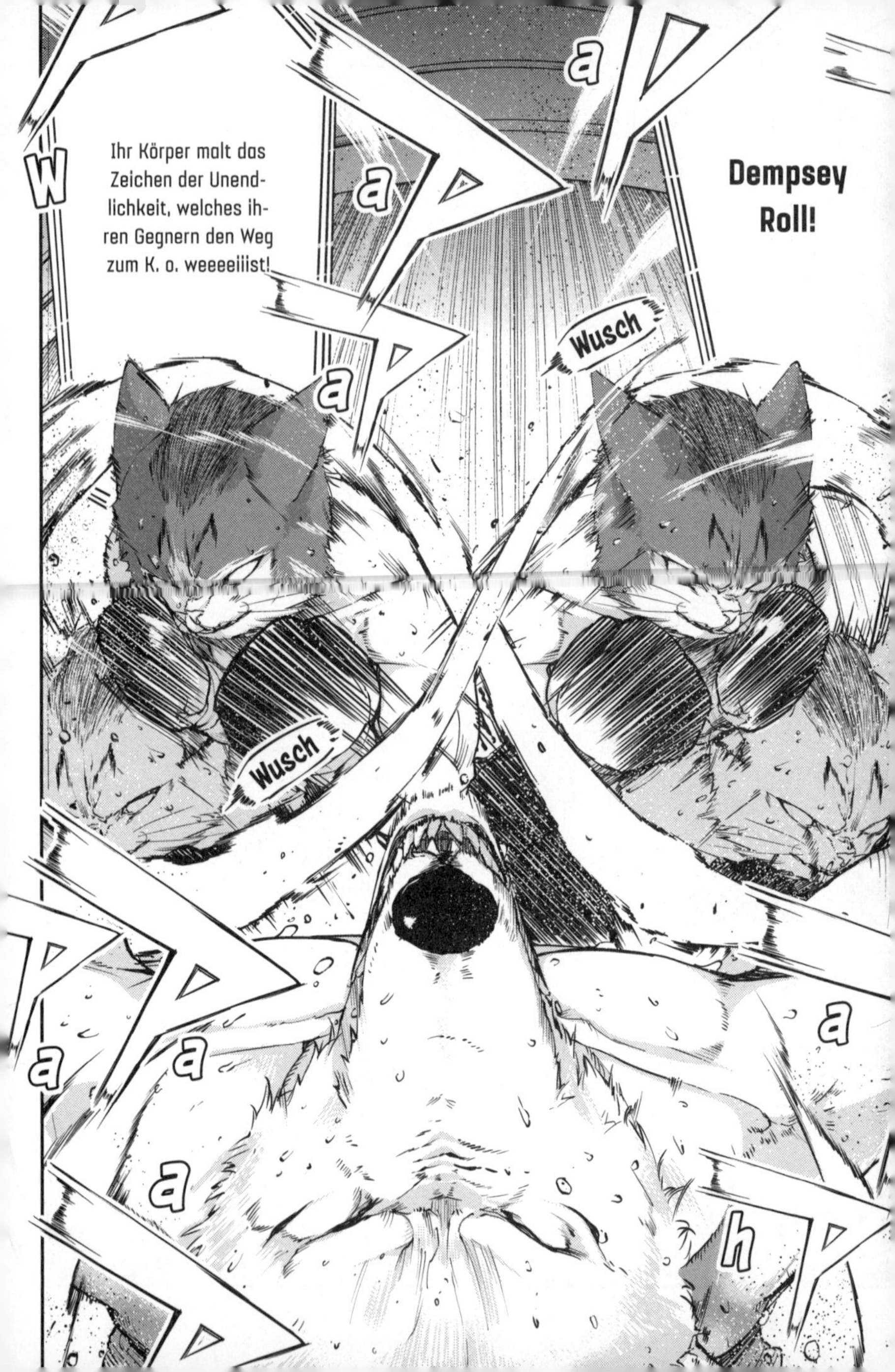
Dempsey Roll!
Wusch
Ihr Körper malt das Zeichen der Unendlichkeit, welches ihren Gegnern den Weg zum K. o. weeeeiiist!
Wusch
Waaaaaaah

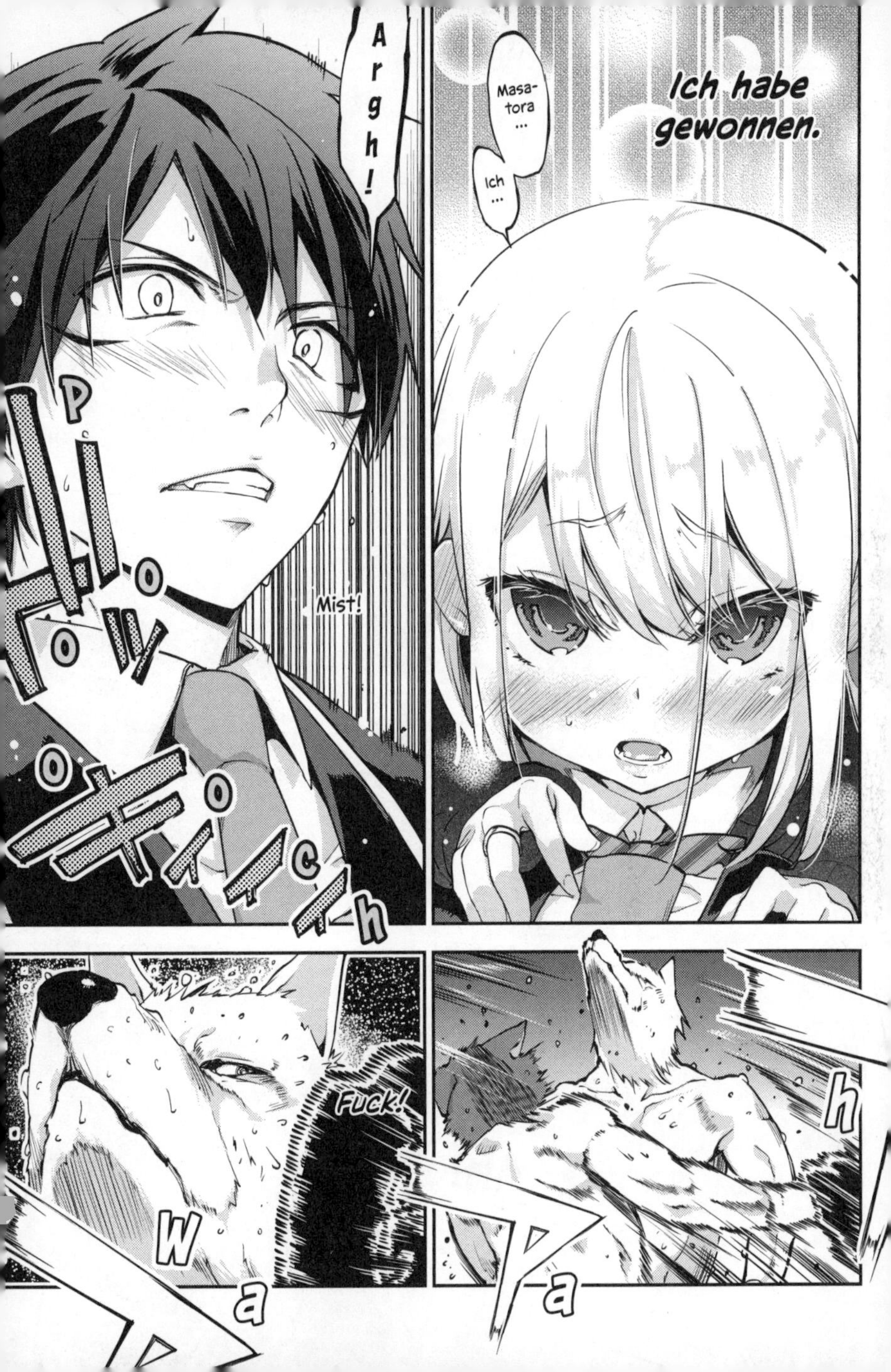
Ich habe gewonnen.
Masa-tora …
Ich …
Argh!
Mist!
Fuck!

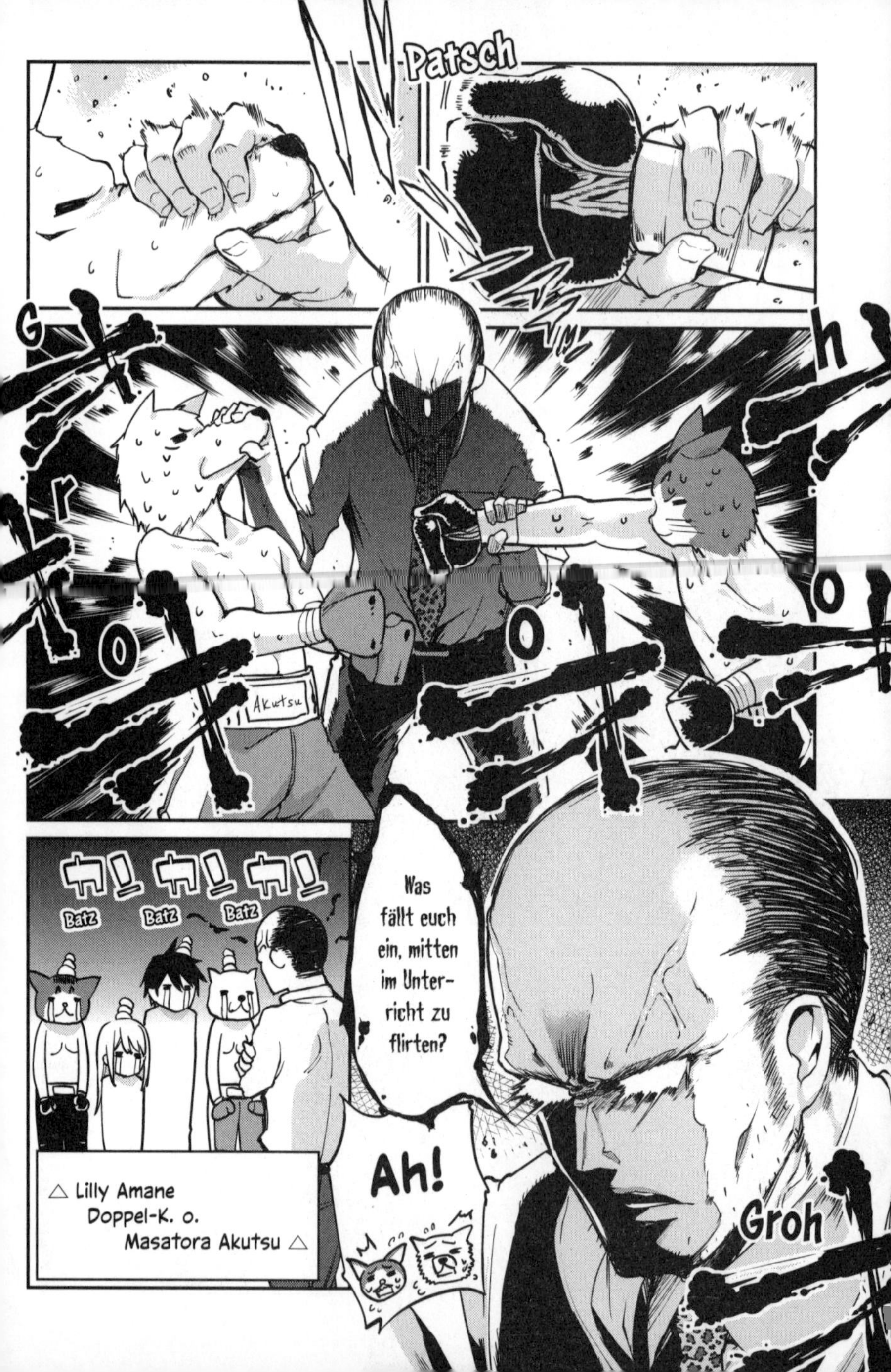
Patsch
Groooh
Akutsu
Was fällt euch ein, mitten im Unterricht zu flirten?
Groh
Ah!
Batz
Batz
Batz
△ Lilly Amane
Doppel-K. o.
Masatora Akutsu △

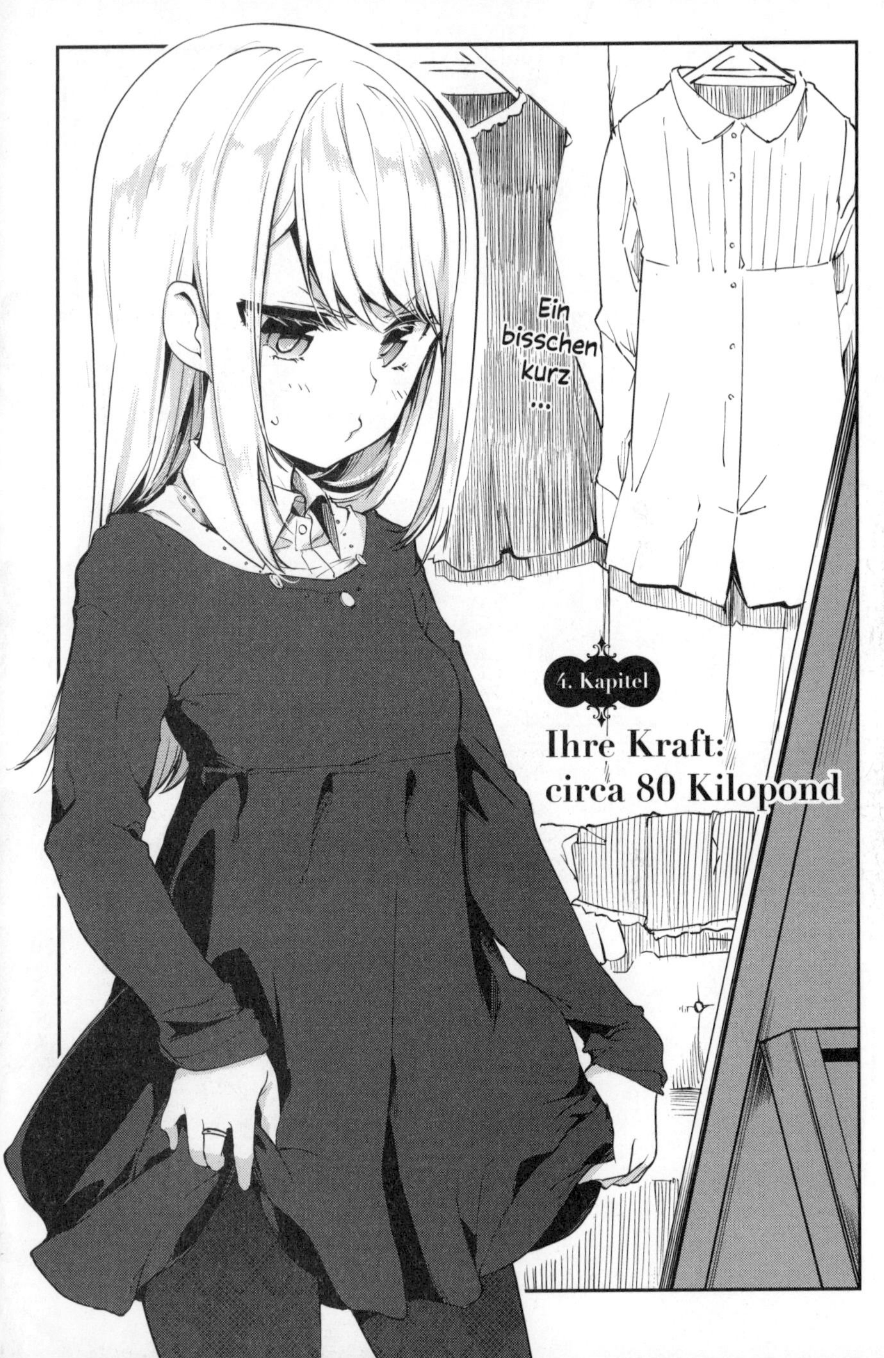
Ein bisschen kurz …
4. Kapitel
Ihre Kraft: circa 80 Kilopond

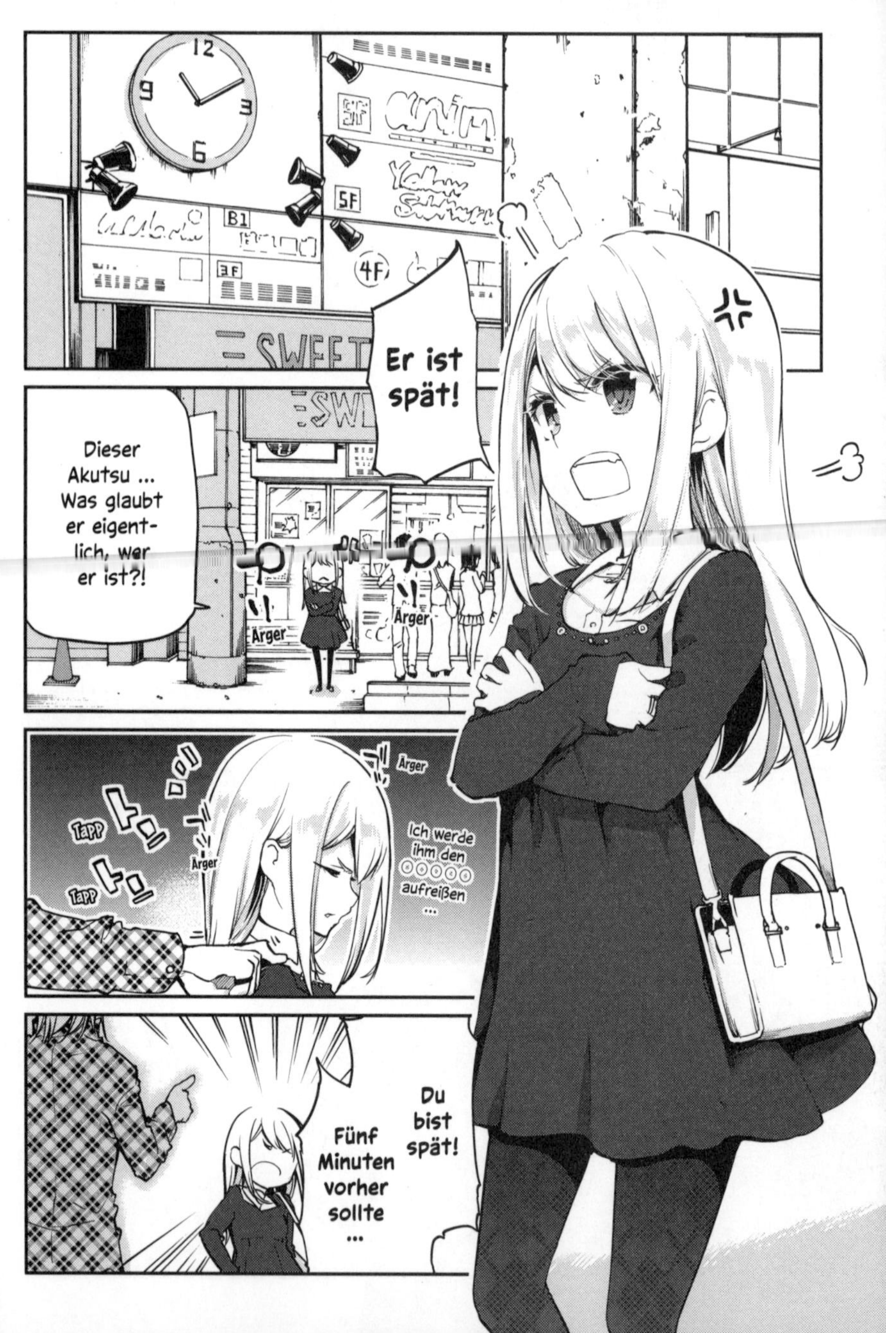
Er ist spät!
Dieser Akutsu ... Was glaubt er eigentlich, wer er ist?!
Ärger
Ärger
Ärger
Ich werde ihm den ○○○○○ aufreißen ...
Ärger
Tapp
Tapp
Du bist spät!
Fünf Minuten vorher sollte ...

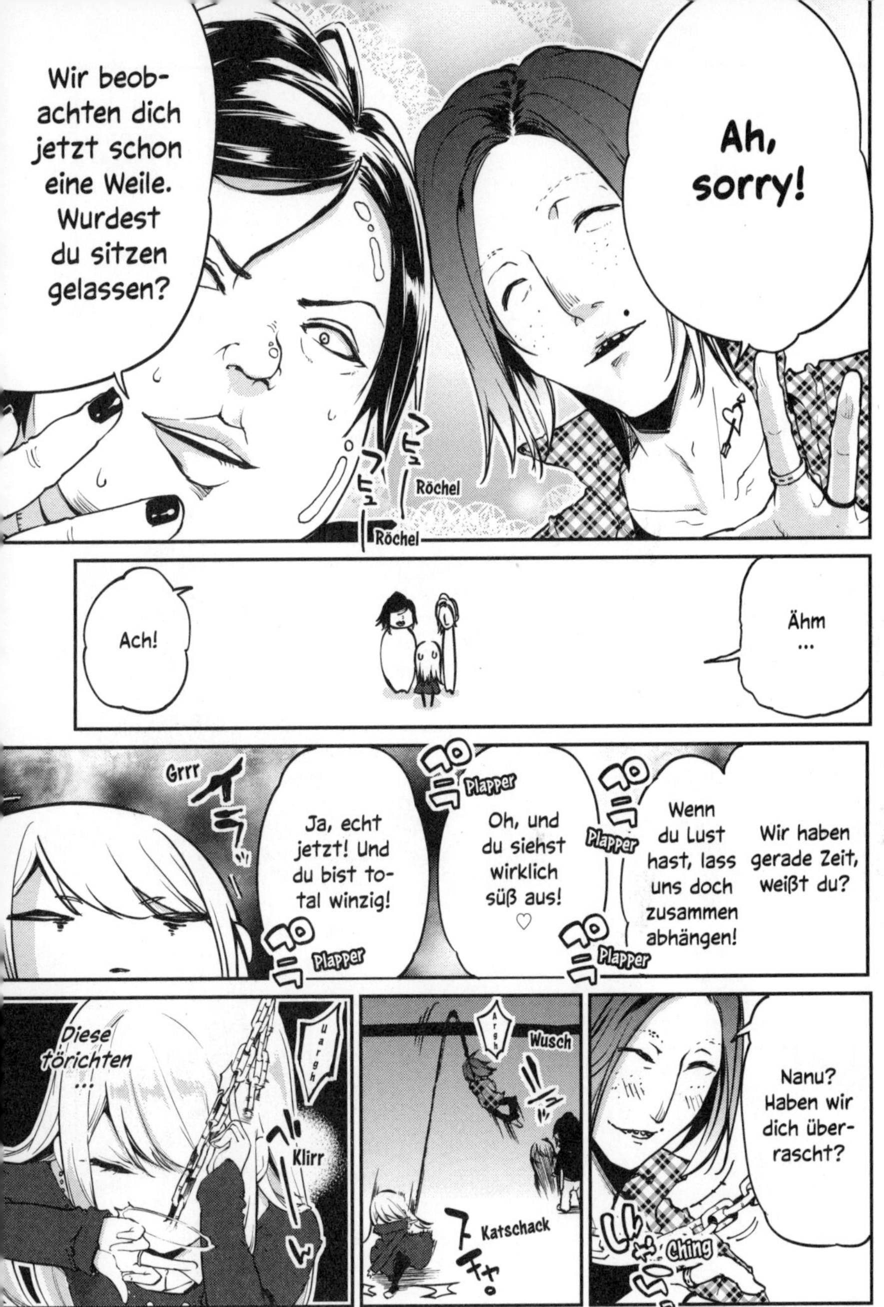

Ah, sorry!
Wir beobachten dich jetzt schon eine Weile. Wurdest du sitzen gelassen?
Röchel
Röchel
Ähm ...
Ach!
Wir haben gerade Zeit, weißt du?
Wenn du Lust hast, lass uns doch zusammen abhängen!
Plapper
Plapper
Oh, und du siehst wirklich süß aus! ♡
Plapper
Ja, echt jetzt! Und du bist total winzig!
Plapper
Grrr
Nanu? Haben wir dich überrascht?
Ching
Wusch
Argh
Katschack
Uargh
Klirr
Diese törichten ...

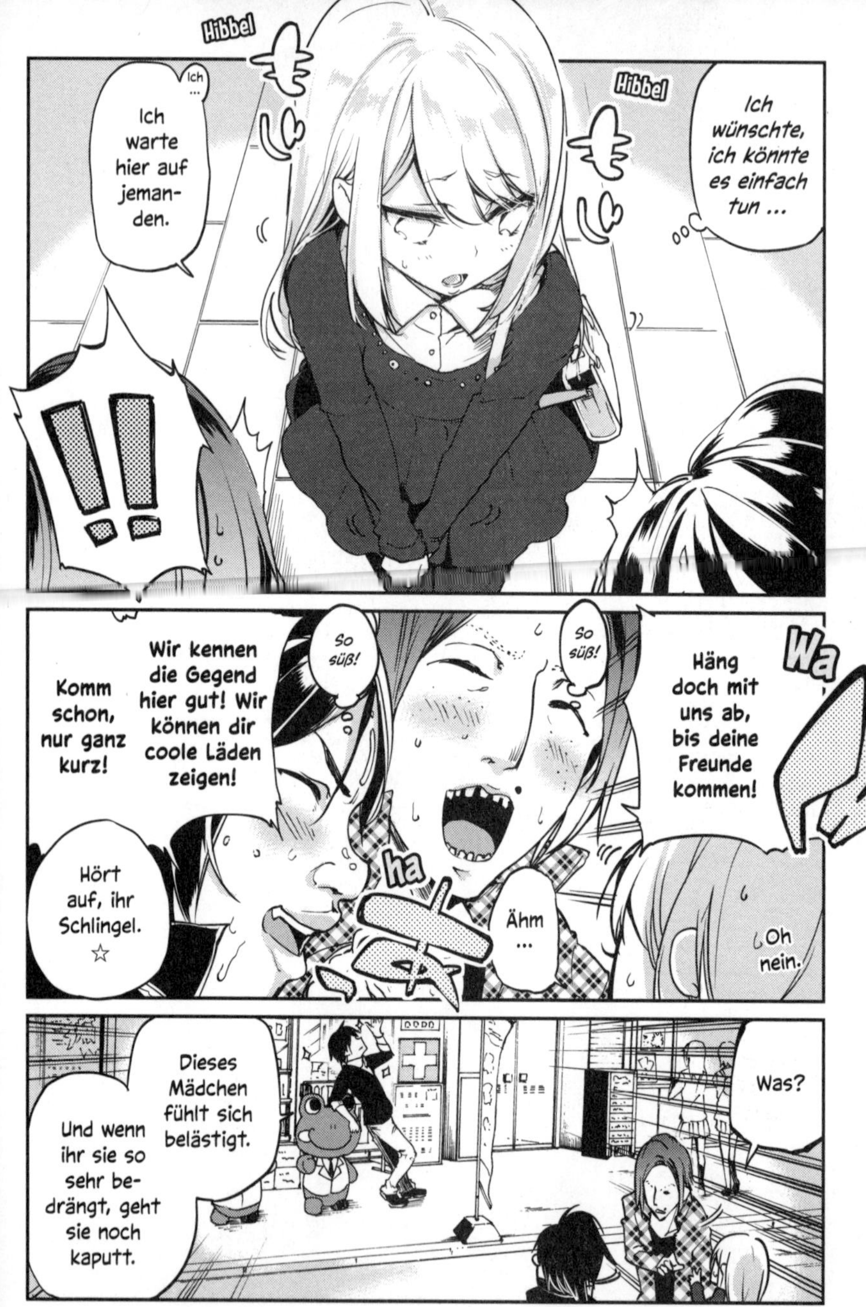
Ich wünschte, ich könnte es einfach tun ...
Hibbel
Hibbel
Ich ...
Ich warte hier auf jemanden.
!!
Wa
Häng doch mit uns ab, bis deine Freunde kommen!
So süß!
So süß!
Wir kennen die Gegend hier gut! Wir können dir coole Läden zeigen!
Komm schon, nur ganz kurz!
Oh nein.
Ähm ...
ha
Hört auf, ihr Schlingel. ☆
Was?
Dieses Mädchen fühlt sich belästigt.
Und wenn ihr sie so sehr bedrängt, geht sie noch kaputt.

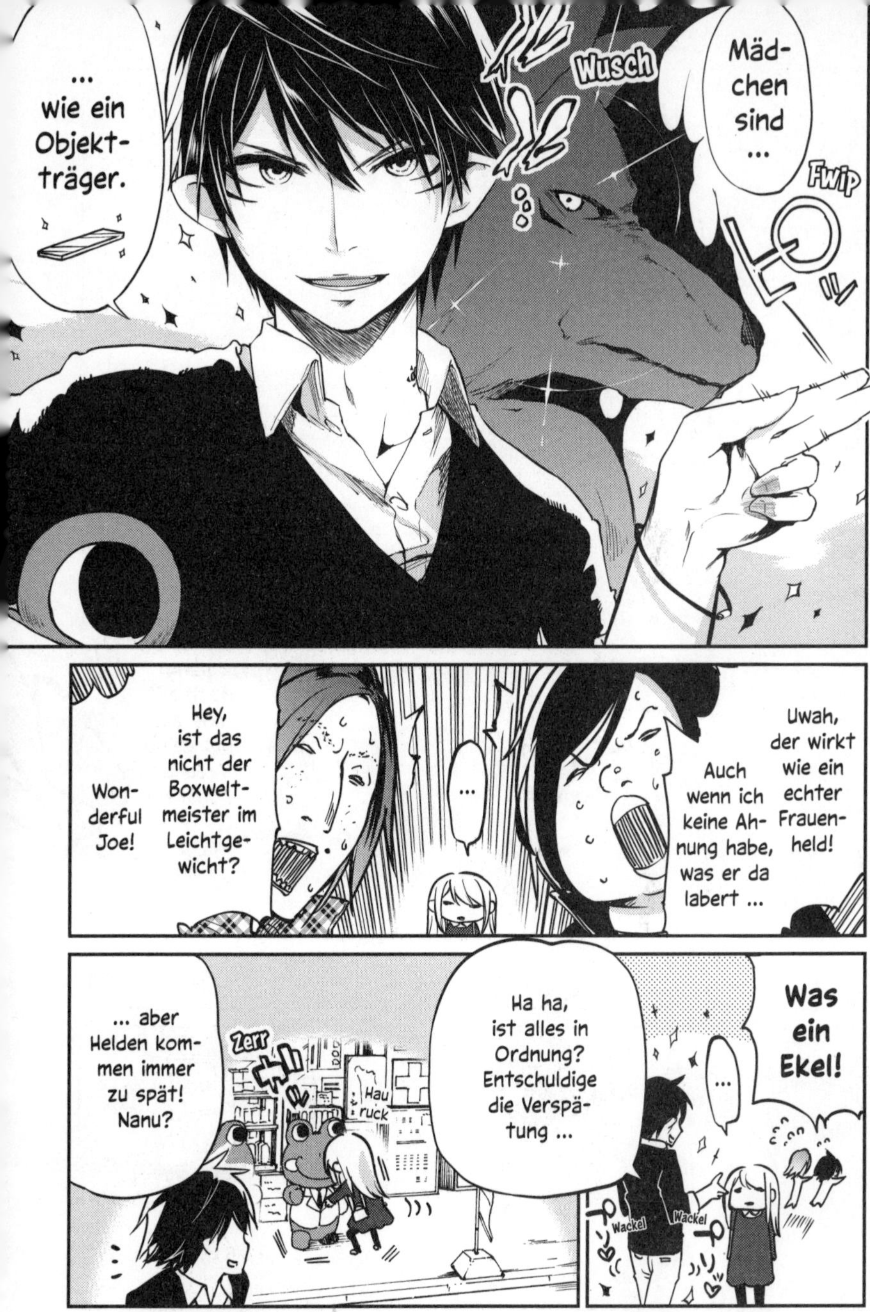

Mädchen sind ...

Wusch

Fwip

... wie ein Objektträger.

Uwah, der wirkt wie ein echter Frauenheld!

Auch wenn ich keine Ahnung habe, was er da labert ...

...

Hey, ist das nicht der Boxweltmeister im Leichtgewicht?

Wonderful Joe!

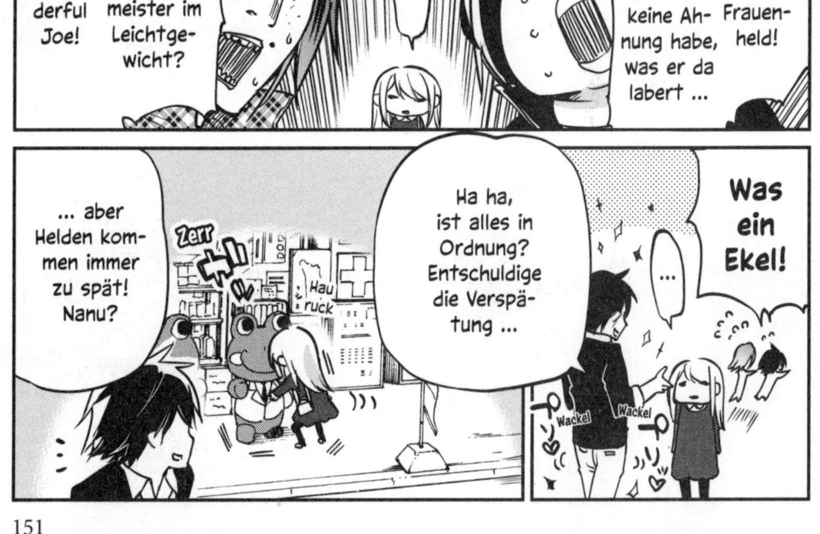

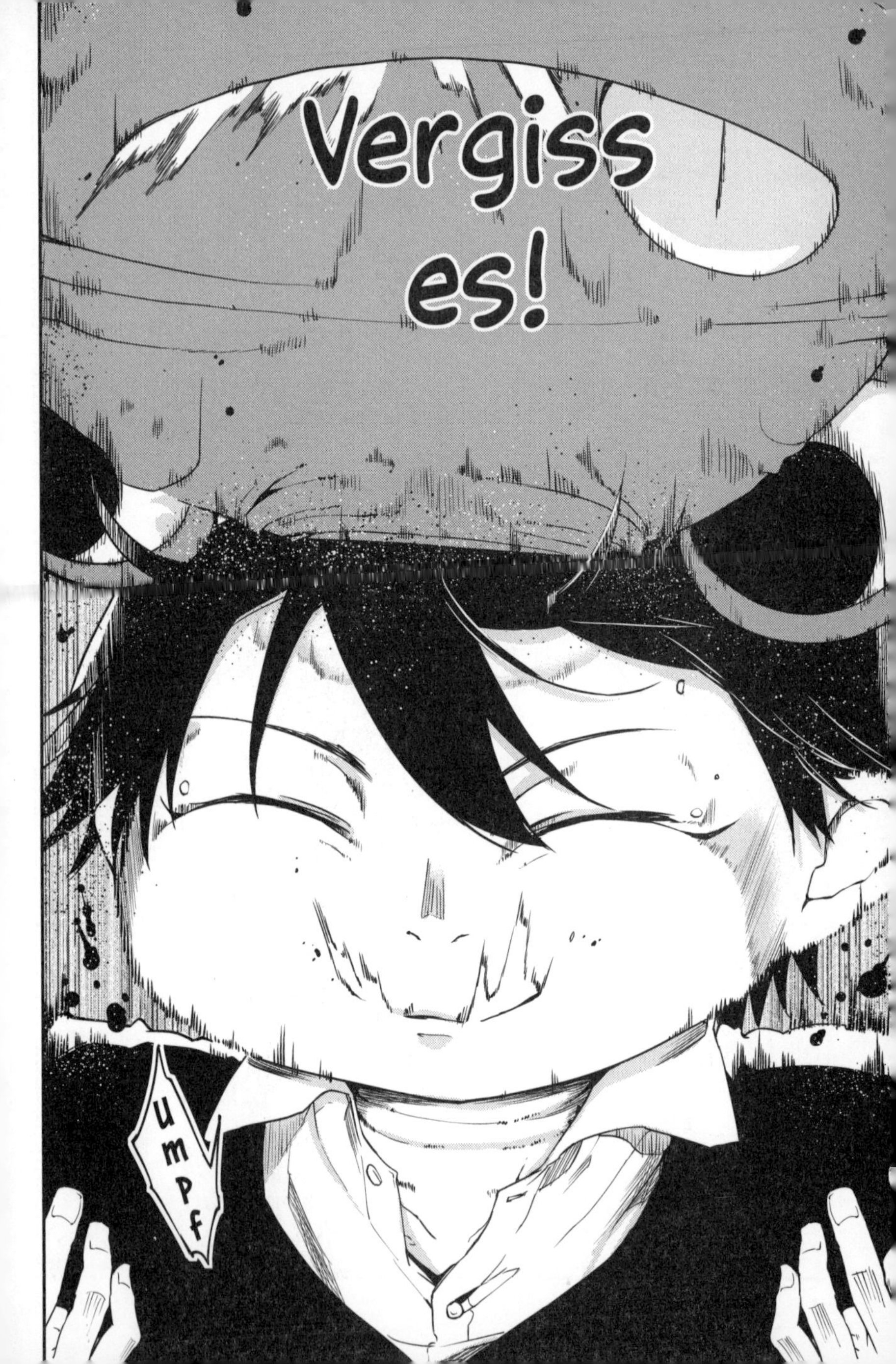
Vergiss es!
Umpf

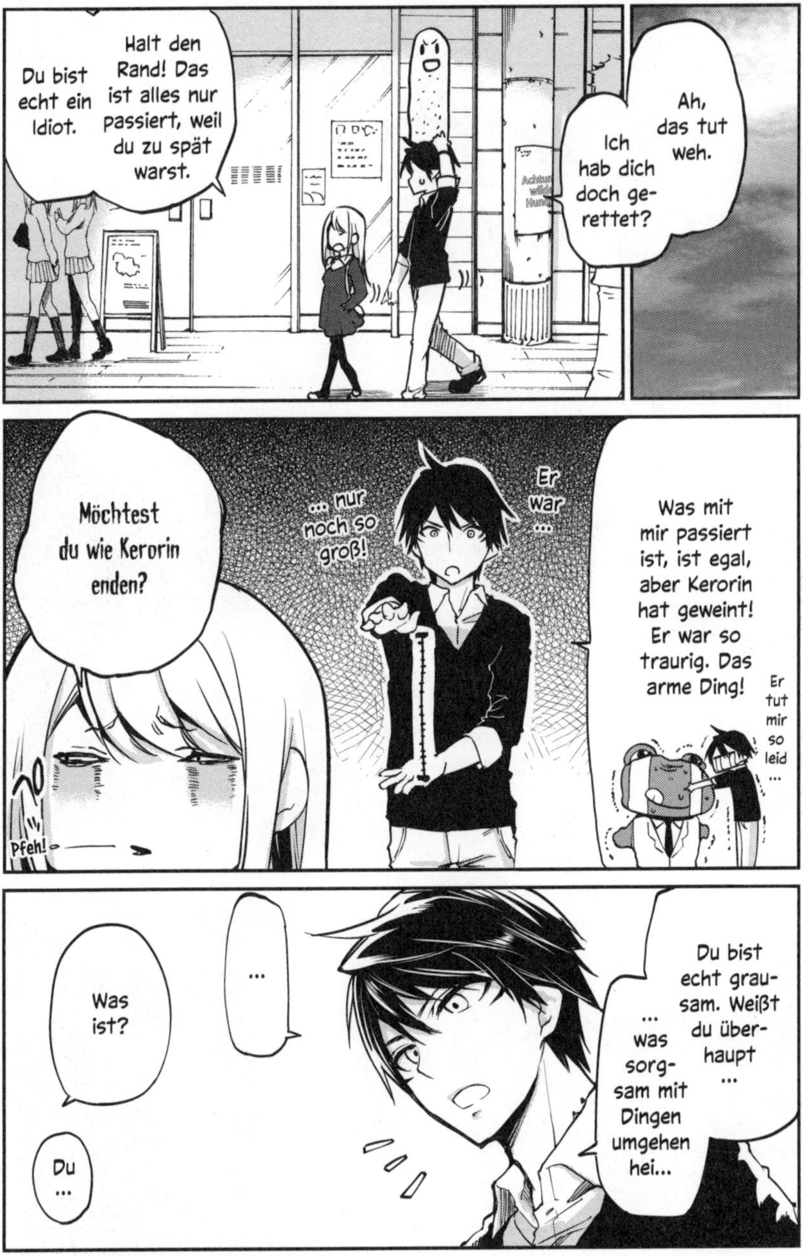

Ah, das tut weh.
Ich hab dich doch gerettet?
Halt den Rand! Das ist alles nur passiert, weil du zu spät warst.
Du bist echt ein Idiot.

Was mit mir passiert ist, ist egal, aber Kerorin hat geweint! Er war so traurig. Das arme Ding!
Er tut mir so leid ...
Er war ...
... nur noch so groß!
Möchtest du wie Kerorin enden?
Pfeh!

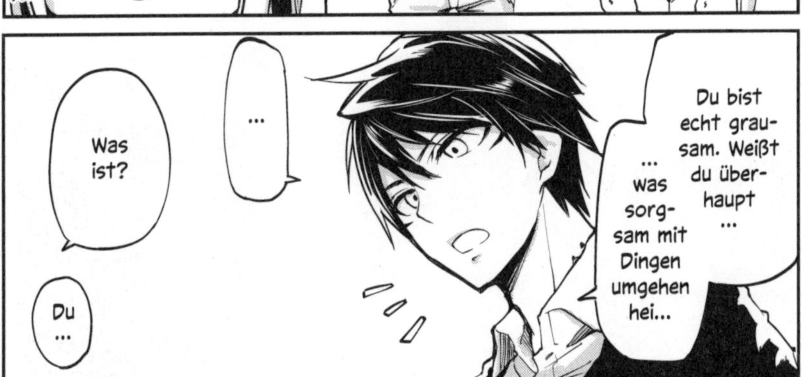

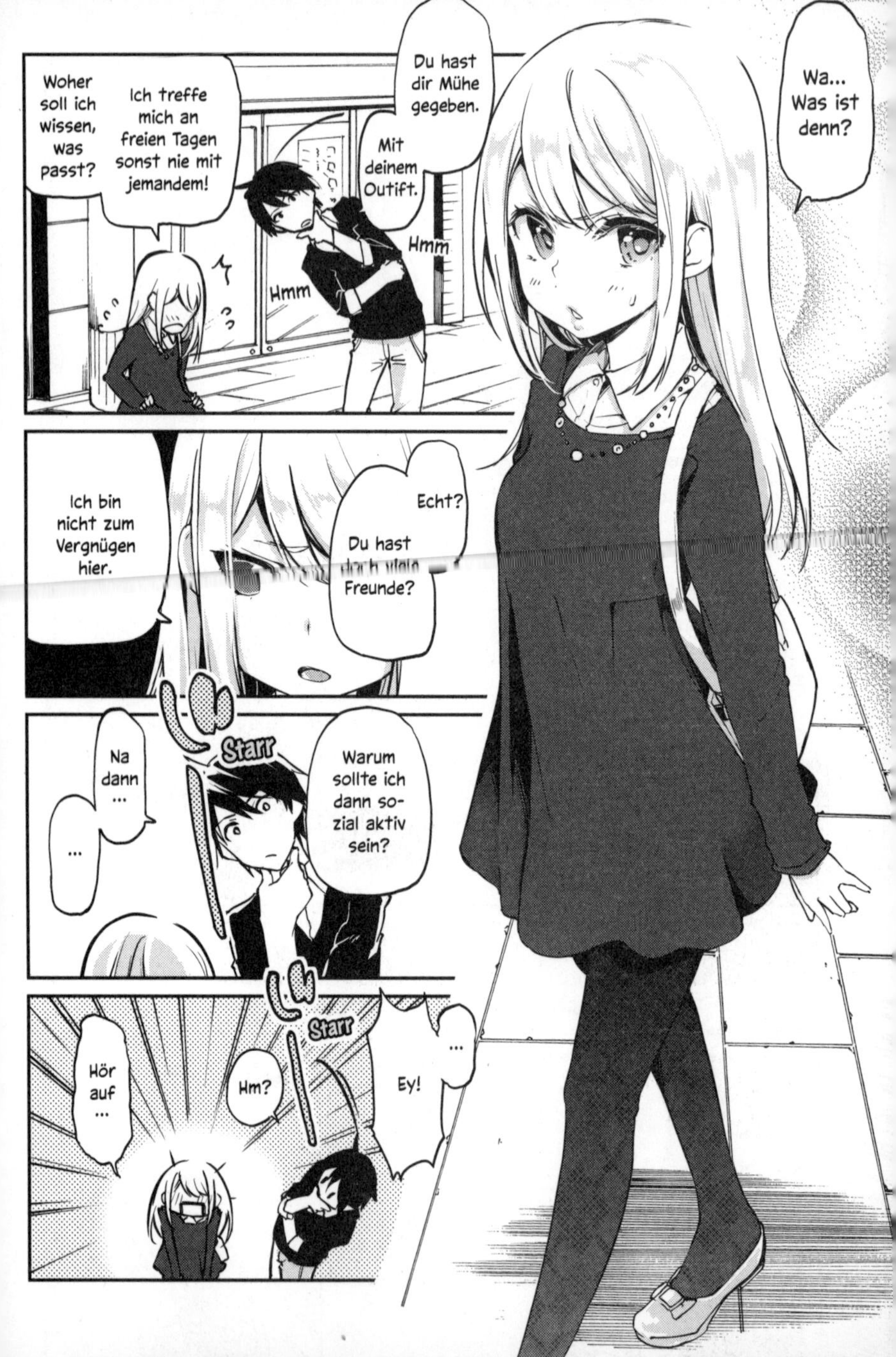
Wa... Was ist denn?
Du hast dir Mühe gegeben.
Mit deinem Outift.
Hmm
Hmm
Ich treffe mich an freien Tagen sonst nie mit jemandem!
Woher soll ich wissen, was passt?
Echt?
Du hast doch viele Freunde?
Ich bin nicht zum Vergnügen hier.
Starr
Warum sollte ich dann so-zial aktiv sein?
Na dann ...
...
...
Starr
Ey!
Hm?
Hör auf ...

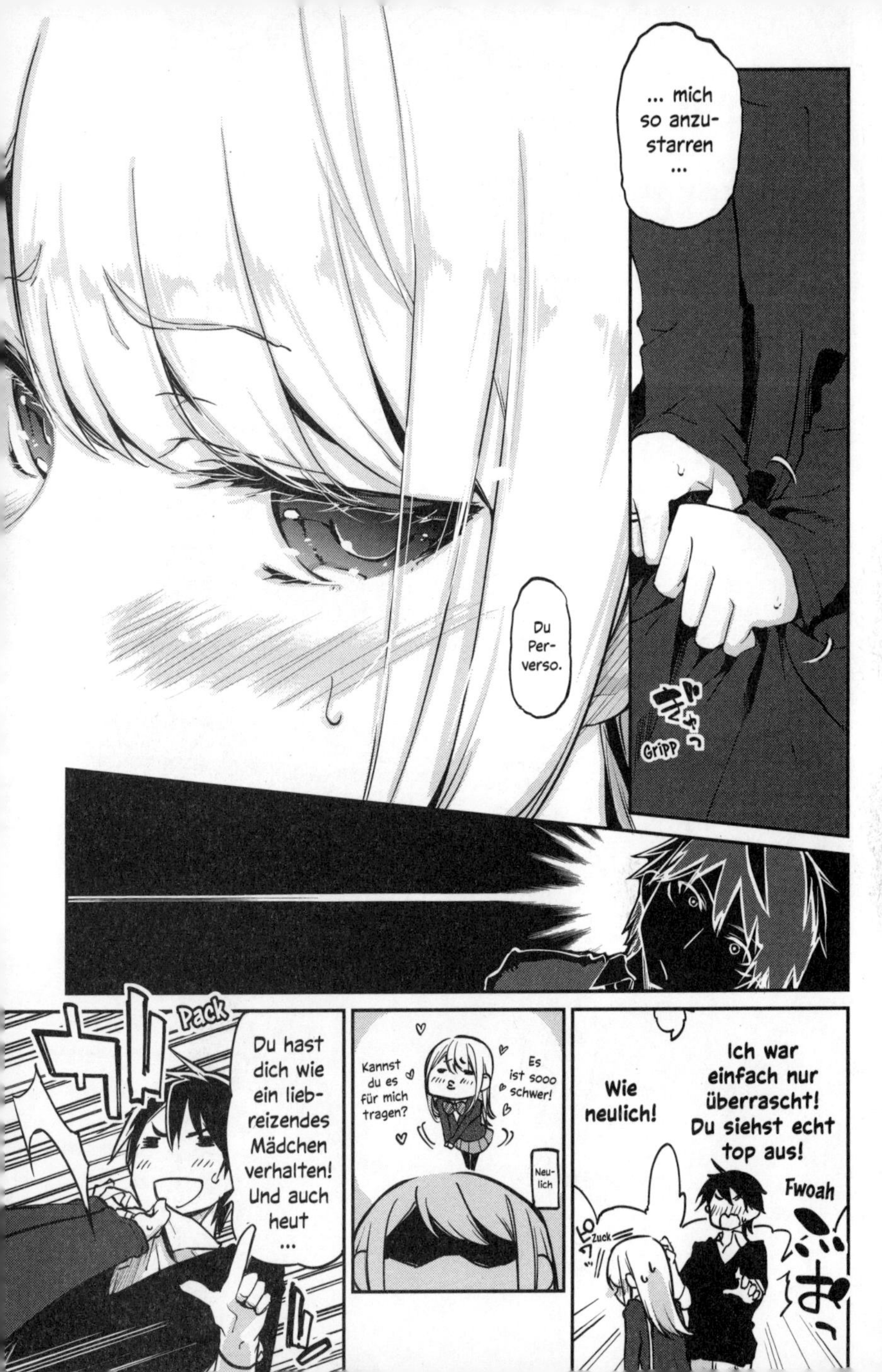
... mich so anzu-starren ...
Du Per-verso.
Gripp
Pack
Du hast dich wie ein lieb-reizendes Mädchen verhalten! Und auch heut ...
Es ist sooo schwer!
Kannst du es für mich tragen?
Neulich
Wie neulich!
Ich war einfach nur überrascht! Du siehst echt top aus!
Fwoah
Zuck

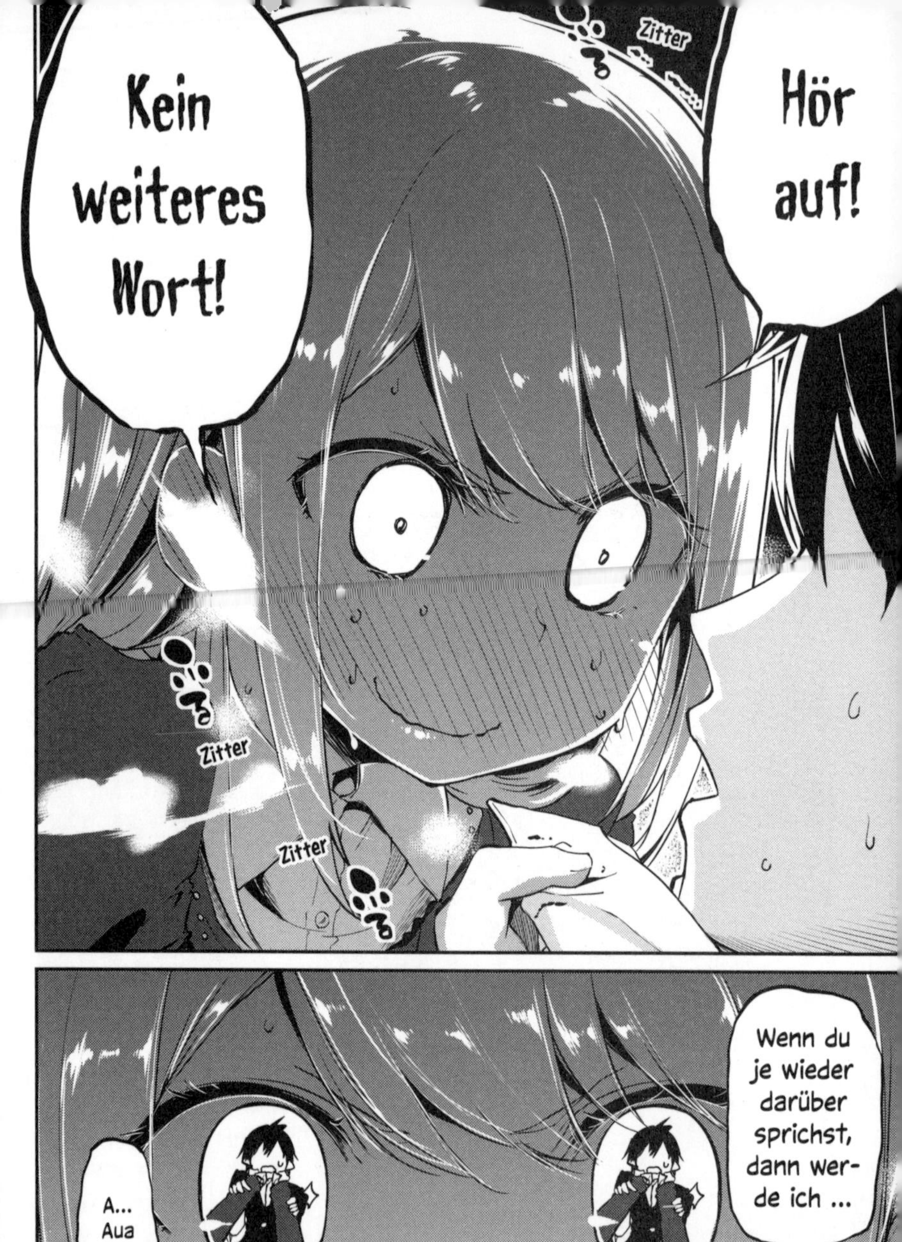
Zitter
Hör auf!
Kein weiteres Wort!
Zitter
Zitter
Wenn du je wieder darüber sprichst, dann wer-de ich ...
A... Aua ...

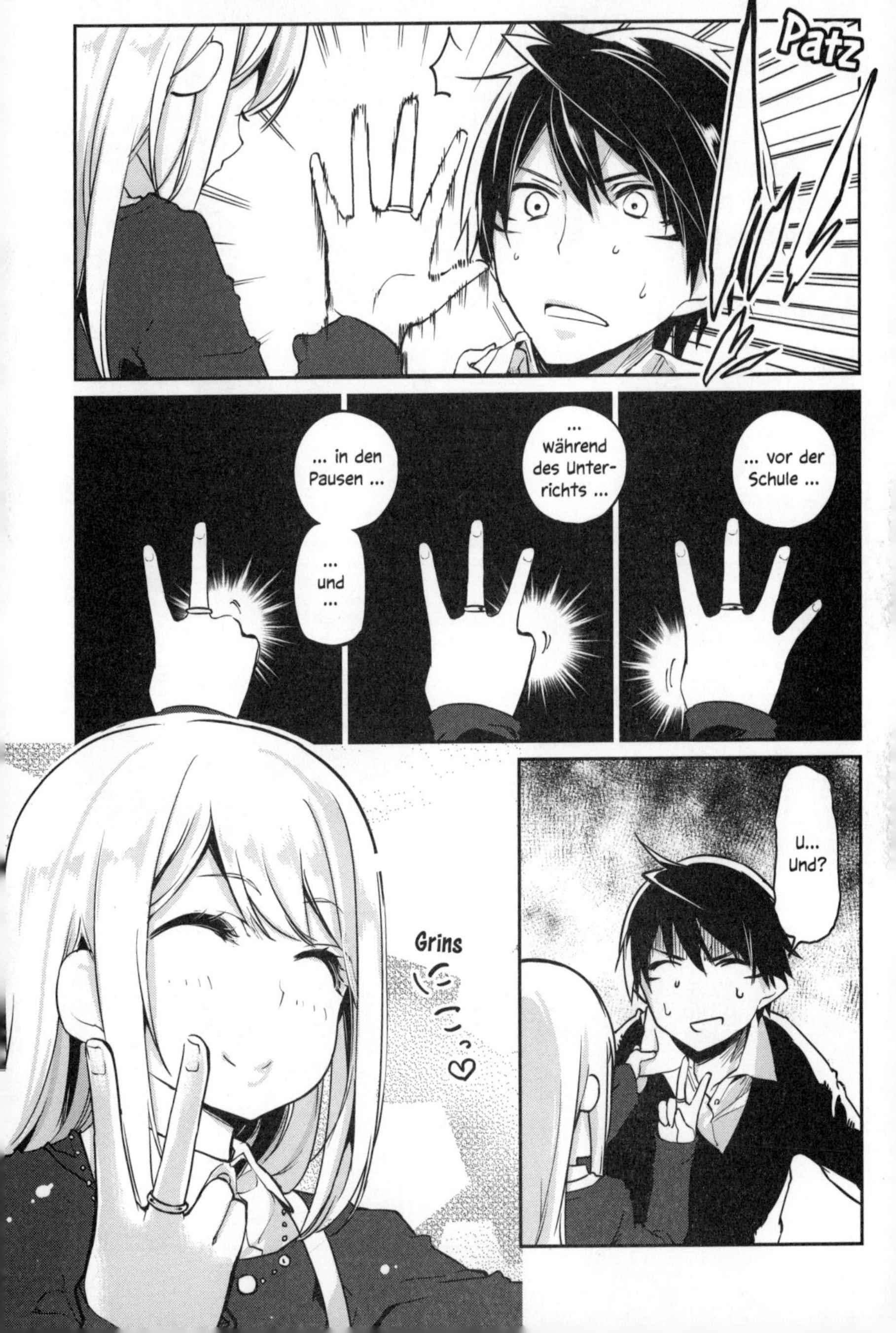

Patz

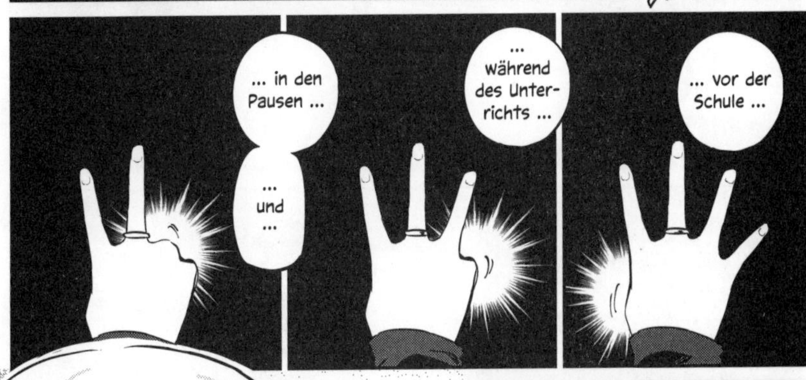
... vor der Schule ...
... während des Unter-richts ...
... in den Pausen ...
... und ...

U... Und?
Grins

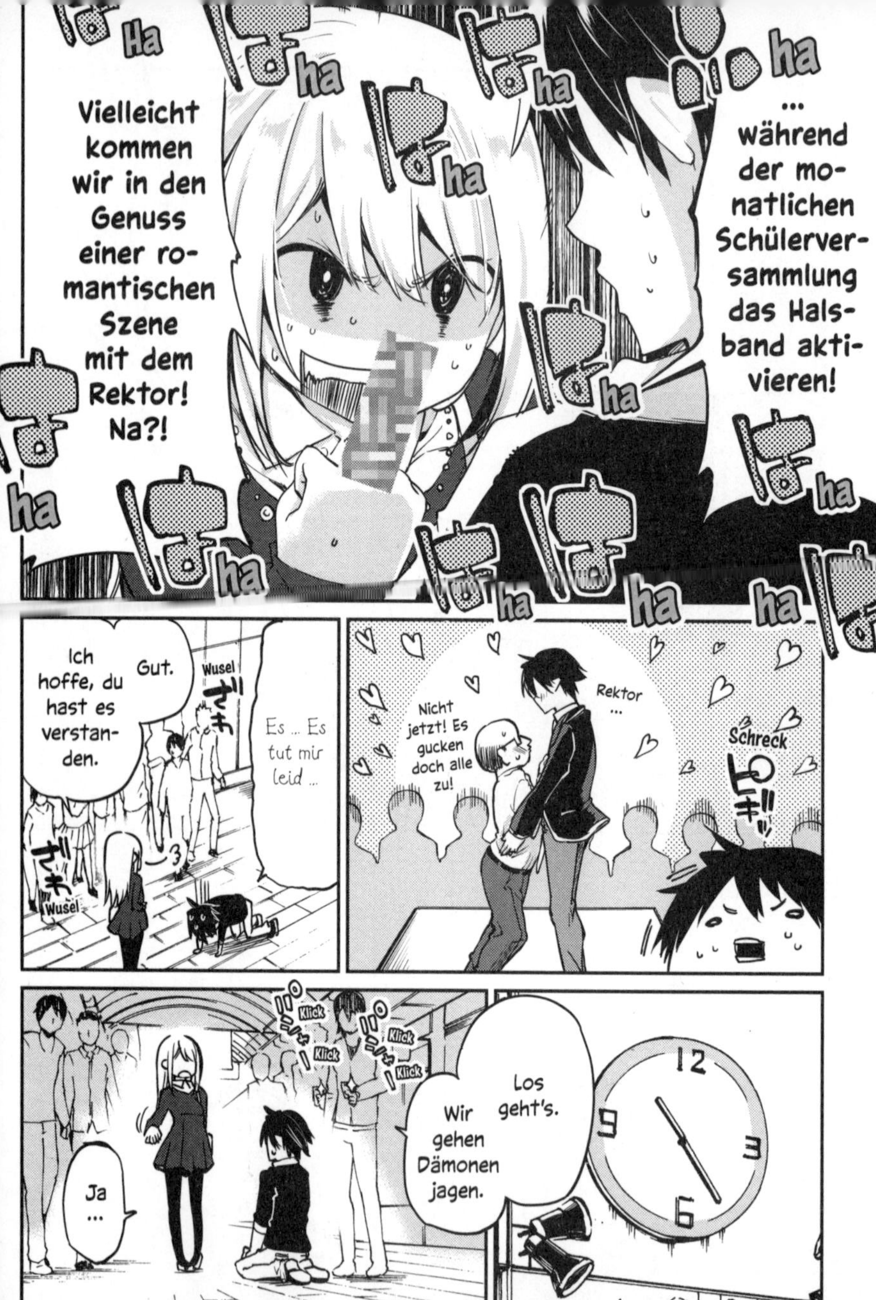
Ha
ha
ha
ha
ha
... während der monatlichen Schülerversammlung das Halsband aktivieren!
Vielleicht kommen wir in den Genuss einer romantischen Szene mit dem Rektor! Na?!
ha
ha
ha
ha
ha
ha
ha
ha
Rektor ...
Nicht jetzt! Es gucken doch alle zu!
Schreck
Gut.
Ich hoffe, du hast es verstanden.
Wusel
Es ... Es tut mir leid ...
Wusel
Klick
Klick
Klick
Klick
Los geht's.
Wir gehen Dämonen jagen.
Ja ...

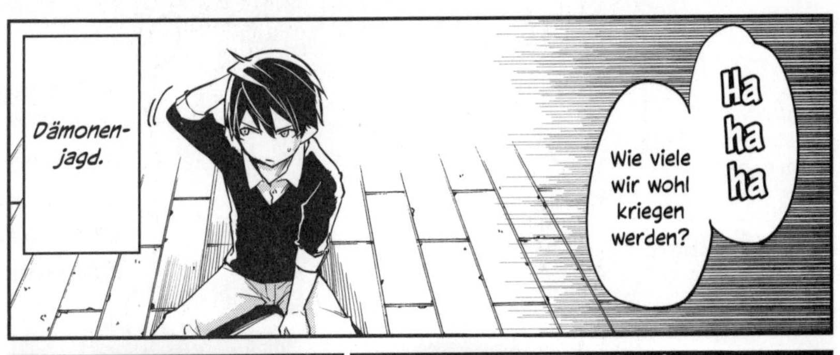
Ha ha ha
Wie viele wir wohl kriegen werden?
Dämonenjagd.

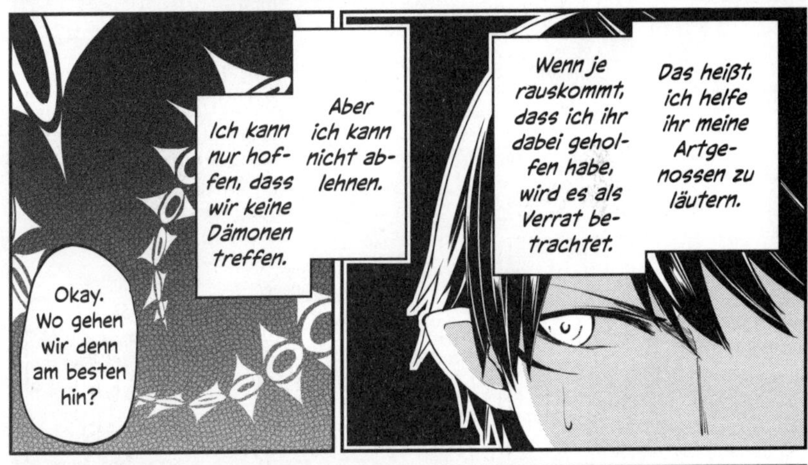
Das heißt, ich helfe ihr meine Artgenossen zu läutern.
Wenn je rauskommt, dass ich ihr dabei geholfen habe, wird es als Verrat betrachtet.
Aber ich kann nicht ablehnen.
Ich kann nur hoffen, dass wir keine Dämonen treffen.
Okay. Wo gehen wir denn am besten hin?

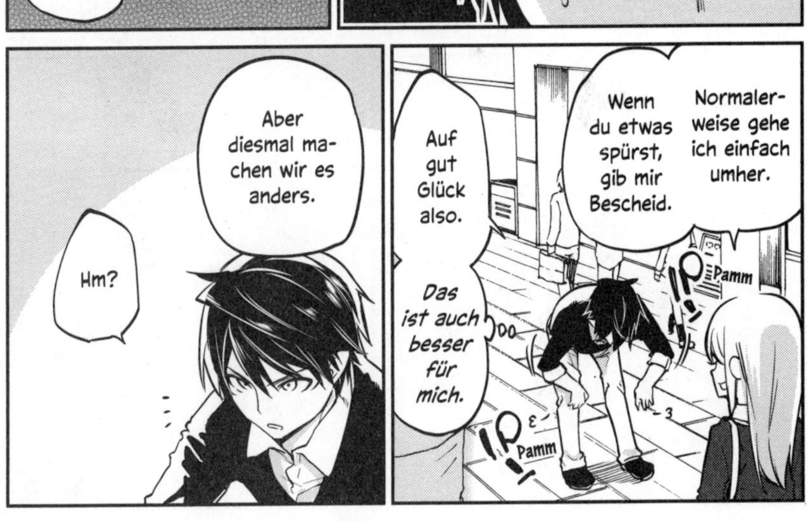
Normalerweise gehe ich einfach umher.
Wenn du etwas spürst, gib mir Bescheid.
Auf gut Glück also.
Das ist auch besser für mich.
Pamm
Pamm
Aber diesmal machen wir es anders.
Hm?

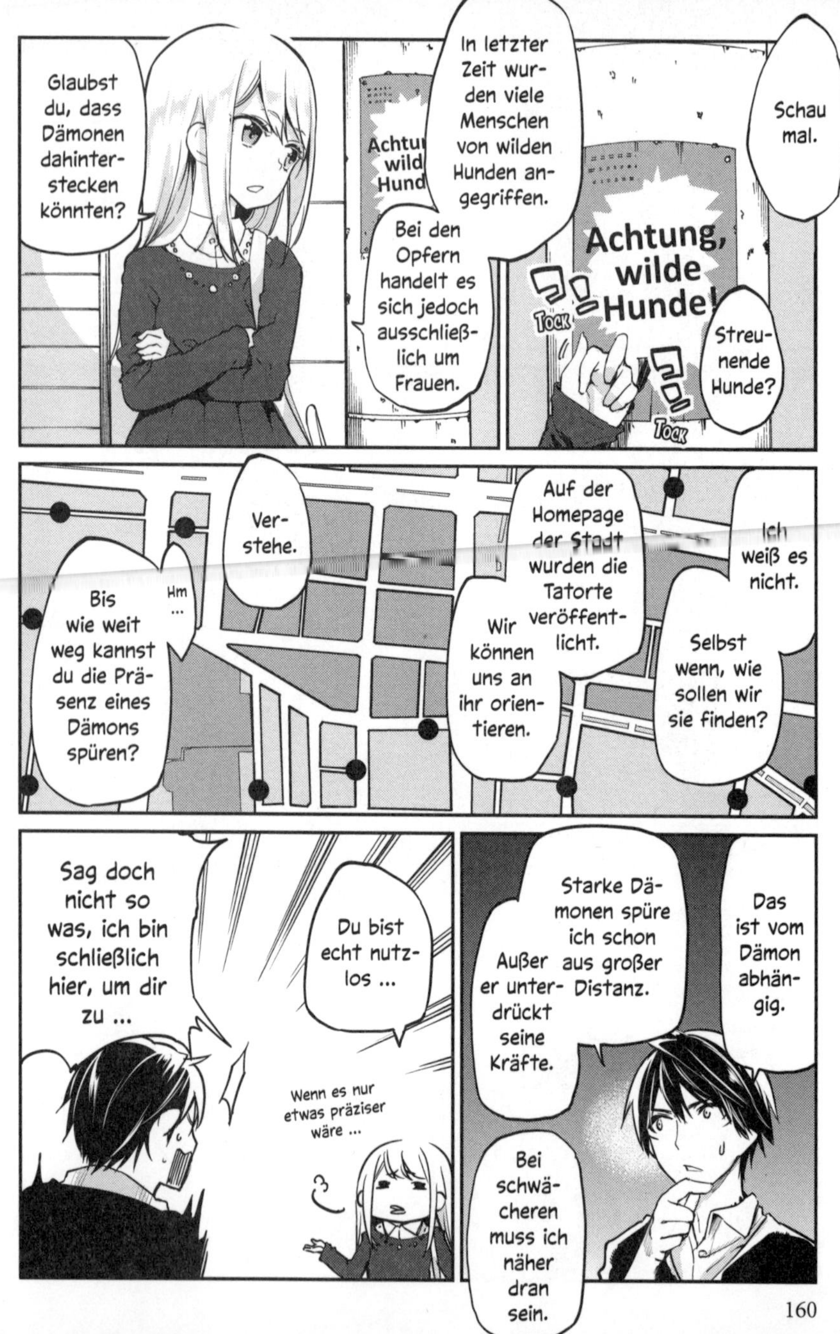
Schau mal.
Achtung, wilde Hunde!
Tock
Tock
Streunende Hunde?
In letzter Zeit wurden viele Menschen von wilden Hunden angegriffen.
Bei den Opfern handelt es sich jedoch ausschließlich um Frauen.
Glaubst du, dass Dämonen dahinterstecken könnten?
Ich weiß es nicht.
Selbst wenn, wie sollen wir sie finden?
Auf der Homepage der Stadt wurden die Tatorte veröffentlicht.
Wir können uns an ihr orientieren.
Verstehe.
Hm ...
Bis wie weit weg kannst du die Präsenz eines Dämons spüren?
Das ist vom Dämon abhängig.
Starke Dämonen spüre ich schon aus großer Distanz.
Außer er unterdrückt seine Kräfte.
Bei schwächeren muss ich näher dran sein.
Du bist echt nutzlos ...
Wenn es nur etwas präziser wäre ...
Sag doch nicht so was, ich bin schließlich hier, um dir zu ...

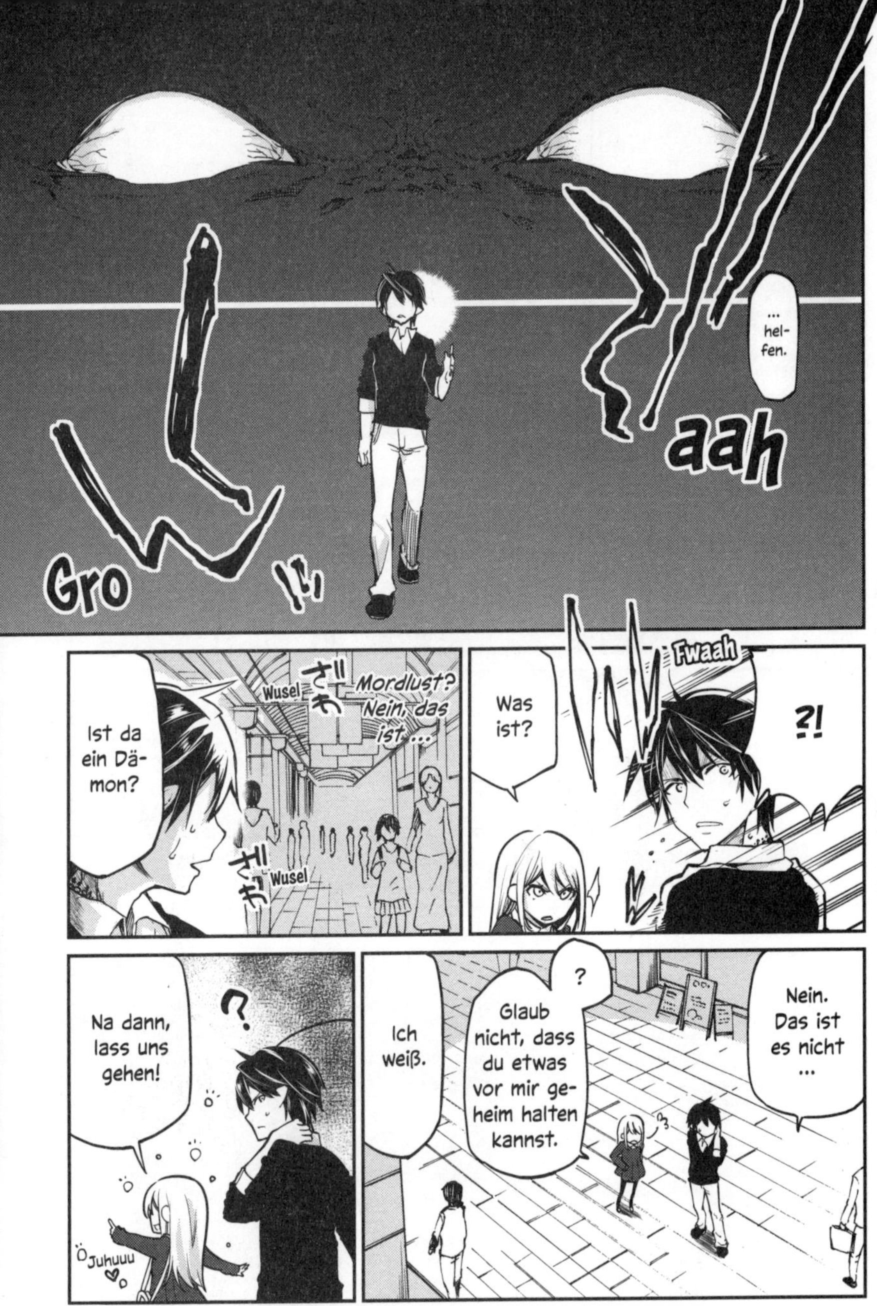
... helfen.
Gro
aah
Fwaah
?!
Was ist?
Mordlust? Nein, das ist ...
ざわ
Wusel
ざわ
Wusel
Ist da ein Dämon?
Nein. Das ist es nicht ...
?
Glaub nicht, dass du etwas vor mir geheim halten kannst.
Ich weiß.
?
Na dann, lass uns gehen!
Juhuuu

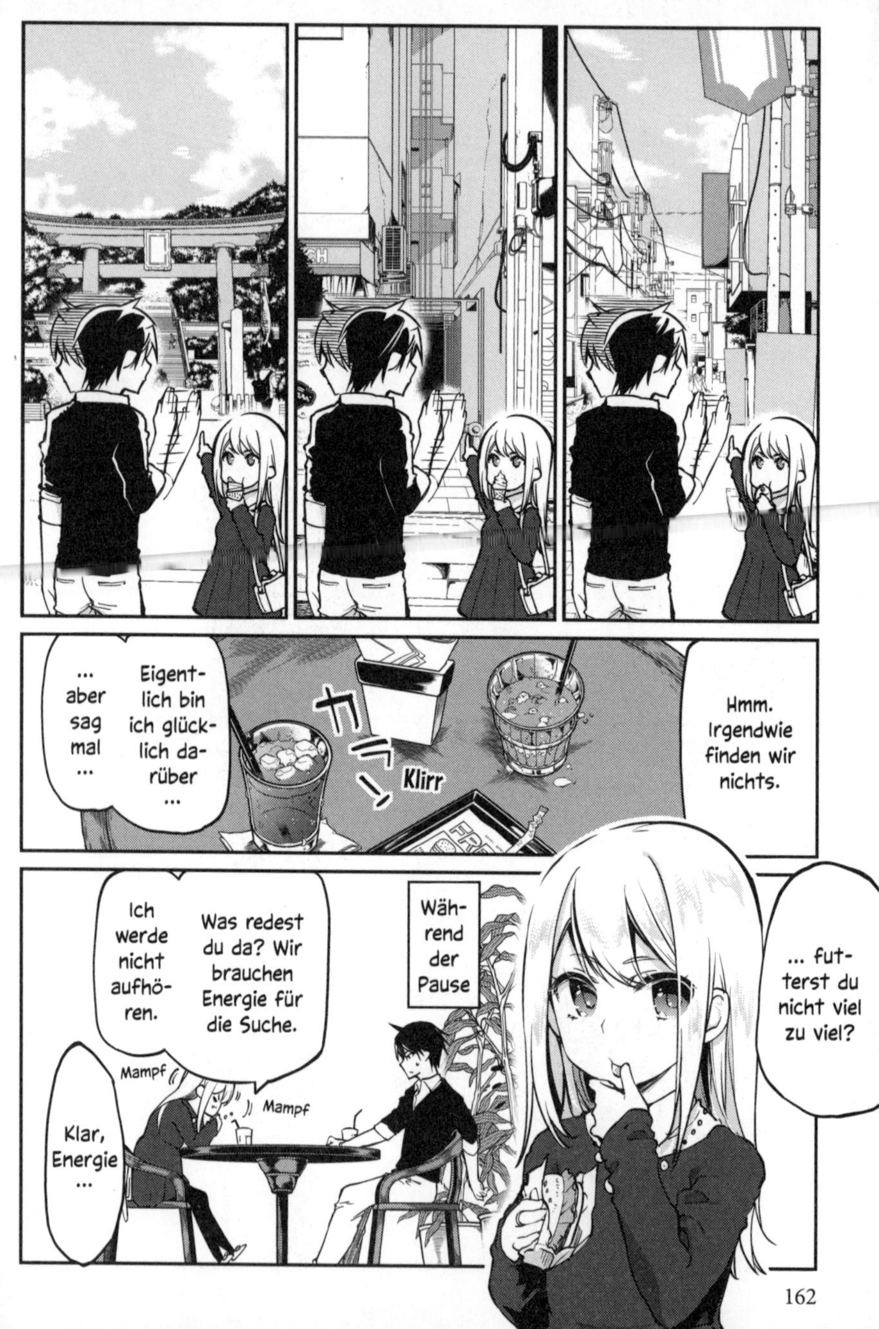
Hmm. Irgendwie finden wir nichts.
Klirr
Eigentlich bin ich glücklich darüber ...
... aber sag mal ...
... futterst du nicht viel zu viel?
Während der Pause
Was redest du da? Wir brauchen Energie für die Suche.
Ich werde nicht aufhören.
Mampf
Mampf
Klar, Energie ...

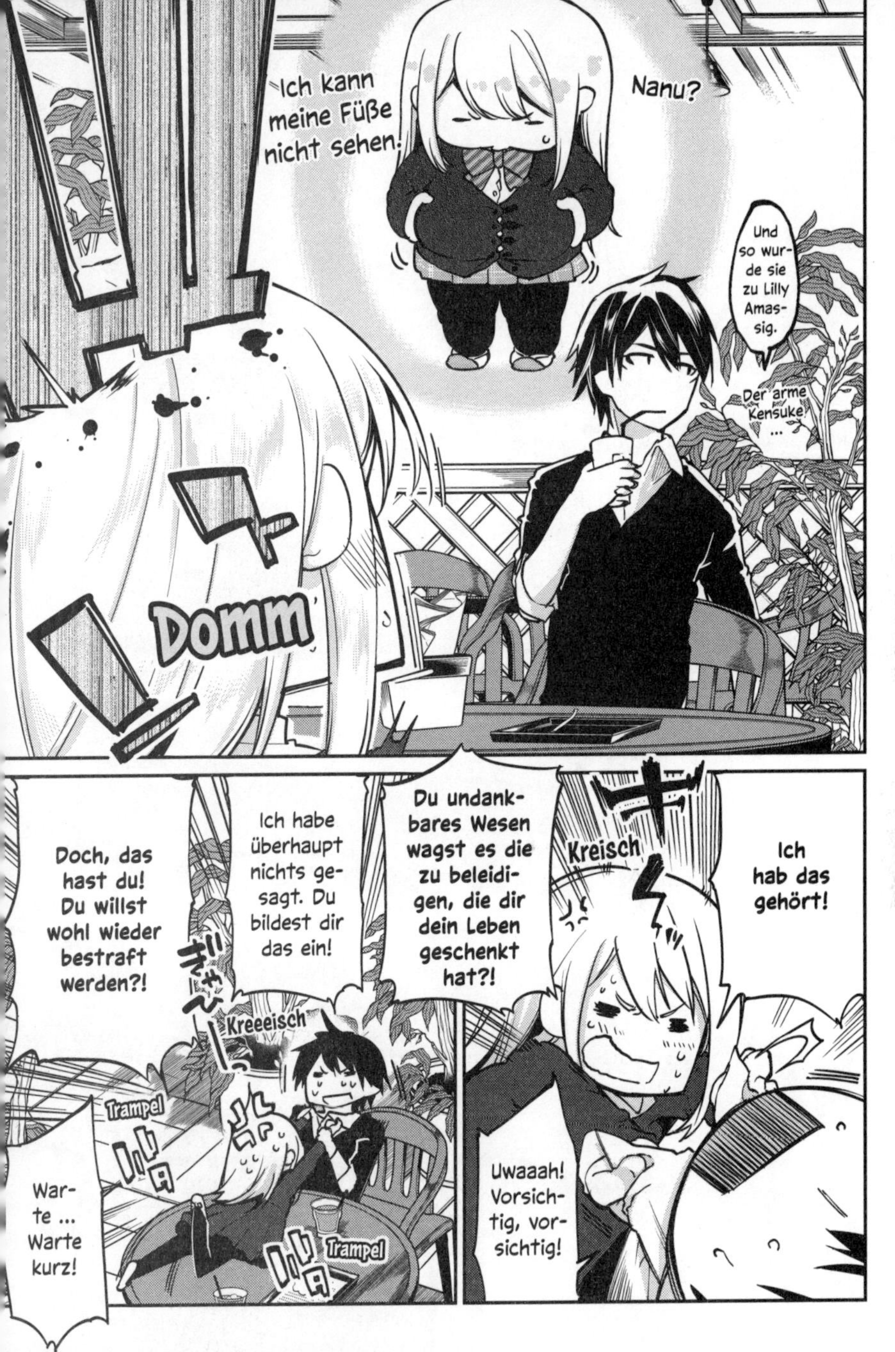
Nanu?
Ich kann meine Füße nicht sehen.
Und so wurde sie zu Lilly Amassig.
Der arme Kensuke! ...
Domm
Ich hab das gehört!
Kreisch
Du undankbares Wesen wagst es die zu beleidigen, die dir dein Leben geschenkt hat?!
Uwaaah! Vorsichtig, vorsichtig!
Ich habe überhaupt nichts gesagt. Du bildest dir das ein!
Doch, das hast du! Du willst wohl wieder bestraft werden?!
Kreeeisch
Trampel
Warte ... Warte kurz!
Trampel

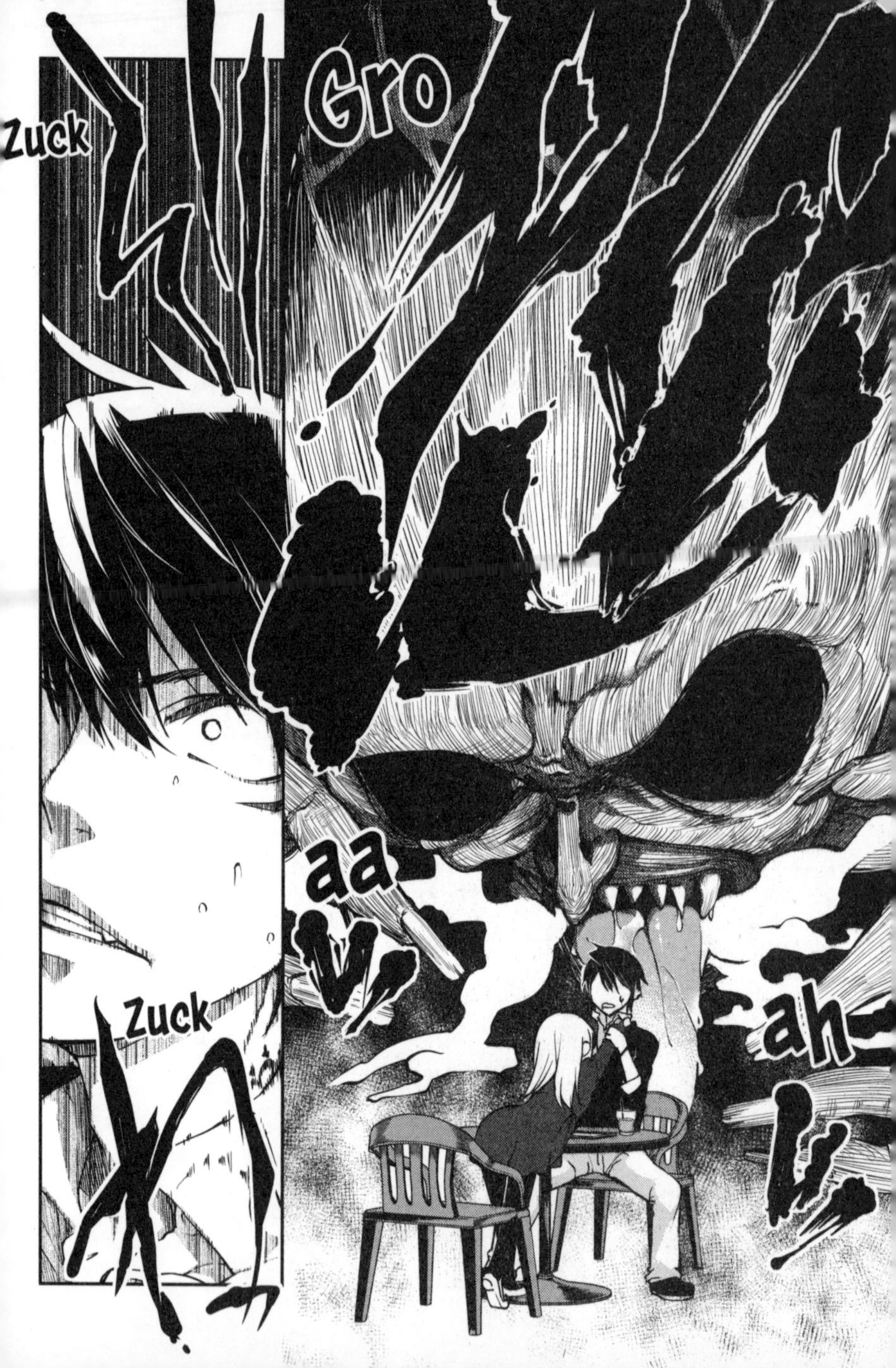
Gro
ah
aa
Zuck
Zuck

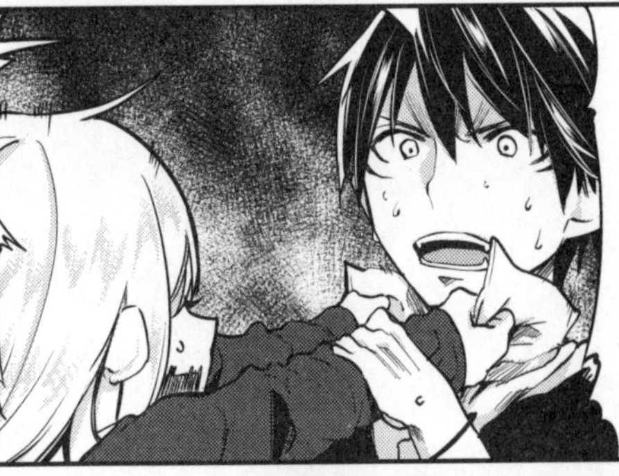

Jetzt warte kurz! Ich hab ein ziemlich ungutes Gefühl!
Wie bitte? Denkst du
twa, dass
auf so
en bil-
n Trick
falle?
Nein, wirklich! Spürst du nichts?

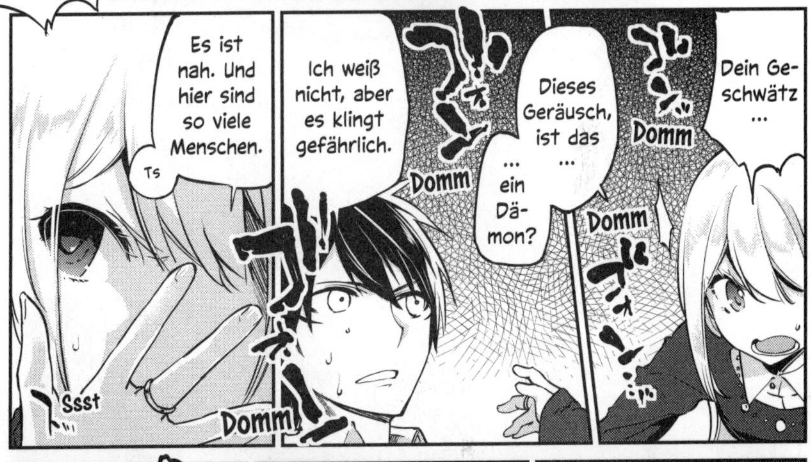

Dein Geschwätz ...
Domm
Domm
Dieses Geräusch, ist das ...
... ein Dämon?
Domm
Ich weiß nicht, aber es klingt gefährlich.
Domm
Es ist nah. Und hier sind so viele Menschen.
Ts
Ssst

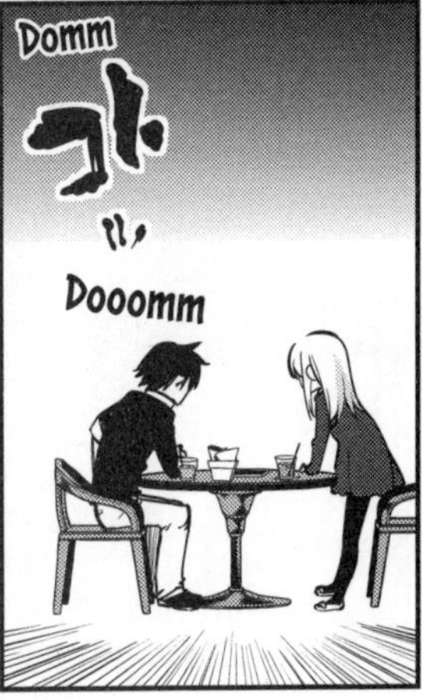

Domm
Dooomm

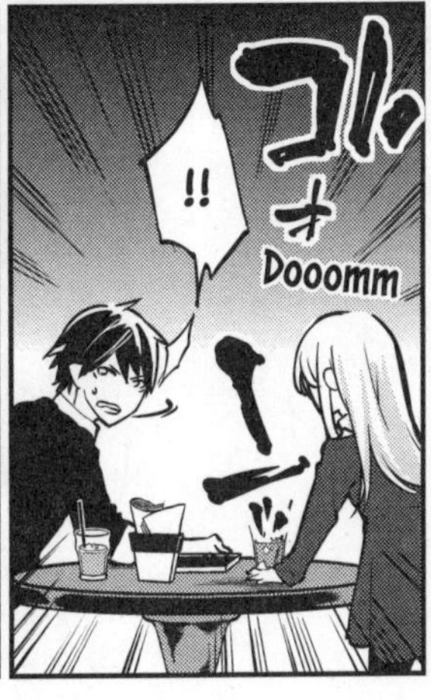

!!
Dooomm

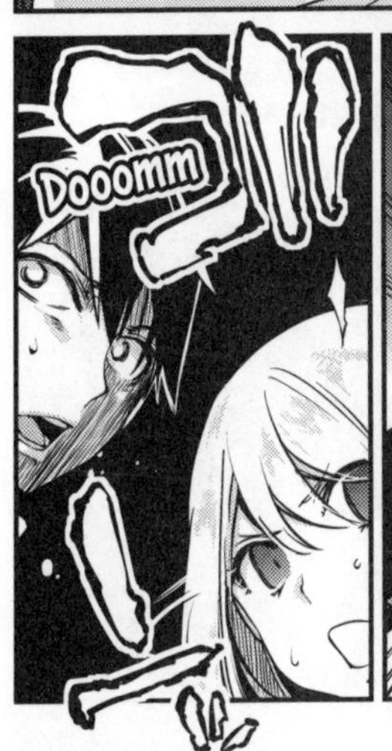

Dooomm

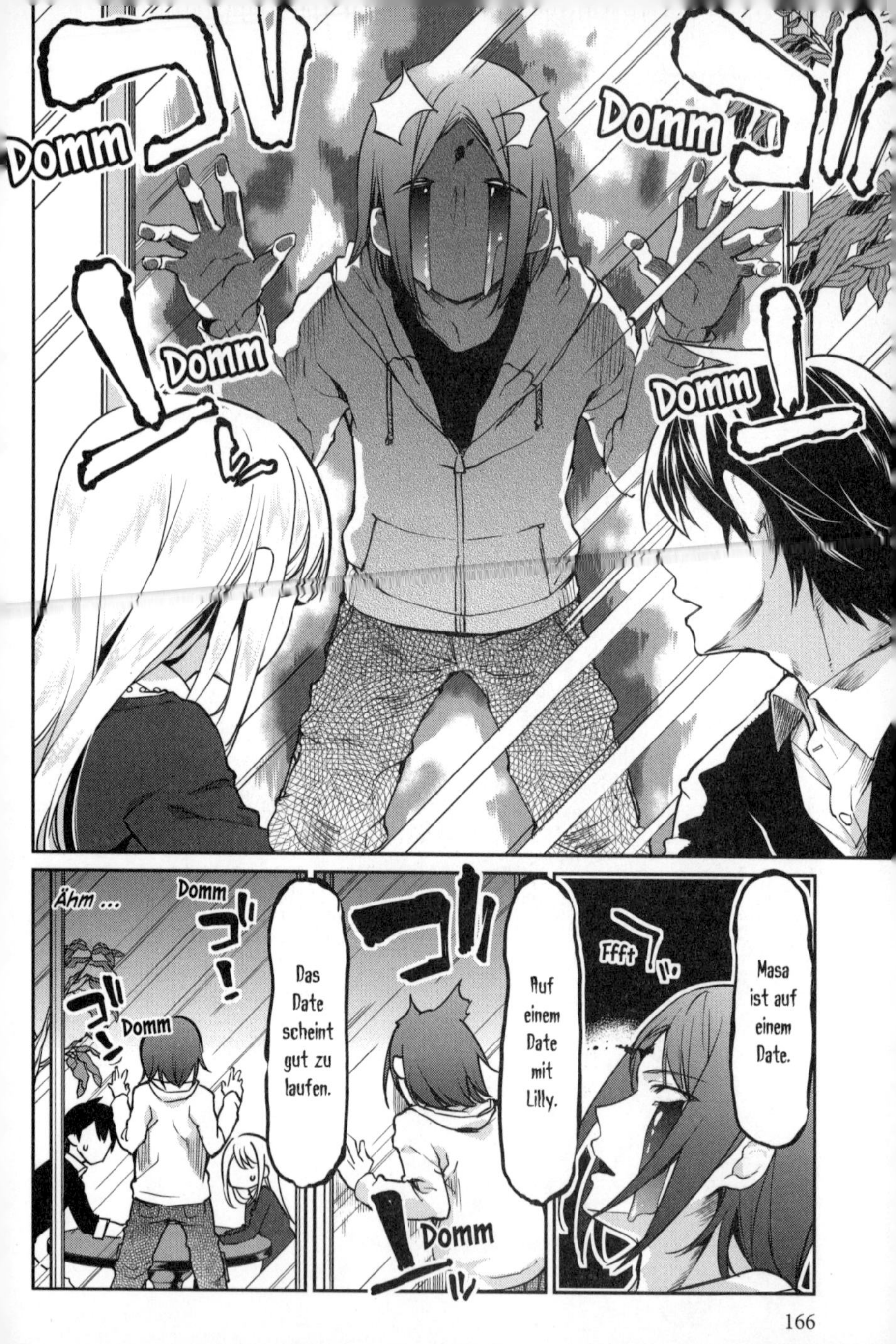

Domm

Domm

Domm

Domm

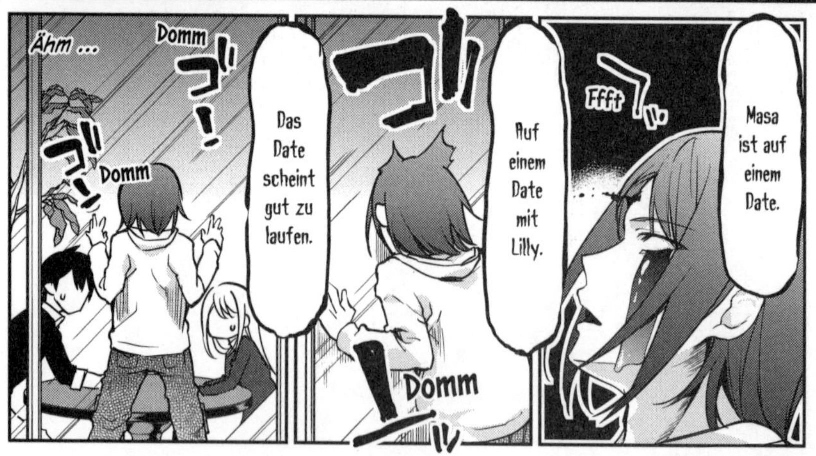

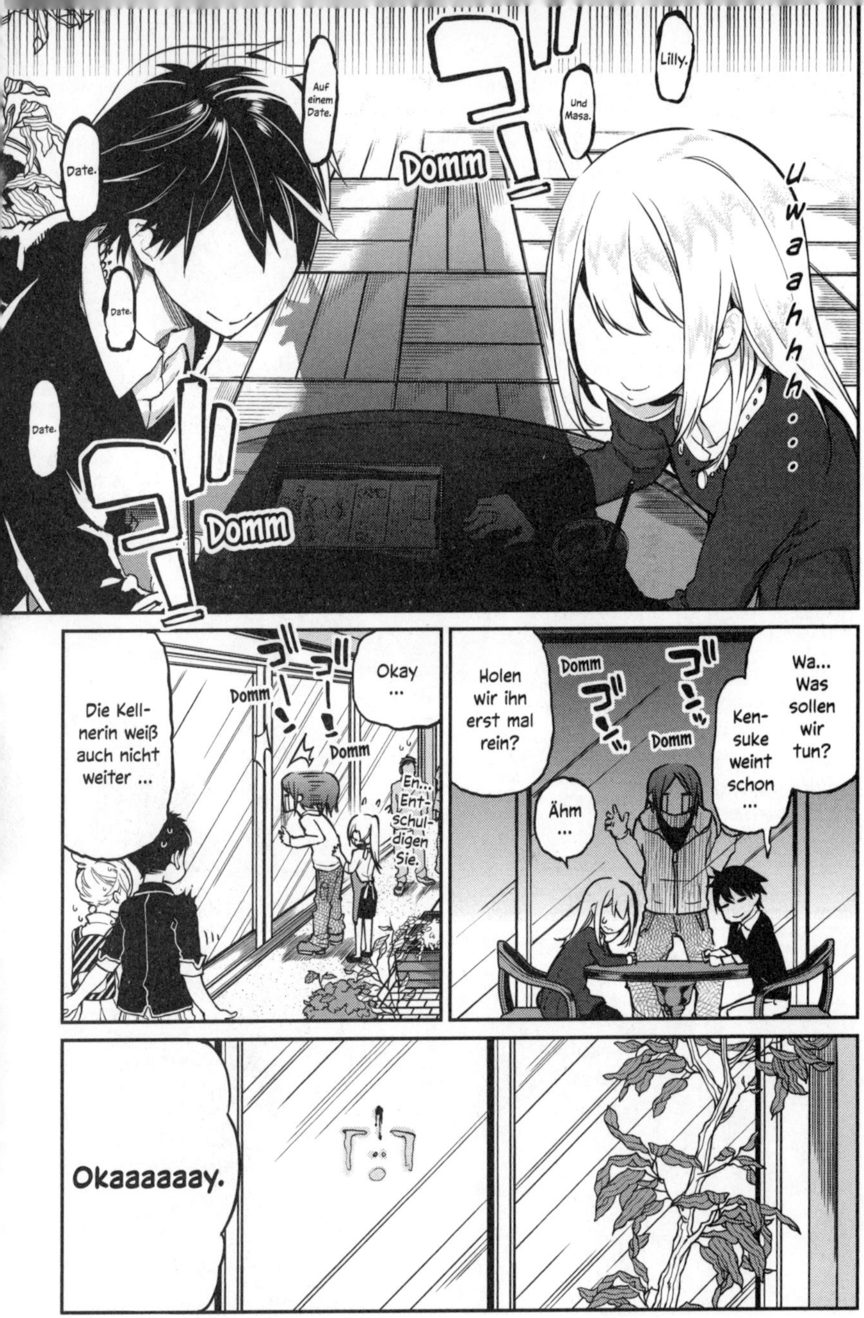

Lilly.
Und Masa.
Domm
Uwaahhhooo
Auf einem Date.
Date.
Date.
Date.
Domm

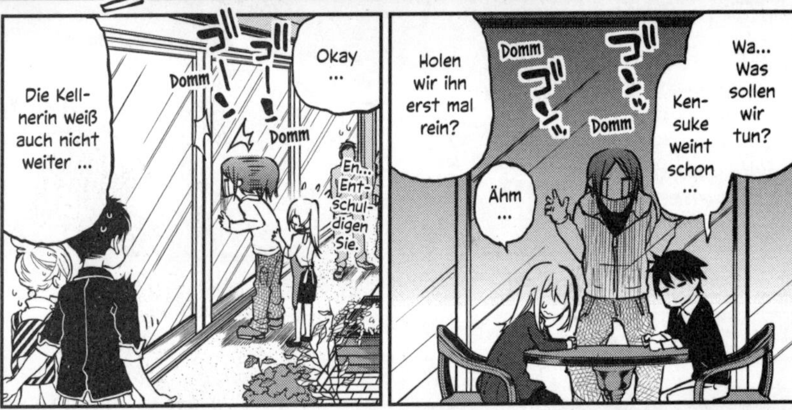
Wa... Was sollen wir tun?
Kensuke weint schon ...
Domm
Domm
Holen wir ihn erst mal rein?
Ähm ...
Okay ...
Domm
Domm
En... Entschuldigen Sie.
Die Kellnerin weiß auch nicht weiter ...

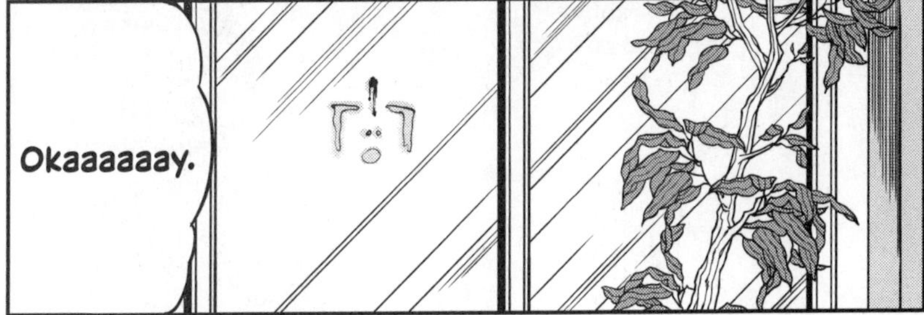
Okaaaaaay.

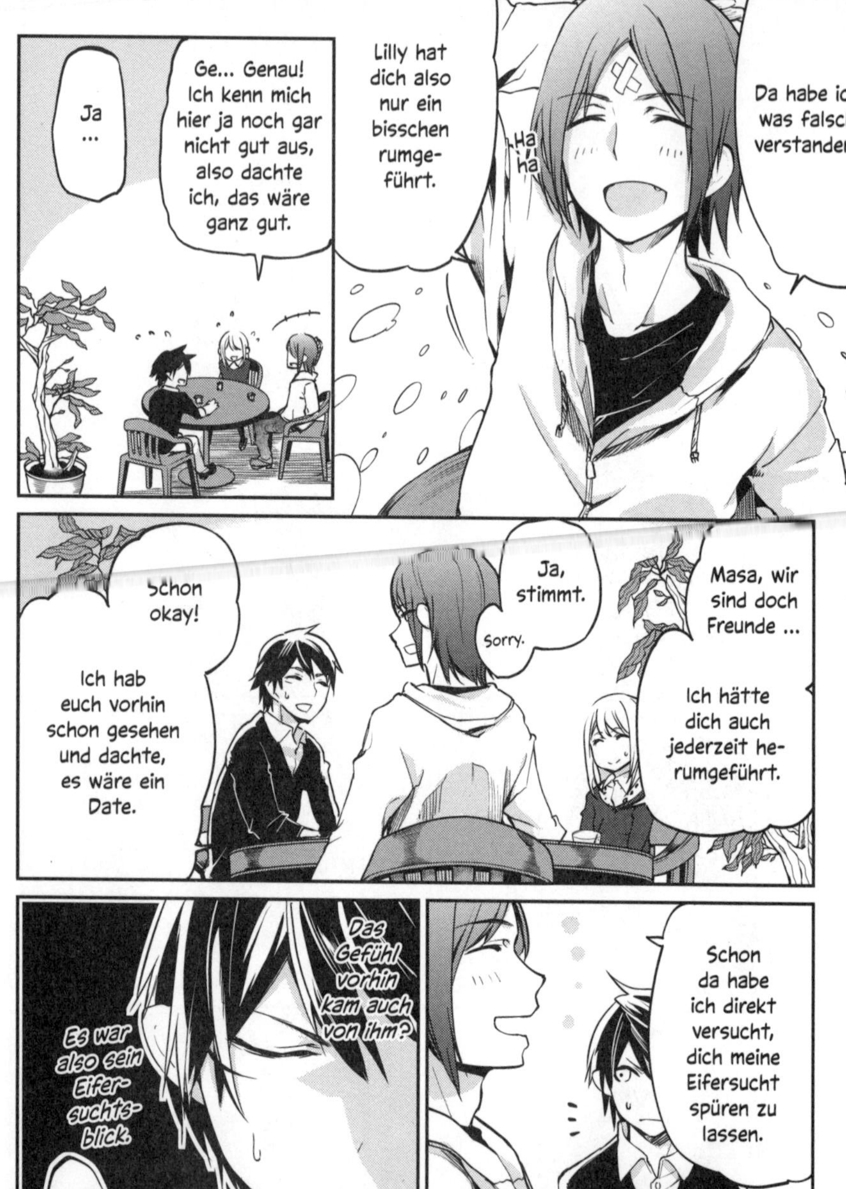
Da habe ich was falsch verstanden!
Ha ha
Lilly hat dich also nur ein bisschen rumgeführt.
Ge... Genau! Ich kenn mich hier ja noch gar nicht gut aus, also dachte ich, das wäre ganz gut.
Ja ...
Masa, wir sind doch Freunde ...
Ich hätte dich auch jederzeit herumgeführt.
Ja, stimmt.
Sorry.
Schon okay!
Ich hab euch vorhin schon gesehen und dachte, es wäre ein Date.
Schon da habe ich direkt versucht, dich meine Eifersucht spüren zu lassen.
Das Gefühl vorhin kam auch von ihm?
Es war also sein Eifersuchtsblick.
Hm?

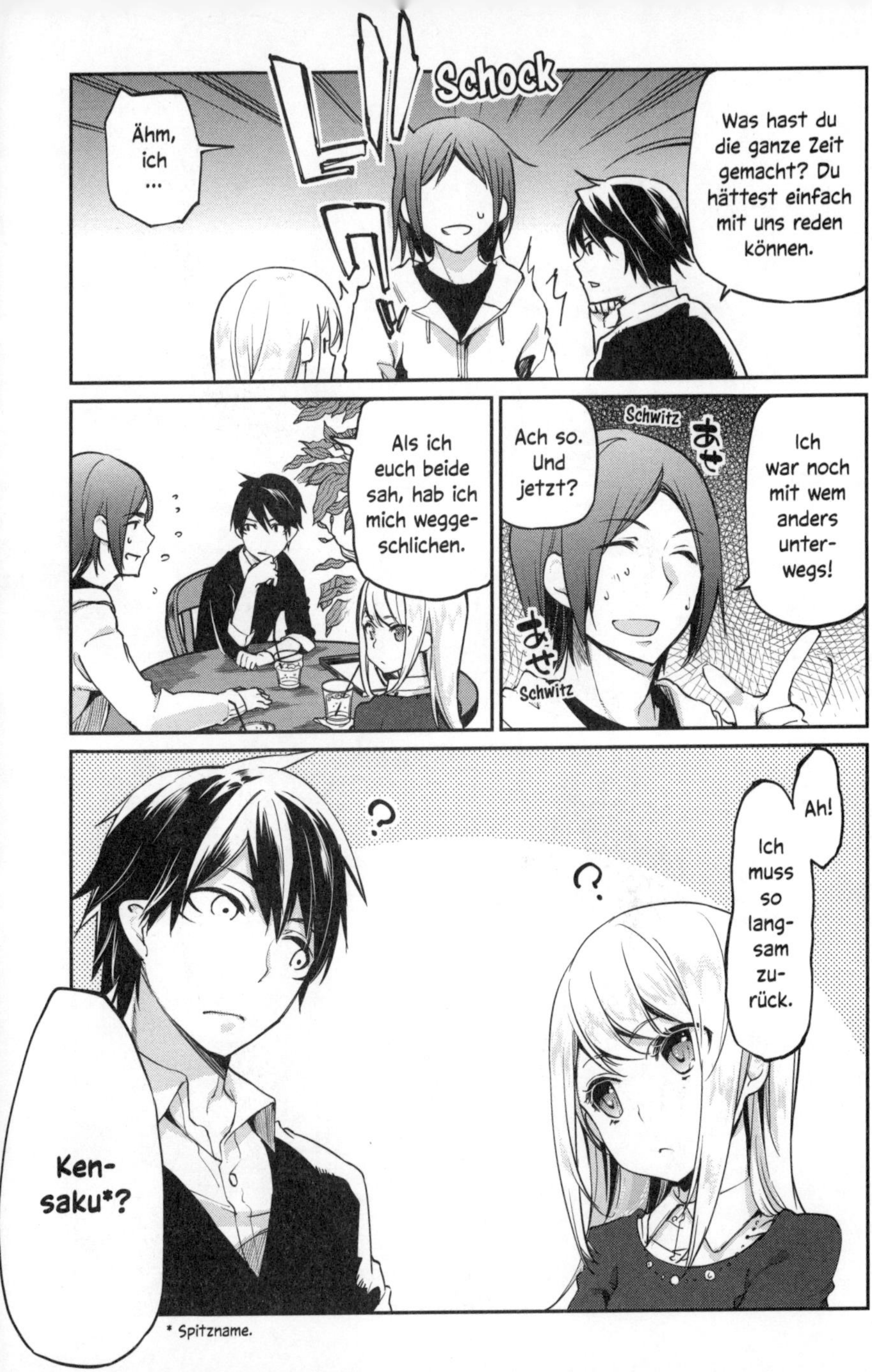

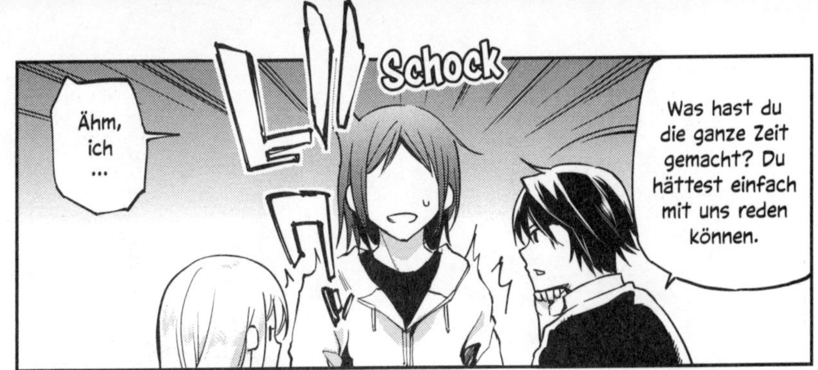

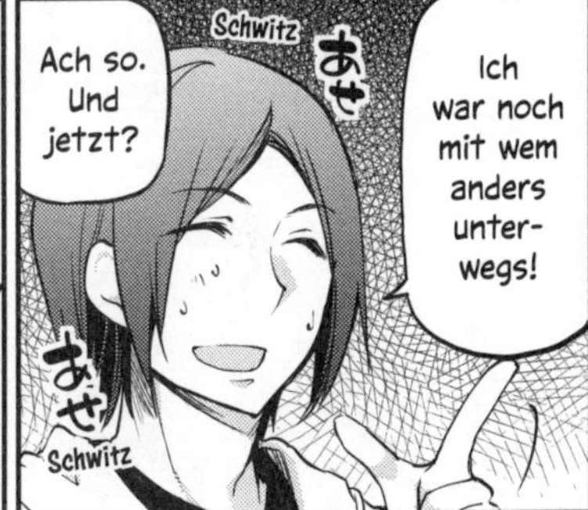

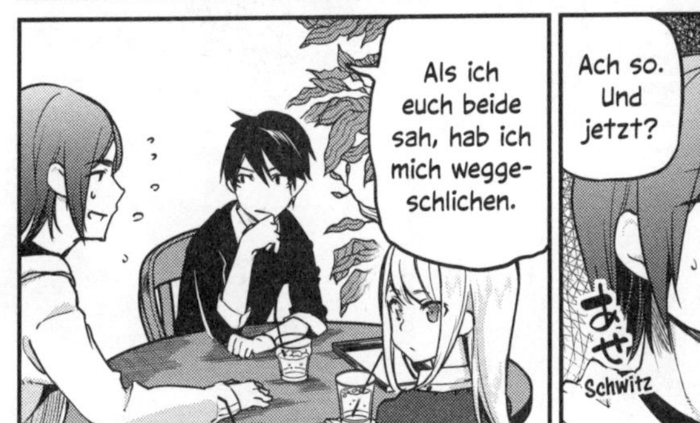

Ah!
Ich muss so lang-sam zu-rück.
Ken-saku*?

* Spitzname.

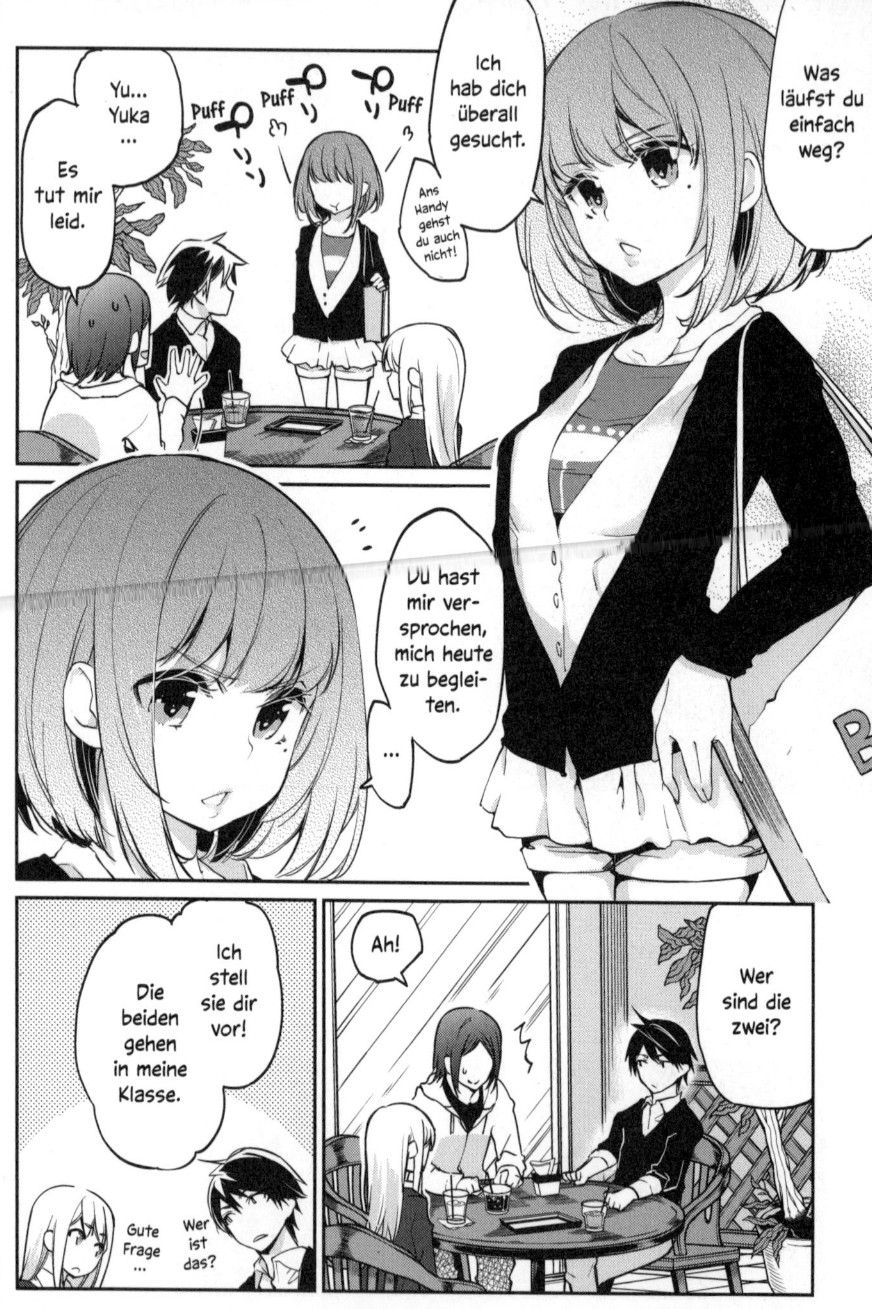

Was läufst du einfach weg?
Ich hab dich überall gesucht.
Ans Handy gehst du auch nicht!
Puff Puff Puff
Yu... Yuka ...
Es tut mir leid.
Du hast mir versprochen, mich heute zu begleiten.
...
Wer sind die zwei?
Ah!
Ich stell sie dir vor!
Die beiden gehen in meine Klasse.
Wer ist das?
Gute Frage ...

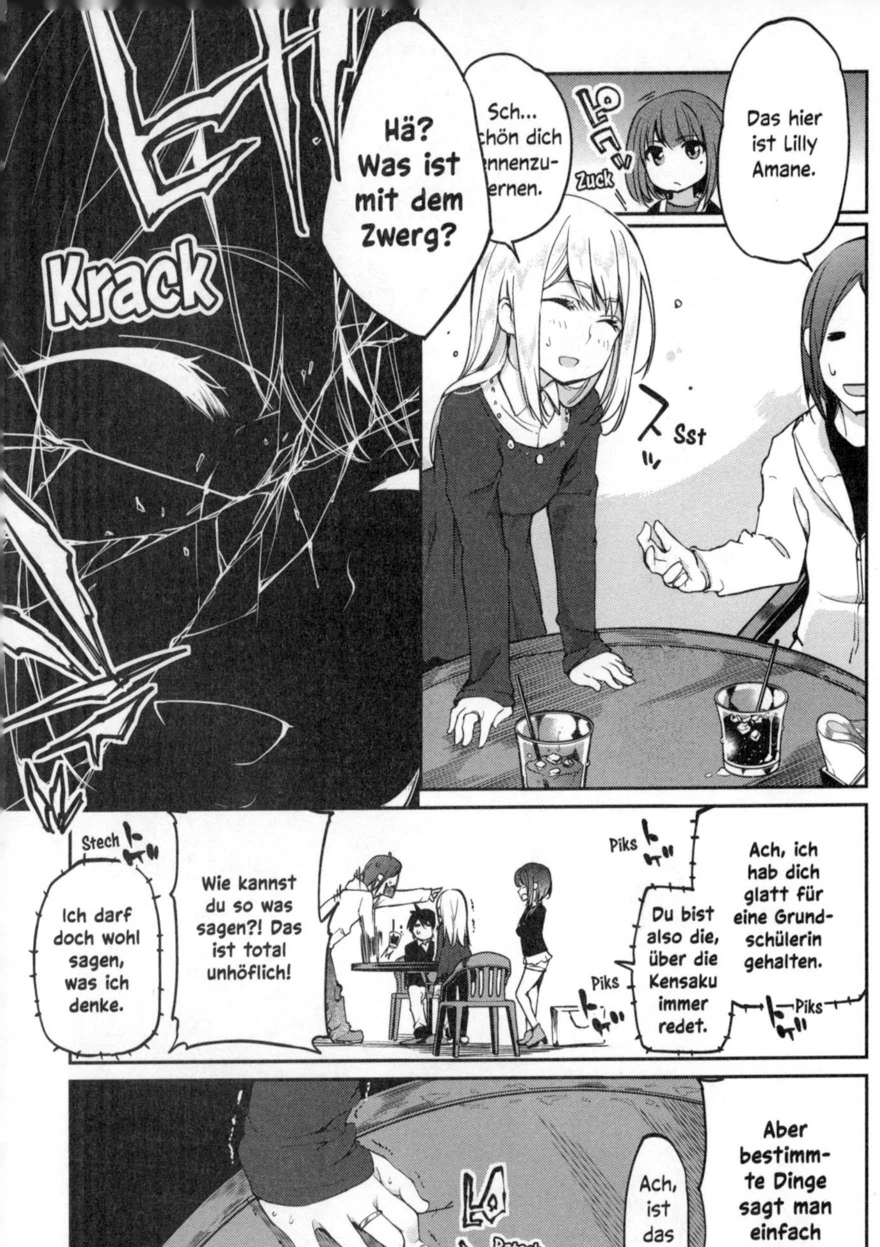

Das hier ist Lilly Amane.
Zuck
Sch... chön dich ennenzu-ernen.
Hä? Was ist mit dem Zwerg?
Krack
Sst
Ach, ich hab dich glatt für eine Grundschülerin gehalten.
Piks
Du bist also die, über die Kensaku immer redet.
Piks
Piks
Wie kannst du so was sagen?! Das ist total unhöflich!
Stech
Ich darf doch wohl sagen, was ich denke.
Aber bestimmte Dinge sagt man einfach nicht!
Ach, ist das so?
Ratsch

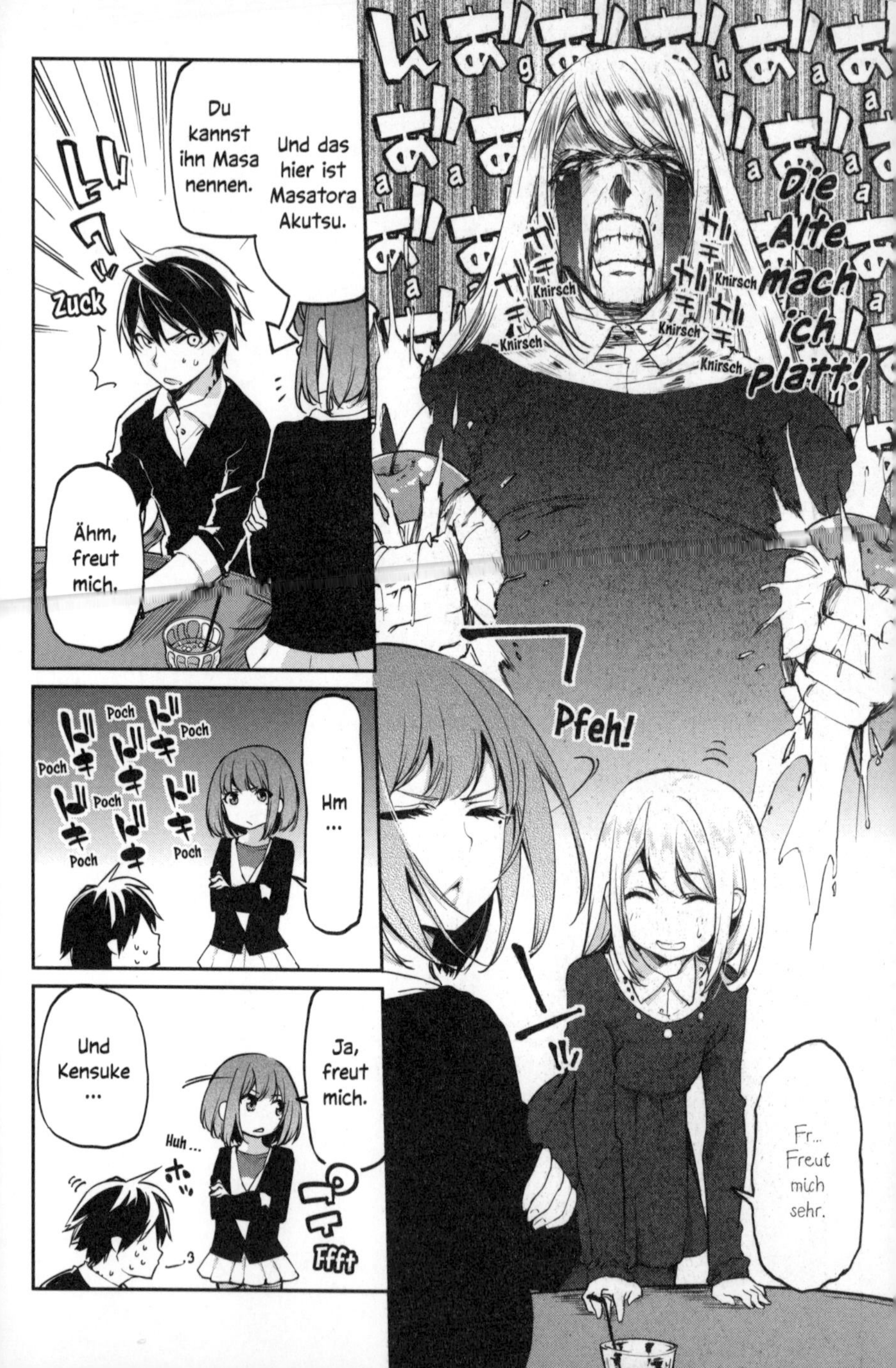
Die Alte mach ich platt!
Knirsch
Knirsch
Knirsch
Knirsch
Pfeh!
Fr... Freut mich sehr.
Und das hier ist Masatora Akutsu.
Du kannst ihn Masa nennen.
Zuck
Ähm, freut mich.
Hm ...
Poch
Poch
Poch
Poch
Poch
Poch
Ja, freut mich.
Und Kensuke ...
Huh ...
Ffft

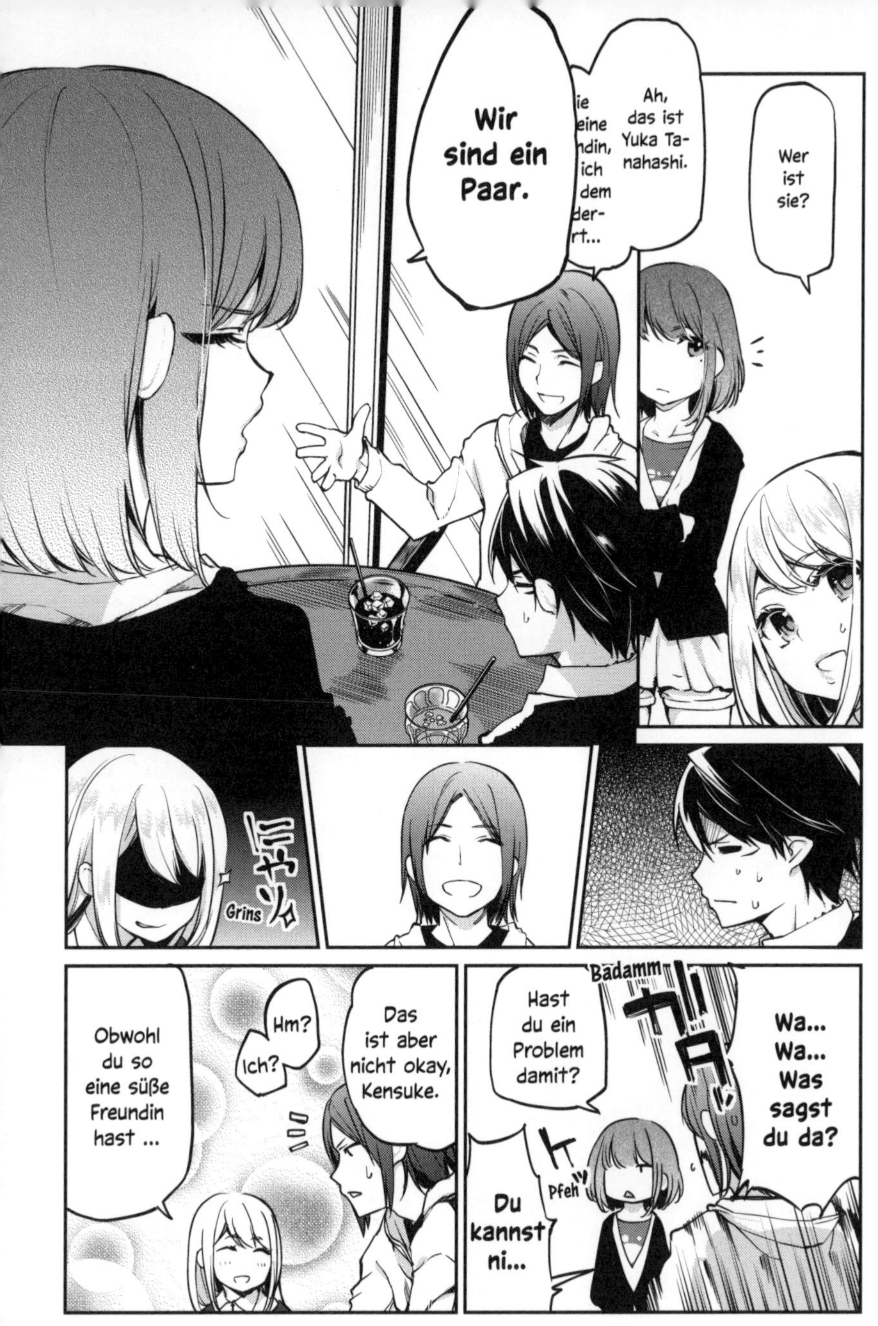
Wer ist sie?
Ah, das ist Yuka Tanahashi.
Wir sind ein Paar.
Grins
Wa... Wa... Was sagst du da?
Badamm
Hast du ein Problem damit?
Pfeh
Du kannst ni...
Das ist aber nicht okay, Kensuke.
Hm? Ich?
Obwohl du so eine süße Freundin hast ...

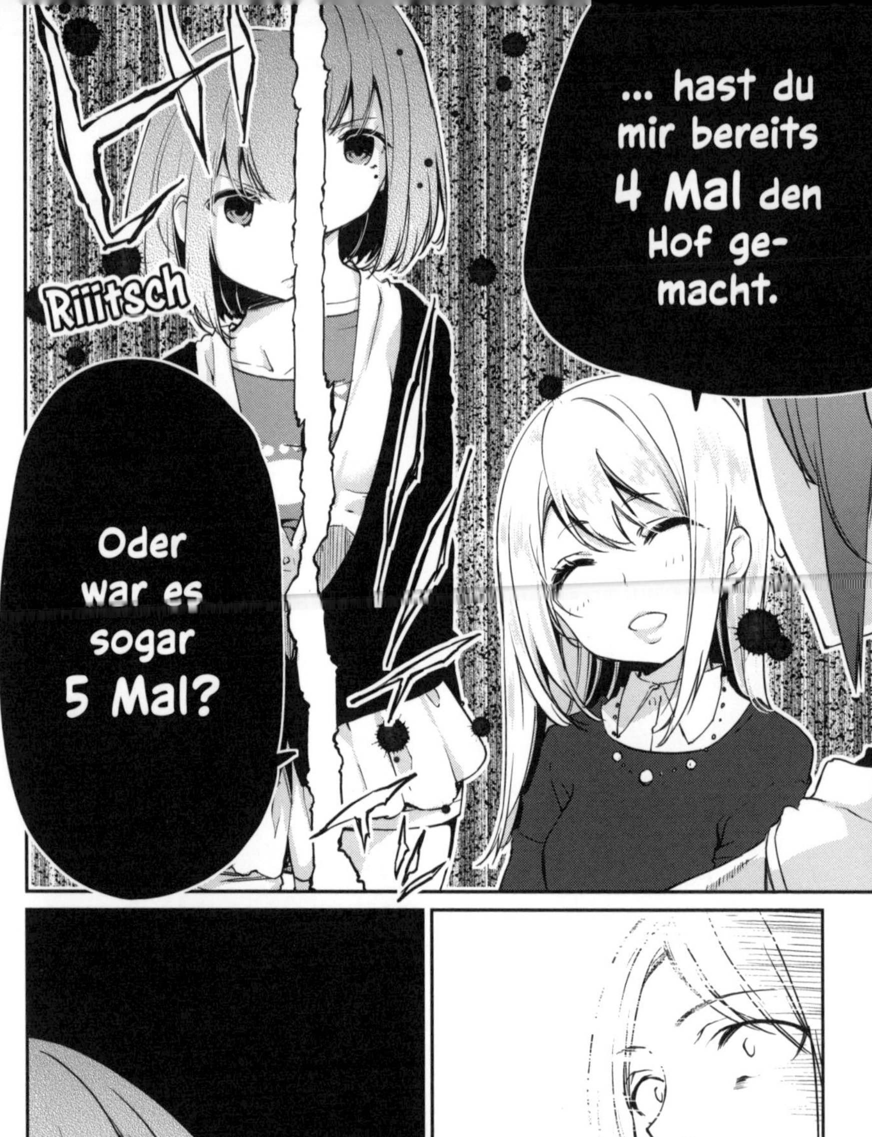
... hast du mir bereits 4 Mal den Hof gemacht.
Riiitsch
Oder war es sogar 5 Mal?

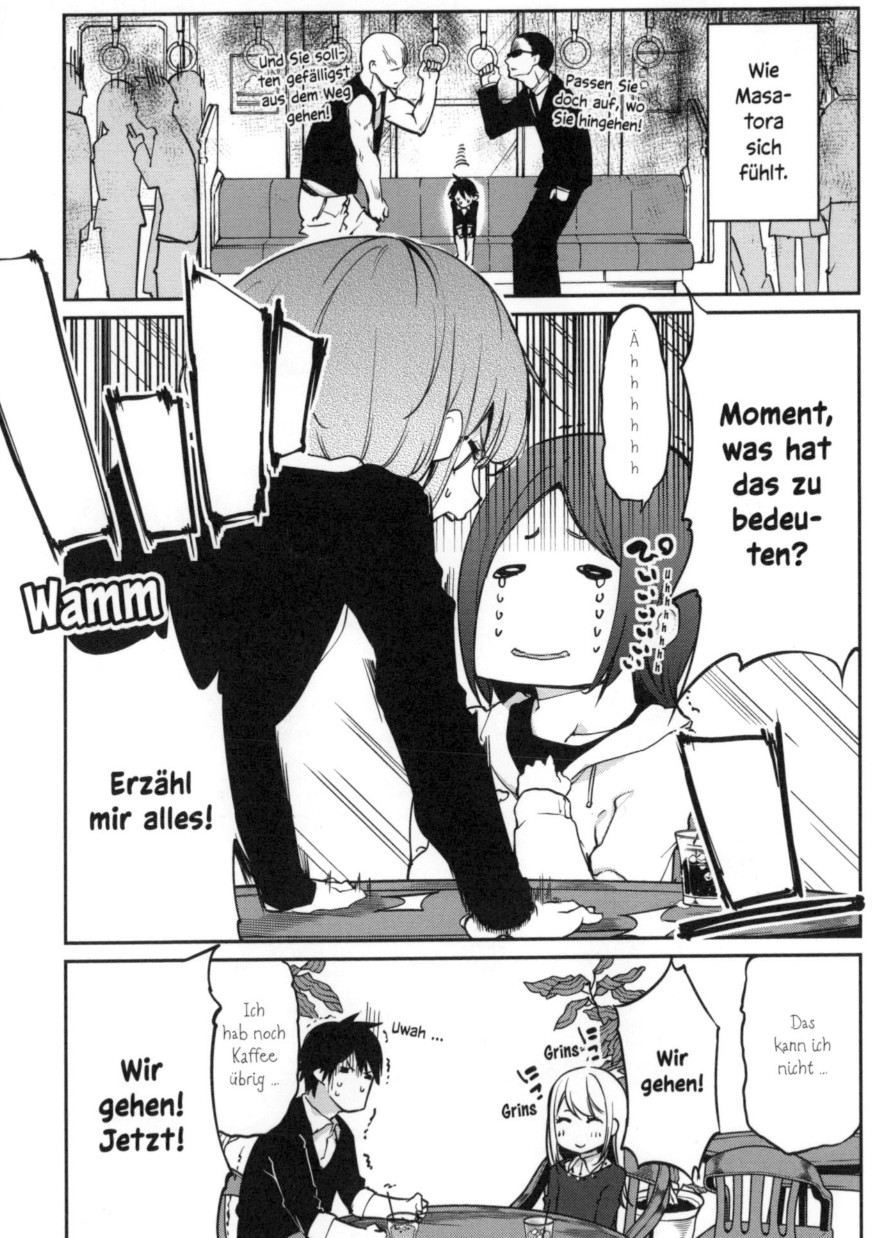
Wie Masatora sich fühlt.
Passen Sie doch auf, wo Sie hingehen!
Und Sie sollten gefälligst aus dem Weg gehen!
Moment, was hat das zu bedeuten?
Ähhhhhhh
Uhhhhhh
Wamm
Erzähl mir alles!
Das kann ich nicht ...
Wir gehen!
Grins
Grins
Uwah ...
Ich hab noch Kaffee übrig ...
Wir gehen! Jetzt!

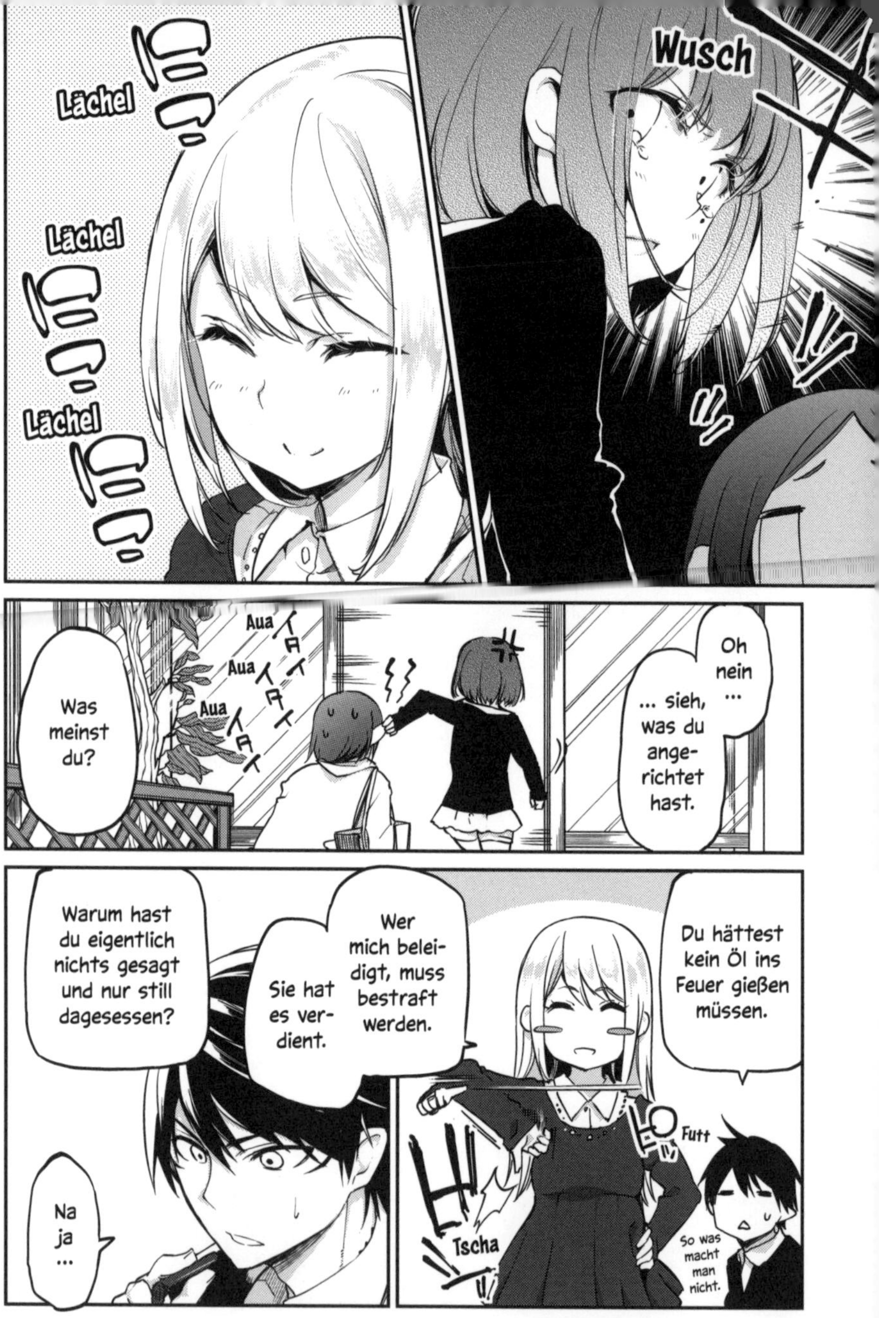

Wusch
Lächel
Lächel
Lächel

Oh nein ... sieh, was du angerichtet hast.
Was meinst du?
Aua
Aua
Aua

Du hättest kein Öl ins Feuer gießen müssen.
Wer mich beleidigt, muss bestraft werden.
Sie hat es verdient.
Warum hast du eigentlich nichts gesagt und nur still dagesessen?
Futt
Tscha
So was macht man nicht.
Na ja ...

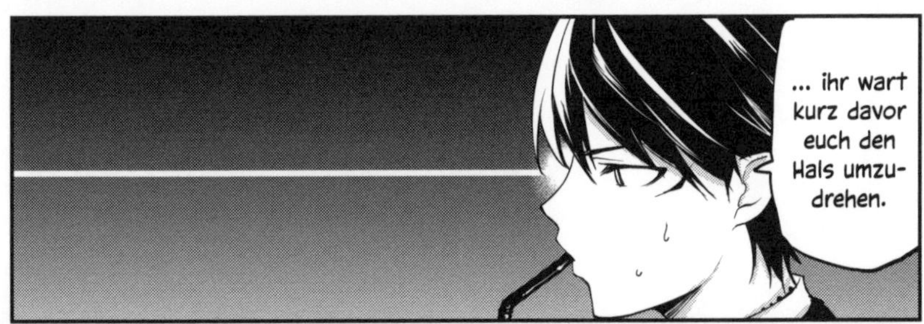

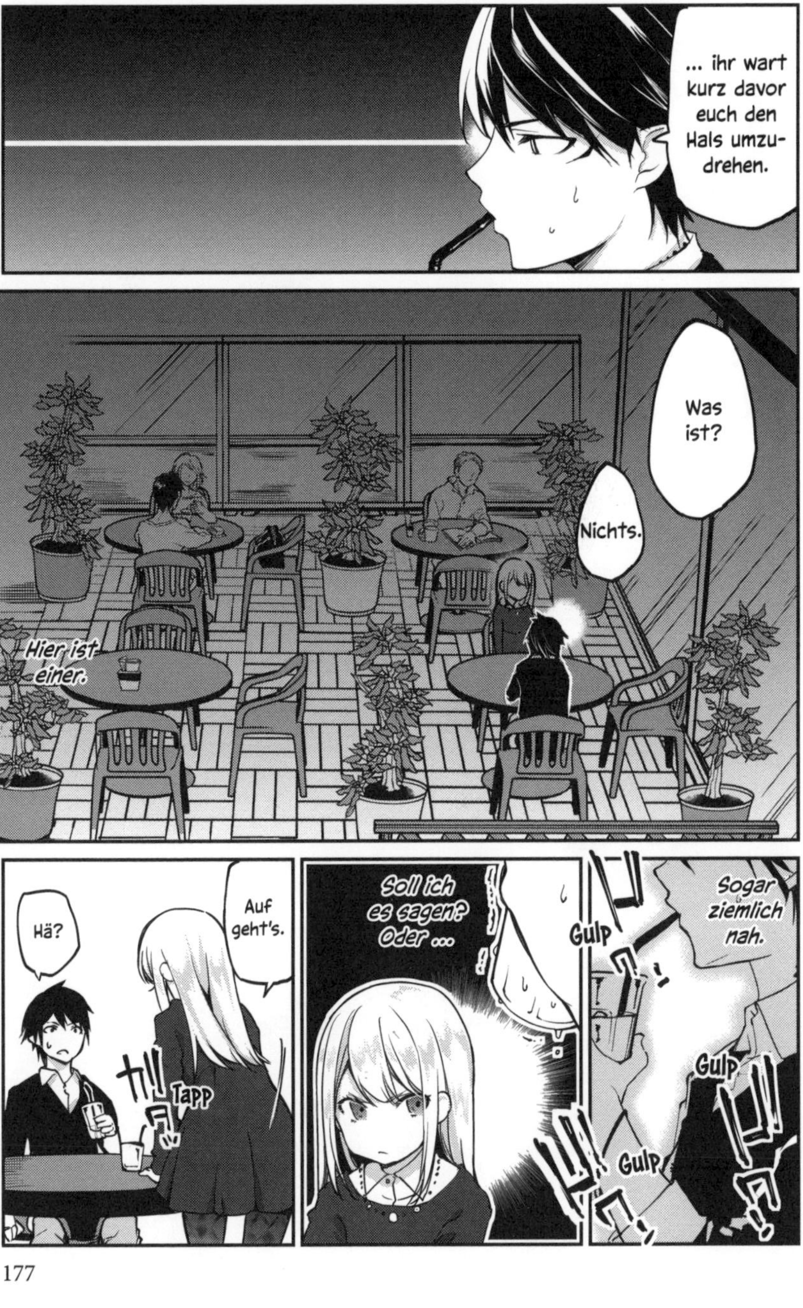

Was ist?

Nichts.

Hier ist einer.

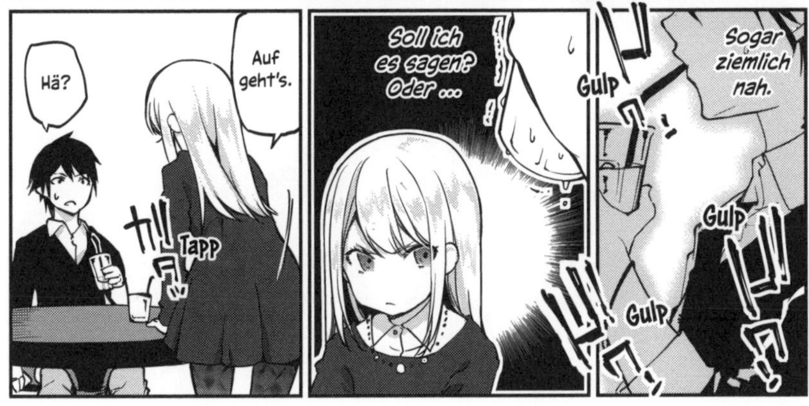

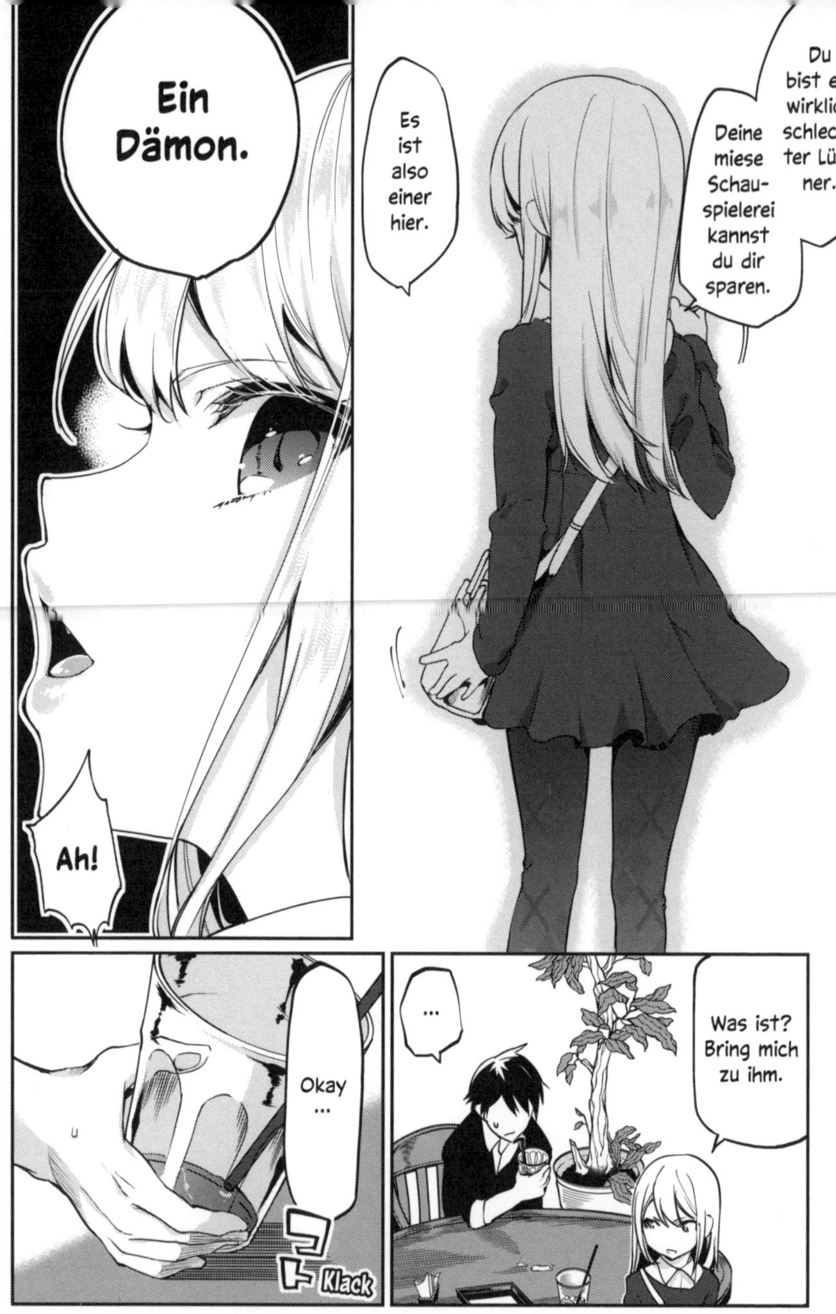
Du bist ein wirklich schlechter Lügner.
Deine miese Schauspielerei kannst du dir sparen.
Es ist also einer hier.
Ein Dämon.
Ah!
Was ist? Bring mich zu ihm.
...
Okay ...
Klack

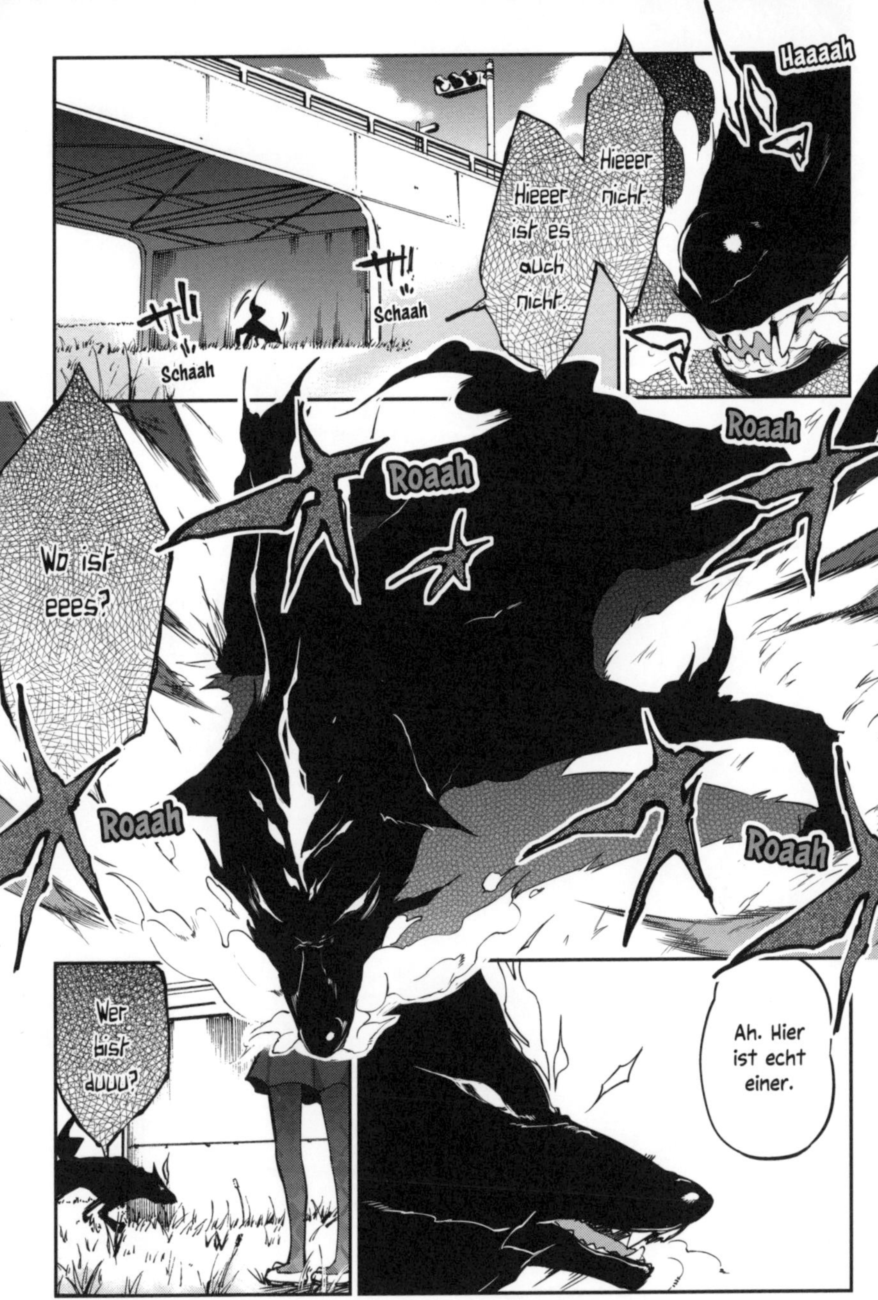
Haaaah
Hieeer nicht.
Hieeer ist es auch nicht.
Schaah
Schaah
Roaah
Roaah
Wo ist eees?
Roaah
Roaah
Ah. Hier ist echt einer.
Wer bist duuu?

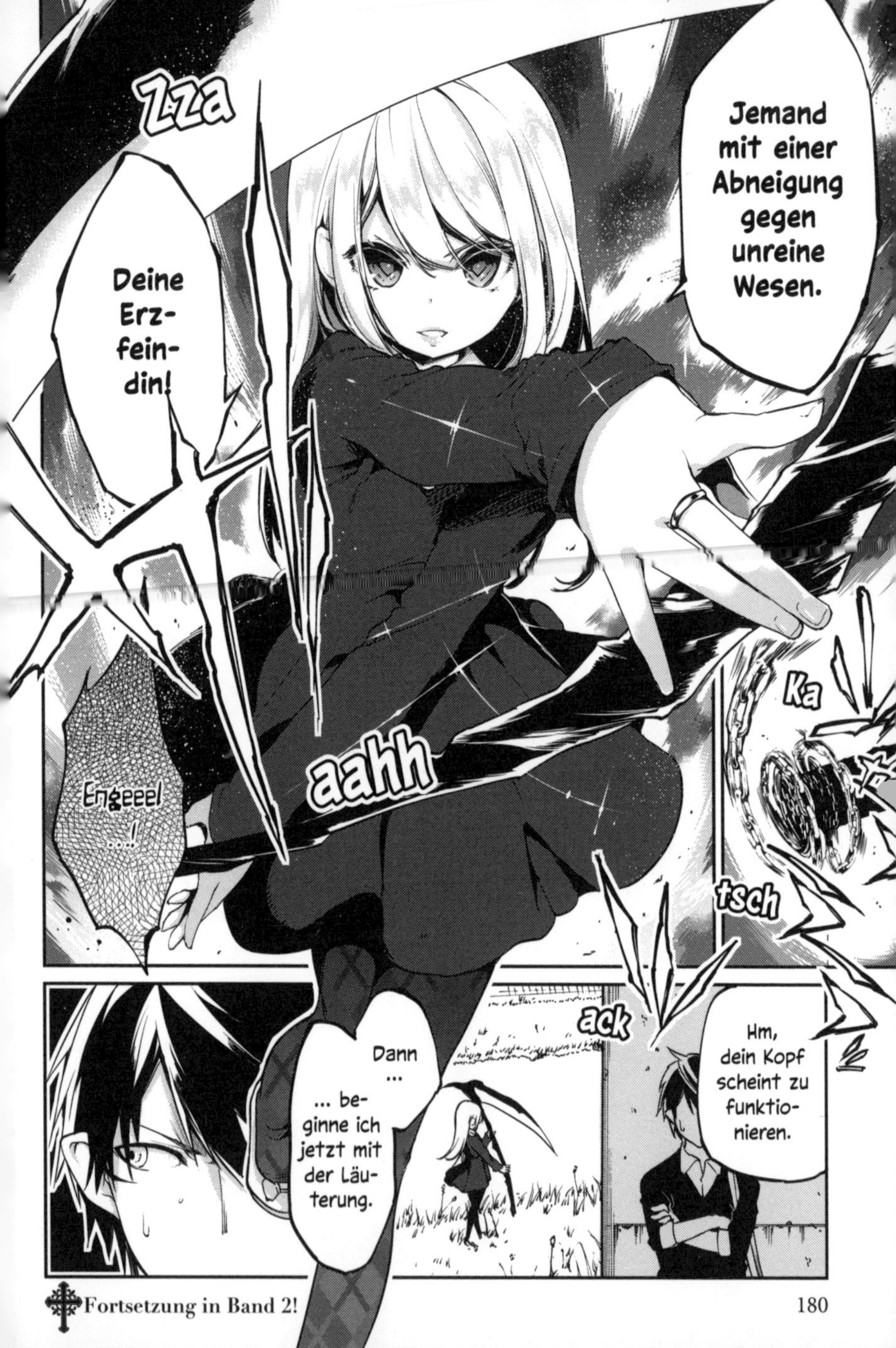
Jemand mit einer Abneigung gegen unreine Wesen.
Zza
Deine Erz-fein-din!
aahh
Engeeel ...!
Ka
tsch
ack
Hm, dein Kopf scheint zu funktio-nieren.
Dann ...
... be-ginne ich jetzt mit der Läu-terung.

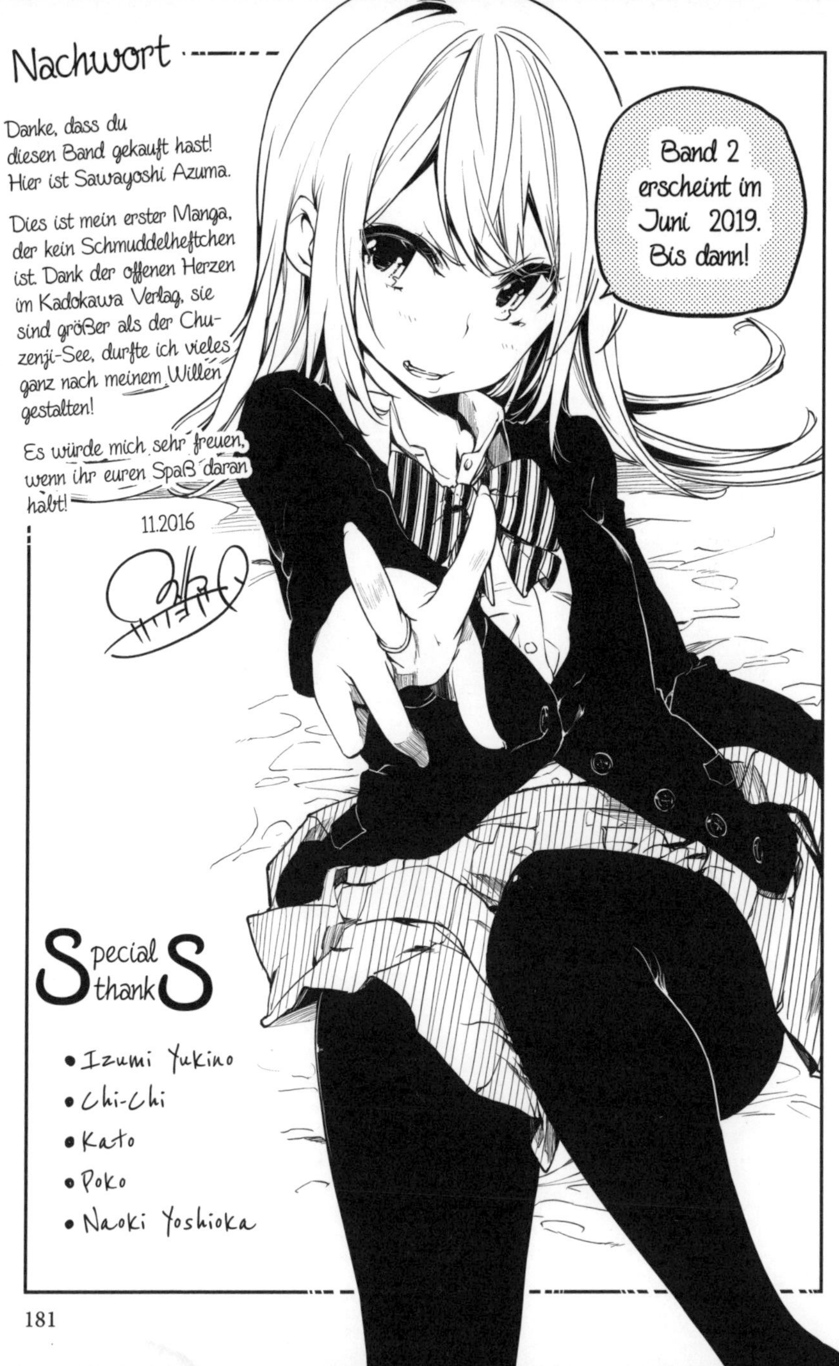
Nachwort
Danke, dass du diesen Band gekauft hast! Hier ist Sawayoshi Azuma.
Dies ist mein erster Manga, der kein Schmuddelheftchen ist. Dank der offenen Herzen im Kadokawa Verlag, sie sind größer als der Chuzenji-See, durfte ich vieles ganz nach meinem Willen gestalten!
Es würde mich sehr freuen, wenn ihr euren Spaß daran habt!
11.2016
Band 2 erscheint im Juni 2019. Bis dann!
Special thanks
• Izumi Yukino
• Chi-Chi
• Kato
• Poko
• Naoki Yoshioka

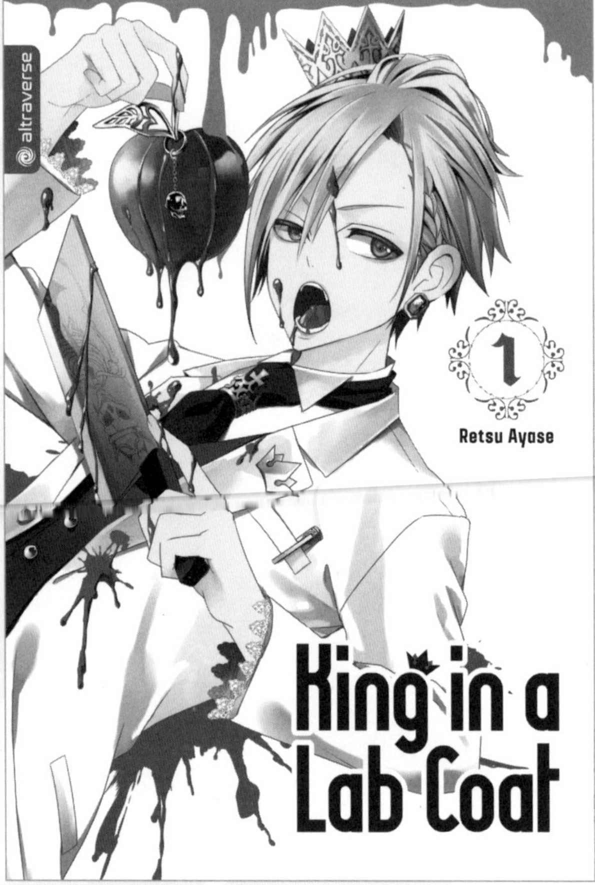

King in a Lab Coat

Retsu Ayase

Im abgelegenen Forschungslabor King Lab lebt eine seltsame Gruppe von Wissenschaftlern, angeführt vom Sonderling Shiva. Als eines Tages ein Serienmörder an die Tür des King Lab klopft, ahnt er noch nicht, dass dessen Bewohner ihn schon bald in den Wahnsinn treiben werden ...

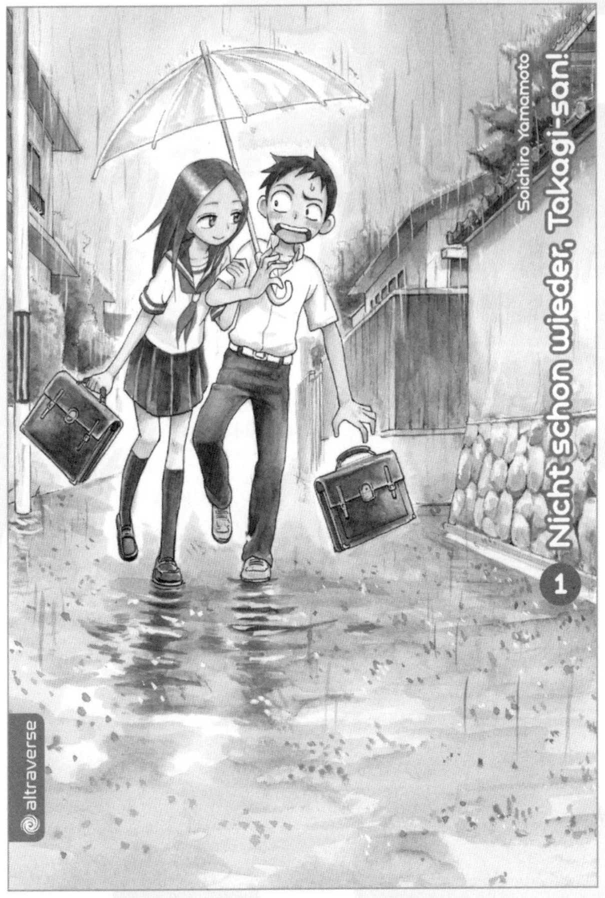

Nicht schon wieder, Takagi-san!

Soichiro Yamamoto

Der Mittelschüler Nishikata wird ständig von seiner Klassenkameradin Takagi-san geärgert. Sein Selbstbewusstsein ist zerschmettert, aber er schwört sich, irgendwann das Blatt zu wenden und ihr alles heimzuzahlen. Ob ihm das wohl je gelingen wird?

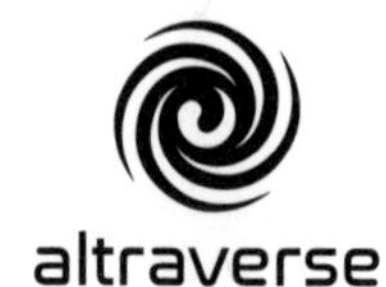

Deutsche Ausgabe / German Edition
Altraverse GmbH – Hamburg 2020
Aus dem Japanischen von Dorothea Zwetkow

OROKA NA TENSHI HA AKUMA TO ODORU Vol. 1

First published in Japan in 2016 by KADOKAWA CORPORATION, Tokyo.
German translation rights arranged with KADOKAWA CORPORATION, Tokyo, through TUTTLE-MORI AGENCY, INC., TOKYO.

Redaktion: Anh Tu Nguyen
Herstellung: Jacqueline Bradtke
Lettering: Vibrant Publishing Studio

Druck: CPI books GmbH, Leck
Printed in Germany

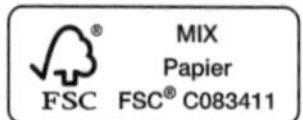

ISBN 978-3-96358-025-3
2. Auflage 2020

www.altraverse.de